Tor Farovik, geboren 1948 in Leka, Norwegen, ist Autor, Historiker und Journalist. Er verfügt über 25 Jahre journalistische Erfahrung im Ausland und arbeitete u. a. als Auslandskorrespondent für das norwegische Fernsehen. Seine sechs bisher erschienenen Bücher spiegeln seine Leidenschaft für den asiatischen Kontinent wider.
Für das vorliegende Buch erhielt Farovik 1999 den renommierten Brage-Literaturpreis, 2003 wurde er für seinen Reisebericht über China ein zweites Mal mit diesem Preis ausgezeichnet.
Tor Farovik ist verheiratet und lebt mit seiner Familie in Norwegen.

Bei Frederking & Thaler erschienen:
In Buddhas Gärten

www.frederking-thaler.de

TOR FAROVIK

INDIEN UND SEINE TAUSEND GESICHTER

Menschen, Mythen, Landschaften

Aus dem Norwegischen von
Knut Krüger

NATIONAL GEOGRAPHIC
FREDERKING & THALER

Inhalt

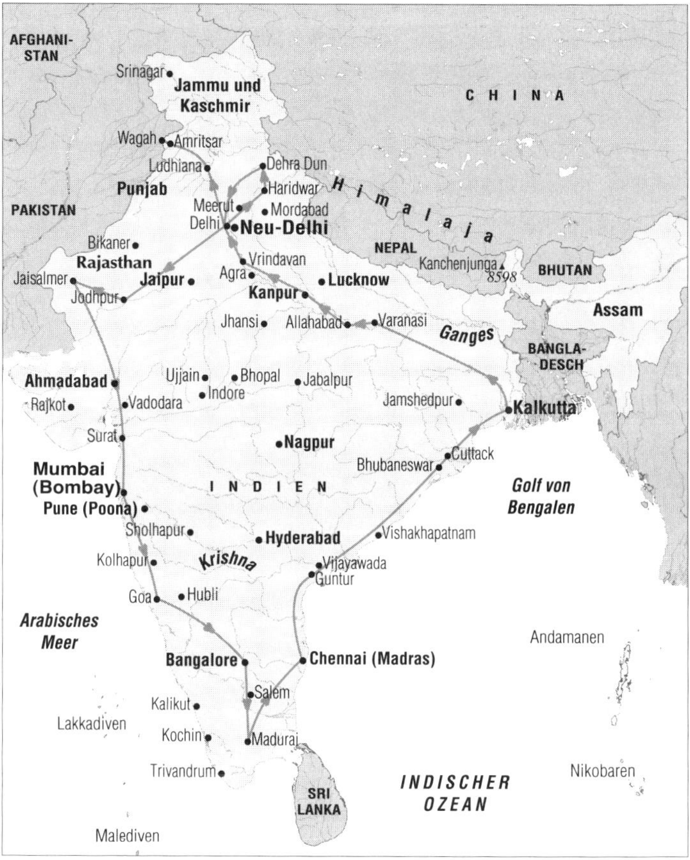

Die Reiseroute des Autors durch Indien. Die Reise begann in Neu-Delhi, führte über Rajasthan, Bombay und das südliche Indien hinauf nach Kalkutta. Von dort aus entlang dem Ganges nach Kanpur und weiter bis nach Delhi, Haridwar und Amritsar.

Vorwort

Wer Indien verstehen will, muss eine lange Reise durch Zeit und Raum auf sich nehmen.

Diese Worte stammen nicht von mir, sondern von Nehru. Jawaharlal Nehru war Indiens erster Premierminister. In seinem umfangreichen Buch *Entdeckung Indiens* nahm er seine Leser auf eine solche Reise mit. Doch Nehrus Werk entstand vor über sechzig Jahren, und wie viel Wasser ist seitdem nicht den Ganges hinabgeflossen?

Dieses Buch, 1999 erstmals erschienen, hat ein bescheidenes Ziel. Es schildert die Erlebnisse eines Menschen, der versucht hat, Nehrus gutem Rat zu folgen, beansprucht jedoch nicht, Indien wirklich verstehen zu wollen. Wer tut das schon? Die Inder selbst räumen ein, ihrem Land teils mit Unverständnis zu begegnen – was wenig erstaunlich ist, handelt es sich doch nicht um ein Land im herkömmlichen Sinn. Es ist ein Kontinent voller Gegensätze, in dem sich die unterschiedlichsten Menschen und Kulturen zu einer Art Schicksalsgemeinschaft verbinden.

Seit Nehrus Buch aus dem Jahr 1939 ist Indiens Bevölkerungszahl von 325 Millionen auf fast 1,1 Milliarden angewachsen. Diese Bevölkerungsexplosion allein ist eine unfassbare Belastung für das Land, und für mich – ebenso wie für viele andere, die Indien besuchen – sind es weder die Schlangenbeschwörer noch das Tadsch Mahal oder die Fürstenpaläste von Rajasthan, die sich unauslöschlich in mein Gedächtnis eingebrannt haben. Es ist das Meer von Menschen. Der Lärm. Die Armut. Die Bettler. Die brennende Sonne. Auch die Resignation – der beharrliche Glaube, dies alles sei vom Schicksal vorherbestimmt.

Für ein Land wie Indien stellt Resignation eine große Gefahr dar. Die Welt kann es sich vielleicht leisten, wenn kleine Länder wie Bhutan, Laos oder Tonga scheitern. Aber nicht Indien. Indien darf nicht scheitern, und tut es dies doch, wird das große Folgen für die Inder selbst, für Asien und die ganze Welt haben.

Seit der Fertigstellung dieses Buches ist in Indien viel Positives geschehen. Die ökonomischen Reformen der letzten Jahre haben die Wirtschaft wachsen lassen, und die hoch entwickelte IT-Technologie sorgt weltweit für Schlagzeilen. Auf immer mehr Gebieten beginnt Indien mit China, einem anderen asiatischen Giganten, zu konkurrieren. Dennoch sollte man sich vor Augen führen, dass die indische Computerindustrie nur eine Million Menschen beschäftigt. Die meisten Inder plagen sich immer noch in der Landwirtschaft, und fast 40 Prozent aller Einwohner über 15 Jahren müssen als Analphabeten bezeichnet werden. Der Weg ist noch weit.

Auf den folgenden Seiten werde ich versuchen, die Stimmung und die Gegensätze des heutigen Indien zu umreißen – so, wie ich sie am Ende des zweiten Jahrtausends, genauer gesagt, im Winter und Frühjahr 1998, erlebt habe. Ich habe 10.000 Kilometer mit Zug, Auto und Bus zurückgelegt, bin vom Himalaja im Norden bis zum Kap Comorin im Süden gereist und habe mit den Sadhus, Indiens heiligen Männern, im Ganges gebadet. Die Wahrheit über Indien werden Sie nicht erfahren, aber ich verspreche Ihnen wichtige Bruchstücke davon.

Tor Farovik
Januar 2006

Jetzt rede ich!

Wer Indien verstehen will, muss auf alle Vorurteile verzichten. Bloß keine Vergleiche! Indien ist anders.
INDIRA GANDHI

Ich bin zum Dieb geworden. In einem unbeobachteten Moment habe ich in der indischen Botschaft in Oslo eine indische Zeitung gestohlen. Während diejenigen, die ein Visum beantragen, Schlange stehen und am Schalter diskutieren, hinter dem sich die Macht verschanzt hat, habe ich das vergilbte Exemplar einfach in die Tasche gesteckt. Meine unschuldigen blauen Augen sind frei von schlechtem Gewissen.

Denn Rache ist süß. Das Land, das sich so gern als die größte Demokratie der Welt bezeichnet, hat Besuch von Journalisten noch nie geschätzt. »Was wollen Sie in Indien? Wer finanziert Ihre Reise? Wen wollen Sie treffen? Was für ein Interesse haben Sie an den Kastenlosen? Warum wollen Sie nach Kalkutta? Welchem Zweck dient Ihre Reise?« Der Ton war arrogant. Selbst Inder, die manches gewohnt sind, hat dieses Verhalten schon zur Weißglut gebracht. Aber so ist es nun mal mit der Macht. Sobald man sie mit einem Schreibtisch, mit Stempeln und Dokumenten sowie einem Schalter mit Glasfenster ausstattet, ist sie nicht mehr zu bändigen.

Doch jetzt ist es so weit. Ich bin unterwegs. Die Air India befördert mich 11.000 Meter über dem Erdboden. Unter mir zieht Afghanistan wie ein gemächlicher Kinofilm vorüber. Es ist an der Zeit, mein Diebesgut aus der Tasche zu holen. Jede einzelne Seite riecht nach Curry und Koriander, und das Porträt des Politikers in der Mitte ist mit Schokolade verschmiert. Aber was macht das schon, wenn sich der Eunuch Kali in all seiner Pracht offenbart?

Der Korrespondent der Zeitung war in Patna, der Hauptstadt des Bundesstaats Bihar:

> Der Eunuch Kali ist sehr aufgekratzt und begegnet mir in der Türöffnung wie ein rolliger Kater im Frühling. »Setzen Sie sich!«, sagt sie.[1] »Wissen Sie was?«, fährt sie fort. »Neulich klopfte ein bekannter Politiker an meine Tür und bot mir zehn Lakhs [etwa 30.000 Euro] an, falls ich mich zurückziehe. Aber Kali will kein Geld. Kali will handeln! Mich wollen sie haben.«

Die schneebedeckten Berge des Hindukusch sind wunderschön! Afghanistan ist ein atemberaubendes Land. Eis und Schnee scheinen für alle Ewigkeit in der Sonne zu glitzern, weite Täler erstrecken sich gen Norden und Osten, das Koh-i-Baba-Gebirgsmassiv strebt in all seiner Wildheit dem Himmel entgegen, und eine menschenleere Schlucht verliert sich in südliche Richtung. Warum hat man Krieg geführt in diesem Land?

> »Die Leute sagen, wir Eunuchen hätten keinen Unterleib«, fährt Kali fort. » Meinetwegen, aber was ist wichtiger – Unterleib oder Gehirn? Alle Mitglieder der Nationalversammlung haben meines Wissens einen Unterleib. Doch es fehlt ihnen das Hirn, und hirnlose Menschen können ein Land wie Indien nicht regieren. Sehen Sie sich nur um, dann wissen Sie, was ich meine. *India needs brains! That's what I'm telling you!*«
>
> »Nur Kali kann Indien retten«, murmelt einer der anderen Eunuchen.
>
> »Ja«, stimmen die anderen Eunuchen im Chor ein. »Nur Kali kann Indien retten.«

---

1 Die meisten indischen Eunuchen bevorzugen die weibliche Anredeform.

Steht es wirklich so schlecht um Indien? Kann das Land nur von Kali gerettet werden?

Wieder einmal werden die Bürger der größten Demokratie der Welt an die Urnen gerufen. Die Regierung hat Neuwahlen ausgeschrieben. Subhas Pani, der stellvertretende Vorsitzende der Wahlkommission, berichtet, die Vorbereitungen liefen bereits auf Hochtouren. Am Wahltag sollen den 602 Millionen registrierten Wahlberechtigten 840.000 Wahllokale und vier Millionen Wahlhelfer zur Verfügung stehen. Und da an diesem Tag sowohl die Nationalversammlung als auch die Parlamente der einzelnen Bundesstaaten gewählt werden sollen, bewerben sich insgesamt 14.000 Kandidaten. Einer von ihnen ist Kali.

»In einigen südlichen Bundesstaaten könnten Probleme entstehen«, warnt Subhas Pani und verweist auf die Kandidatennamen C. P. Joy , P. S. Joy, P. J. Joy, J. P. Joy und A. J. Joy. Auf derselben Wahlliste finden sich überdies die Namen M. V. Mani, K. V. Mani und Mrs. Mani. Doch im Grunde stellt die Vielzahl ähnlicher Namen Indien ein gutes Zeugnis aus, denn in der Schar hoffnungsvoller Kandidaten finden sich neben pensionierten Generälen und Botschaftern auch Rikschafahrer, Schuhmacher, Filmschauspieler, unzählige Cricketstars, frühere Gangster, ein Zwerg und eine der Führungsfiguren der Internationalen Gesellschaft für Krishna-Bewusstsein.

Die armen Wähler, früher war es einfacher. Nach Erlangung der Unabhängigkeit hatte Indien über viele Jahre hinweg praktisch nur eine Partei: die Kongresspartei. Die Partei Nehrus und Gandhis. Die Partei des gesamten Volkes. Eine Partei, die den Unabhängigkeitskampf geführt hatte und allen Gutes wollte. Doch dann geschah, was so oft geschieht: Die Partei des gesamten Volkes degenerierte und verwandelte sich in eine Partei der Volksfeinde. Inzwischen ist alles in Bewegung geraten. Sieben nationale und 39 regionale Parteien stehen in Konkurrenz zueinander. Geschehen kann alles.

Für die Hälfte der Wähler – die Analphabeten – hat Subhas Pani einen guten Rat: Prägt euch die Symbole der Parteien ein, die ihr wählen wollt! Sonst wird ein heilloses Durcheinander entstehen. Und denkt daran, dass die Wahl geheim ist! Kein Gedrängel in der Wahlkabine! Keine Handgreiflichkeiten! Einer nach dem anderen!

Für die Wähler in Bihar, die Kali wählen können, ist die Sache klar: Er kandidiert für die neu gegründete Partei, die Partei setzt sich für eine Reform des Rechtswesens ein, und das Symbol auf den Wahlzetteln ist kein Geringerer als Kali selbst.

Den Hindukusch habe ich hinter mir gelassen. Jetzt überquere ich den Indus. Der Fluss, nach dem Indien benannt ist, entspringt dem tibetischen Berg Kailash und windet sich gleich einer silbernen Schlange dem Meer entgegen. Vor 4000 Jahren entstand entlang dem Indus eine hoch entwickelte Zivilisation, die über 2000 Jahre Bestand hatte, bevor sie von Missernten und Überschwemmungen heimgesucht wurde. Eine der großen antiken Hochkulturen versank im Schlamm. Derzeit sind Archäologen damit beschäftigt, die Zeugnisse dieser Hochkultur wieder ans Tageslicht zu befördern. Doch jetzt erwartet mich das neue Indien. Knapp eine Milliarde Menschen, unter ihnen zahlreiche Eunuchen.

Vielleicht auch Kali.

Die Schöne und das Biest

Im Jahr 2001 wird Neu-Delhi die schlimmsten Slums der ganzen Welt haben.

BÜRGERMEISTER MADAN LAL KHURANA

Edwin Lutyens hieß der Mann, der 1913 beauftragt wurde, eine völlig neue Stadt zu entwerfen: Neu-Delhi. Die Koffer wurden im Lauf eines Nachmittags gepackt, und noch am selben Abend saß Lutyens im Zug von London nach Southampton. Einem günstigen Schicksal war es zu verdanken, dass am nächsten Vormittag das Passagierschiff *Imperial Glory* Kurs auf Indien nehmen sollte.

Über 200 Jahre lang war Kalkutta die Hauptstadt von Britisch-Indien gewesen. Doch jetzt benötigten die Briten eine neue und größere Metropole – eine Hauptstadt, die »tausend Jahre« Bestand haben sollte. Dieses Vorhaben wurde am 12. Dezember 1911 auf einer der pompösesten Veranstaltungen der Weltgeschichte bekannt gegeben. Auf einer kahlen Fläche außerhalb von Delhi veranstaltete das britische Imperium ein königliches *Durbar*. Anwesend waren König George V. und Königin Mary, 562 mit Juwelen behängte indische Fürsten in Begleitung von durchschnittlich 5,8 Frauen, 300.000 Gäste aus aller Welt, ein Heer von Bediensteten, 1500 Elefanten, 800 Kamele und 22 eingesperrte Tiger. In seiner Rede erklärte der König, die neue Hauptstadt solle »mit größter Liebe und Umsicht« gebaut werden. Auf dem Parkplatz, der die Größe von vier Fußballfeldern hatte, blinkte nur eine einzige Marke: Rolls-Royce.

Als das Schauspiel vorüber war, sagte der König, dies sei der größte Moment seines Leben gewesen.

Zwei Jahre später traf Chefarchitekt Edwin Lutyens ein. Während seiner zwanzigjährigen Karriere hatte er unzählige Schlösser und herrschaftliche Gebäude entworfen. Außerdem hatte er sich als passionierter Frauenbewunderer einen Namen gemacht. Eine Eigenschaft, die ihm noch zugute kommen sollte, denn je weiter die Arbeit voranschritt, desto mehr neue Probleme kamen auf, die mit Verstand, Taktgefühl und Liebe gelöst werden mussten. Das Verhältnis zur Frau des britischen Vizekönigs, Lady Hardinge, sollte sich in dieser Hinsicht als überaus wichtig erweisen. Die Lady wollte ständig ein Wörtchen mitreden, doch in der Regel setzte Lutyens seinen Willen durch.

Lutyens träumte davon, eine Hauptstadt zu entwerfen, die »das Streben des Imperiums nach vollkommener Harmonie« widerspiegelte. Auf einer kurzen Rundreise durch Indien gelangte er zu der Überzeugung, dass die verschnörkelte indische Architektur keine brauchbare Vorlage abgebe. Die Gebäude sollten repräsentativ, aber schnörkellos sein. Er plante breite Boulevards, große Festplätze und zahlreiche Parks. Neu-Delhi sollte die größte und schönste »Gartenstadt« der Welt werden!

Dann begann die Arbeit: In der sandigen Einöde südlich von Alt-Delhi stürzten sich 30.000 Arbeiter und 3500 Steinmetze in einen täglichen Kampf, der achtzehn Jahre dauern sollte. Marmor und Sandstein in den unglaublichsten Farben wurden aus allen Teilen des Landes herangekarrt. Doch nach Beendigung der Arbeiten 1931 war Lutyens Traum wahr geworden. »Es ist vollbracht«, erklärte er.

Mittelpunkt der neuen Hauptstadt wurde das monumentale India Gate. Doch kein Gebäude war größer als der *Rashtrapati Bhavan* genannte Wohnsitz des britischen Vizekönigs. Das Bauwerk, heute offizielle Residenz des indischen Präsidenten, besteht aus 340 Räumen und einem Innengarten, der größer ist als der Schlosspark von Versailles. In dieser grünen Idylle schuf Lutyens seinen berühmten Schmetterlingsgarten, in dem spezielle Bäume angepflanzt wurden, die Schmetterlinge anziehen sollten. 420 Gärtner waren für die

Pflege der Grünanlagen zuständig, 50 von ihnen sollten ausschließlich unliebsame Vögel verscheuchen. Die gesamte Dienerschaft zählte insgesamt 2000 Personen.

Die Baukosten für die neue Hauptstadt beliefen sich auf fast 15 Millionen Pfund, damals eine Schwindel erregende Summe. Die Einweihung war beinahe ebenso pompös wie der königliche *Durbar* von 1911. Doch zwei bekannte Freiheitskämpfer verweigerten ihre Teilnahme: Mahatma Gandhi und Jawaharlal Nehru. Beide kritisierten das Bauprojekt als »extravagant« und »obszöne Geldverschwendung«. Doch Lutyens, inzwischen ein alter Mann, gab die Kritik umgehend zurück: »Was hat denn Gandhi in den letzten achtzehn Jahren getan? Er hat an einem Spinnrad gesessen und Baumwollkleidung gesponnen. Wir haben in dieser Zeit die schönste Stadt der Welt gebaut. *Doesn't that make a big difference?*«

Heute hat sich die Schönheit in ein Ungeheuer verwandelt. Die einstige Gartenstadt, die 70.000 Staatsbedienstete beherbergen sollte, hat seine Gärten zerstört und ist zu einem stinkenden Moloch von elf Millionen Einwohnern geworden. Die Luft ist abgasgesättigt, altertümliche Autos und Motorräder, Rikschas und Ochsenkarren kämpfen sich durch die Straßen.

An Laternenpfählen und Hauswänden werben die Politiker um ihre Wähler. Auf einem Wahlplakat verspricht ein Sikh mit Turban und mächtigem Bart, Indien zu retten. Ein anderer, ein früherer *Dacoit* (ein rechtloser Verbrecher), will die Kriminalität gleich vollständig abschaffen. Ein Dritter, ein gütig aussehender älterer Herr, der sich Atal Bihari Vajpayee nennt, garantiert Wohlstand für alle.

Ich frage mich, wie Kali sich geschlagen hat. Hat er genügend Stimmen bekommen? Die Zeitungsverkäufer, meist Jungen im Vorschulalter, kleben an den Autoscheiben, als hätten sie Saugnäpfe. Die Kleinsten müssen sich auf die Zehenspitzen stellen, um das

Fenster zu erreichen. In der Hoffnung, Neues über den ehrgeizigsten Eunuchen Indiens zu erfahren, kaufe ich die Zeitung *The Hindu*. Doch ich werde enttäuscht. Keine Neuigkeiten aus Patna; die Zählung der Stimmen ist immer noch nicht abgeschlossen.

Hingegen lese ich einen Artikel über den auf Umweltfragen spezialisierten Rechtsanwalt Mahesh Chandra Metha, der sich auf dem bepflanzten Mittelstreifen der Mandir Marg, einer der verkehrsreichsten Straßen der Stadt, hat ablichten lassen. Metha ist eine elegante Erscheinung, groß gewachsen und kräftig, mit schwarzen Haaren und gepflegtem grauen Bart. Aus demonstrativem Protest gegen die Luftverschmutzung hat er seinen weißesten Anzug angezogen und streckt mit der Rechten einen schweren Ziegelstein dem schwarzen Himmel entgegen. »Neu-Delhi«, sagt er, »liegt im Sterben. Bald wird die Hauptstadt ein weiteres Mal umziehen müssen, und es muss schnell gehen, ehe wir alle ersticken …«

Metha ist nicht irgendwer: 1982 wurde er zum ersten Anwalt in Indiens unendlich langer Geschichte, der eine Umweltsache vor das Oberste Gericht brachte – und gewann. Seit 1983 hat er die Schließung 2000 umweltschädlicher Unternehmen erzwungen, von denen 100 für die unmittelbare Bedrohung des Tadsch Mahal, eines der schönsten Bauwerke der Welt, verantwortlich gemacht wurden. Eine ganze Reihe weiterer Prozesse steht an, und sollte sich der Zustand Neu-Delhis nicht rasch bessern, werde er dafür sorgen, so Mehta, dass die Stadt, die Edwin Lutyens einst schuf, komplett geschlossen werde. »Angesichts der unfassbaren Katastrophe, die uns bedroht, bin ich zum Handeln gezwungen. Verliere ich auch nur einen Prozess, wird dies ernste Folgen für Millionen von Menschen haben.«

Glücklicher Edwin Lutyens, der 1946 verstarb, als die Menschen noch frei atmen konnten und die Schmetterlinge durch die Gärten des *Rashtrapati Bhavan* schwirrten.

»*This is Lok Sabha*«, sagt mein Fremdenführer. Das Unterhaus des indischen Parlaments.

Hier proklamierte Premierminister Nehru in einer Augustnacht des Jahres 1947 Indiens Unabhängigkeit. Es war kurz vor Mitternacht, und in der ersten Reihe, nur wenige Schritte vom Rednerpult entfernt, saß Premierminister Nehru und bereitete sich auf die Rede seines Lebens vor. Er hatte keine Zeit mehr gehabt, ein Manuskript zu schreiben, alles war so schnell gegangen. Während Nehru geduldig darauf wartete, dass es Mitternacht würde, saßen die übrigen Volksvertreter mucksmäuschenstill auf ihren Plätzen und bewunderten ihre weißen, frisch gebügelten Baumwollkleider.

Es war eine heilige Stunde, so unschuldsrein und erwartungsfroh, trotz des blutigen Dramas, das sich in den Monaten vor der Unabhängigkeit abgespielt hatte. Eine halbe Million Menschen hatte bereits mit dem Leben bezahlt. Hindus und Muslime hatten sich erbittert bekämpft, und die Sikhs kämpften gegen beide. Nun zitierten einige gewählte Volksvertreter murmelnd aus den heiligen Schriften des Hinduismus, während andere ihren Trost im Koran suchten und die wenigen Sikhs gebeugt über ihrer heiligen Schrift, dem *Adi Granth*, saßen. Nehru hingegen hatte kein Buch, auf das er sich stützen konnte. Er war Agnostiker und vollkommen damit beschäftigt, seine Gedanken zu ordnen.

Doch Doktor Narlikar aus Salman Rushdies Roman *Mitternachtskinder* war anderweitig beschäftigt:

> Es sind neunundzwanzig Minuten vor Mitternacht. Dr. Narlikars Entbindungsheim wird heute Abend mit reduziertem Personal geführt; viele sind abwesend, viele Angestellte, die es vorgezogen haben, die bevorstehende Geburt der Nation zu feiern und heute Abend nicht bei der Geburt von Kindern helfen wollen …

Zwanzig Minuten vergehen mit Aaahs von Amina Sinai, die mit jeder Minute stärker und schneller werden, und schwachen, ermattenden Aaahs von Vanita im Raum nebenan. Das Ungeheuer in den Straßen hat schon zu feiern begonnen, und in Delhi sitzt ein drahtiger, ernster Mann in der Versammlungshalle des Verfassungsgebenden Rates und bereitet sich auf eine Rede vor ... Zwei Kinder bewegen sich geheime Gänge hinab ...

Der drahtige, ernste Mann erhebt sich. Mit heiligem Wasser aus Tanjore benetzt, steht er auf; seine Stirn mit geweihter Asche beschmiert, räuspert er sich. Ohne eine niedergeschriebene Rede in der Hand zu halten, ohne irgendwelche vorbereiteten Worte auswendig gelernt zu haben, beginnt Jawaharlal Nehru: »Vor vielen Jahren trafen wir ein Abkommen mit dem Schicksal, und nun ist die Zeit gekommen, unser Versprechen einzulösen, nicht ganz oder in vollem Maße, aber doch zu einem sehr wesentlichen Teil ...«

Es ist zwei Minuten vor zwölf. In Dr. Narlikars Entbindungsheim ermutigt ein glühender Arzt, unterstützt von einer Hebamme namens Flory, einer freundlichen dünnen Dame, die keine Rolle spielt, Amina Sinai: »Pressen Sie! Fester! ... Ich kann den Kopf sehen ...!«, während im Nebenraum ein Dr. Bose – mit Fräulein Mary Pereira an seiner Seite – die Aufsicht über das Endstadium von Vanitas vierundzwanzigstündigen Wehen führt ...

»Ja, jetzt, nur noch ein Versuch, kommen Sie; ein letztes Mal, und dann ist es vorbei ...!« Frauen jammern und schreien, während Männer in einem anderen Raum schweigen. (...)

Das Ungeheuer in den Straßen hat zu toben begonnen, während in Delhi ein drahtiger Mann sagt: »Um Schlag Mitternacht, wenn die Welt schläft, erwacht Indien zu Leben und

Freiheit ...« Und neben dem Brüllen des Ungeheuers lassen sich zwei weitere Schreie vernehmen, Gekreisch, Gebrüll, Geheul von Kindern, die auf die Welt kommen. Ihr vergeblicher Protest vermischt sich mit dem Getöse der Unabhängigkeit, das safrangelb und grün in der Luft hängt ... »Es kommt ein Augenblick, wie es ihn nur selten in der Geschichte gibt, da wir vom Alten zum Neuen schreiten, da ein Zeitalter endet und die Seele einer lange unterdrückten Nation ihren Ausdruck findet ...« – während Ahmed Sinai in einem Zimmer mit einem safrangelb und grün gemusterten Teppich immer noch einen Stuhl umklammert hält, als Dr. Narlikar eintritt, um ihn zu informieren: »Schlag Mitternacht, Sinai Bruder, hat deine Begum Sahiba einem großen gesunden Kind das Leben geschenkt: einem Sohn!«

Das Neugeborene von 1947 ist alt geworden. Männer haben in Indien eine durchschnittliche Lebenserwartung von 62 Jahren. Auf der Vikas Marg sehe ich einen Mann, der einer von ihnen sein könnte. Er ist vollkommen nackt, ebenso nackt wie das Mitternachtskind in Doktor Narlikars Klinik, und wackelt mit unsicheren Schritten am hohen Eisengitter entlang, das die beiden Fahrbahnen voneinander trennt. Wer mag dieser Mann sein, und warum ist das neue Indien nicht in der Lage, ihn zu kleiden?

Vikas Marg, die längste Straße Neu-Delhis, beginnt am internationalen Puppenmuseum, kreuzt den heiligen Fluss Jamuna und erstreckt sich sodann schnurgerade in östliche Richtung. Unter der zwei Kilometer langen Jamuna-Brücke wohnen 15.000 anonyme Menschen, deren Namen in keinem Register auftauchen. Sie besitzen nichts außer ihren löchrigen Planen. Tagsüber, solange noch Hoffnung besteht, sitzen die »nicht existierenden« Mütter mit ausgestreckten Händen am Wegesrand. Sie sind blutjung, doch Indien hat sie in uralte Geschöpfe verwandelt, und hinter ihnen – wie kleine, leblose Bündel – liegen Kinder auf Bergen von Abfall, von der Sonne verdorrt und mit aufgeblähten Bäuchen.

Ich bin auf dem Weg zu Devayani Krishna, einer schönen Frau, die bereits über 80 ist. Sie gehört zu Indiens bedeutendsten Malern und verbrachte ihre jüngeren Jahre mit Pinsel und Palette im Himalaja. Ein gutes Leben. Wenige Menschen, reine Luft und ein blauer Himmel.

Devayanis Mann war ebenfalls Maler. 1939 war er bereits auf dem Höhepunkt seiner Karriere, als er als erster ausländischer Künstler nach Tibet einreisen durfte, um der Krönung des Dalai-Lama beizuwohnen. Entstanden ist das warmherzige Porträt des Vierjährigen mit roten Wangen und großen fragenden Augen.

Mit verhaltenem Lächeln empfängt sie mich am eisernen Tor. Wir haben uns früher schon einmal gesehen, in Norwegen. Ihre grauschwarzes Haar ist im Nacken zu einem Knoten zusammengebunden. Ihr schmächtiger Körper ist in einen *Salwar Kameez* gehüllt, außerdem trägt sie eine hübsche Weste aus Kaschmir. Sie wohnt in einem geräumigen zweistöckigen Haus in der Bharati Artist Colony – ein missverständlicher Name. Denn hier wohnen auch Ärzte, Architekten, Ingenieure und Rechtsanwälte. Kurz gesagt, die Mittelschicht. Eine schöne, gepflegte Gegend, an indischen Maßstäben gemessen. Ganz in der Nähe befindet sich ein kleiner Park, in dem die Kinder nach der Schule Cricket spielen. Die Gärtnerei am Rand des Parks besucht Devayani so oft wie möglich; in ihrem eigenen Garten stehen zahlreiche braune Töpfe mit blühenden Pflanzen.

Nach dem Begrüßungsmahl (verschiedene kleine vegetarische Gerichte mit Fladenbrot) öffnet Devayani eine große Kiste, die mitten im Zimmer steht. Darin liegen Zeichnungen, Aquarelle und Lithografien – künstlerische Arbeiten aus einem langen Leben. Ihr Stil bewegt sich an der Grenze zwischen dem Figurativen und dem

Abstrakten. Die Linienführung ist ebenso entschieden wie filigran, scheint jedoch aus einer anderen Welt zu kommen und erinnert an die lang gestreckten Täler des Nordens.

»Ein Bild muss atmen«, sagt Devayani, »und voller Musik sein.«

Als die Bharati Artist Colony in den frühen siebziger Jahren gegründet wurde, handelte es sich um eine öde Fläche außerhalb von Neu-Delhi. Heute kämpft die kleine Kolonie um ihr junges Leben, weil ihr genauso wenig Luft zum Atmen bleibt wie dem Rest von Lutyens Stadt. Jahr für Jahr legt sich ein weiterer Slumgürtel um die wuchernde Metropole. Ein aufgewühltes Meer von Armut und Erniedrigung, das von sieben Millionen Menschen gebildet wird. *Sieben von elf Millionen Menschen.* »Bald wird Neu-Delhi die größten Slums der ganzen Welt haben«, warnte schon vor Jahren Bürgermeister Madan Lal Khurana. Mindestens 1400 Menschen drängen täglich von den Dörfern in die Stadt, deren »Strukturen« zu mindestens einem Drittel ohne Genehmigung entstanden sind.

Um diesen Wildwuchs besser erkennen zu können, hat die Stadt die monatlichen Aufnahmen eines amerikanischen Satelliten abonniert. Bilder, die bei K. J. Alphons, dem Chef der *Delhi Development Authority*, einen gewaltigen Tatendrang ausgelöst haben.

»Im Lauf der letzten achtzehn Monate habe ich 10.000 Gebäude abreißen lassen und 180 Hektar Land zurückerobert«, sagt er. Alphons glaubt daran, mit seinen Bulldozern Wunder bewirken zu können, und wo die Armen schließlich bleiben, geht ihn nichts an.

Bürgermeister Khurana scheint da schon pessimistischer zu sein, auch wenn er betont, täglich den Tempel zu besuchen.

Mein Freund Narendra sah sich 1994 gezwungen, aus Lutyens Stadt zu flüchten, die tausend Jahre Bestand haben sollte. Seine vierjährige Tochter hatte Atemprobleme. Die Familie kaufte eine teure Wohnung in Vasant Kunj, einem nagelneuen Vorort, der 22 Kilometer südlich vor der Stadt liegt. Als ich die Familie unmittelbar nach ihrem Einzug besuchte, fuhr mich der Taxifahrer zu einer knochentrockenen Steppe an der Grenze zu Rajasthan. Zu beiden Seiten des schmalen Kieswegs wuchsen kleine, gelbliche Kakteen, und in der Ferne flimmerte die Wüste.

Nach einer halben Stunde offenbarte sich Vasant Kunj in seiner ganzen Einsamkeit. Die hübschen, weiß gestrichenen Wohnblöcke waren durch Terrassen, Garagen und kleine Gärten verbunden. Blumentöpfe kündeten vom beginnenden Frühling, und auf den asphaltierten Wegen spazierten die Bewohner dieser Wohnanlage mit ihren Einkaufstüten. Einige von ihnen hatten bis zu 250.000 Euro bezahlt, um die Einöde und die Stille genießen zu können.

Und was ist heute aus Vasant Kunj geworden?

Erneut empfängt mich Narendra auf der Schwelle seines Hauses ebenso gastfreundlich wie bei meinem ersten Besuch 1994, und wie damals widmen wir uns stundenlang den Tafelfreuden. Doch den Beigeschmack werde ich nicht los – nicht wegen des Essens, sondern weil Vasant Kunj inzwischen von Slums umgeben ist. In Tausenden von Papp- und Bretterbuden hausen unzählige Menschen und haben das einstige Glück der Siedlungsbewohner in Depression verwandelt.

Auf Narendras Wohnzimmertisch liegt die Tageszeitung. Darin finde ich die Notiz über eine Tragödie, die sich in den Slums von Vasant Kunj zugetragen hat: Fünf Kinder im Alter zwischen zwei Monaten und acht Jahren sind bei einem Brand ums Leben gekommen. Ein Bretterverschlag begann um sechs Uhr morgens zu brennen, als die Eltern bereits zur Arbeit gefahren waren. Als sie später nach Hause kamen, fanden sie die verkohlten Kinderleichen.

»So etwas passiert hier ständig«, sagt Narendras Frau, während sie das Dessert auf den Tisch stellt.

Draußen ist es dunkel geworden, die Slumbewohner haben sich zur Ruhe begeben.

Nach Erlangung der Unabhängigkeit wuchs die indische Mittelschicht für mehrere Jahrzehnte nur langsam. Indien ächzte unter der ausufernden Bürokratie und sowjetisch inspirierten Fünfjahresplänen. Die jährliche Wachstumsrate lag bei drei Prozent, von manchem Experten höhnisch als *hindu growth rate* bezeichnet – offenbar traute man den Hindus nicht mehr zu.

Doch dann kamen die neunziger Jahre. Die Zeiten Nehrus und Gandhis waren vorbei. Neue Kräfte übernahmen und vertrauten den Mechanismen des Marktes. Wie durch einen Zauberstreich stieg die jährliche Wachstumsrate auf sechs bis sieben Prozent. Die Reichsten feierten die neue Zeit, indem sie mit ihren Privatjets nach London, Paris oder New York flogen, während sich die Mittelschicht mit ihren Sparkonten bei der Bank of India ins Geschäftsleben stürzte.

Das Ergebnis war ein bedingter Erfolg. Die Mittelschicht entwickelte sich weiter und wuchs auf heute zirka 250 Millionen Menschen an. Doch für die große Mehrheit der Bevölkerung hat sich nichts geändert. Und nicht nur das. Diese Mehrheit wächst *schneller* als die Mittelschicht und droht die indischen Großstädte – von Neu-Delhi im Norden bis Chennai im Süden – zu ersticken.

Dies ist Indiens bittere Realität:

Die Bevölkerungszahl steigt jährlich um 18 Millionen an. Im Jahr 2049 wird das heute rund eine Milliarde Einwohner zählende Land 1,6 Milliarden Menschen ernähren müssen.

Eine Schwindel erregende Herausforderung, doch das Ministerium für Familie und Gesundheit lässt sich nicht schrecken. Heute soll in Neu-Delhi der Weltgesundheitstag begangen werden, und das Ministerium hat in der *Times of India* eine halbseitige Annonce geschaltet, um zu einer großen Veranstaltung einzuladen. Auch der Minister wird eine Rede halten. Ärzte und Krankenschwestern werden allen Gästen den Blutdruck messen, Vitamine, Kondome und Antibabypillen austeilen und gute Ratschläge geben.

Ort: Das Ministerium für Familie und Gesundheit, Kotla Road, gegenüber dem Sundari College. Zeit: 11.00–17.00 Uhr.

Zwei Handwerker errichten gerade eine kleine Bühne, als ich den Vorplatz des Gebäudes betrete. Eine dritte Person, ein älterer Mann mit nacktem Oberkörper, kämpft vor der Bühne mit dem Zusammensetzen eines Rohrstuhls. Der Anzahl der Stühle nach zu urteilen, werden über zwanzig Gäste erwartet. Eine apathisch wirkende Frau wirbelt mit ihrem Besen ein wenig Staub auf. Ich komme zehn Minuten zu spät, doch wo sind der Minister und die übrigen Redner, wo die Ärzte und Krankenschwestern? Sollte die Veranstaltung nicht um elf Uhr beginnen?

Ich frage die Frau mit dem Besen.

»Veranstaltung?«

Sie sieht mich verwundert an und deutet mit dem Besen in Richtung Eingang. Ich verstehe, was sie mir sagen will: »Fragen Sie den Veranstalter, nicht mich.«

Auf der Eingangstreppe erscheint eine angespannte, aber freundliche Frau, die sich als leitende Ärztin entpuppt. Lächelnd entschuldigt sie sich dafür, dass die Veranstaltung ein wenig später beginnen wird. Bis es so weit ist, will sie mir die kleine Ausstellung zeigen, die das Ministerium unter dem Banyan-Baum aufgehängt hat. Sie handelt von den verschiedenen Stadien einer Schwangerschaft, der Geburt sowie dem ersten Lebensjahr des Kindes. Wir schlendern von Tafel zu Tafel. »Richtige Ernährung ist wichtig«, sagt die Ärztin, »nach der Geburt sollte man nichts Schweres heben« und »das Kind muss in den ersten drei Monaten gestillt werden«. Währenddessen wirbelt die Frau mit dem Besen riesige Staubwolken auf. Im Toreingang zur Kotla Road stehen zwei rundbäuchige Frauen im Sari, die verwunderte Blicke auf die Uhr werfen.

Als die Führung vorbei ist, fragt die Ärztin: »Möchten Sie vielleicht eine Tasse Tee?«

»Danke, gern, aber wann beginnt denn die Veranstaltung?«

»Um zwölf. Wir haben sie um eine Stunde verschoben.«

Ich setze mich mit meiner Teetasse unter den Banyan-Baum, während die Handwerker auf dem Vorplatz die letzten Bretter für die Bühne zusammenzimmern. Als sie fertig sind, werfen sie die Schachtel mit den übrig gebliebenen Nägeln einfach auf die grüne Wiese. Es ist fünf vor zwölf, und tatsächlich erscheinen in der Ferne vier kräftige Männer, die ein Rednerpult tragen. An dessen Vorderseite ist ein großes Schild angebracht: *Central Health Education Bureau, DGHS, Ministry of Health & Family Welfare*. Über dem Text prangt das Symbol des Ministeriums, eine rote Rose. Irgendwas liegt in der Luft. Der Weltgesundheitstag wirft seine Schatten voraus. Fehlen nur noch der Minister, die leitenden Mitarbeiter, Ärzte, Krankenschwestern und das Publikum.

Um Punkt zwölf fragt einer der Pultträger, wo eigentlich die Lautsprecher geblieben seien. Der Minister für Familie und Gesundheit werde sich doch an einem solchen Tag nicht ohne Mikrofon und Lautsprecher Gehör verschaffen können. Die anderen kratzen sich am Hinterkopf, während ihnen der Schweiß über die Stirn rinnt. Im Grunde ist es auch Zeit für eine kleine Pause. Das Thermometer zeigt 28 Grad. Es ist schon nach zwölf. Vielleicht sollte man sich unter dem Banyan-Baum ein wenig ausruhen.

»*It's very hot*«, sagt einer von ihnen. Er gähnt unüberhörbar, lässt sich langsam nieder und lehnt den Kopf gegen eine der langen Luftwurzeln.

»*It's a sunny day*«, fügt ein anderer hinzu.

»Und die Veranstaltung?«, frage ich. »Fängt sie denn nicht bald an?«

»Heute«, bekomme ich zu hören. »Irgendwann im Lauf des Tages wird sie stattfinden.«

»Aber wann?«

Die Männer werfen sich fragende Blicke zu. Da sie sich nicht sicher sind, empfehlen sie mir, mich an die Rezeption zu wenden. Dort stoße ich auf den Arzt Arjun, der hellauf begeistert darüber ist, dass ich Norweger bin. Er hat einmal das Sunnås-Krankenhaus in der Nähe von Oslo besucht, um sich die Therapiemaßnahmen für Opfer von Verkehrsunfällen anzusehen. »Was für ein schöner Ort«, sagt er. *»A pleasant view to the Oslo fjord. But uhhh, it was too cold!«* Dann teilt er mir mit, dass der Beginn der Feierlichkeiten zum Weltgesundheitstag auf 14.00 Uhr verschoben wurde. Es habe »Komplikationen« gegeben.

»Gehen Sie ruhig was essen in der Zwischenzeit. Hier in der Gegend gibt es viele Gelegenheiten. Kommen Sie um 14.00 Uhr wieder, aber denken Sie dran: Seien Sie pünktlich!«

Der Sekundenzeiger nähert sich 14.00 Uhr, als ich anderthalb Stunden später zurückkehre. Auf dem Vorplatz ist ein lautes Knistern zu hören. Mehrere Männer testen die Lautsprecheranlage. Einer von ihnen spricht in das Mikrofon – »eins, zwei, drei ... eins, zwei, drei« –, während ein anderer die Lautstärke zu regulieren versucht. Eine dritte Person fummelt an den Kabeln herum, und ein Vierter macht sich am Verstärker zu schaffen. Die lethargische Frau, die bislang den Platz gefegt hatte, wischt nun die Rohrstühle mit einem rosafarbenen Lappen ab.

Unter dem Banyan-Baum steht der norwegenfreundliche Arjun.

»Wie war das Essen?«, fragt er.

»Wunderbar, und jetzt geht's doch sicher gleich los, oder?«

»Ganz bestimmt. Aber wir können nicht beginnen, ehe der Minister seine Eröffnungsrede gehalten hat, und der ist in einer Sitzung.«

Ein paar Meter vom Baum entfernt, in einem gelben Zelt, hat eine junge Frau in weißem Kittel und mit einem Stethoskop um den Hals einen kleinen Tisch aufgestellt. Es muss sich um eine Ärztin oder

Krankenschwester handeln. Auf der Tischplatte liegen ein Blutdruckmessgerät, verschiedene Tablettenschachteln und ein Wattebausch. Alles fein säuberlich angeordnet und zum Einsatz bereit. Vor dem Tisch steht gesenkten Kopfes eine schwangere Frau zusammen mit ihrer kleinen Tochter.

»Diese Frau möchte den Blutdruck gemessen bekommen!«, ruft die Ärztin oder Krankenschwester.

»Warten Sie!«, ruft Arjun zurück. »Wir haben noch nicht geöffnet. Der Minister ist in einer Sitzung.«

»Aber ...«

Die Frau im weißen Kittel wird langsam ungeduldig. Desgleichen die schwangere Frau mit ihrer Tochter.

»In Ordnung«, gibt Arjun nach. »Lassen Sie sie rein, aber machen Sie die Zeltöffnung hinter ihr zu.«

Es tut sich was hinter dem Rednerpult. Mehrere Angestellte des Ministeriums haben sich auf dem Vorplatz eingefunden. Einer von ihnen, ein agiler Mann mit Walkie-Talkie und Zeigestock, gibt irgendwelche Anweisungen. Auch die Ärztin, die mich um elf begrüßt hat, ist aus dem Gebäude getreten. Sie lächelt mich freundlich an und fragt, ob ich noch etwas Tee möchte. Doch ehe ich antworten kann, erscheint eine Horde verschwitzter Männer auf der Bildfläche, die zahlreiche lange, dünne Eisenrohre herbeischleppen. Irgendjemand hat angeordnet, ein Zeltdach über der Bühne zu errichten. Eine weitere Gruppe zerrt an einer widerspenstigen Plane. Das Begegnungszelt!

Es ist kurz vor drei.

»*The minister is coming very soon!*«, sagt eine der weiblichen Direktoren. Sie macht einen kleinen Sprung und klatscht zufrieden in die Hände.

Doch der Minister kommt nicht. Mehrere teils schwangere Frauen im Toreingang drehen sich um und treten den Heimweg an. Die

»Komplikationen« wollen kein Ende nehmen. Die Krankenschwester im Zelt beschließt, ihren Einsatz am Weltgesundheitstag zu beenden. Sie wirft die Broschüren samt dem unbenutzten Wattebausch in einen Pappkarton, der unter dem Tisch steht. Der Rest verschwindet in einer kleinen Tasche. Bald ist das kleine Zelt verschwunden, doch das Begegnungszelt steht.

Um 16.15 Uhr ist alles bereit. Ein Zeltdach spannt sich über der Bühne, das Rednerpult steht an seinem Platz, und die Lautsprecheranlage funktioniert.

Plötzlich knistert es in den Lautsprechern.

»Aus technischen Gründen ist entschieden worden, die Veranstaltung nach drinnen zu verlegen. Gehen Sie bitte ins Hauptgebäude, nehmen Sie die Treppe in den ersten Stock, und begeben Sie sich in den Hörsaal. Die Veranstaltung beginnt in fünf Minuten. Seien Sie bitte pünktlich!«

Die Botschaft wurde vernommen. Hinein, hinauf und hinein. Im Hörsaal haben zirka 30 Angestellte des Ministeriums bereits ihre Plätze eingenommen. Ein Raunen geht durch die Menge, als ich, dieser bleiche Marsmensch ohne Antennen, den Saal betrete und mich unter die Zuhörer mische. Auch ein kleines Kamerateam ist zugegen. Als die Veranstaltung endlich beginnt, haben es nur vier externe Besucher für nötig befunden, der feierlichen Eröffnung des Weltgesundheitstags in Neu-Delhi beizuwohnen. Es ist 16.20 Uhr, und die leitende Ärztin ergreift das Wort.

»Meine Damen und Herren, verehrte ausländische Gäste, liebe Kollegen! Es tut mir Leid, Ihnen mitteilen zu müssen, dass sich der Minister für Familie und Gesundheit außerstande sieht, am Weltgesundheitstag teilzunehmen, da er dringend an einer Konferenz teilnehmen muss. Glücklicherweise hat sich Direktor Bhatia jedoch bereit erklärt, an seiner Stelle ein paar Worte an Sie zu richten. Herzlich willkommen, Direktor Bhatia!«

Das Publikum bricht in einen lang anhaltenden Applaus aus, und Direktor Bhatia, der bereits hinter einem Tisch auf dem Podium Platz genommen hat, lächelt seine Zuhörer freundlich an. Das Lächeln wird nicht geringer, als drei Frauen in wunderhübschen Saris den Mittelgang entlangschreiten. Die Frau in der Mitte trägt ein Tablett mit dampfend heißem Essen, die Frau zur Rechten serviert duftenden Tee, während die Dritte dem Direktor ein parfümiertes, mit roten und gelben Blumen verziertes Tuch reicht. Das Mittagessen des Direktors ist angerichtet! Seine Rede sowie die feierliche Eröffnung des Weltgesundheitstags müssen noch ein wenig warten.

Glücklich und wortlos macht sich der Direktor über das Essen her, während die Versammlung – seine Untergebenen – der Zeremonie mit einer Mischung aus Ehrfurcht und Zufriedenheit beiwohnt. Ein, zwei Minuten vergehen. Dann wird die drückende Stille gebrochen: Wieder treten die drei Frauen in Aktion und verteilen »Lunchpakete« unter den Zuhörern. Jede der braunen Papiertüten enthält eine Dose Cola und eine Banane. Im nächsten Moment hebt ein großes Schnattern und Schmatzen an, Bananenschalen fliegen in alle Richtungen, während die Uhrzeiger sich unerbittlich auf 17.00 Uhr zubewegen.

Um 16.55 Uhr ist die Mahlzeit vorüber. Die Eröffnung des Weltgesundheitstags im zweitbevölkerungsreichsten Land der Erde steht unmittelbar bevor.

Ein satter Direktor Bhatia ist an das Rednerpult getreten.

»Meine Damen und Herren, verehrte Gäste aus dem Ausland, liebe Kollegen! Es ist mir eine große Ehre, den Weltgesundheitstag hiermit zu eröffnen! An einem Tag wie diesem muss unterstrichen werden, wie wichtig die Gesundheit für das Wohlergehen eines Volkes ist. Gesundheit bedeutet fast alles!«

Die fünfzehnminütige Rede wird hauptsächlich auf Hindi fortgesetzt, nur hin und wieder mischen sich ein paar englische Wörter darunter. Der Direktor macht einen entspannten und jovialen Eindruck, und den vereinzelten Lauten der Zuhörer nach zu urteilen, kommt seine Rede gut an. Um 17.10 Uhr – mit nur wenigen Minuten Verspätung – geht der Weltgesundheitstag zu Ende. Der Direktor bedankt sich und erntet stürmischen Applaus, bevor er das Podium verlässt. Doch es folgt noch ein kleines Nachspiel. Erneut schreiten die drei Frauen im Sari den Mittelgang entlang, diesmal, um Direktor Bhatia ein Geschenk zu überreichen: eine hübsch verpackte Schachtel mit roter Seidenschleife als Dank für seinen Einsatz. Der Direktor verneigt sich tief, ehe abermals Applaus aufbrandet.

Der Weltgesundheitstag ist beendet.

Ins Land der Könige

Man atmet auf, aus der christlichen Kranken- und Kerkerwelt in diese gesündere, höhere, weitere Welt einzutreten.
FRIEDRICH NIETZSCHE (1844–1900)

Die Old Delhi Railway Station ist mehr als ein Bahnhof. Unter der gewaltigen Dachkonstruktion aus verrostetem Wellblech und spröden Eisenträgern findet ein täglicher Aufruhr statt, eine Revolution ohne Waffen. Hier, in einem Inferno aus ohrenbetäubendem Metall, kämpfen die Menschen nun schon seit über 100 Jahren um ihre Rechte. Die Reichen beharren auf ihren Privilegien, und die Armen betteln um Almosen. Hier offenbart sich Indien in konzentrierter Form und zeigt sein ganzes Spektrum an Kasten, Religionen, Sprachen, Hautfarben, Kleidern und Nationalitäten. Hier leben Liebe und Hass Seite an Seite. Hass in Gestalt des professionellen Betrügers, Liebe in Gestalt der erschöpften Mutter, die auf einem Lumpenhaufen sitzt und ihr Kind stillt.

Unruhige Männer stehen in langen Reihen vor kleinen Schaltern mit der Aufschrift »Sprechen Sie hier«. An einer der Wände hängt ein Bild des früheren Premierministers Rajiv Gandhi. Mit dezentem Lächeln fordert er die Reisenden auf, etwaige Beschwerden an das Eisenbahnministerium zu richten. »Gute Reise!«, wünscht Rajiv Gandhi, dessen Leichnam 1991 am Ganges verbrannt wurde.

Endlich bin ich an der Reihe – nicht um am Ganges verbrannt zu werden, sondern um »hier« zu sprechen. Doch die Redezeit erweist sich als äußerst kurz. »Sie stehen am falschen Bahnhof in der falschen Schlange«, klärt mich der Mann hinter dem Schalter auf. »Der Zug nach Rajasthan geht zwar von hier aus, aber die Fahrkarte müssen Sie an der *Neu-Delhi* Railway Station kaufen.«

»Warum das?«

»Weil das eben so ist.«

Zu später Stunde am selben Abend bin ich endlich erschöpfter, aber stolzer Besitzer einer Fahrkarte nach Rajasthan. Nachdem ich vom Schicksal eines gewissen Ram Chandra gelesen habe, ziehe ich es vor, mit gültigem Ticket zu reisen. Ram Chandra wurde 1952 festgenommen, nachdem er im Bundesstaat Bihar beim Schwarzfahren erwischt worden war. Leider war der junge Mann nicht in der Lage, das Bußgeld in Höhe von vier Rupien zu bezahlen, also warf man ihn ins Gefängnis. Dort, in einer finsteren, stinkenden Zelle, blieb er grausame 30 Jahre lang. Nur die Ratten besuchten ihn hin und wieder. Man hatte ihn schlichtweg »vergessen«. Während der Haft starben Polizeichefs, Gefängnisdirektoren und -wärter, und schließlich wusste niemand mehr, warum Chandra eigentlich im Gefängnis saß – nicht einmal das Opfer selbst, das inzwischen den Verstand verloren hatte.

In meinem Schlafabteil suche ich Trost in dem Hinweis an der Wand: »Reisende ohne gültigen Fahrschein müssen 500 Rupien Bußgeld bezahlen.«

Hingegen riskiere ich eine Gefängnisstrafe, wenn ich grundlos die Notbremse ziehe. Dies wird mit einem Bußgeld von 10.000 Rupien (ca. 185 Euro) oder bis zu einem Jahr Gefängnis geahndet. Erneut muss ich an Ram Chandra denken und fasse im Stillen einen Beschluss: Ich werde die Notbremse scheuen wie die Pest.

Kenner der Szene sagen, Indian Railways sei ein Wunder. Denn dieser Staatsbetrieb – der größte der Welt mit insgesamt 1,6 Millionen Angestellten – funktioniert tatsächlich. Die Züge mögen nicht ganz so pünktlich sein wie die in Hitlers Deutschland, aber sie sind zuverlässig. Irgendwo in diesem scheinbaren Chaos von Menschen und Metall existiert ein vibrierender Nerv namens Ordnung. Ein

Nerv, der die stählernen Ungetüme stets aufs Neue in Bewegung setzt. So auch den Mandor Express, der ein wenig verspätet in die Frühlingsnacht aufbricht.

Die Geschichte der indischen Eisenbahn begann – um ganz genau zu sein – am 16. April 1853 um 15.35 Uhr.

An sich eine nebensächliche Information, doch weiß ich, dass sie eine unerschütterliche Minderheit von detailversessenen Zugenthusiasten erfreuen wird. In diesem heiligen Moment gelang es britischen Ingenieuren und indischen Heizern, die drei Lokomotiven *Sindh*, *Sultan* und *Sahib* zum Leben zu erwecken, die, mit 14 Waggons im Schlepp und eingehüllt in weißen Dampf, zu ihrer Jungfernfahrt aufbrachen. Die Passagiere bestanden aus britischen Adeligen mit ihren herausgeputzten Frauen und gelangten, den *London Illustrated News* zufolge, in den Genuss eines »fantastischen Erlebnisses«. Auf der zwei Kilometer langen Strecke sei ihnen »erlesener Tee« serviert worden, »die teilnehmenden Damen schienen äußerst glücklich zu sein«.

Warnungen gab es damals zuhauf: »SOLLTE JEMAND SEINEN HUT VERLIEREN, WIRD DRINGEND DAVON ABGERATEN, VOM ZUG ZU SPRINGEN UND DIESEM NACHZULAUFEN.« Und für die indischen Passagiere: »URINIERT WIRD AUSSCHLIESSLICH AUF DEN TOILETTEN.«

1952, ein Jahr bevor *Sindh*, *Sultan* und *Sahib* sich in Bewegung setzten, kam ein junger Engländer namens Frederick Sleigh Roberts nach Indien, um sein Glück beim britischen Kolonialheer zu versuchen. Voller Optimismus ging der 24-Jährige in Kalkutta an Land. Von dort aus wollte er an seinen Bestimmungsort weiterreisen, die nahe der afghanischen Grenze gelegene Stadt Peshawar, die 2200 Kilometer von Kalkutta entfernt liegt. Den ersten Teil der Reise verbrachte er auf einem Kahn, der von einem Dampfboot den Ganges entlanggezogen wurde. Als der Kahn endlich in Benares – dem heutigen Varanasi – anlegte, fühlte sich Roberts fiebrig und elend. Die nächste Etappe musste er bei 45 Grad Hitze auf dem Rücken eines Pferdes zurücklegen. Die letzten 900 Kilometer brachten ihn speziell ausgebildete Träger weiter gen Westen. Vier Träger wechselten sich jeweils ab, getragen wurde wegen der Hitze ausschließlich nachts, ein Fackelträger wies ihnen den Weg. Als der wunderliche Zug schließlich entkräftet in Peshawar ankam, währte Roberts' indische Reise bereits drei Monate!

46 Jahre später verließ ein grauhaariger Frederick Sleigh Roberts Indien als Feldmarschall. Voller Stolz notierte er in seinem Tagebuch, Indien sei aufgrund der britischen Eisenbahningenieure ein »neues Land« geworden. Nun war es möglich, die Strecke zwischen Kalkutta und Peshawar in drei Tagen zurückzulegen.

»Welch ein Sieg für das britische Imperium!«, schrieb der Feldmarschall.

In keinem Land der Welt spielt die Eisenbahn solch eine wichtige Rolle wie in Indien. Das Land verfügt über ein Schienennetz von 56.000 Kilometern, auf denen tagtäglich 10 Millionen Menschen befördert werden. Unter teils chaotischen Bedingungen, gewiss, doch auf die indische Staatsbahn ist Verlass. Wer erster Klasse reist, findet seinen Namen auf einer Liste, die am entsprechenden Waggon angebracht ist. Man muss sich nur durch das Meer von Menschen kämpfen.

Worüber gibt ein indischer Name Auskunft?

Über vieles. Der Name kann die Kaste oder Unterkaste verraten, auf Herkunft oder Religionszugehörigkeit verweisen. Heißt der Mitpassagier Gandhi, gehört er der Kaufmannskaste an. Heißt er Narayanan, hat man es mit einem Kastenlosen zu tun. Diese Ausgestoßenen konnten sich zwischenzeitlich damit trösten, dass ihr Namensbruder 1997 indischer Präsident wurde. Ein Herr Singh ist ein Sikh, und ein Mann namens Mohammed selbstverständlich Muslim. Doch was sollen die übrigen Passagiere mit *mir* anfangen?

Die Männer und wenigen Frauen im Waggon Nr. 10 schielen unruhig zu mir herüber. Schließlich fragt mich ein etwa zwölfjähriger Junge, welcher Kaste ich angehöre.

»Ich? Ich bin kastenlos.«

Ein kollektives Seufzen geht durch den Waggon. »Keine Kaste – der arme Mann!«

Die indische Staatsbahn macht keinen Unterschied zwischen den vier Hauptkasten des Hinduismus und seinen 2200 Unterkasten. Sogar die Kastenlosen werden in Ruhe gelassen. Für wenige Stunden sind wir alle gleich, vollkommen unabhängig von den guten und schlechten Taten früherer Leben, bis der Mandor Express in den Bahnhof von Jodhpur einfährt. Ich will nach Rajasthan, in die »blaue Stadt«. Der Name bezieht sich auf die Farbe der Hauswände. Die Farbenläden in Jodhpur verkaufen nichts anderes als blaue Farbe. Ich weiß nicht, warum das so ist. In Indien liegen die Antworten nicht immer auf der Hand.

Bei der indischen Staatsbahn ist die erste Klasse alles andere als luxuriös: harte Kunststoffsitze mit teils undefinierbarer Fütterung, viele scharfe Eisenkanten und Speichelreste zahlloser Betelkauer – Betel, dieser ganz besondere Saft, der Indien seit jeher rot, braun und lila gefärbt hat. Keine Spur von Blumentöpfen oder Häkeldeckchen, mit denen die sozialistische Eisenbahn in China aufwartet. Schmale Gänge auf der rechten Seite. Kein professionelles Lächeln der Schaffner. Keine Information über staatliche Lautsprecher. Kein Wägelchen mit Kaffee und Kuchen. Nichts – absolut nichts! –, außer der staatlichen Versicherung, morgen sei auch noch ein Tag.

Der Zwölfjährige lässt nicht locker. Pakistan hat Indien soeben eine vernichtende Niederlage im Cricket zugefügt, und die Überschriften der Abendzeitungen sind noch klotziger als üblich.

»Die Pakistaner sind wirklich böse Menschen!«, bricht es aus ihm heraus. »Sie haben uns im Cricket geschlagen, aber mit welchen Mitteln? Sehen Sie selbst!«

Er hebt die Zeitung und zeigt mir einen schwer verletzten indischen Spieler.

»Er hat ganz Recht«, sagt der Vater des Jungen. »Die Pakistaner sind wirklich böse Menschen.«

»Es kann ein Unfall gewesen sein«, wende ich ein.

»Unfall? Wir haben uns den ganzen Tag lang die Szene im Fernsehen angesehen. Fernsehbilder können nicht lügen.«

»Im Gegensatz zu den Pakistanern«, fügt der Zwölfjährige hinzu.

Lange Zeit sitzt er stumm in der Ecke, der sorgfältig gekleidete Mann mit dem braunen Koffer aus Krokodilleder. Er ist Inder, wohnhaft in Großbritannien.

»Warum wollen Sie nicht in Indien leben?«

»Dazu fehlt mir die Zeit«, antwortet er. »Ich habe einfach nicht genügend Zeit, um gegen die Bürokratie und korrupte Beamte anzukämpfen. Im Grunde lebte es sich besser in Indien während des Ausnahmezustands in den siebziger Jahren. Da funktionierte die Gesellschaft noch, und die Züge waren pünktlich.«

Viel mehr kann er nicht sagen, ehe Ashok Gehlot sich nähert. Er ist ein bekannter Politiker der Kongresspartei und zu Beginn der Reise in einen falschen Waggon gestiegen. Während seines langen Wegs durch den Zug haben sich ihm zahlreiche Anhänger an die Fersen geheftet. Er ist in den Fünfzigern, trägt ein weißes, ihn umflatterndes Baumwollgewand und ist so dünn wie Gandhi. Die Männer, die ihm bis an sein Ziel gefolgt sind, möchten wissen, welchen Weg Indien in Zukunft gehen werde, doch Gehlot bittet sie, sich zur Ruhe zu begeben. »Schlaft gut, alle miteinander, doch lasst mich nun in Frieden!«

Früh am nächsten Morgen. Der Mandor Express hat sich mit 70 Stundenkilometern durch die Nacht bewegt. Vor meinem Fenster liegt die cremefarbene Savanne von Rajasthan im Morgendunst. Ein gutes Gefühl, die unendlich lange Reise in diesem sanften Licht zu beginnen, denn vor mir liegt ein Land mit einer Milliarde Einwohnern und einer Fläche, die zehnmal so groß ist wie Norwegen. Es erstreckt sich vom steil abfallenden Himalaja im Norden bis zu den tropischen Palmenstränden im Süden, vom durch Kriege verwüsteten Kaschmir im Westen bis zum einförmigen Ganges-Delta im Osten. In dieser Landschaft der Gegensätze werden Hunderte von Sprachen gesprochen, wenngleich eine wichtiger ist als alle anderen: Hindi. Fast in halb Indien wird Hindi gesprochen. Nur drei Prozent verstehen Englisch.

Rajasthan, das Land der Könige, ist ungefähr so groß wie Norwegen. Doch ansonsten gibt es nur wenige Gemeinsamkeiten. Die Paläste liegen in der Landschaft verstreut wie Sterne am Nachthimmel und regen die Fantasie an.

In der Ferne wird ein schmaler, rot glühender Streifen sichtbar, der im Lauf der nächsten Minuten zu einem Flammenmeer wird. Sonnenaufgang. Für einen Augenblick sieht es so aus, als würde die Savanne in Brand geraten und den Mandor Express zum Schmelzen bringen. Diejenigen, die in den Waggons 1 bis 18 noch nicht wach sind, werden nun von dem zitternden Licht geweckt und fahren aus dem Schlaf wie verschreckt aufflatternde Vögel.

Wir nähern uns Jodhpur. Im Zug macht sich eine erwartungsvolle Stimmung breit. Selbst die blaue Stadt hat ihre Farbe gewechselt. Aus dem Flammenmeer erhebt sich die Festung Mehrangarh wie ein imposanter roter Rubin. Als Rudyard Kipling die Festung vor 100 Jahren erblickte, schrieb er: »Dieses Bauwerk kann nicht von Menschenhand stammen. Es muss von Engeln, Elfen und Riesen geschaffen worden sein.«

Mehrere Stunden später. Ich habe es so gemacht wie alle anderen und den roten Rubin erklommen. Mehrangarh ist die größte Festung in Rajasthan. Meterdicke Mauern und gewaltige Kanonen, die in den Wüstensand zeigen. Auf dem Weg nach oben, an der Eisenpforte, entdecke ich die Abdrücke fünfzehn kleiner Frauenhände. Als der Maharadscha Man Singh 1843 starb, gingen seine fünfzehn Frauen mit ihm in den Tod. Das heißt, sie ließen sich zusammen mit ihrem Herrn und Meister verbrennen. Bei lebendigem Leib.

Inder nennen dies *Sati*. Wer sich gemeinsam mit dem Leichnam des Ehemanns verbrennen lässt, wird mit ewigem Leben belohnt.

Auf dem Weg nach oben passiere ich Rüstkammern und Krönungssäle, tanzende und singende Zigeuner, ein kleines Café. Die Kriege sind Geschichte, die Kanonen verstummt. Das Kriegsgeheul der Soldaten ist vom Plappern der Touristen abgelöst worden.

An der Spitze der Festung, unter dem Lauf einer frisch gestrichenen Kanone, habe ich den besten Blick über Rajasthan. Der Wüstenstaat ist mein, und mir zu Füßen liegt die blaue Stadt. Eine lebendigere Stadt kann man sich nicht vorstellen. Ein Labyrinth nach bester indischer Art, lärmend, fließend, von unbestimmbarem Charakter. Der kühle Wüstenwind trägt die Geräusche der Stadt an mein Ohr: das Feilschen auf dem Gewürzmarkt, das Scheppern aus Tausenden von Küchen und Hinterhöfen, keifende Frauen und spielende Kinder, kämpfende Hunde, Tempelläuten, fromme Gebete, muhende Rinder und leises Gezänk. Kein Gerücht, das in den blau gestrichenen Gassen in Umlauf gebracht wurde, blieb dem Maharadscha Man Singh verborgen. Hier oben pflegten seine Spione zu sitzen, und was sie nicht wussten, war es nicht wert zu wissen.

Der perfekte Ort, um ein wenig zu dösen. Doch dann tritt ein Unbekannter in mein Leben. Ein Kastenloser. Mit der Idylle ist es vorbei.

Er lächelt. Eine ganze Weile lässt er den Blick über die blaue Stadt schweifen. Ein Mann in den Sechzigern mit grauen zurückgestrichenen Haaren, tadellos gekleidet mit seinem beigefarbenen Khakianzug. P. L. Mimroth steht auf seiner Visitenkarte. Er ist Anwalt und Präsident einer Organisation, die sich um die Belange der Kastenlosen kümmert. Seine Wohnung und sein Büro befinden sich in Neu-Delhi, doch er ist ständig auf Reisen. Zum wiederholten Mal ist er nach Rajasthan zurückgekehrt, um alte Freunde und Nachbarn zu besuchen. In seinem Heimatdorf ist er von Haus zu Haus gegangen, hat sich an die Feuerstätten gesetzt und bis tief in die Nacht Gespräche geführt.

»Alles war wie früher«, sagt er. »Die Häuser, die Familien, die Kasten. Sogar der alte Dorfbrunnen war noch derselbe, und nach wie vor wird er den Kastenlosen vorenthalten. Sie müssen immer noch die vier Kilometer entfernte Wasserstelle aufsuchen.«

Seit über 2000 Jahren ist Rajasthan ein Land der Ungerechtigkeit, und im übrigen Indien sieht es kaum anders aus. In der größten Demokratie der Welt leben 160 Millionen Menschen, die keiner Kaste angehören. Dass sie dieselben Rechte und Pflichten haben wie alle anderen Inder auch, ist gesetzlich verankert. Doch die Realität, die Mimroth mir schildert, sieht anders aus. Uraltes Gedankengut lässt sich eben nicht per Dekret ändern, und zu Beginn des dritten Jahrtausends ist das alte Kastendenken so lebendig wie eh und je.

Mimroth setzt sich auf die Lafette der alten Kanone von 1808 und stößt ein tiefes Seufzen aus.

»Gewisse Veränderungen gibt es natürlich schon, vor allem in den Städten. Doch wenn man die Dörfer besucht, die aus Erde und Lehm bestehen ... Jetzt haben wir gerade wieder gewählt in Indien. Die Leute sind zu den Urnen gegangen und haben die Repräsentanten des Volkes bestimmt. Doch hier in Rajasthan wissen die meisten Kastenlosen nicht einmal, wie ein Wahlzettel aussieht. Sie weigern sich, ihr demokratisches Recht auszuüben, oder werden gezwungen, für bestimmte Kandidaten zu stimmen. Auf den ländlichen

Versammlungen und Wahlveranstaltungen müssen sie gebührenden Abstand zu den anderen halten. In vielen Dörfern wird ihnen der Zugang zu den Tempeln verwehrt, und mitunter müssen sie sogar in die Stadt fahren, um sich die Haare schneiden zu lassen.«

Das indische Kastenwesen ist fast ebenso alt wie der Hinduismus. Mimroth ist einer von vielen, die behaupten, das seien zwei Seiten derselben Medaille.

Grundlage dieses Wesens – oder Unwesens – ist die Vorstellung, die Kastenlosen seien wegen Sünden in früheren Leben als Unreine geboren worden. Darum haben sie auch kein Recht, sich zu beklagen. Die Verteidiger des Kastenwesens zitieren gern eine Strophe aus den *Upanishaden*, einer der ältesten Schriften des Hinduismus: »Wer durch sein Verhalten eine Quelle der Freude war, wird im Bauch einer vornehmen Frau wiedererstehen. Wer jedoch Böses tat, muss damit rechnen, von einem bösen, stinkenden Wesen wiedergeboren zu werden – einer Hexe, einem Schwein oder einer Kastenlosen.« In der *Rig Veda*, einer weiteren grundlegenden Schrift des Hinduismus, werden die Menschen in vier Hauptkasten, so genannte *Varnas*, eingeteilt, die sich später in Tausende von Unterkasten, so genannte *Jatis*, aufspalten.

Warum ist Indien so geworden?

Die Beschäftigung mit den Wurzeln der indischen Geschichte ist eine mühselige Angelegenheit. Vieles ist von der feuchten, roten Erde begraben oder vom Wüstensand Rajasthans verwischt worden. Historische Quellen wurden durch Mythen und Sagen ersetzt, von denen die hinduistischen Schriften zeugen.

Doch einiges wissen wir:

Ungefähr 1500 v. Chr. wurde der indische Subkontinent von arischen Stämmen aus Zentralasien und dem Kaukasus bevölkert. Sie kamen in mehreren Wellen und erlangten nach und nach die Vorherrschaft über die Urbevölkerung, von der sie sich bereits äußerlich stark unterschieden. Die arischen Einwanderer, die bereits in verschiedene Klassen und Stände unterteilt waren, besaßen eine hellere Hautfarbe, waren größer und kräftiger als die Ureinwohner. Diese wurden unterdrückt und mehr und mehr in den Süden des Landes zurückgedrängt. Die Eroberer nahmen die beste Erde in Besitz und beherrschten den Handel. In dieser Zeit erfuhr der Hinduismus seine endgültige Ausformung, und natürlich sorgten die Schriftgelehrten dafür, sie den Erfordernissen der Gegenwart anzupassen. Somit erhielt die Gesellschaftsordnung ein religiöses Fundament.

In groben Zügen entstand das Kastenwesen folgendermaßen:

In *Die Gesetze des Manu*, aufgezeichnet vor ca. 2000 Jahren, finden wir die Quintessenz des Hinduismus. Das Buch besteht aus 2685 Geboten und Verboten. Kapitel 1, Vers 1, beginnt so:

»Die Weisen näherten sich Manu, der allein war und meditierte. Sie erboten ihren Gruß, wie es sich geziemte, und sprachen: ›Unterrichte uns, Herr, verständlich und in richtiger Reihenfolge, von den Pflichten der vier Klassen ... Denn du, Herr, bist der Einzige, der wirklich weiß, wie wir uns verhalten sollen in einer Welt, die der Selbstexistierende geschaffen hat.‹«

Manu, »dessen Energie grenzenlos« war, erwachte aus seiner Trance, begann zu sprechen und hörte erst auf, nachdem er alle 2685 Verse wiedergegeben hatte. Doch wer war er? Manu bedeutet »der Weise«, doch ist ungewiss, ob er wirklich gelebt hat. Dessen ungeachtet versenken sich die Hindus nun schon seit 2000 Jahren in Manus Gesetze, um eine Antwort auf die komplizierten Probleme des Lebens zu finden. Zum Beispiel: Was geschieht mit einer Frau, die ihrem Ehemann untreu ist? Darauf antwortet Manu: »Sie soll von Hunden aufgefressen und als Schakal wiedergeboren werden, um von zahlreichen Krankheiten zerrissen zu werden.« Und was geschieht mit einem Menschen, der eine Kuh anpinkelt? Antwort: »Der verliert den Verstand.«

In Manus Welt bildeten die Brahmanen (die Priester), die höchste Kaste. Danach kamen die Herrscher und Krieger (*Kshatriya*), dann die Händler und Bauern (*Vaishya*), und ganz unten rangierte die Dienerkaste (*Shudra*). Außerhalb des Kastenwesens waren die Kastenlosen, die Manu und den Hindu-Priestern zufolge vollkommen rechtlos waren. Die Aufgaben der Kastenlosen beschränkten sich auf das Schlachten von Tieren, das Gerben von Leder, das Leeren von Latrinen, die Beseitigung des Mülls, das Verbrennen der Toten – kurz gesagt, die »unreinen« Tätigkeiten. Sie galten folglich als besudelt und kamen nicht für das Zusammenleben mit den Kastenangehörigen in Betracht. Ihre Behausungen sollten in der Nähe von Leichenverbrennungsstätten sein, in den Bergen oder in den Sümpfen. Sie sollten ausschließlich unter ihresgleichen verkehren. Manus Gesetze schreiben vor, dass Kastenlose nur untereinander heiraten dürfen.

Eine sehr vernünftige Regelung, wie der deutsche Philosoph Friedrich Nietzsche meinte, der ein großer Bewunderer der hinduistischen Theorie von Übermenschen und Untermenschen war. Als Nietzsche gegen Ende seines Lebens die deutsche Übersetzung von *Die Gesetze des Manu* in den Händen hielt, jubelte er ungehemmt: »Hier ist die Aufgabe gestellt, nicht weniger als vier Rassen auf einmal zu züchten: eine priesterliche, eine kriegerische, eine händler- und ackerbauerische, endlich eine Dienstboten-Rasse, die Sudras.«

Über viele Jahre hinweg war Nietzsche mit seinen Vorstellungen vom Übermenschen ziemlich allein gewesen. Endlich bekam er Unterstützung: »Man atmet auf, aus der christlichen Kranken- und Kerkerluft in diese gesündere, höhere, weitere Welt einzutreten. Wie armselig ist das ›Neue Testament‹ gegen Manu, wie schlecht riecht es!«

Bei Manu – wie bei Nietzsche – gilt das Gesetz des Stärkeren, das dem christlichen Grundprinzip der Gleichwertigkeit aller Menschen diametral entgegensteht.

An der Bedeutung der höchsten Kaste lässt Manu keinen Zweifel. Die Brahmanen sind Gottes Vertreter auf Erden. »Ein Mensch ist reiner oberhalb des Nabels. Daher sagte der Selbstexistierende, der Mund sei der reinste Ort des Körpers ... Der Selbstexistierende ließ die Priester aus seinem eigenen Mund kommen und ließ sie das Schöpfungswerk bewachen. Welches lebende Wesen könnte also größer als sie sein?« Manu sagte auch, die Priester sollten »auf jede erdenkliche Art« angebetet werden, auch wenn sie »unerwünschte Handlungen« vollzögen. Und die Fürsten, die weltlichen Herrscher, sollten die Priester respektieren. »Der Wohlstand der Herrscher hängt von den Priestern ab, und der Wohlstand der Priester hängt von den Herrschern ab. Priester und Herrscher haben dieselben Interessen, auf der Erde so wie in der Ewigkeit.«

Mimroth seufzt auf, nicht weil ihn die zunehmende Hitze plagt, sondern wegen der religiösen Traditionen seines Landes.

Laut Statistik verrichten 90 Prozent der Kastenlosen immer noch niedrige Arbeiten. Nur fünf Prozent haben einen gewissen beruflichen Aufstieg geschafft, und noch weniger üben gesellschaftlich hoch angesehene Berufe wie den des Arztes oder Anwalts aus. Doch wie ist Mimroth dies gelungen?

»Durch Glück und harte Arbeit. Mein Vater ist in die Großstadt geflüchtet, als ich sieben Jahre alt war. Er arbeitete hart und ich ebenso. Gute Menschen kreuzten unseren Weg und ermöglichten mir den Schulbesuch und eine höhere Ausbildung. Doch kämpfen musste ich immer.«

»Heißt das nicht, dass scheinbar unüberwindliche Barrieren doch überwunden werden können?«

»Sicherlich. Aber alles hat seinen Preis. Man muss um seine Rechte kämpfen. Jeden Tag, jede Stunde, jede Minute. Umsonst gibt es nichts.«

Mahatma Gandhi hat sich jahrelang unermüdlich für die Kastenlosen eingesetzt. Er nannte sie sogar »Gottes Kinder« – Harijans. Auf seinen Reisen wohnte er hin und wieder bei den Kastenlosen, was in weiten Kreisen Aufsehen und Abscheu erregte. Doch Mimroths großer Held heißt nicht Gandhi, sondern Ambedkar. Dr. B. R. Ambedkar.

»Die meisten Kastenlosen haben ein Bild oder eine Büste von Dr. Ambedkar bei sich zu Hause. Ich selbst besitze eine große Büste von ihm«, berichtet Mimroth.

Ambedkar war der Mann, der Gandhi vorwarf, das Kastenwesen nur halbherzig zu bekämpfen. Im Gegensatz zu Gandhi, der der Händlerkaste (Vaishya) angehörte, war Ambedkar kastenlos. Der Konflikt zwischen Gandhi und Ambedkar spitzte sich in den dreißiger Jahren zu. Ambedkar bestand auf der völligen Abschaffung des Kastenwesens. Doch so weit wollte Gandhi nicht gehen. Das Kastenwesen sei schließlich dem Hinduismus entsprungen und stehe eng mit der Lehre von der Seelenwanderung in Verbindung. Gandhi strebte eine Humanisierung des Kastenwesens an und sprach sich gegen jede Art der Diskriminierung aufgrund von Kaste, Rasse oder Hautfarbe aus.

Mimroth zufolge sei Gandhis Umarmung der Kastenlosen mitunter zur Farce geworden. Er erzählt mir eine Episode aus dem Jahr 1946. Mahatma Gandhi habe damals vorgehabt, in der Kolonie der Kastenlosen in Neu-Delhi zu wohnen. Sobald die Behörden von diesem Plan erfuhren, begannen sie die Kolonie zu säubern. Hunderte von Familien wurden zum Umzug gezwungen. Die alten baufälligen Baracken wurden abgerissen und hübsche Hütten errichtet. Diese waren geräumiger und höher als die alten Behausungen, sodass die Menschen in ihnen aufrecht stehen konnten. Am siebten Tag wurden gewebte Matten vor Türen und Fenster gehängt, und am achten Tag das gesamte Gebiet mit einem Wasserschlauch abgespritzt, um den quälenden Staub zu beseitigen. Am neunten Tag wurde ein nagelneuer hinduistischer Tempel errichtet, die neuen Pfade mit hübschen Ziegelsteinen eingefasst.

Am zehnten Tag traf Gandhi ein. Draußen vor dem Tor standen die Demonstranten. Von Geburt an kastenlos, hatte Gandhi sie nun auch noch heimatlos gemacht.

»Lang lebe Dr. Ambedkar!«, riefen die Armen.

Gandhi presste die Handflächen zusammen, verneigte sich tief und verschwand in seiner neu erbauten Hütte.

»Gandhi war ein guter Mensch«, fügt Mimroth hinzu. »Doch viele seiner Aktionen waren für die Öffentlichkeit bestimmt. Außerdem ist er nicht weit genug gegangen. Es ist einfach inkonsequent, gegen die Diskriminierung der Kastenlosen, aber für das Kastenwesen zu sein!«

Unmittelbar nach der Unabhängigkeit 1947 beschloss die indische Nationalversammlung die Abschaffung jeglicher Diskriminierung aufgrund von Herkunft oder Religionszugehörigkeit. Vor dem Gesetz sollten alle gleich sein. Selbst die Maharadschas mussten abdanken. Im Jahr darauf wurde Gandhi ermordet, während Ambedkar seinen Kampf gegen das Kastenwesen fortsetzte. Und nicht nur das: Premierminister Nehru ernannte ihn zum Justizminister! Zu Beginn der fünfziger Jahre wurde Ambedkar zum Mitbegründer der neuen Verfassung. Die Hoffnungen der Kastenlosen wuchsen. Doch es sollte sich rasch erweisen, dass die alten Traditionen des Hinduismus weit schwerer wogen als die neuen Gesetzesparagrafen.

Die Diskriminierung wurde fortgesetzt. Etwas musste geschehen.

Dann kam der 14. Oktober 1956. Dr. Ambedkar scharte seine Anhänger – 150.000 Frauen und Männer – außerhalb der Stadt Nagpur um sich. Alle waren weiß gekleidet.

»Diejenigen von euch, die zum Buddhismus übertreten wollen, heben die Hände!«

Alle 150.000 hoben die Hände. Die größte Massenkonvertierung in der Geschichte der Menschheit dauerte nur zehn Sekunden. Drei Millionen Menschen folgten diesem Beispiel. Für Buddha sind alle gleich. Keine Kasten. Keine Diskriminierung.

Doch was ist mit Mimroth? Ist er Hindu oder Buddhist?

»Ich bin Buddhist!«, antwortet er. »Das liegt doch auf der Hand!«

Andere Kastenlose sind ebenso kurz entschlossen zum Christentum übergetreten. Doch wie tief gehen ihre Überzeugungen? Glauben sie wirklich an Buddha oder Jesus Christus? »Schwer zu sagen«, meint Mimroth. Er selbst sei durchaus gläubig, erklärt er. Doch für viele sei die Konvertierung vor allem ein Ausdruck des Protests. Sie seien gegen den Hinduismus, hätten aber nur sehr vage Vorstellungen von Buddhismus oder Christentum. Und wie zum Beweis dafür, dass sich alte Gewohnheiten nur schwer überwinden lassen, bleiben sie weiter dem alten Kastendenken verhaftet. Oftmals grenzt man sich erneut voneinander ab. In einzelnen christlichen Kirchen in Südindien sitzen die Kastenlosen für sich in einem bestimmten Kirchenschiff, damit die übrigen Gläubigen ihnen aus dem Weg gehen können.

»Ich denke, das Kastendenken ist heute noch ebenso lebendig wie 1947«, sagt Mimroth. »Das urbane Leben hat natürlich viele Unterschiede verwischt, schon wahr. Doch weiterhin wohnen 80 Prozent der Inder auf dem Land. Fast jeden Tag können wir von neuen Massakern an Kastenlosen lesen, in den letzten Monaten war es ganz fürchterlich. Die Armen, die ihre Rechte einfordern, werden überfallen, verstümmelt und getötet. In einigen Bundesstaaten wie

Karnataka werden die barbarischsten Bräuche aufrechterhalten, ohne dass die Behörden auch nur einen Finger rühren. So gibt es zum Beispiel den Brauch, dass arme, kastenlose Familien eine ihrer Töchter dem Tempelgott verehren müssen. Diese enden dann als Devadasis, als Tempelprostituierte, die von Priestern und anderen auf das Schlimmste missbraucht werden.«

Auch die Sitte, kastenlose junge Mädchen zu Landprostituierten zu machen, zu Jogins, ist immer noch lebendig. Diese Mädchen zwischen fünf und neun Jahren werden gezwungen, sich mit Göttern zu »verheiraten«. Man glaubt, diese Opferhandlung bewahre die Familie vor Krankheiten und anderen Katastrophen. Und sobald diese Mädchen geschlechtsreif sind, werden sie zum Freiwild der übrigen Landbevölkerung. Die Kinder, die sie zur Welt bringen, werden ebenfalls Jogins – auf diese Weise wird das System bis in alle Ewigkeit aufrechterhalten.

In Karnataka findet auch das so genannte Bettale Seva statt. Bei Vollmond werden kastenlose Mädchen zur allgemeinen Belustigung nackt durchs Dorf getrieben. Wenn die Hetzjagd vorüber ist, beginnen die Vergewaltigungen. »Das Kastenwesen hat überlebt«, sagt Rechtsanwalt Mimroth, der 40 Jahre lang durch Indien gereist ist. »Und ich weiß, wovon ich rede!«

Am nächsten Tag erwacht ganz Indien zum wildesten Fest des Jahres. Holi! In Jodhpur wie im Rest des Landes reiben sich die Leute den Schlaf aus den Augen, während sie »Holi, holi!« zueinander sagen, und genau um acht Uhr werden für eine kurze Zeitspanne die 2000 Jahre alten Kastengesetze außer Kraft gesetzt. Genauer gesagt, für magere sechs Stunden. Teilnehmen darf jeder. Wer das nicht will, sollte zu Hause bleiben und die Türen geschlossen halten.

Doch die Kastenlosen wollen! Noch vor Sonnenaufgang stehen sie auf und rühren ihre gefürchteten Mixturen aus Farbpulver und

Wasser zusammen. Mit Eimern und Spritzflaschen bewaffnet, rennen sie in die Stadt. Wer auch immer ihnen zum Opfer fällt – und sei es der Polizeipräsident der Stadt –, er hat kein Recht, sich zu beklagen. Am großen Holi-Tag ist alles erlaubt. Wer so dumm ist, sich hinter das Steuer seines Autos zu setzen, wird angehalten und bekommt einen Eimer mit Farbwasser mitten ins Gesicht. Die Fleischverkäufer auf dem Sadar-Markt haben aus guten Gründen geschlossen. Wenn das Fest um zwei Uhr sein Ende findet, schwimmt ganz Jodhpur in lilafarbenem Wasser. Keiner, der sich hinausgewagt hat, kommt trocken nach Hause.

Doch wie hat der Maharadscha von Jodhpur den Tag verbracht? Als die Briten 1947 Indien verließen, bestand das Land aus zwei getrennten Teilen. Der eine Teil, der zwei Drittel der Fläche beanspruchte, unterstand der britischen Kolonialverwaltung. Das restliche Drittel bestand aus 565 unabhängigen Fürstentümern. Jodhpur war eines von ihnen. Die Maharadschas benahmen sich wie absolutistische Alleinherrscher. Von außenpolitischen Entscheidungen abgesehen, durften sie tun und lassen, was ihnen gefiel. Aufsässige Untertanen riskierten, in den Folterkammern des Maharadschas ihr Ende zu finden. Im Lauf der Jahrhunderte ließen die Maharadschas vom Himalaja im Norden bis zum Indischen Ozean im Süden ihre imposanten Bauwerke errichten. Per Dekret trommelten sie Zehntausende von Arbeitern zusammen, die für zwei Mahlzeiten täglich von Sonnenaufgang bis Sonnenuntergang schuften mussten. Der Maharadscha selbst beaufsichtigte die Bauarbeiten. Faulheit oder Diebstahl konnten mit dem Tod bestraft werden.

In den kühlen Palästen der Maharadschas wurden Singvögel oft mit Diamanten geschmückt, und die Halsbänder der Hunde bestanden zumeist aus Gold. Als der Prinz von Wales Indien im Jahre 1875 einen Besuch abstattete, war er geradezu bestürzt über den fürstlichen Reichtum. »Und ich habe geglaubt, ich wäre reich!«, rief er aus und griff sich an die Stirn. Überall wurden dem Prinzen goldene Pferdekutschen zur Verfügung gestellt.

Später, als motorisierte Autos erfunden wurden und der Name Rolls-Royce alle anderen überstrahlte, gingen massenhaft Bestellungen der Maharadschas bei der englischen Nobelmarke ein. Und gleichgültig, ob sie sich in goldenen Kutschen, in einem Rolls-Royce oder auf dem Rücken eines Elefanten zeigten, verneigten sich die Untertanen und riefen: »Maharaja ki jai ho!« – »Lang lebe der Maharadscha!«

Heute sind aus den einstigen Fürsten normale Bürger geworden. Aber die Einwohner von Jodhpur rufen weiterhin: »Lang lebe der Maharadscha!« Wenn er sich zeigt, steht der Verkehr still. Tausende von Menschen springen in die Straßengräben, heben die Arme, pressen die Handflächen aneinander und neigen die Köpfe der trockenen Erde entgegen.

»Aber wo ist seine Wohnung?«

»Dort!«, sagt der Rikschafahrer und macht eine Vollbremsung. Er dreht sich um und zeigt nicht etwa auf die Mehrangarh-Festung, sondern in die entgegengesetzte Richtung. Ich hebe den Kopf und erblicke in luftiger Höhe ein riesiges Bauwerk, das mich unwillkürlich an den Capitol Hill in Washington denken lässt.

Umaid Bhawan sieht aus wie eine gigantische Sahnetorte und wurde erst 1929 erbaut. Warum? Weil Rajasthan mehrere Jahre lang eine ungewöhnliche Dürre erlebt hatte. Die Menschen hungerten. Manche gruben verzweifelt in der trockenen Erde nach Nahrung. Tausende starben. Schließlich beschloss der damals 27-jährige Maharadscha Umaid Singh, etwas zu unternehmen.

Vielleicht wäre es das Beste gewesen, nach Wasser zu bohren, aber das tat er nicht. Stattdessen plante er einen Palast, der über 500 Räume verfügte. Um sein gewaltiges Bauvorhaben in die Tat umzusetzen, ließ er eine ganze Reihe britischer Architekten in die Wüste

Rajasthans kommen. Unter Führung von H. V. Lanchester benötigten sie drei Jahre, um die Pläne fertig zu stellen. Als der erste Spatenstich erfolgte, hatte der Maharadscha unter der Vielzahl unterernährter Männer 3000 ausgewählt, die einigermaßen arbeitsfähig erschienen. Während der nächsten sechzehn Jahre arbeiteten sie nahezu rund um die Uhr – am Tag bei 40 Grad Celsius, nachts im Flutlicht Hunderter von Dieselgeneratoren.

Zahllose Kamele transportierten das Baumaterial, das teils für ungeheure Summen in Teheran, Rom und London gekauft wurde.

In den kommenden Jahren wuchs der Umaid Bhawan in den Himmel. Der junge Maharadscha verfolgte die Arbeiten von seinem alten, doch immer noch geräumigen Palast bei Jodhpur aus. Wenn er nicht zu Hause war, ritt er womöglich mit einem seiner 400 weißen Pferde aus.

1943 konnte der Maharadscha endlich in seinen Palast einziehen und die Säulengänge und Seidenteppiche, Deckengemälde und Kronleuchter, die Tigerfelle und Pfauenfedern, all das Gold und die Edelsteine in Augenschein nehmen. Entstanden war einer der größten Privatwohnsitze der Welt – eine Mischung aus dem Kongressgebäude in Washington, dem Londoner Parlament sowie der Residenz des britischen Vizekönigs in Neu-Delhi. Die Einweihungsfeierlichkeiten, an denen 5000 Gäste aus dem In- und Ausland teilnahmen, dauerten eine Woche.

Doch wie lange durfte Adam im Paradies bleiben?

Nur vier Jahre lang. Maharadscha Umaid Singh starb 1947 an einem banalen Blinddarmdurchbruch. Bei der Bestattungszeremonie des jungen Fürsten waren alle Einwohner Jodhpurs zugegen, um ihren gewissenlosen Unterdrücker ein letztes Mal zu ehren.

Wie zu erwarten, erbte sein Sohn Hanwant Singh sowohl den Titel als auch den Palast seines Vaters. Doch der 28-jährige Hanwant interessierte sich mehr für Sportflugzeuge als für Pferde. An einem

Frühlingstag des Jahres 1952 kollidierte sein Flugzeug mit einem Telefonmast. Der Mast brach, das Flugzeug zerschellte, und Maharadscha Hanwant Singh folgte seinem Vater in den Tod. Erneut versammelten sich alle Einwohner Jodhpurs auf den Straßen, um das Schicksal ihres Herrn zu beweinen. Kurz bevor die Tragödie geschah, hatte der Maharadscha versucht, einen Teil seiner verlorenen Macht wiederzuerlangen, indem er als unabhängiger Kandidat für die Nationalversammlung kandidierte. Zwei Tage nach dem Flugzeugunglück berichteten die Zeitungen, der Maharadscha sei mit großer Mehrheit gewählt worden. Das Volk hatte seinem Unterdrücker zum Sieg verholfen.

Nun war guter Rat teuer. Im tapferen Versuch, die Fürstenmacht zu bewahren, wurde Hanwant Singhs vierjähriger Sohn zum Maharadscha gekrönt. Die prunkvolle Krönungszeremonie fand bei Sonnenaufgang auf dem höchsten Punkt des roten Rubins statt. Erneut erschallten Trompetenfanfaren und Jubelrufe: »Maharaja ki jai ho!«

Ein halbes Jahrhundert ist seither vergangen. Der kleine Maharadscha hat die Lebensmitte bereits hinter sich. Mit voller, grau melierter Haarpracht und würdigem Blick sitzt er auf seinem mit gelbem Samt bezogenen Thron. Ich weiß es, weil das Bild von Gaj Singh in der Rezeption des Hotels Umaid Bhawan hängt. Aus dem einstigen Fürstenpalast ist ein Hotel und aus dem Maharadscha ein gewöhnlicher Mensch geworden, der sich in seine privaten Gemächer im Seitenflügel des Gebäudes zurückgezogen hat. Diese Woche befindet er sich mit seiner Frau auf Reisen.

»Er ist in Singapur«, klärt mich der livrierte Mann an der Rezeption auf. »Zum Shopping!«

Völlig verarmt scheint er also nicht zu sein.

Rajasthan hat 50 Millionen Einwohner. Und was für welche! Mit ihrer farbenfrohen Kleidung machen sie das Grau der Steppe mehr als wett. Die Frauen tragen farbenprächtige Saris, die Männer hohe Turbane. Rajasthan ist das Heimatland des Turbans. Die gewundene Kopfbedeckung schützt vor Sonne und Wind, und Kenner behaupten, es gebe in dieser Gegend über tausend Varianten. Die längste erfordere ein Tuch, das 28 Meter lang ist. Die Art des Turbans gibt über Kaste, Beruf und Heimatort, ja sogar über die Jahreszeiten und die seelische Verfassung des Trägers Auskunft. Weder Farbe noch Beschaffenheit sind dem Zufall überlassen.

Und die Gesichter! Starke, scharf geschnittene Profile mit bräunlichem Teint und tiefen Furchen, als wären sie aus Granit gemeißelt. Die Kinn- und Vollbärte sind nach allen Regeln der Kunst getrimmt. Ein stolzes Wissen um ihre Identität geht von diesen Menschen aus. Viele Kriege haben sie erlebt, gehungert und gelitten. Dennoch gehen sie mit bewunderungswürdiger Haltung in die Zukunft.

Wo hat das Leid bei ihnen seine Spuren hinterlassen? Jedenfalls nicht am Rückgrat.

Ein solches Volk bedarf vieler Feste, und eine der besten Gelegenheiten, sich zu zeigen, ist das alljährlich im November stattfindende Kamelfest. Austragungsort für eine der farbenprächtigsten Veranstaltungen der Erde ist die kleine Stadt Pushkar. Ganz Rajasthan findet sich dort ein und präsentiert die gesamte Turbanpalette der Wüstenstaaten. Selbst die Frauen lassen ihre häuslichen Arbeiten ruhen und ihre Tiere allein, um das Fest mit ihrer Anwesenheit zu zieren. Drei Tage vor Vollmond erscheinen sie in ihren schönsten Kleidern, mit Hals- und Fußketten aus Silber und Gold. Ihre Smaragde leuchten in der klaren Herbstluft. In diesem Moment mag man kaum glauben, dass Rajasthan einer der ärmsten indischen Bundesstaaten ist.

Und dann die Kamele. Es gibt Tausende von ihnen, geschmückt und gestriegelt und nicht weniger vornehm als ihre Besitzer. Hier wird mit ihnen Handel getrieben, und wenn der Mond die Wüstensonne ablöst, beginnen Gesang und Tanz. Während die Temperatur rapide sinkt, flammen kleine Lagerfeuer aus trockenen Wüstenzweigen auf. So nimmt das Fest seinen Lauf, bis die Teilnehmer müde werden – und einschlafen.

Nächstes Mal werde auch ich im Wüstensand liegen und zum Mond emporblicken. Werde tagsüber die Frauen fotografieren, die sonst hinter Wänden aus Stein und Kuhmist leben. In Pushkar wird ihnen alljährlich eine Pause von diesem Dasein gewährt. Zwei Wochen im Tageslicht.

Ich frage mich, was der alte Manu über die Frauen sagt.

Eine ganze Menge, zum Beispiel, dass sie von Natur aus böse seien, was aus ihrem »Schmuck, ihrem Übermut und ihrer Rachgier« hervorgehe. Aus diesem Grund dürften sie nicht »allein sein, auch nicht in ihrem eigenen Haus. In der Kindheit sollen die Frauen unter der Kontrolle ihres Vaters stehen, in ihrer Jugend unter der des Ehemanns, und wenn dieser gestorben ist, müssen die Söhne sie kontrollieren.« Weiter heißt es: »Mit frohem Gemüt soll sie stets den häuslichen Tätigkeiten nachgehen. Sie soll dafür Sorge tragen, dass sämtliches Besteck gewaschen und gereinigt ist, und im Umgang mit Geld nicht zu große Freiheiten besitzen. Wenn ihr Vater oder ihr Bruder sie mit Erlaubnis des Vaters einem anderen Mann überlässt, soll sie diesem Mann gehorchen und ihm treu sein über seinen Tod hinaus.«

Manu gibt klare Anweisungen, von welchen Frauen sich das starke Geschlecht fern halten sollte:

»Ein Mann sollte keine Frau heiraten, die temperamentvoll ist, hinkt oder kränkelt, die zu wenig oder zu viel Körperbehaarung hat oder die zu viel spricht. Auch sollte er keine Frau heiraten, die nach einem Baum, Fluss oder Berg, einem Vogel oder einer Schlange benannt ist oder den Namen einer niederen Kaste trägt. Er soll eine Frau heiraten, der kein Körperteil fehlt und die einen schönen

Namen trägt, die nicht zu große Zähne und anmutige Gliedmaßen hat.«

Schließlich sagt Manu, »eine aufopfernde Frau soll ihren Mann wie einen Gott verehren, selbst wenn er sich schlecht benimmt, sich mit anderen Frauen einlässt oder keinerlei gute Eigenschaften besitzt«. Als Witwe kann sie fasten, so viel sie will – dann soll sie sich von Wurzeln und Früchten ernähren –, doch zu keinem Zeitpunkt darf sie den Namen eines anderen Mannes aussprechen. »Sie soll leiden bis in den Tod.« Hält sie dies aus, wird ihr die unsagbare Freude zuteil, sich im Jenseits ihrem Ehemann anzuschließen. Wenn nicht, wird sie als Schakal wiedergeboren werden.

Manch einer mag sich damit trösten, dass die Gedanken des Manu vor 2000 Jahren aufgezeichnet wurden. Wir wollen die Zeitmaschine in Bewegung setzen. Keine lange Reise, zwölf Jahre sind genug. Begleiten Sie mich in das Dorf Deorala.

Das Drama in Deorala

Ich habe versucht, Indien zu verstehen.
Leider muss ich zugeben, dass mir das nie gelungen ist.
JAWAHARLAL NEHRU

Deorala, 2. September 1987
Der 23-jährige Maal Singh erwachte mit starken Bauchschmerzen, die sich im Lauf des Tages noch verschlimmerten. Niemand verstand, warum, denn alle im Haus hatten das gleiche Essen zu sich genommen. Am nächsten Morgen brachten ihn seine achtzehnjährige Frau, sein Schwiegervater und sein Bruder ins Krankenhaus der Nachbarstadt Sikar. Der Arzt konnte die Ursache der Schmerzen nicht entdecken und meinte, sie würden sicher von allein vorübergehen. Am Abend fuhr Maal Singh mit seinen Angehörigen nach Hause zurück, wo er am nächsten Morgen kurz nach Sonnenaufgang starb.

Bis dahin sind sich alle über den Verlauf der Ereignisse einig. Maal Singh wurde krank und starb. Doch was geschah danach?

Einer Version zufolge übernahm seine Witwe, Roop Kanwar, die Initiative. Sie bat ihre Verwandten, den Leichnam ihres Mannes in dem kleinen Nebenraum, den sie gemeinsam bewohnt hatten, auf den Boden zu legen. Dann wollte sie allein gelassen werden, um mit den Vorbereitungen für die Bestattung beginnen zu können. Sie beugte sich hinunter und presste ihr Gesicht an das ihres Mannes, dankte ihm für die gemeinsame Zeit und sprach ein stilles Gebet.

Sie waren nur acht Monate verheiratet gewesen. Auf dem Hochzeitsbild wirken sie wie ein glückliches Paar. Roop Kanwar, eine hübsche Frau mit hohen Wangenknochen, gerader Nase und großen, nussbraunen Augen; Maal Singh mit dunklem Teint und kräftiger Statur, einen eleganten, dunkelblauen Turban tragend.

Während Roop ihren toten Ehemann zurechtmachte, klopften ihre Angehörigen immer wieder an die Tür und fragten, ob sie Hilfe brauche. Doch die Witwe verneinte und sagte, sie wolle mit ihrer Trauer allein sein. Erst nachdem sie den Toten gebadet und in ein weißes Laken gehüllt hatte, ging sie zur Tür und bat um ein Gespräch mit dem Schwiegervater. Draußen hatten sich in der engen Gasse, die zum Haus der Familie führte, viele Neugierige versammelt. Der Schwiegervater trat in die Türöffnung, doch Roop Kanwar wollte ihn immer noch nicht hereinlassen.

Dennoch hatte sie etwas auf dem Herzen.

»Ich will eine Sati werden«, sagte sie mit leiser, doch entschiedener Stimme.

Der Schwiegervater, der Rest der Familie sowie die Volksmenge waren wie gelähmt, als die Achtzehnjährige die Tür hinter sich schloss.

Sati heißt, wörtlich übersetzt, »gute Ehefrau« und hat in Indien eine lange Tradition. »Jede Frau, die sich mit ihrem toten Ehemann verbrennen lässt, wird gemeinsam mit ihm für 35 Millionen Jahre im Paradies sein.« So steht es in einer der heiligen Schriften des Hinduismus. An anderer Stelle wird auch den Ahnen der Eheleute ein ewiger Friede versprochen.

Als die Briten nach Indien kamen, waren sie über die Tradition der Witwenverbrennung natürlich entsetzt. 1826 wurden allein in Bengalen über 1200 Witwenverbrennungen verzeichnet, die Hälfte davon in Kalkutta, der Hauptstadt von Britisch-Indien. Doch die Dunkelziffer lag noch erheblich höher. Im ganzen Land lebten zahllose Frauen, die fürchteten, gemeinsam mit dem Leichnam ihres Ehemanns verbrannt zu werden.

Dennoch schreckten die Briten davor zurück, eine Tradition zu verbieten, die offenbar tiefe Wurzeln hatte. Stattdessen führten sie nach Rücksprache mit den Repräsentanten der hinduistischen Gesellschaft gewisse Bestimmungen ein. 1812 verbot eine neue Verordnung die Witwenverbrennung unter Zwang. Schwangeren Frauen wurde der Sati verboten und jeder Versuch untersagt, den freien Willen der Witwe zum Beispiel durch Rauschmittel zu beeinflussen. Fünf Jahre später wurde die Verordnung verschärft. Nun wurden auch stillende Mütter von der Verbrennung ausgeschlossen. Ferner wurde angeordnet, dass jede geplante Witwenverbrennung der Polizei gemeldet werden müsse.

Schließlich, 1829, erfolgte ein generelles Verbot des Sati. Die Hindu-Priester rasten vor Zorn und wandten sich an den Privy Council in London – natürlich vergeblich. Dennoch wurden die Witwenverbrennungen heimlich im ganzen Land fortgesetzt, nicht zuletzt in den Fürstentümern, in denen die Maharadschas unumschränkte Macht hatten. Als der Maharadscha von Punjab, Ranjit Singh, 1839 starb, kletterten vier Ehefrauen und fünf weibliche Sklaven auf den Scheiterhaufen, und die Geschichte des großen Sati in Jodhpur 1843 ist bereits geschildert worden.

»Allen Anstrengungen der Engländer zum Trotz ist die grausame Sitte der Witwenverbrennungen in Indien immer noch nicht ausgerottet«, schrieb die *London Illustrated News* ein paar Jahre später. »Findet ein Sati nicht im Verborgenen, sondern in aller Öffentlichkeit statt, wird er zu einem Spektakel, das zahlreiche Schaulustige von nah und fern anlockt. Geschmückt wie eine Braut und umgeben von Angehörigen, Hindu-Priestern und religiösen Fanatikern, wird die Witwe unter tosender Musik zum Scheiterhaufen geleitet. Dreimal wird sie um das Feuer herumgeführt, während sie Kupfermünzen an die Umstehenden verteilt – falls sie noch genügend Geistesgegenwart und Kraft dazu besitzt. In den meisten Fällen wird sie vor der Verbrennung nämlich betäubt – nicht mit Alkohol, sondern mit berauschenden Hanfpräparaten.«

Zurück nach Deorala.

Da der Sati gesetzlich verboten war, nahm die Schwiegerfamilie Kontakt zu einem gesetzeskundigen ehemaligen Offizier auf, der ihnen deutlich machte, welche Folgen eine Missachtung des Verbots hätte. Falls Roop Kanwar wirklich Sati beginge, würde ihre Schwiegerfamilie vor Gericht gestellt und des Mordes angeklagt werden. Weitere Autoritäten des Dorfes wurden zu Rate gezogen, doch die junge Witwe ließ sich nicht von ihrem Vorhaben abbringen. Sie war fest entschlossen, auf den Scheiterhaufen zu steigen.

Der große Moment näherte sich. Mit Roop Kanwar an der Spitze und dem gesamten Dorf im Schlepp setzte sich die Bestattungsgesellschaft lärmend in Bewegung. Hinter Roop Kanwar ging ihr Schwiegervater, der gemeinsam mit drei weiteren männlichen Familienmitgliedern die Bambusbahre auf seinen starken Schultern trug. Der junge Tote wiegte hin und her, während die Menge singend dem Marktplatz entgegenschritt. Wer bis jetzt noch nichts mitbekommen hatte, stürzte nun auf die Straße. Was für eine Bestattung! Auf dem Marktplatz drehte das Gefolge um und ging denselben Weg zurück, an Singhs Haus vorbei bis zum Leichenverbrennungsplatz, an dem bereits der Scheiterhaufen errichtet war.

Während die Hindu-Priester ihre monotonen Gebete sprachen, wurde die Leiche auf den Scheiterhaufen gelegt. Der Tradition gemäß war sie in ein weißes Tuch gewickelt, nur das Gesicht blieb frei. Augenzeugen berichten, dass sich zu diesem Zeitpunkt mehrere tausend Menschen auf dem Marktplatz versammelt hatten. Die Neugierigsten waren auf Dächer und Balkone geklettert, um dem Schauspiel zu folgen. Angeheizt von den Trommelwirbeln, begann die Menge zu rufen: »Lang lebe Sati, unsere Mutter! Solange Sonne und Mond bestehen, soll dein Name leben, Roop Kanwar!«

Inzwischen hatte Roop Kanwar begonnen, der Tradition entsprechend, langsam um den Scheiterhaufen herumzugehen. Ihr

Schwiegervater fürchtete, die Polizei könne auftauchen, um sie zur Eile anzutreiben. Die Polizisten hätten sicher gewollt, dass das Feuer umgehend entzündet würde, um die Angelegenheit möglichst schnell hinter sich zu bringen. Doch selbst in diesem Moment nahm Roop Kanwar all die Zeit in Anspruch, die sie benötigte.

Schließlich kletterte sie auf den Scheiterhaufen, setzte sich ruhig hinter die Leiche ihres Mannes und bettete seinen schwarzhaarigen Kopf in ihren Schoß. Bräunlicher Staub wirbelte durch die Luft, im Südwesten stand die Nachmittagssonne tief am Himmel. Ihr Schmuck schimmerte im sanften Licht, während die Klageweiber, die sich dicht an die Holzscheite gedrängt hatten, jubelten, heulten und schrien. Einige warfen sich auf den Boden, während sich andere mit wilden Blicken gegen die Brust schlugen.

Als alle Vorbereitungen erledigt waren, bat die Witwe den jüngsten Bruder des Ehemanns, das Feuer zu entzünden. Der fünfzehnjährige Puspendra Singh nahm die Fackel, steckte sie in Brand und begann um den Scheiterhaufen herumzugehen. An mehreren Stellen stieß er die Fackel zwischen die aufgeschichteten Äste und Holzscheite, doch aus unerfindlichen Gründen fingen sie kein Feuer. Auch das Fett, mit dem die Inder das Holz einzureiben pflegen, konnte die Flammen nicht anfachen. »Es ist eine Schande, dass ihr nicht in der Lage seid, das Feuer für ein Sati zu entzünden!«, rief Roop Kanwar erregt. Immer noch saß sie unbeweglich da und wartete darauf, dass die Flammen sie einhüllten.

Einige der Zuschauer liefen nach Hause, um mehr Talg zu holen. Das half, und zischend schossen die Flammen empor. Inmitten des Flammenmeers blieb Roop Kanwar fünfzehn bis zwanzig Sekunden lang aufrecht sitzen, dann fing ihr Brautsari knisternd Feuer. Die weinenden Frauen meinten gesehen zu haben, wie die Achtzehnjährige ihr Gebet fortsetzte, bis sie langsam vornüberkippte und den Toten bedeckte.

Erst dreimal zuvor hatte sich eine Witwe in Deorala verbrennen lassen. Ihre Gedenktafeln befinden sich unter einem großen Pipal-Baum am Rande des Leichenverbrennungsplatzes. Jetzt war Roop Kanwar gestorben. Sie war in die Ewigkeit eingegangen, und ihr Name auf der vierten Gedenktafel würde ihr für alle Zeiten ein ehrenvolles Andenken sichern.

Plötzlich betrat ein Polizist den Platz, der offenbar viel zu spät informiert worden war. In der Luft tanzte die Asche mit dem Wüstenstaub, und der Scheiterhaufen, auf dem sich ein Toter und eine Lebende befunden hatten, gehörte bereits der Vergangenheit an. Dem Polizisten blieb nicht anderes übrig, als nach Hause zu fahren und einen Bericht zu schreiben. In der Zwischenzeit eilten Journalisten aus halb Indien nach Deorala. War es wirklich möglich, dass dort ein echter Sati stattgefunden hatte – so kurz vor Beginn des dritten Jahrtausends?

Der Korrespondent von *India Today*, einem angesehenen Wochenmagazin, meinte, dass Roop Kanwar sich freiwillig geopfert habe. Zur selben Schlussfolgerung gelangte die Lokalzeitung *Rashtradoot*, die zahlreiche Augenzeugen und Experten interviewt hatte. Doch die Polizei kam zu einem ganz anderen Ergebnis: Roop Kanwar sei mit Opium betäubt und zum Tod gezwungen worden!

Der Polizei zufolge habe ein Arzt aus der Gegend Maal Singhs Vater geholfen, die junge Witwe vor der Verbrennung zu betäuben. Als die Menge zum Leichenverbrennungsplatz gekommen sei, habe man sie geknebelt und auf den Scheiterhaufen gehoben. Als das Feuer entzündet wurde, habe Roop Kanwar verzweifelt zu fliehen versucht. Doch mehrere junge Männer, in der kriegerischen Festtagskleidung der Rajput-Kaste und mit blitzenden Schwertern bewaffnet, hätten sie davon abgehalten – bis sie schließlich das Bewusstsein verlor und zusammensank. Die Menschen hätten auch deshalb nicht geholfen, weil der alte Glaube, ein Witwenopfer besänftige die Götter und bringe dem Dorf Segen, immer noch tief verwurzelt sei.

So stand Aussage gegen Aussage. Wer hatte Recht? Maal Singhs Familie und die übrigen Einwohner des Dorfes – oder die Polizei?

Während die Polizei ihre Ermittlungen intensivierte, strömten Tausende von Pilgern nach Deorala. Viele kamen mit Kamel und Karren aus den umliegenden Dörfern, andere reisten mit Auto, Bus oder Jeep aus weit entfernten Orten, ja sogar aus Neu-Delhi an. Die *Times of India* berichtete von 10.000 Besuchern pro Tag! Die öde Landstraße, die zum neuen Wallfahrtsort führte, verwandelte sich im Handumdrehen in eine Handelsstraße. Auf dem Marktplatz des Dorfes herrschte Karnevalsstimmung. Der Ort, an dem die Witwenverbrennung stattgefunden hatte, war inzwischen von der Polizei abgesperrt worden. Das Einzige, was die Besucher aus der Ferne zu sehen bekamen, war das traditionelle Sati-Symbol – eine dreizinkige Forke, die von den Hindu-Priestern am Ort der Verbrennung zurückgelassen worden war. An der Spitze wehte eine rote *Chunari*, die traditionelle weibliche Kopfbedeckung in Rajasthan.

Ein Jahr nach Roop Kanwars Tod reiste der britische Journalist und Indienexperte Mark Tully nach Deorala. Er fand ein Dorf vor, das von Bitterkeit und Hass gegenüber seiner Umgebung geprägt war. Lange hatten Presse, Polizei und Behörden behauptet, Roop Kanwars Tod sei nicht freiwillig gewesen. Die Dorfbewohner, denen ihre Ehre und Glaubwürdigkeit über alles gingen, hatten nie Zweifel gehegt, dass es bei der Witwenverbrennung mit »rechten« Dingen zugegangen sei.

»Hören Sie zu«, sagte einer der Brahmanen des Dorfes zu Tully. »Glauben Sie wirklich, dass irgendjemand aus unserem Dorf *Zabardasti* (Grausamkeiten) begehen könnte, ohne dass es bekannt wird? Auch wenn es zu Mitgiftmorden in der Umgebung kommt, gibt es stets Zeugen. Sollte es möglich sein, dass Roop Kanwar zum

Tod gezwungen wurde, ohne dass irgendjemand die wahren Zusammenhänge begriffen hat? Wissen Sie, wenn in einem Dorf ein Vater sein Kind schlägt, dann greifen die anderen ein, damit er es nicht noch einmal tut. Die Presse glaubt, wir in Deorala seien verrohte und grausame Menschen, die ihre Frauen verbrennen. Doch in Wahrheit sind wir sehr anständige Leute.«

Die Mühlen des Gesetzes mahlen langsam in Indien. Erst neun Jahre nach dem Tod Roop Kanwars erging das Urteil. Insgesamt 37 Personen, darunter der Schwiegervater und der jüngste Bruder Maal Singhs, standen unter Anklage. Alle wurden freigesprochen. Vieles blieb ungeklärt, doch ein Mord konnte ihnen nicht nachgewiesen werden. Vor dem Gerichtsgebäude in Jaipur, der Hauptstadt von Rajasthan, hatten sich Hunderte von Frauen zu einer Demonstration versammelt. Sobald der Freispruch bekannt wurde, kam es zum Aufruhr. Einige Frauen versuchten, in das Gerichtsgebäude einzudringen, während sich andere ein Handgemenge mit der Polizei lieferten. »Schande über Rajasthan, Schande über Indien!«, schrien sie, deren Zorn sich vor allem gegen den Vorsitzenden der Geschworenen richtete. Auch die Presse, die mit einem Schuldspruch gerechnet hatte, zeigte sich schockiert. Doch die Redakteure in den Städten leben weit vom ursprünglichen Indien entfernt. Und auf dem indischen Land geschehen die unglaublichsten Dinge.

Infolge der Witwenverbrennung in Deorala erließ die Nationalversammlung in Neu-Delhi ein neues Gesetz, den so genannten Sati Prevention Act. Ein weiteres Mal wurde die Witwenverbrennung verboten und bestehende Gesetzeslücken aus der Zeit der britischen Kolonialherrschaft geschlossen.

Kommt es in Indien auch heute noch zum Sati?

Nein, antworten die Behörden. Ja, lauten die Gerüchte. Indien ist ein großes Land.

Südlich der Salzwüste

Die Pakistaner sind keine bösen Menschen. Das weiß ich genau, denn früher sind wir oft welchen begegnet.
MEIN FREUND BEDI

Schließen Sie die Augen, und stellen Sie sich absolute Leere vor. Die völlige Abwesenheit von Landschaft. Kein Grashalm, nicht eine Pfütze, weder Hügel noch Steine, keine Fußspuren, Ameisen oder Fliegen, nichts. Eine Landschaft, die an ein gefrorenes Meer erinnert, so blendend weiß, dass einem jede Sicht genommen ist. Auf Tausenden von Quadratkilometern. Ohne Wolken, ohne Bewegung, ohne Leben. Nur Leere, Schädel und Knochen.

Fantasiere ich? Bin ich krank?

Ja, ich bin tatsächlich krank geworden. Mein Magen rebelliert. Mir ist schwindelig, ich fühle mich schlapp. Wäre ich in Delhi, würde die Diagnose unweigerlich lauten: »*Delhi-belly*« – Delhi-Magen. Doch ich bin nach Jaisalmer gefahren, einem weiteren Fürstentum in der Wüste. Ich habe eines der Dörfer nahe der pakistanischen Grenze besucht. Abends, im Dunkeln, essen wir vor dem Lagerfeuer. Das tut mir gut. Außerdem ist mir mein Gastgeber, Bedi, sympathisch. Seit 40 Jahren ist er Kamelführer und besitzt selbst zwölf große Kamele.

Bedi ist ein kluger Mann. Er sagt: »Die Pakistaner sind keine bösen Menschen. Das weiß ich genau, denn früher sind wir oft welchen begegnet. Doch Menschen sind wie Tiere. Wenn ich mein Kamel gut behandle, dann wird es auch gut zu mir sein. Menschen benehmen sich wie Kamele. Güte vergelten sie mit Güte. Und obwohl wir verschiedene Götter anbeten, bin ich sicher, dass wir im Grunde an denselben Gott glauben. Nur die Namen sind verschieden.«

Bedi fährt fort: »Früher konnten wir die Grenze überqueren und mit den Pakistanern Handel treiben. Doch heute geht das nicht mehr. Der elektronische Grenzzaun, den unsere eigene Regierung errichtet hat, macht jeden Kontakt unmöglich. Die Tiere sterben bei der geringsten Berührung mit ihm. Früher haben wir unsere Frauen aus den Dörfern geholt, die auf der anderen Seite liegen. Wir zogen mit unseren Kamelen los und kehrten glücklich zurück. Heute müssen wir bis nach Wagah reisen, um die Grenze nach Pakistan zu überqueren.«

»Nach Wagah?«

»Nach Wagah. Das ist sehr weit von hier. Mehrere Tagesreisen Richtung Norden, der einzige Ort, an dem man die Grenze zwischen Indien und Pakistan passieren kann.«

»Es gibt noch einen anderen Weg«, murmelt Bedis Begleiter mit ernstem Gesicht. *»The Rann of Kutch!«*

Zwar bin ich wirklich krank – doch die blendend weiße Einöde, die einem jede Sicht nimmt, die gibt es tatsächlich. *Rann of Kutch* ist der Name der furchterregenden Salzwüste, die im Norden des Bundesstaates Gujarat liegt und Indien von Pakistan trennt. So grausam ist diese Wüste, dass kaum jemand über sie sprechen will – nicht einmal die Einheimischen. Ausländer, die sich ihr nähern, werden davongejagt, als wären sie aussätzig. Wie zum Beispiel die Engländerin Marybeth Bond, die in ihrem Buch *Solo in Asia* ihre Begegnung mit einem der Dörfer am Rand der Salzwüste schildert. Sie begegnete einer Gruppe bewaffneter Männer, die sie mit hasserfüllten Blicken beschimpften und vertrieben. Die Erklärung erhielt sie später: Da sie sich in eine der abweisendsten Regionen der Erde vorgewagt hatte, wurde sie für eine Hexe oder für geisteskrank gehalten – oder für beides. »Sie verfolgten mich über mehrere Meilen und stießen fortwährend Verwünschungen aus, ehe sie kehrtmachten.«

Rann bedeutet ganz einfach Ödnis. Seit Hunderten von Jahren war diese Ödnis ein Tummelplatz für Schmuggler und Banditen. Ein elektrischer Grenzzaun würde hier nichts nützen. Was sollten Grenzsoldaten hier schon ausrichten?

Doch die Liebe ist stärker.

In einer seiner wunderbaren Novellen erzählt Keki N. Daruwalla, wie Najab Hussain, ein gut aussehender Mann in den Zwanzigern, sowohl die Salzwüste als auch die pakistanische Grenze überwindet, um die Tochter eines Gewürzhändlers zu erobern: »Sie duftet nach Nelken und Zimt, ihr Lachen ist so hell wie der Klang der Fußschellen, die Augenbrauen wie ein schwarzer Nachthauch, ihr Haar wie die Nacht selbst ...«

Viermal zuvor hatte Najab die Grenze überquert, doch niemals allein. Jedes Mal war er gemeinsam mit seinem Vater und einem alten Schmuggler gereist, der die Grenze schon oft illegal passiert hatte. In einem der Dörfer auf der anderen Seite hatte er nach entbehrungsreichen Tagen Fatimah getroffen, eine junge Frau »mit so glitzernden Augen, dass sie die Unterwelt hätten erleuchten können«. Die Liebe war gegenseitig, und eines Abends – in der Stunde des Abschieds – versprach Najab zurückzukommen, um sie quer durch die Salzwüste zu führen.

Als Najab sein Heimatdorf – eine Ansammlung von Häusern am Rande der Wüste – verließ, hatte es seit drei Jahren nicht mehr geregnet. »Der *Rann of Kutch* lag da wie ein lebloses Ungeheuer, dessen trockener Rücken von Krätze und Narben bedeckt ist. Das Vieh dürr und abgemagert. Die Ochsen starben. Nur den Kamelen ging es noch gut.«

Najab zog mit den Kamelen gen Westen und folgte den Sternbildern, der Milchstraße und dem Großen Bären. Tagsüber war es wegen der Grenzsoldaten unmöglich voranzukommen. Außerdem verwandelte die Hitze alles – absolut alles – in Luftspiegelungen.

Eine Mulde im Sand sah aus wie ein See, ein verkrüppelter Kaktus erschien wie eine Ansammlung von Pflanzen, und ein Kamel glich einem riesigen prähistorischen Tier auf seiner Wanderung. Irgendwo in seinem Bewusstsein war ihm klar, wie irrsinnig sein Vorhaben war. Er hatte von Kamelen gehört, die vor Erschöpfung starben, von den Patrouillen der *Border Security Force* und den Indus-Wächtern. Doch die Vorstellung von Fatimahs Gesicht trieb ihn voran.

Das Erste, was er von Pakistan sah, war der Grenzpfeiler 1066.

»Die nächsten Stunden vergingen wie in Trance. Najab hatte Todesangst, sein Kamel Allahrakha könne den Strapazen erliegen. Bevor eine Stunde vergangen war, hatte das Salz die Hornhaut unter den Füßen weggeätzt, deren Haut schmerzhafte Risse und Wunden aufwies. Unter der sengenden Sonne erglühte die Wüste, und Najab war, als würden gleißende Nadeln in seinen Augen brennen. Stundenlang stapfte er wie betäubt vor sich hin, während die Umrisse der Luftspiegelungen immer unschärfer wurden. Dann schwand das Licht, und mit Einsetzen der Dämmerung stieg die dünne Rauchspirale eines Dungfeuers in die Luft. Allah sei Dank! Nun war das Ziel fast erreicht.«

»Wie eine aufgeschreckte Taube« sprang die schöne Fatimah aus dem Bett, als Najab ihren Namen durch die Fenstersprossen flüsterte.

»Wolltest du nicht schon immer auf Allahrakha durch den *Rann of Kutch* reiten?«, fragte er. Fatimah schwieg, und das Schweigen war ihr Einverständnis. So einfach war das.

Am nächsten Abend, nachdem der Himmel seine Lichter entzündet hatte, machten sie sich auf den Weg. Najab wartete mit dem Kamel am Rand des Dorfes. Sobald das Schnarchen des Vaters zu hören war, schlich sich Fatimah aus dem Haus. »Dieser Moment war zu groß für sie, also sagten sie kein Wort. Sie widmete ihrem Dorf, das sie jetzt für immer verlassen sollte, noch einen flüchtigen

Gedanken. Sie dachte nicht daran, in ein anderes Land zu kommen. Für sie bedeutete der Wechsel nur einen neuen Dialekt, ein wenig *Kutchi* würde hinzukommen, das bisschen *Sindhi* würde sich abschleifen.«

Mehrere Tage später wankten sie in das Haus von Najabs alten Eltern.

»Hast du jemanden mitgebracht, Sohn?«, fragte der Vater, der ahnte, wo Najab gewesen war.

»Ja«, antwortete Najab und schob Fatimah herein.

Noch in derselben Stunde zogen Wolken auf, »schwer wie Weinschläuche. Blitze zuckten am Himmel, die Weinschläuche platzten auf ... Der Regen prasselte herab und fegte eine dreijährige Trockenzeit hinweg.«

Ein Ausflug in die Salzwüste? Nein danke, im Moment kein Bedarf. Und auch nicht später. Doch was ist mit den Gebieten, die weiter im Süden liegen, wie die Hafenstädte Kandla und Porbander?

Kandla liegt in der Bay of Kutch. Doch wie ich lesen muss, ist die Stadt von einer furchtbaren Tragödie heimgesucht worden. Ein Zyklon fegte über sie hinweg und riss mehrere tausend Menschen in den Tod. Die indischen Zeitungen erwähnen dies nur am Rande, und erst als ich eine neun Tage alte Ausgabe der *Herald Tribune* auftreibe, wird mir das ganze Ausmaß der Katastrophe bewusst. Ihr Korrespondent Keith Sullivan war in Kandla und gibt eine schockierende Beschreibung der dortigen Verhältnisse:

> Saira Ahemad steht barfuß im schmutzigen Meerwasser und berührt mit ihren lederharten Zehen die Knochenreste, die von der Verbrennung der Nachbarskinder übrig geblieben sind. Es regnet bei 43 Grad, doch Frau Ahemads (56) einziger Schutz vor dem Regen ist ein dreckiges Tuch, das sie sich über den

Kopf hält. Sie steht inmitten der Reste einer Barackenstadt, in der Tausende von bettelarmen Arbeitern wohnten, bis der tosende Zyklon mit einer Geschwindigkeit von 160 km/h über sie hinwegfegte und eine drei Meter hohe Flutwelle auslöste. Die 10.000 Todesopfer lebten davon, das Salz aus den knochentrockenen Salzbecken herauszukratzen, und gehörten zu den Ärmsten der Armen. Doch dieses Land mit fast einer Milliarde Einwohner trägt den Verlust mit Fassung. Während immer noch zahllose Tote an Land gespült und bereits verbrannt werden, haben sich schon Tausende neuer Menschen auf den Weg gemacht, um die Barackenstadt an derselben gefährdeten Stelle wieder aufzubauen und die Arbeit zu übernehmen.

Die Tragödie von Kandla verdeutlicht auf furchtbare Weise den Status der ärmsten Menschen in einem der ärmsten Länder der Welt. Autofahrer, die auf den Straßen Neu-Delhis eine heilige Kuh anfahren, müssen damit rechnen, von der rasenden Volksmenge angegriffen und getötet zu werden. Doch wenn Tausende von Elenden in Kandla jämmerlich ertrinken, reagiert das Land mit einem kollektiven Schulterzucken.

In seiner Reportage zitiert Sullivan einen Beamten: »Niemand hat sich für die Menschen interessiert, als sie noch lebten. Warum sollten wir uns jetzt für sie interessieren, da sie tot sind?« Suhas Chakma, ein indischer Menschenrechtler, fügt hinzu: »Wenn du arm bist in Indien, bist du nichts wert. Eine heilige Kuh wird tatsächlich besser behandelt als ein armer Mensch. Doch so gut wie niemand empört sich über die Ungerechtigkeit, die den Schwachen widerfährt.«

Sullivan berichtet, dass viele der Neuankömmlinge im Arbeitslager von Shirwa eine mehrtägige Reise auf sich genommen haben, in der Hoffnung, Arbeit zu finden. Vielleicht überleben sie das nächste Unwetter, doch viele werden ihr Augenlicht verlieren. So gleißend hell ist die Sonne in den weißen Salzbecken, dass die Augen der meisten Arbeiter nach ein paar Jahren ihren Dienst versagen. Manche verzweifeln darüber und nehmen sich das Leben. Andere sterben an Infektionen. Die Arbeit geschieht mit bloßen Händen. Eine Tonne Salz wird mit 100 Rupien entlohnt, was nicht einmal zwei Euro entspricht. Doch für eine Tonne Salz muss man sich zwei Wochen lang schinden.

Soll ich nach Kandla fahren?

Auf gar keinen Fall! Eine Epidemie könne ausbrechen, heißt es, und selbst Seeleute sind davor gewarnt worden, dort an Land zu gehen.

Vielleicht sollte ich mich lieber Porbander zuwenden, der Geburtsstadt von Mahatma Gandhi.

Doch was Porbander betrifft, rät man mir ebenfalls ab: Porbander sei eine gefährliche, durch und durch kriminelle Stadt. Außerdem rieche es dort nach Fisch, nach getrocknetem Fisch aus Tausenden von Kiemen. Eine Zeitung, die im Grenzbereich zur Salzwüste gedruckt wird, berichtet, in Porbander werde demnächst ein neuer Stadtrat gewählt. Der Wahlkampf ist in vollem Gang, und der Zeitung zufolge handelt es sich bei 34 Prozent der Kandidaten um ehemalige Kriminelle: Erpresser, Mörder, Vergewaltiger, Diebe und Brandstifter. Manche von ihnen haben bereits ihre Strafe verbüßt, andere nicht. »Die Einwohner fühlen sich unsicher, und selbst die Polizei geht nach Einbruch der Dunkelheit nicht auf die Straße.«

»Aber wurde nicht Gandhi in Porbander geboren?«, frage ich.

»Was hat denn das damit zu tun? Gandhi kam 1869 zur Welt.«

Für indische Verhältnisse ist Porbander eine sehr kleine Stadt. Das Leben ihrer 200.000 Einwohner wurde seit jeher vom Fischfang und den Schiffsverbindungen ins übrige Indien, nach Afrika und in die arabischen Länder bestimmt. Dieses Leben hat der Stadt eine harte Prägung verliehen, woran auch die Tatsache nichts ändert, dass die Hauptstraße nach Mahatma Gandhi benannt wurde. Auch sein Geburtshaus, dass heute ein Museum beherbergt, soll nicht viel hermachen. »*Not really worth a visit*«, steht in meinem Reiseführer. Traurig, aber womöglich wahr, also begnüge ich mich einstweilen mit einem kleinen Rückblick in die Geschichte:

2. Oktober 1869. In dem Haus, das heute Kirti Mandir genannt wird, kommt Mohandas Karamchand Gandhi zur Welt. Ob Gandhi bei seiner Geburt geschrien hat, ist nicht bekannt, doch kräftig gebaut war er keinesfalls. Ein dünneres Kind hatte man in Porbander kaum je zuvor gesehen. Er wurde in die Kaufmannskaste hineingeboren, was nicht ausschloss, dass sein Vater dem Fürstentum, in dem Porbander lag, als *Dewan* diente, also ein Ministeramt bekleidete. Sein Vater habe nie den Ehrgeiz besessen, reich zu werden, und nichts hinterlassen, schrieb der Sohn in seiner Autobiografie. Seine Mutter war tief religiös und führte ein von Gebeten und Fasten geprägtes asketisches Leben.

Im Nachhinein lässt sich feststellen, dass Gandhi die Anlagen beider Eltern in sich vereinte: die Standhaftigkeit und Unbestechlichkeit des Vaters, die tiefe Hingabe zu Religion und Askese der Mutter.

Gandhis Vater war trotz seines Ministeramts nahezu Analphabet und seinem Sohn zufolge »völlig unwissend«, was Geschichte oder Geografie betraf. Er konnte gerade noch die Vorstellung akzeptieren, dass die Erde keine flache Scheibe sei, sondern rund. Um die Bildung des Sohnes wäre es wohl ebenso schlecht bestellt gewesen, hätte er nicht dank der Position des Vaters einen Platz in der so genannten Staubschule der Stadt bekommen. »Staubschule?« Wie bitte? Da es an dieser Schule weder Bücher noch Tafeln gab, mussten die Kinder die Buchstaben tatsächlich direkt in den staubigen Erdboden der Klassenzimmer schreiben. Gandhi tat sich darin besonders hervor und galt bald als einer der hellsten Köpfe unter den Schülern.

Doch dann wurde Gandhi dreizehn Jahre alt. War es nicht an der Zeit zu heiraten? Für die Eltern stand das außer Frage, und so hatten sie längst die Tochter des benachbarten Getreide- und Baumwollhändlers im Auge. Sie hieß Kasturbai Makanji, gehörte derselben Kaste an und schien eine geeignete Kandidatin zu sein.

Gesagt, getan. An einem Frühlingstag des Jahres 1882, nachdem die Astrologen eine günstige Sternenkonstellation festgestellt hatten, gingen die beiden den Bund der Ehe ein. Der Nüchternheit des Vaters zum Trotz wurde die Hochzeit mit einigem Pomp begangen. Der Tradition gemäß ritt ein verschwenderisch geschmückter Mohandas Karamchand Gandhi zum Haus seiner Auserwählten, gefolgt von einer lärmenden Blaskapelle und einem langen Gefolge von Tänzern. Drinnen begannen die Hindu-Priester mit der Zeremonie, indem sie die üblichen Hochzeitsgesänge anstimmten, während das junge Brautpaar die obligatorischen sieben Schritte um das heilige Feuer machten, das in der Mitte des Raumes brannte.

»Ach, diese erste Nacht!«, schrieb Gandhi 40 Jahre später über die Hochzeitsnacht. »Zwei unschuldige Kinder stürzten sich völlig unwissend in den Ozean des Lebens. Die Frau meines Bruders hatte mich über mein Verhalten in der ersten Nacht instruiert. Wer meine Frau instruiert hatte, weiß ich nicht.« Jedenfalls waren beide viel zu nervös, als dass etwas Folgenreiches hätte geschehen können. Immerhin versuchte der junge Gandhi in der Folgezeit seinen männlichen Machtanspruch geltend zu machen. Wenn seine Frau in den Tempel gehen oder ihre Freundinnen besuchen wollte, sollte sie ihren Ehemann um Erlaubnis fragen.

»Doch Kasturbai war nicht der Mensch, so etwas zu dulden«, fuhr Gandhi fort. »Sie bestand darauf auszugehen, wann und wohin sie wollte.«

In den folgenden Jahren gab es so manchen Sturm in der Ehe zwischen Mohandas und Kasturbai, doch beide hielten an dem Versprechen fest, das sie sich als Dreizehnjährige gegeben hatten. Als Erwachsener gelangte Gandhi indes zu der Auffassung, dass die Tradition der Kinderehe »verwerflich und grausam« sei. Diese Tradition trage großen Anteil an der Schwäche Indiens, indem sie den Kindern Stärke und Konzentration raube und stattdessen ihr Begehren wecke. »Es ist mir eine schmerzliche Pflicht, an meine eigene Ehe zu erinnern, die ich als Dreizehnjähriger einging«, schrieb Gandhi in seiner Autobiografie. »Wenn ich Kinder im gleichen Alter sehe, für die ich jetzt die Verantwortung trage, dann muss ich unweigerlich an diese Heirat denken. Ich neige dazu, mich selbst zu bedauern und denjenigen zu gratulieren, denen das gleiche Schicksal erspart blieb.«

Kasturbai hat niemals die »Staubschule« in Porbander besucht. Nicht einen einzigen Buchstaben hat sie jemals in den Staub gemalt. Sie lebte und starb als Analphabetin. Ein tragisches Schicksal? Im heutigen Indien gibt es 480 Millionen Analphabeten. Doch Mohandas wollte an die Universität. Er wollte in die Welt hinaus und in London Jura studieren. An einem Julitag 1888 verabschiedete er sich von seiner Frau und den Angehörigen. Es war eine mutige Entscheidung, denn in seiner Kaste wurden Auslandsreisen als Sünde betrachtet. Seine Mutter weinte bittere Tränen, desgleichen Kasturbai, doch für den fast neunzehnjährigen Gandhi gab es kein Zurück mehr. Tagaus, tagein hatte er von London geträumt, aber zunächst sollte die Reise nach Bombay gehen, in die Stadt der Städte, in der die Menschen und das Licht angeblich allgegenwärtig waren.

Gandhi hätte mit dem Schiff reisen können, zog jedoch die Eisenbahn vor. Ich tue es ihm gleich. Ich bin wieder gesund – vollkommen gesund. Alle Hindugötter seien gelobt.

Bombay!

Ja, das ist Indien! Das Land der Romantik und der Träume, wo fabelhafter Reichtum und fabelhafte Armut wohnen, das Land der Pracht und der Herrlichkeit, der Lumpen.

MARK TWAIN

Als der große Schriftsteller V.S. Naipaul in Bombay aus dem Zug stieg, wurde er von der panischen Angst ergriffen, er könne in diesem Menschenmeer verschwinden, ohne irgendeine Spur zu hinterlassen.

Mir geht es anders. Der Einfältige kennt keine Furcht. Außerdem ist mein aus dem Norden kommender Zug zwei Stunden nach der morgendlichen Rushhour eingetroffen. Eine seltene Ruhe erfüllt das riesige Gebäude und lässt für eine kurze Zeit seine prachtvolle Architektur hervortreten. Bombays Victoria Terminus, erbaut 1888, ist nicht nur Indiens ältester Bahnhof, sondern noch dazu der schönste der Welt. Selbst König George V. soll »*My God!*« ausgerufen haben, als er an einem mäßig warmen Septembertag zum ersten Mal den Bahnhof erblickte. Die britischen Journalisten, die den König auf seinem ersten und einzigen Indienbesuch begleiteten, berichteten in die Heimat, der Monarch sei in Anbetracht der rotbraunen Fassade mit ihren Tausenden von Skulpturen und der runden weißen Uhr, die eine Kopie von Big Ben zu sein schien, sprachlos stehen geblieben. »Für einen Augenblick schien seine königliche Hoheit von dem imposanten Anblick wie paralysiert, bevor er die Fassung wiedererlangte und in aufrechter Haltung, aber nachdenklich die gigantische Wartehalle betrat«, schrieb der Korrespondent der *Times*.

Sieht man die Victoria Terminus Railway Station mit ihren leuchtenden Glasmalereien und der einer Kathedrale gleichenden Halle zum ersten Mal vor sich, dann kann man kaum glauben, dass es sich um einen Bahnhof handelt. Reisende, die es nicht besser wissen, müssen glauben, sie befänden sich in einem königlichen Schloss viktorianisch-gotischer Prägung oder in einer asiatischen Ausgabe von Schloss Windsor. Der Haupteingang wird von zwei massiven Raubtieren aus grauschwarzem Granit bewacht: einem Löwen und einem Tiger. Der Löwe repräsentiert Großbritannien, der Tiger Indien. Doch hier werden die Tiere von einer lärmenden Masse angebrüllt – nicht umgekehrt.

Mehr als 1000 Lokalzüge (Gleis 1 bis 7) und 55 Fernzüge (Gleis 8 bis 13) befinden sich in dieser Vorhölle aus Menschen und Lärm im täglichen Einsatz. Als Reisender sollte man früh auf den Beinen sein, gut auf sein Gepäck aufpassen und die Hyänen in Menschengestalt auf Abstand halten. Doch vor allem den *Dabbawallahs* mit ihren schweren Metallbehältern sollte man Platz machen. Dabbawallahs gibt es nur in Bombay. Ihr Job besteht darin, Tausende hungriger Arbeiter in der ganzen Stadt mit warmem Essen zu versorgen. Wo das Essen herkommt? Von zu Hause. Aus demselben Haus, das der Arbeiter vor mehreren Stunden verlassen hat.

Man stelle sich folgende Situation vor:
Herr Gupta ist um sechs Uhr zur Arbeit aufgebrochen, hat jedoch kein Lunchpaket mitgenommen. Auf ein belegtes Brot mit Käse oder Schinken legt er ohnehin keinen Wert, auf ein von seiner Frau liebevoll zubereitetes Currygericht schon eher. Vielleicht ein wenig Lammfleisch mit Reis, eine Schale mit warmen hellgrünen *Dal* (Linsen) und frisch gebackenes dampfendes *Nan* (Brot). Doch Frau Gupta sieht sich nicht imstande, solches schon vor Sonnenaufgng zuzubereiten. Zu dieser Zeit schläft sie noch. Deshalb macht sie das Essen ein paar Stunden später. Wenn sie fertig ist, füllt sie die einzelnen Beilagen des duftenden Gerichts in mehrere gleich große Metallboxen und stellte diese nach draußen vor die Tür.

Die *Dabba* (Behälter) stehen also bereit, fehlt nur noch der *Wallah*. Schon im nächsten Moment biegt er um die Ecke, schnappt sich alle Behälter, die er vorfindet, und rast mit gebeugtem Nacken und Todesverachtung dem Lokalbahnhof entgegen. Falls der Dabbawallah-Express pünktlich ist, wird er in fünf Minuten hier eintreffen. An den Bahnsteigen warten bereits die Helfer, die dafür sorgen, dass die Tausende von Behältern an Bord des Zuges gebracht werden.

Wenn sich der Dabbawallah-Express Bombay nähert, ist er bis obenhin mit 150.000 warmen Mahlzeiten gefüllt. Jeder Behälter ist mit einer Buchstaben- und Zahlenkombination gekennzeichnet, zum Beispiel 12 ZWY AKS oder BA 44 LAD TRU. Das garantiert, dass jeder hungrige Arbeiter auch die ihm zugedachte Mahlzeit erhält. Auf dem Bahnsteig in Bombay wartet eine weitere Horde von Dabbawallahs, um die dritte und letzte Etappe in Angriff zu nehmen. Sie stürzen sich auf den Zug, als wollten sie ihn plündern, und binnen weniger Minuten befinden sich die Mahlzeiten auf dem Weg zu ihren Adressaten.

»Das System ist fantastisch«, sagt V. J. Jundare, Vorsitzender der Dabbawallah-Gewerkschaft *Bombay Tiffin Box Suppliers Association*. »Von den 150.000 Boxen, die täglich ausgeliefert werden, erreichen allenfalls zwanzig nicht das richtige Ziel.«

»Und während des Monsuns?«, fragte einmal ein Journalist des Magazins *Frontline*.

»Monsun?«, antwortet Herr Jundare. »Haben wir etwa kein Abkommen mit unseren Kunden getroffen? Haben wir keinen Vertrag unterschrieben?«

Viele Jahre vor V. S. Naipaul kam Mark Twain nach Bombay. Twain stammte aus der kleinen Stadt Hannibal am Mississippi und begann seine lange Weltumsegelung im Jahr 1895. Das Resultat ist ein ebenso umfangreiches wie wunderbares Buch: *Meine Weltreise nach Indien* (1897).

Auf halbem Wege erreichte er Bombay:

> 20. Januar. Bombay! – wie ein Märchen von *Tausendundeiner Nacht*, entzückend, verwirrend, bezaubernd! (...) Hier ist es Winter: ein himmlisches Juniwetter und frisches köstliches Sommerlaub.

Mark Twain logierte in einem Hotel nahe am Wasser. Dort, von seinem Fenster aus, konnte er Leben und Tod, die Liebe und das Meer in Ruhe beobachten. Er war beeindruckt von dem furchtlosen Schlangenbeschwörer unter den Palmen, von den Frauen, die mit schweren Wasserkrügen auf dem Kopf vorübergingen, von den schlanken Dienern mit ihren feuerroten Turbanen, von der Architektur, den Palästen, Monumenten und Farben. Doch er sah auch die Armut, die lumpigen Bettler, die Aussätzigen und die hungernden Kinder mit ihren leidvollen Augen:

> Ja, das ist Indien! Das Land der Romantik und der Träume, wo fabelhafter Reichtum und fabelhafte Armut wohnen, das Land der Pracht und der Herrlichkeit, der Lumpen, der Paläste und elenden Hütten, der Pest und Hungersnot, der Schutzgeister und Riesen, wo Aladins Lampe, Tiger, Elefanten, die Kobra, der Dschungel zu finden sind, wo hunderterlei Völker in hunderterlei Sprachen reden, das tausend Religionen und zwei Millionen Götter hat. Indien ist die Wiege des Menschengeschlechts (...)

Bombay hatte damals erst eine Million Einwohner. Heute sind es 14 Millionen! Einst bestand dieses Gegend aus sieben verschiedenen Sumpfgebieten und der salzigen See. Selbst die Meeresschildkröten weigerten sich, an Land zu gehen. Doch dann kamen die Portugiesen – gefolgt von den Briten. Die Portugiesen sahen in den gottverlassenen Sümpfen keine Zukunft und verpachteten sie für fünf Pfund im Jahr an die Briten, womit eines der größten industriellen Abenteuer in Asien seinen Anfang nahm.

Heute tragen die sieben Sumpfgebiete die Namen Colaba, Mahim, Mazgaon, Parel, Worli, Girgaum und Dongri. Die Namen der sieben Stadtteile sind jedem Einwohner geläufig, doch wer weist mir den Weg zu den *Towers of Silence*, den Türmen des Schweigens? Mein Begleiter meint, ich müsse nur den Geiern folgen.

Also folge ich den Geiern, wie schon Mark Twain das getan hat. Ich gehe den bogenförmigen Marine Drive hinauf und halte Kurs auf die Hängenden Gärten der Malabar Hills. Dort, hinter der Pracht dieser Gärten, ruhen die Türme des Schweigens. Die Parsen haben sie errichtet. Sie flüchteten vor 1300 Jahren vor islamischen Eroberern aus Persien. Ihre Zeitrechnung beginnt im Jahr 640, als ihr letzter König im Kampf fiel. Viele von ihnen fanden den Weg nach Indien, wo sie sich als ausgezeichnete Händler erwiesen. Heute gehören die Parsen zu den reichsten Schichten der Stadt, doch in all ihrem Reichtum halten sie sich weiter an die Lehre Zarathustras: Erde, Feuer und Wasser sind heilige Elemente und dürfen nicht von Leichen entweiht werden.

Daher haben die Parsen ihre Türme des Schweigens errichtet. Dorthin bringen sie ihre Toten, um sie von den Geiern verzehren zu lassen.

»Wohin wollen Sie?«, fragt mich ein junger Mann in weißem Gewand, als ich mich meinem Ziel nähere.

»Zu den Türmen des Schweigens.«

»Die Türme des Schweigens sind nur für die Toten. Sie finden dort keinen Einlass.«

Auch Mark Twain wurde dort zurückgewiesen. Niemand darf die steinerne Schwelle zu den Türmen des Schweigens passieren, außer den Toten und den Angestellten der Anlage. Von den Leichenträgern abgesehen, hat kein lebender Mensch die Türme je von innen gesehen – mit einer Ausnahme: »Vor über 100 Jahren stürmte ein Europäer hinter den Trägern in das Innere der Anlage, um seine Neugier zu befriedigen. Weder Name noch Rang dieses Mannes sind je bekannt geworden, doch erteilte ihm die Ostasiatische Kompanie eine offizielle Rüge.«

Türme des Schweigens. Schon der Name ist großartig und lässt an andere weltbekannte Sehenswürdigkeiten denken wie Notre-Dame, Westminister Abbey, St. Paul's Cathedral oder den Petersdom. Doch vor mir erhebt sich ein bescheidenes Bauwerk: ein kleiner, gewundener, braunschwarzer Turm, der teils mit Moos überwachsen ist. Ohne das heisere Schreien der Vögel wäre die Stille perfekt. Alles ist wie eh und je. Die Beschreibung von Mark Twain besitzt nach wie vor Gültigkeit:

> Die Geier hatten sich eingestellt; sie saßen am Rande des niedrigen festen Turmes in einem großen Kreise dicht gedrängt, regungslos, wie aus Stein gemeißelt – und warteten. Man war fast versucht, sie für leblose Bildwerke zu halten. Plötzlich traten die Anwesenden – es mochten etwa 20 Personen zugegen sein – ehrfurchtsvoll beiseite, und das Gespräch verstummte. Ein Leichenzug bewegte sich durch das große Gartentor nach dem Turme hin. Der Tote lag auf einer flachen Bahre mit einem weißen Tuche bedeckt, sonst aber unbekleidet; zwischen den Leichenträgern und dem Trauergefolge ließ man einen Abstand von dreißig Fuß. Die paarweise einherschreitenden Leidtragenden, in weiße Gewänder gehüllt, waren je zwei und zwei mit Stricken oder Tüchern zusammengebunden –

das heißt im bildlichen Sinne –, eigentlich hielt nur jeder ein Ende in der Hand. Hinter dem Zuge führte man einen Hund an der Leine. Als die Trauernden unweit des Turmes angelangt waren – es darf außer den Trägern mit der Leiche kein Mensch näher kommen als bis auf dreißig Fuß –, kehrten sie wieder um und begaben sich nach einem kleinen Tempel im Garten, um für den abgeschiedenen Geist zu beten. Die Träger schlossen indessen die Tür auf, welche den einzigen Eingang zum Turme bildet, und verschwanden drinnen vor unseren Blicken. Nach einer Weile kamen sie wieder heraus, Bahre und Leichentuch tragend, und verschlossen die Tür. Nun erhoben sich die Geier im Kreise, schlugen mit den Flügeln und schossen in den Turm hinunter, um die Leiche zu verzehren. Als der ganze Schwarm wenige Minuten später wieder davonflog, blieb nur das völlig abgenagte Skelett zurück.

»Das ist nichts für Sie«, sagt der Mann im weißen Gewand. »Das ist nicht Indien.«

Er hat eine gebieterische Stimme und weist mit dem Finger sicherheitshalber in südöstliche Richtung, wo das eigentliche Bombay liegt. Die Parsen machen nur 100.000 der vielen Millionen Einwohner des Landes aus. Sie stellen eine Minderheit dar, doch das wirkliche Indien liegt dort unten, zu unseren Füßen. Als Mark Twain vor langer Zeit sich in dieselbe Richtung umdrehte, sah er weit mehr Kokospalmen als Häuser. Die Parsen hatten ihr Werk noch nicht vollbracht.

Ob Mark Twain auch Rudyard Kipling begegnete, einem der großen Söhne Bombays, ist nicht bekannt. Kipling wurde 1865 von britischen Eltern in Bombay geboren. Als der siebenjährige Rudyard eines Tages mit seiner Mutter über die Straße ging, landete plötzlich ein großer Fleischbrocken auf ihrem Kopf. Ein halb abgenagter

Oberschenkel! Der Geier hatte versehentlich seine Beute fallen lassen. Die vornehme Frau schrie auf vor Ekel, und der kleine Rudyard hatte etwas erlebt, das er sein Lebtag nicht wieder vergessen sollte. Auf seinem Totenbett im Jahr 1936 erzählte er die Geschichte wohl zum tausendsten Mal.

Bombay ist auf drei Seiten vom Meer umgeben. Vom Plateau aus betrachtet, auf dem sich die Türme des Schweigens befinden, reicht die Stadt wie eine offene Hand aufs Meer hinaus. Doch einen schönen Anblick bietet sie nicht. Sie ist voll eitriger Warzen, voll von Armut und alten verschimmelten Häusern – Wolkenkratzer gibt es nur wenige –, in ihr leben Schwerverbrecher und skrupellose Politiker, die beschlossen haben, die Probleme der Stadt durch ethnische Säuberungen zu lösen. Der am meisten Gefürchtete von ihnen, Bal Thackeray, hat es sich zur Gewohnheit gemacht, die Welt durch eine dicke Hornbrille mit getönten Gläsern zu betrachten. 1996 taufte er die Stadt in Mumbai um. So hatte sie in alten Zeiten geheißen.

»In Mumbai wohnen über eine Million Muslime«, sagt Thackeray. »Warum tun sie das? Wurde Pakistan nicht gegründet, damit die Muslime ihren eigenen Staat bekommen?«

Liebe Leser, ich möchte Sie mit Bal Thackeray bekannt machen. Doch zunächst will ich im Hotel Taj Mahal einchecken.

Ich habe nämlich vor, für ein oder zwei Nächte wie ein korrupter Maharadscha zu leben – erlesene Mahlzeiten von silbernen Platten zu speisen, mich in seidenen Brokatgewändern zurückzulehnen und ansonsten das Gewimmel der steinreichen Hotelgäste zu betrachten. Doch bevor ich die Rezeption ansteuere, halte ich vor der Fassade inne, die sich fast mit derjenigen der Victoria Terminus Railway Station messen kann. Das Interieur ist natürlich ungleich edler, denn hier gibt es weder Stahlträger noch lärmende Menschenmassen, sondern gediegene Kronleuchter und gebildete Rede auf Marathi, Hindi, Gujarati, Sindhi, Pashto, Panjabi, Bengali, Tamil, Englisch und Arabisch.

Herr Singh begleitet mich in mein Zimmer mit der Nummer 236. Er trägt Turban und eine feuerrote Uniform mit goldenen Applikationen und breiten Schulterklappen. Hier kann ich im Liegen die Aussicht auf das Meer und den Horizont genießen. Und obwohl der Zigarre rauchende Winston Churchill über meinem Doppelbett hängt, wurde mir eine rauchfreie Nacht versprochen.

Apropos, der selige Winston hatte für Indien nicht viel übrig. Nach seinem ersten Besuch konstatierte er: »Einmal ist genug, das zweite Mal wäre bloß eine Wiederholung.« Selbst Mahatma Gandhi war offenbar nicht ganz nach seinem Geschmack. Churchill bezeichnete ihn als »halb nackten Fakir östlichen Schlages« und äußerte, es wäre Irrsinn, mit ihm zu verhandeln. Noch 1942, nur fünf Jahre bevor Indien unabhängig wurde, unterstrich er den britischen Machtanspruch in Indien: »Ich bin nicht Premierminister seiner Königlichen Majestät geworden, um das britische Empire zu liquidieren!«

Warum hängt also ein gerahmtes Bild Winston Churchills, dieses kettenrauchenden Imperialisten, auf Zimmer 236?

»Ich weiß es nicht«, räumt Herr Singh ein und kratzt sich den Bart. »Der hing schon immer hier.«

Meine erste Nacht im Himmelreich verläuft friedlich, bis kurz vor Mitternacht das Telefon klingelt. Eine männliche Stimme ist am Apparat und erkundigt sich, ob ich der Privatsekretär des Sultans von Oman sei. Das Missverständnis wird rasch ausgeräumt. Der Unbekannte bittet höflich um Entschuldigung und legt auf. Die Erklärung bekomme ich am nächsten Morgen. Der Sultan von Oman hat sich mit großem Gefolge im Hotel einquartiert, dessen Etagen in den nächsten Tagen von arabischen Männern mit Adlernase und knöchellangen Gewändern bevölkert werden. Die Leibgarde des Sultans trägt Schnurrbärte und blitzende Säbel, und selbst die lokalen Sikh-Gardisten scheinen großen Respekt vor ihnen zu haben.

2000 Kilometer blauen Wassers liegen zwischen der indischen Westküste und der arabischen Halbinsel. Doch Menschen sind seit Hunderten von Jahren über dieses Meer gefahren. Indische Seefahrer, die einen südlicheren Kurs einschlugen, stießen irgendwann auf die afrikanische Küste. Indische Emigranten haben sich vor allem im südlichen Afrika niedergelassen. Andere reisten nach Europa, um sich Wissen und Ausbildung zu verschaffen. Einer von ihnen hieß Mohandas Gandhi. An einem Herbsttag des Jahres 1888 stand der junge Gandhi unterhalb meines Fensters am Kai und blickte gen Westen. Nach der langen Reise von Porbander war er nach Bombay gekommen, um von hier aus über den Ozean nach London zu gelangen. Hoch und heilig hatte er seiner Mutter versprochen, sich von Alkohol, Fleisch und Frauen fern zu halten.

In Bombay wurde Gandhi von Leuten überfallen, die meinten, ein Angehöriger der Vaishya-Kaste dürfe nicht ins Ausland reisen. Ihr Platz sei in Indien. Sie hätten gehört, dass er in England Wein trinken und Fleisch essen wolle, sagte einer der Männer. Das widerspreche ihren Gesetzen, und wenn er nicht auf sie höre, würden sie ihn auf die härteste Weise bestrafen.

Doch Gandhi ließ sich in seinem Entschluss nicht beirren.

Da wandte sich der Mann an die anderen und verkündete, Gandhi solle fortan als Kastenloser angesehen werden. Wer sich an nächsten Morgen am Hafen einfinde, um sich von ihm zu verabschieden, müsse ein Bußgeld von einer Rupie und vier Anna zahlen.

Am nächsten Tag, dem vierten September, ging der junge Gandhi in seinem neuen weißen Flanellanzug an Bord des Dampfschiffs SS *Clyde*. Eine vierwöchige Überfahrt lag vor ihm. Niemand wünschte ihm eine gute Reise.

Heute, zu Beginn des dritten Jahrtausends, ist der Kontakt mit fremden Kontinenten zur Lebensgrundlage von Bombay geworden. Selbst die Vaishya-Kaste hat kapituliert und sich der Welt geöffnet. Junge Menschen, ob sie nun Flanellanzüge tragen oder nicht, laufen keine Gefahr mehr, von ihresgleichen verprügelt zu werden, weil sie über den eigenen Horizont hinausblicken. Im Gegenteil, für viele indische Familien ist der Sohn, der unter der arabischen Wüstensonne schwitzt, zur Rettung geworden. Andere haben ihr Glück in London, Los Angeles oder Lima versucht. Weltweit ist heute in jeder Stadt von Bedeutung ein Teil Indiens lebendig. Zehn Millionen Inder leben außerhalb der Grenzen ihres Landes.

»Das ist gut!«, sagt Thackeray. »Indien braucht ihre Erfahrung.«

Seine Sorge ist hingegen, dass sich allzu viele Menschen – auf ihrer verzweifelten Jagd nach einem neuen und besseren Leben – in Bombay zusammenballen. Die sollten sehen, dass sie weiterziehen, oder nach Hause zurückkehren, meint er. In Bombay bleiben sollen sie jedenfalls nicht. Einst war Bombay eine vitale Stadt. Heute lebt die halbe Bevölkerung in baufälligen Häusern oder auf der Straße. Vom gesamten indischen Subkontinent seien sie gekommen, wie Thackeray betont, aus Bangladesch im Westen bis Pakistan im Osten. Eingeschlichen hätten sie sich, ohne Pass und ohne Geld, und würden der Stadt wie dem Bundesstaat nur zur Last fallen.

Der Bundesstaat heißt Maharashtra. Seine Bevölkerungszahl nähert sich den 100 Millionen, die Fläche ist jedoch kleiner als die Norwegens. Im siebzehnten Jahrhundert drängte der große Heerführer von Maharashtra, Shivaji, die muslimische Invasion aus dem Norden zurück. Nun will Bal Thackeray Shivajis Kampf fortsetzen. Der Name seiner politischen Organisation spricht für sich: *Shiv Sena* (Shivas Heer). Er hat sich in den Kopf gesetzt, alle Eindringlinge zu vertreiben. Nicht nur die Muslime, sondern »jeden, der nichts in Maharashtra zu suchen hat«.

Bal Thackeray begann seine berufliche Laufbahn als Karikaturist. Zusammen mit seinem Vater und seinem Bruder gab er ein Blatt namens *Marmik* heraus, in dem politische Tagesereignisse karikiert wurden. In den frühen sechziger Jahren hatte das Blatt eine Auflage von 40.000 erreicht. Die Familie rieb sich die Hände und erkannte, dass es für ihr halb faschistisches Gedankengut einen Markt gab. Die Parteigründung fand 1966 in Thackerays Küche mit 18 Personen statt. Die Hindus haben die Gewohnheit, die Gründung einer neuen Organisation mit dem Teilen einer Kokosnuss zu feiern. In der Küche erklang das wohlbekannte Geräusch.

Zur ersten Massenkundgebung der Partei erschien eine halbe Million Menschen. *»Maharashtra den Maharashtranern! Schickt die Muslime nach Pakistan! Reinigt unser Land!«* Seitdem haben die Shiv-Sena-Anhänger beträchtlich an politischem Einfluss gewonnen, und das nicht nur in Bombay, sondern im gesamten Bundesstaat. Heute – an diesem Frühlingstag im März – haben sich die Menschen vor den Radios versammelt. Auf jeder Straße und in jedem Winkel drängen sie sich zusammen, um den Nachrichten aus Neu-Delhi zu lauschen. Hinter dem Hotel Taj Mahal, im Olympia Coffee House, das bereits seit 1902 existiert, steht eine Gruppe Muslime vor dem Fernseher und wartet auf das Ergebnis.

Die Wähler haben gesprochen: Indien wird eine neue Regierung bekommen. Die Hindu-Nationalisten haben gesiegt!

Die weiß gekleideten Männer seufzen enttäuscht auf, als der Nachrichtensprecher verkündet, in Maharashtra werde vermutlich eine Koalitionsregierung aus Shiv Sena und der hindu-nationalistischen Volkspartei BJP gebildet. Thackeray hat bereits seinen Kandidaten für den Posten des Ministerpräsidenten des Bundesstaates nominiert. Er heißt Narayan Rane und ist 46 Jahre alt. Ein Hardliner, schreiben die Zeitungen. Einst war er der Beihilfe zum Mord angeklagt, wurde jedoch freigesprochen.

Wenige Minuten später erscheint Narayan Rane auf dem Bildschirm.

»Ich verspreche euch, die Erwartungen zu erfüllen, die Bal Thackeray in mich setzt«, sagt er.

Doch Bombay kann nicht noch mehr Gewalt ertragen, Maharashtra auch nicht. Die Landflucht der letzten Jahre war eine logische Konsequenz aus der Stagnation in den ländlichen Gebieten. »Wissen Sie«, sagt Mustafa Khan, während er im Olympic Coffee House verführerisch duftenden Kaffee mahlt, »es ist doch vollkommen unmöglich, Millionen von Menschen nach Hause zu schicken. Es hätte auch gar keinen Sinn, die Muslime nach Pakistan oder Bangladesch zu schicken. Damit würden alle Reinigungsarbeiten zum Erliegen kommen. Wir sind es doch – wir und die kastenlosen Hindus –, die diese Arbeit machen.«

Mustafa erinnert sich an den warmen Sommer 1992. Aufgehetzt von Shiv Sena, gingen fanatische Hindus mit Messern und anderen Waffen zum Angriff auf die Muslime über. Die Kämpfe dauerten tagelang an, und als schließlich keine Schreie mehr zu hören waren, lagen Hunderte von Toten auf den Straßen. Tausende verbarrikadierten sich in ihren Häusern, während andere die Flucht wagten.

Inzwischen sind sie zurückgekehrt und haben andere mit sich gezogen. Mit Autos, Bussen und Zügen kommen Tag für Tag Tausende von Menschen aus dem ganzen Land, doch es ist kaum möglich, eine Behausung zu einem akzeptablen Preis zu finden. Die Wohnungsmieten in Bombay sind die höchsten in der ganzen Welt.

Vor allem in den neunziger Jahren fand eine regelrechte Preisexplosion statt, nachdem die Kongresspartei unter Premierminister Rao eine ökonomische Liberalisierung eingeleitet hatte. Alle, die etwas werden wollten in dieser Welt, wurden nach Bombay gelockt. Gewerbetreibende in Delhi, Kalkutta und Madras verfielen in Panik und packten Hals über Kopf ihre Sachen.

1994 gab Richard Ellis Ltd. – eine große internationale Immobiliengesellschaft – bekannt, dass die Büromieten in Bombay die höchsten in der ganzen Welt seien. Der Preis für einen Quadratmeter in Bestlage wurde mit 145 Dollar veranschlagt. Nummer zwei auf der Liste war Tokio, danach folgte Hongkong. Die Mieten in London und New York lagen zu dieser Zeit bei 23 bzw. 51 Dollar.

Mit diesen Preisen sahen sich also die armen Zuwanderer aus den Dörfern konfrontiert.

Seitdem sind die Preise wieder gefallen, doch für die Ärmsten in Bombay ist ein Dach über dem Kopf nach wie vor unerschwinglich. Der Optimismus, dem ich hier zu Beginn der neunziger Jahre begegnete, ist wie weggeblasen, und selbst Pradip Shah scheint seinen Zukunftsglauben verloren zu haben. Pradip Shah? Der Mann ist eine der großen Nummern in Bombay. Zu seinem 40. Geburtstag lud er 2500 Gäste ein. Das Hotel samt Köchen, livriertem Personal und Musikern war bereits gebucht, Käse und Wein sollten aus Brüssel eingeflogen werden, das marinierte Fleisch war in Paris geordert worden. Doch dann forderte ein anonymer Anrufer eine Million Rupien, damit das Fest unblutig über die Bühne gehen sollte. Pradip Shah sagte daraufhin alle im Freien geplanten Feierlichkeiten ab und verdoppelte die Stärke des Wachpersonals auf 500 Personen. Drinnen war es vermutlich ziemlich eng, doch Gott sei Dank wurde niemand getötet.

Und warum konnte Pradip Shah schließlich einen friedlichen Geburtstag feiern?

Weil er die Forderungen der Erpresser erfüllte.

Wie so viele andere Großstädte auch hat Bombay seine eigene Mafia. Doch selbst in den schwierigsten Zeiten hat sich die Mafia innerhalb ihrer Grenzen bewegt. Alle wussten davon, ohne sich selbst bedroht zu fühlen. Heute ist es anders. Die organisierte Kriminalität hat den Alltag der Menschen erreicht. Kleine und große

Mafiabanden haben die Stadt erobert. Tagtäglich berichten die Zeitungen von Erpressungen und Morden. Shobha De, ein bekannter Autor und Fernsehstar, schreibt in einer seiner regelmäßigen Kolumnen: »Ein Mumbai-Wallah [Einwohner von Bombay], dem nicht nach dem Leben getrachtet wird, ist nichts wert.«

Investoren aus dem In- und Ausland haben reagiert und sich nach neuen Betätigungsfeldern umgesehen. Die Zahl der privaten Wachunternehmen wächst. Heute gibt es 1200 von ihnen. Wir tun unser Bestes, sagt der Polizeichef der Stadt und fügt hinzu: »Ich habe meine Männer angewiesen, von der Schusswaffe Gebrauch zu machen, wenn sie es für richtig halten!«

Ein Problem besteht darin, dass die Polizisten unterbezahlt und daher für Bestechung empfänglich sind. Ein Zusammenhang, der aus vielen anderen Ländern bekannt ist. So wird die Grenze zwischen der Polizei und der Mafia fließend, und die verzweifelten Bürger sind dieser Situation schutzlos ausgeliefert.

In diesem Machtvakuum operiert ein gefürchteter Mann namens Arun Gawli. Er gilt als einer der vier mächtigsten Mafiabosse der Stadt. Jeder weiß, wo er wohnt – in Dagdi Chawl im Herzen von Bombay. Seine Tür ist rund um die Uhr geöffnet. Man kann ihn jederzeit besuchen, und wenn er Zeit hat, lässt er sich im Schneidersitz nieder und spricht ein Gebet für dich. Er liebt Journalisten und lässt keine Gelegenheit aus, sich bei ihnen einzuschmeicheln.

Am Samstagmorgen bin ich an der Reihe. Sicherheitshalber habe ich zwei indische Journalistenkollegen mitgenommen. Sie sind schon früher dort gewesen, doch ein Wasserschaden hat das Ende der Straße unpassierbar gemacht. Wir bleiben stehen und schauen unschlüssig zu Gawlis weißem Palast empor. Doch dann taucht ein freundlicher Polizist auf. Ob wir zu Arun Gawli wollten? Das sei kein Problem, wir müssten nur einen kleinen Umweg in Kauf nehmen. Er beschreibt uns den Weg und wünscht uns viel Glück.

In dem länglichen Vorraum ist es bereits voll. Die Leute blicken sich schweigend um und warten, bis sie an der Reihe sind. Es ist warm, eine Frau in der Ecke versucht sich mit ihrem großen Schal ein wenig Luft zuzufächeln. Plötzlich steht der junge Assistent des Mafiabosses in der Tür.

»Kommen Sie!«, sagt er. »Daddy Gawli ist nun bereit.«

Gawlis Bewunderer nennen ihn Daddy. Er ist wie ein Vater für sie. Wir alle stehen auf und bilden eine Schlange. So will er es haben. Hinter der Tür erwartet der Mafiaboss seine Gäste. Er ist ein klein gewachsener Mann mit Pokerface, schwarzen Koteletten und weißer Nehru-Kappe. Wie ich erfahren habe, hat er kürzlich seinen 47. Geburtstag gefeiert.

»Hört zu«, sagt Daddy mit heiserer Stimme. »Ihr seid zu mir gekommen, damit ich für euch bete. Das werde ich selbstverständlich tun. Doch zuerst will ich euch erzählen, wie es mir im Gefängnis ergangen ist. Ihr wisst ja, dass ich sieben Jahre lang im Gefängnis war. Das waren sieben Jahre zu viel, und ich hatte die Strafe absolut nicht verdient. Dennoch haben mich die Jahre hinter Gittern viel gelehrt, und jetzt bin ich ein Stellvertreter Gottes auf Erden.«

»Ja!«, ruft die Frau mit dem Tuch aus.

»Ein Stellvertreter Gottes auf Erden!«, wiederholt ein Mann, der neben mir steht. Er hat die Hände gefaltet.

»So ist es immer gewesen«, fährt der Mafiaboss fort. »Einzelne müssen die Sünden der anderen sühnen. Jesus hat dies getan, und was ist mit Gandhi? Die Briten haben ihn ein ums andere Mal ins Gefängnis geworfen, doch hatte er das verdient? Wer von euch behauptet, Gandhi hatte es verdient, ins Gefängnis geworfen zu werden?«

»Niemand!«, sagt die Frau mit dem Tuch. »Niemand!«

»Wer hat mich zum Kriminellen gemacht?«, fragt Gawli. »Die Politiker! Wer den Film *Satya* gesehen hat, der weiß, was ich meine.«

»Ich habe ihn gesehen«, sagt die Frau mit dem Tuch. »Es ist ein guter Film.«

»Natürlich ist er gut. Ganz Bombay sollte ihn sehen!«

Satya handelt von einem armen Mann, der aus seinem Dorf nach Bombay kommt und auf ein besseres Leben hofft. Doch überall begegnet er brutalen Arbeitgebern, korrupten Polizisten und noch korrupteren Politikern. Schließlich greift er zur Waffe und schießt sich den Weg durchs Leben frei. In der Schlussszene ist er von Leichen umgeben, empfindet jedoch keinerlei Reue. Denn das Leben hatte ihm keine Gerechtigkeit zuteil werden lassen, deshalb musste er zur Gewalt greifen.

Solche Filme sind in Bombay, dem Mekka der Filmproduzenten, in Mode gekommen. In »Bollywood« wird die Mafia meist verherrlicht. Viele fragen sich, warum das so ist, doch die Antwort liegt auf der Hand: Die Mafia hat die indische Filmbranche längst unterwandert. Manche behaupten, die halbe Szene werde inzwischen von ihr kontrolliert, und die Kritiker sehen eine klare Tendenz zu immer gewalttätigeren Filmen. »Die Leute sind völlig verrückt danach«, sagt der Filmproduzent Rakesh Rohan im Gespräch mit einer lokalen Tageszeitung. »Was sie im wirklichen Leben nicht erreichen, das sehen sie im Kino.«

Und hier, an einem Samstagvormittag im April, tritt Arun Gawli wie ein Nachfolger Robin Hoods vor seine Bewunderer. Erneut verspricht er, uns zu segnen, doch zunächst will er uns von der neuen politischen Partei erzählen, die er gründen will. Sie soll Akhil Bharatiya Sena heißen.

»Mein Ziel ist es«, sagt er, »die Korruption und Ungerechtigkeit in diesem Land zu bekämpfen.«

»Ja!«, ruft die Frau mit dem Tuch.

»Lasst uns ein Gebet sprechen«, sagt der Mafiaboss. »Ich bete am liebsten im Sitzen. Setzt euch auch hin.«

Die Menschen setzen sich. Der Mafiaboss nimmt umgehend die traditionelle Gebetshaltung ein – mit gekreuzten Beinen und geschlossenen Augen. Für einige Sekunden sitzt er schweigend da, wiegt sich sanft hin und her, bevor er in einen langsamen, monotonen Singsang fällt, der von teils langen Pausen unterbrochen wird. Nach fünf langen Minuten ist das Gebet beendet. Arun Gawli bedankt sich für das Erscheinen und die Aufmerksamkeit seiner Gäste.

Seine letzte Aufforderung lautet: »Betet jeden Tag! Macht euch das zur festen Gewohnheit!«

Am nächsten Tag berichtet *The Hindu* in seiner Sonntagsausgabe, dass Arun Gawli und seine Leute verdächtigt werden, »im Lauf des letzten Monats« acht weitere Morde begangen zu haben. Doch die Polizei hat ein Problem. Niemand will gegen den Mafiaboss aussagen. Wer als Zeuge in Erscheinung tritt, riskiert sein Leben.

Indien ist ein Land der Gegensätze, vor allem in den Großstädten. Doch die indische Mittelschicht wächst schnell. Vielleicht umfasst sie bereits 250 Millionen Menschen, wie Wirtschaftsexperten behaupten. Und an keinem anderen Ort tritt diese Schicht mehr in Erscheinung als in Bombay. Ihre Angehörigen sind gut gekleidet, verfügen über eine solide Ausbildung und attraktive Arbeitsplätze und fahren nach Goa, Mauritius oder Bangkok in den Urlaub. Nicht wenige von ihnen haben sich ein Auto gekauft. Doch die Zahl der Armen wächst noch schneller. Ihr Leben wird von Stagnation und Hoffnungslosigkeit, von Arbeitslosigkeit und Hunger geprägt. Während Indien 1997 den 50. Jahrestag seiner Unabhängigkeit beging, standen diese Menschen in den hinteren Reihen und erlebten Feierlichkeiten, die sie nicht verstanden.

Am anderen Ende der Skala befinden sich die Reichen – die traditionell Reichen und die Neureichen. Das Maß ihres Wohlstands spottet teils jeder Beschreibung. Meine Schilderung des 40. Geburtstags von Pradip Shah mag hier als Beispiel dienen. Wir können nur mutmaßen, was für ein Gefühl es für einen armen Kastenlosen ist, die Gäste zu beobachten, die reihenweise auf Elefanten oder weißen Pferden zu einem Fest reiten, dessen Speisen aus Brüssel oder Paris eingeflogen werden. Vielleicht ist es unter solchen Umständen nicht verwunderlich, dass auch die Reichsten Bombays manchmal um ihr Leben fürchten müssen.

Doch wer von ihnen ist ohne Hoffnung?

Die Einwohner von Dharavi zum Beispiel; 600.000 Menschen, die sich auf einigen flachen Hügeln in der Nähe des internationalen Flughafens von Bombay zusammendrängen. Niemand in Bombay will mich zu den größten Slums der Welt fahren, abgesehen von einem Mitglied der indischen Heilsarmee und seinem tamilischen Dolmetscher. Sie kennen die Slumbewohner, und die Slumbewohner kennen sie. Das ist die Voraussetzung dafür, nicht überfallen oder erschossen zu werden. Außerdem handelt es sich bei der Mehrzahl der Bewohner um Tamilen. Sie stammen aus dem südöstlichen Indien und sprechen eine Sprache, die außer ihnen niemand versteht.

Gleich hinter einem großen Tor stehen Hunderte von Menschen. Die Schlange windet sich um mehrere baufällige Baracken, erstreckt sich einen glitschigen Abhang hinab und endet in einem Graben. Es ist sieben Uhr morgens. Worauf warten sie? Auf eine Portion Reis? Eine Schale mit warmer Suppe? Auf ihren Lohn? Wollen sie zur Arbeit?

»Sie stehen in der Kloschlange«, sagt der Dolmetscher. Sie wollen aufs Klo.

In Dharavi, erfahre ich, steht 800 Menschen eine einzige Toilette zur Verfügung. Die vorläufig letzte Toilette wurde 1983 errichtet. Die Einwohner müssen ihre Notdurft also dort verrichten, wo es gerade passt. Nur die Diszipliniertesten reihen sich in die Schlange ein. So stellen die Slums – nicht nur in Dharavi, sondern auf der ganzen Welt – ihre Bewohner auf eine harte Probe. Hier leben Taschendiebe mit Frauen zusammen, die ihren Lebensunterhalt damit bestreiten, Zahncreme aus alten Tuben zu pressen, um die Zahncreme danach an die Fabriken zurückzuverkaufen. Mörder leben Seite an Seite mit tamilischen »Slumschwestern«, die sich jeden Morgen durch dunkle Labyrinthe bewegen, mit nichts als Vitaminpillen und Milchpulver für die Kinder bewaffnet. Hier finden sich Bettler ebenso wie Gewerbetreibende mit fetten Bankkonten in Bombay. Hier leben Liebe und Hass, Erfolg und Fiasko – und Tausende so genannter »Night Rat Killers«.

Die Rattenkiller haben ihre nächtliche Arbeit beendet und bilden nun mit ihren selbst gebauten Holzkarren eine lange Reihe. In jedem Karren türmen sich große, grauschwarze Rattenkadaver. Einer der Karren ist bis zum Rand gefüllt, und sein Besitzer sieht überglücklich aus, während er sich seine große Brusttätowierung kratzt. Nun soll der Ertrag gewogen werden, damit der Rattenmörder seinen verdienten Lohn empfangen kann. Nach dem Wiegen werden die Ratten ins Feuer geworfen. Es ist ein Feuer, das niemals erlischt, denn in Dharavi gibt es so viele Ratten, dass ihre Jäger ihr Leben lang beschäftigt sein werden.

»Wenn wir nicht noch mehr ›Night Rat Killers‹ anstellen, werden die Ratten uns töten«, sagt der Anführer des lokalen Rattenmörderkommandos. Er hat Blut an den Händen und läuft vor der großen stählernen Waage hin und her. Neben der Waage sitzt eine Frau, die mit Argusaugen ihren Ausschlag registriert, ihn mit lauter Stimme verkündet und zu Protokoll nimmt.

Die Rattenmörder von Dharavi beginnen ihre Arbeit abends um zehn und hören nicht auf, ehe der Morgen graut. Bewaffnet mit Taschenlampen und Bambusstöcken, suchen sie jeden Winkel nach den vierbeinigen Krankheitsüberträgern ab, blenden sie mit dem Licht, bevor sie sie mit dem Stock erschlagen. Ein paar kräftige Hiebe ins Genick reichen für gewöhnlich aus. Die Methode ist einfach, aber zeitaufwendig, denn in Dharavi gibt es weitaus mehr Ratten als Menschen – eine Rattenplage, die für ganz Bombay ein Problem ist.

Ich verlasse Dharavi in dem Augenblick, als ein Wolkenbruch einsetzt. So bleibt mir jedenfalls erspart, den Zustand Dharavis *nach* dem Unwetter beschreiben zu müssen.

Darf man nach all diesen Erfahrungen noch lachen?

»Aber ja«, sagt Dr. Madan Kataria. Jeden Morgen um sechs steht er breitbeinig und dickbäuchig an Bombays berühmtestem Strand, Chowpatty Beach, und lacht. Warum? Einfach so.

Herr Kataria ist Vorsitzender von Bombays Lachklub. Er ist auch Präsident des Laughter Club International – das Lachen ist der Mittelpunkt seines Lebens geworden. Bei Sonnenaufgang, bevor die Abgase die Luft unerträglich machen, stehen Dr. Kataria und seine Schüler im schmutzig braunen Sand und lachen, was das Zeug hält. Die Frauen kommen in ihren Saris, die Männer in weiten, bequemen Baumwollkleidern. Die meisten sind barfüßig. Um sechs Uhr beginnen ungefähr 50 Personen zu lachen. Im Hintergrund, teils von aufgespannten Fischernetzen verborgen, steht eine zweite Gruppe, die es ihr gleichtut. »Ha, ha, ha – ho, ho, ho!«

»Wer in Bombay überleben will, der muss lernen zu lachen«, sagt der Präsident.

Ich bin früh auf den Beinen. Eine Zeitungsannonce hat mich zum Chowpatty Beach gelockt. Ein Strand, der im Grunde so aussieht wie viele andere Strände auch: lang, bogenförmig und ziemlich langweilig. Doch für die Einwohner der Stadt ist dieser Streifen aus Sand und Müll eine Oase, in der man noch frei atmen kann.

Hier trifft sich ganz Bombay. Erschöpfte Verkäufer, desillusionierte Büroangestellte, frustrierte Dichter, Maler, Masseure, Mystiker, *Pánwallahs* und *Chaiwallahs*, Obdachlose, heimatlose Familien und Rikschafahrer mit schmerzenden Beinen – sowie die Mitglieder von Bombays Lachklub.

Dr. Kataria heißt mich willkommen und drückt mir ein Flugblatt in die Hand. Der Text ist auf Englisch und Marathi. Kataria ist ein Mann in den Sechzigern mit rundem, gutmütigem Gesicht.

»Lesen Sie das!«, fordert er mich auf. »Zwischendurch können wir ein bisschen lachen.«

Er klopft mir auf die Schulter. Dann dreht er sich um und fällt in das kollektive Gelächter der anderen ein. Hier werden keine Witze erzählt; das Lachen kommt ganz von selbst. Sie haben ihre Gesichter den Wellen zugewandt, einige mit ausgebreiteten Armen, als sei ihnen durch den Lichtkeil, der durch die Wolkendecke bricht, eine Offenbarung zuteil geworden.

Die Überschrift des Flugblatts lautet: »WIE GRÜNDET MAN EINEN LACHKLUB?«

Und hier ist die Antwort:

> Suchen Sie sich einen Ort in Ihrer Umgebung, an dem sich die Menschen, die morgens unterwegs sind, versammeln können. Dies kann ein öffentlicher Platz, ein Garten oder ein Strand sein. Um andere nicht zu stören, sollte sich dieser Ort nicht in der Nähe eines Wohnviertels befinden. Der ideale Zeitpunkt für eine Lach-Session ist zwischen sechs und acht Uhr morgens und sollte sich nach den Bedürfnissen der Teilnehmer richten. Ein zwanzigminütiges Lachen am Morgen versetzt Sie in die Lage, die Belastungen, die das Leben in Bombay mit sich bringt, besser zu ertragen. Organisieren Sie eine Gruppe von 20–25 Personen. Je mehr Leute mitmachen, desto leichter fällt

das Lachen. Nehmen Sie Kontakt mit Dr. Kataria vom Internationalen Lachklub auf. Wir werden sofort ein Team von Lachexperten zu Ihnen schicken, das Sie mit verschiedenen Lachtechniken vertraut macht. Alles ist gratis – ebenso wie die Mitgliedschaft im Lachklub.

Eine der lachenden Frauen hält plötzlich inne und sagt mit großem Ernst: »Wäre ich nicht dem Lachklub beigetreten, würde ich heute nicht mehr leben!«

»Warum das?«

»Weil das Leben eigentlich unerträglich ist. Un-er-träg-lich!«

Ehe ich eine weitere Frage stellen kann, tritt sie drei Schritte zurück und prustet vor Lachen.

»Lauter!«, befiehlt Dr. Kataria. »Noch lauter!«

Ein Bettler nähert sich zögerlich und wird von den übrigen Mitgliedern des Lachklubs mit dröhnendem Gelächter begrüßt. Kurz darauf zieht auf der Straße, die hinter uns liegt, ein Trauerzug vorüber. Die Trauernden, eine kleine Gruppe von zwölf Personen, trotten mit gebeugten Köpfen vorwärts. Der weiß gekleidete Alte an der Spitze des Zuges wird von Jüngeren gestützt. Wieder erschallt Gelächter. Die Szene hat etwas Unwirkliches, Fellini hätte sie nicht besser inszenieren können. Zwischen den Lachanfällen erklärt Dr. Kataria, es gebe verschiedenste Arten des Lachens: stilles Lachen, mittleres Lachen, tanzendes Lachen, schaukelndes Lachen, gemischtes Lachen, das Ein-Meter-Lachen, Löwenlachen und herzliches Lachen, um nur einige zu nennen. Ständig würden neue Techniken entwickelt, doch dienten sie alle einem gemeinsamen Zweck namens *Hasya Yoga* – der Lachtherapie.

»In einem Land wie Indien ist man zum Lachen gezwungen«, sagt Dr. Karatia. »Es ist eine Überlebensmethode. Wir sind gerade dabei, den großen Weltlachtag zu organisieren.«

»Den Weltlachtag?«

»Ganz genau. Kommen Sie nächstes Jahr im Januar wieder. Da findet der Weltlachtag in Bombay statt. Wir haben die Galopprennbahn in Mahalaxmi angemietet. Es liegen bereits 7000 Anmeldungen vor, und die Anmeldefrist endet erst im Oktober. Aber dabei lassen wir es nicht bewenden. Meines Erachtens sollte das Lachen eine olympische Disziplin werden.«

»Ist das Ihr Ernst?«

»Warum nicht?«, fragt Dr. Kataria. Und lacht.

Der Mann, der töten wollte

Was ist Glück? Das Radio einzuschalten und zu hören,
dass Mahatma Gandhi ermordet wurde.

GOPAL GODSE

Ich klopfe vorsichtig an die Tür.

»Sind Sie angemeldet?«, fragt eine unruhige Frauenstimme von drinnen. Sie öffnet knarrend die Tür und späht durch den Spalt.

»Lass ihn rein«, sagt eine andere Stimme. Sie gehört einem Mann, dessen Name in der indischen Geschichte für immer einen Platz beanspruchen wird.

Die Frau winkt mich herein, und Gopal Godse tritt mir entgegen. Er ist 78 Jahre alt und erinnert nur wenig an die aufrechte Gestalt, die vor 50 Jahren in Neu-Delhi vor Gericht stand, angeklagt der Beihilfe des Mordes an Mahatma Gandhi. Sein Haar ist fast weiß, sein Körper schmächtig und zusammengesunken. Seine Schritte sind unsicher. Doch seine rhetorischen Fähigkeiten haben nicht gelitten.

»Ich bereue nichts!«, erklärt er mit fester Stimme, noch bevor ich auf dem Sofa Platz genommen habe. »Zu keinem Zeitpunkt habe ich Reue empfunden. Warum sollte ich auch? Wir haben dem Land einen großen Dienst erwiesen und nicht eine Rupie als Bezahlung entgegengenommen. Eigentlich steht ganz Indien in unserer Schuld.«

Gopal Godse schließt das Fenster zum Hinterhof und lässt sich in einen gelbgrünen Bambusstuhl sinken. Wie er da sitzt, wirkt er ruhig und gelassen, bereit, sich gegen jeden Vorwurf zu verteidigen. Auf dem kleinen Beistelltisch liegen mehrere dicke Bücher und seine dunkle Hornbrille. Die Wohnung besteht aus zwei hellen Zimmern und einem Vorraum. Auf dem Boden liegen hübsche indische

Teppiche, an den Wänden hängen Familienfotos in unterschiedlicher Größe. Das größte von ihnen zeigt einen jungen Mann mit dunklen, zurückgestrichenen Haaren. Sein Gesicht ist ebenmäßig und ernst.

»Das ist mein Bruder, Nathuram«, sagt Godse und zeigt auf das Foto. »Er war zehn Jahre älter als ich.«

Er gestattet sich eine kurze Pause, ehe er hinzufügt: »Aber wir haben auf dieselbe Art und Weise gedacht.«

Godses Frau hat sich leise zurückgezogen. Im nächsten Moment klopft es ein weiteres Mal an der Tür. Ein Mann mittleren Alters, den Godse als »mein Assistent« bezeichnet, tritt ein. Er hat eine Tageszeitung und einen Haufen elektrischer Sicherungen mitgebracht. Godse hält mir wie zur Abschreckung und Warnung das Paket unter die Nase. »Es ist ein halbes Jahrhundert vergangen, seit wir unabhängig wurden, doch um die Stromversorgung ist es immer noch schlecht bestellt. Wissen Sie, das ist Indien!«

Im Verlauf der nächsten Stunde lässt Gopal Godse sein Leben in groben Zügen Revue passieren. Er kam 1921 in Bombay zur Welt. Seine Familie gehörte zur Kaste der Brahmanen, doch mussten die Eltern hart arbeiten, um ihre sechs Kinder – vier Jungen und zwei Mädchen – durchzubringen. Der Vater war Postamtsvorsteher, doch sein Lohn war gering. Die Mutter kümmerte sich – so wie nahezu jede indische Mutter – um den Haushalt und die Kinder.

Dennoch ermöglichten sie ihren Söhnen den Schulbesuch und eine Ausbildung. Vor allem Nathuram erwies sich als regelrechter Bücherwurm. Seine Lieblingslektüre bestand aus älterer indischer Geschichte und hinduistischen Klassikern. Gopal erzählt, sein Bruder habe die *Bhagavad Gita*, eine der ältesten und wichtigsten Schriften des Hinduismus, auswendig gekonnt, noch bevor er achtzehn war. Später sei er dann in die Nachbarstadt Pune umgezogen, wo er dem Schullehrer Narayan Apte begegnete. Gemeinsam gründeten sie die Zeitung *Hindu Rashtra* (Die Hindu-Nation), die ihnen vor allem dazu diente, die hinduistische Kultur wieder zu beleben. In seinen Leitartikeln behauptete Nathuram immer wieder, die Hindus hätten sich stets von den Muslimen unterjochen lassen. Nun, da die Stunde der Freiheit näher rücke, sei es an der Zeit, Stärke zu zeigen.

Wenig später wurde bekannt, dass die Muslime ihren eigenen Staat gründen wollten: Pakistan, und dass sowohl die Briten als auch die Kongresspartei diesen Plan unterstützten. Nathuram war außer sich vor Wut.

»Ist das ein Wunder?«, fragt Gopal Godse. »Indien war stets ein vereintes Land gewesen, und nun sollte es geteilt werden!«

Ich wende ein, dass man dafür kaum Mahatma Gandhi verantwortlich machen könne. Gandhi sei doch gegen die Teilung gewesen.

»Hören Sie zu!«, entgegnet Godse. Er beugt sich vor und blickt mir fest in die Augen. »Gandhi hatte den Muslimen nichts entgegenzusetzen. Er war schwach! Auffällig viele Freunde von ihm waren Muslime. Er übernachtete sogar bei ihnen, wenn er auf Reisen war. Es stimmt schon, dass er die Teilung Indiens ablehnte, doch nachdem die Sache entschieden war, hat er auch noch die andere Wange hingehalten, um den Forderungen der Pakistaner weitestgehend entgegenzukommen. Unter anderem trat er in den Hungerstreik, um die Regierung – die indische Regierung! – zu zwingen, Pakistan 550 Millionen Rupien als Startkapital zur Verfügung zu stellen!«

Gopal Godse spielt auf Gandhis allerletzten Hungerstreik an, der am 12. Januar 1948 begann. Weil pakistanische Truppen in Kaschmir, einer umkämpften Bergregion im Norden, einmarschiert waren, hatte die Regierung beschlossen, den pakistanischen Teil der »Gütergemeinschaft« zurückzuhalten. Gandhi betrachtete diese Entscheidung nicht nur als Vertragsbruch, sondern auch als Provokation, die das Verhältnis zwischen Indien und Pakistan zusätzlich belastete. Nach nur drei Tagen lenkte die Regierung ein, und Gandhi konnte sich als der große Sieger von seiner Matratze erheben.

Fanatische Hindus tobten vor Wut. In Bombay und Pune hatte sich eine Gruppe junger Männer gebildet, die beschloss, Gandhi aus dem Weg zu räumen – darunter Nathuram und Gopal Godse.

»Ich bereue nichts«, wiederholt Gopal Godse. »Wenn wir Gandhi erlaubt hätten weiterzuleben, hätte er nur noch mehr Unheil angerichtet. Hat die Geschichte uns nicht Recht gegeben? Gandhi hat übrigens gesagt, wenn Indien geteilt werde, dann nur über seine Leiche. Doch als die Teilung vollzogen war, lebte er immer noch. Also mussten wir ihn töten.«

Der alte Mann im Bambusstuhl erklärt, er habe zu wenig Zeit, um mir Einzelheiten über Planung und Durchführung des Attentats mitzuteilen. Doch der Prozess, der ihm folgte, habe keinen Zweifel daran gelassen, dass sein Bruder Nathuram das Gehirn und die treibende Kraft hinter der Tat gewesen sei. In der Anfangsphase, im Spätsommer 1947, waren Nathuram Godse und Narayan Apte allein mit ihren Plänen, doch im Verlauf des Herbstes wurden mehrere zuverlässige Glaubensbrüder eingeweiht, darunter Gopal. Zu diesem Zeitpunkt arbeitete er als Lagerchef einer Transportgesellschaft in Pune. Die Brüder wohnten nicht weit voneinander entfernt, und politisch lagen sie ohnehin auf einer Wellenlänge.

»Eines Abends klopfte Nathuram an die Tür. Er bat darum, mich unter vier Augen zu sprechen. Nathuram setzte sich hin, nahm meine Hand und blickte mich lange Zeit schweigend an. Zuerst dachte ich, es sei etwas Schreckliches passiert, dass zum Beispiel einer unserer nächsten Angehörigen gestorben sei. Doch dann sagte er: ›So kann es nicht weitergehen, Gopal. Wir müssen Gandhi töten. Wenn niemand sonst Indien vor dem Untergang bewahren will, dann müssen wir es tun. Apte hat schon eingewilligt. Kann ich auch auf dich zählen?‹«

»Was haben Sie geantwortet?«

»Ehe ich antworten konnte, fuhr Nathuram fort: ›Ich bin nicht verheiratet und ein freier Mann. Du hast eine Frau und zwei Kinder. Denk genau darüber nach, was du tun willst.‹ Wir haben uns darauf geeinigt, dass ich mir mit meiner Antwort Zeit lassen und Nathuram in ein paar Tagen wiederkommen würde. Als er kam, stand mein Entschluss fest. Ich antwortete mit Ja. Wir umarmten uns und schworen, dass Gandhi durch unsere Kugeln sterben solle.«

Im Herbst wurden die Vorbereitungen intensiviert und weitere Glaubensgenossen mit einbezogen. Vieles musste bedacht werden. Wann sollte Gandhi getötet werden? Wo sollte das Attentat stattfinden? Und wer sollte die tödlichen Schüsse abgeben?

Der endgültige Entschluss, in Aktion zu treten, wurde am 12. Januar 1948 gefasst. Es war der Tag, an dem *All India Radio* bekannt gab, dass Gandhi im Birla House in Neu-Delhi in Hungerstreik getreten sei. Das herrschaftliche Gebäude mit gepflegtem Garten und Rasenflächen gehörte einem wohlhabenden Industriellen. Am nächsten Tag fuhren Nathuram Godse und Narayan Apte mit dem Zug nach Bombay und nahmen von dort aus ein Flugzeug in die Hauptstadt. Die Stunde der Abrechnung rückte näher, doch zunächst setzte Gandhi seinen Willen durch. Am 16. Januar gaben die Zeitungen bekannt, dass die indische Regierung Pakistans Guthaben von 550 Millionen Rupien freigegeben habe. Dieselben Zeitungen veröffentlichten ein Foto des strahlenden Gandhi, wie er auf einer Bettkante im Birla House sitzt und frisch gepressten Orangensaft trinkt.

Der Hungerstreik war beendet. Gandhi hatte gewonnen.

Godse und Apte waren rasend vor Wut und sannen auf Rache. In den nächsten Tagen versuchten sie sich mit dem Birla House vertraut zu machen, in dem Gandhi bis auf Weiteres wohnen bleiben wollte. Die Gartenanlagen und Rasenflächen waren öffentlich zugänglich, und an jedem Nachmittag um fünf zeigte sich Gandhi seinen Anhängern und betete mit ihnen. Den Attentätern aus Pune und Bombay, die nach und nach in Neu-Delhi eintrafen, war dies bekannt. Am 19. Januar waren alle versammelt, unter ihnen auch Gopal Godse. In seinem kleinen Koffer befand sich eine Pistole. Andere hatten sowohl Pistolen als auch Granaten in ihrem Gepäck.

»Wir hatten uns darauf geeinigt, am nächsten Tag während des öffentlichen Gebets zuzuschlagen«, erzählt Gopal Godse. »Doch die Aktion missglückte, und anstatt Gandhi zu töten, mussten wir fliehen, um nicht geschnappt zu werden.«

»Wer von Ihnen sollte Gandhi erschießen?«

»Wir behielten uns verschiedene Möglichkeiten vor. Falls es dem einen nicht möglich war, sollte eben ein anderer schießen.«

»Und Sie selbst?«

»Theoretisch wäre es möglich gewesen, doch ich stand in einem ungünstigen Winkel zu Gandhi. Schlimmstenfalls hätte ich jemand anderen getötet.«

Die Verschwörer waren zwar noch nicht zur Tat geschritten, hatten durch ihr auffälliges Verhalten aber eine gewisse Aufmerksamkeit auf sich gezogen. Daher entschieden sie sich zunächst zum Rückzug. Doch Nathuram Godse und Narayan Apte waren fest entschlossen, sich nicht von ihrem Plan abbringen zu lassen. Wenige Tage später reisten sie mit ihren geladenen Pistolen erneut nach Neu-Delhi.

»Ich blieb in Pune«, erzählt Gopal Godse.

»Warum?«

»Weil ich bereits meinen gesamten Resturlaub aufgebraucht hatte. Ich musste an meinen Arbeitsplatz zurückkehren. Außerdem hielt es Nathuram für besser, mich außen vor zu lassen, weil ich eine Frau und zwei kleine Kinder hatte.«

Als Gandhi am nächsten Tag aus dem Birla House kam, um das öffentliche Nachmittagsgebet zu sprechen, standen Nathuram Godse und Narayan Apte in der ersten Reihe. Wie üblich – Gandhi selbst hatte dies so angeordnet – beschränkte sich die Polizei darauf, für Ordnung in den Schlangen zu sorgen. Gandhi wollte nicht, dass Menschen, die gekommen waren, um mit ihm zu beten, einer Leibesvisitation unterzogen wurden. »Wenn ich schon sterben muss, dann möge es beim Gebet geschehen. Außer Gott kann mich sowieso niemand beschützen«, hatte er am selben Tag geäußert.

Dann fielen die Schüsse. Gandhi wurde dreimal in die Brust getroffen. »*He Ram* – O Gott«, sagte er und sank zu Boden. Im nächsten Moment war er tot.

»Was ist Glück?«, fragt Godse und hebt die Arme, als erflehe er Gottes Segen. »Das Radio einzuschalten und zu hören, dass Mahatma Gandhi ermordet wurde. Das ist Glück. Seit über 50 Jahren bin ich nun schon ein glücklicher Mann. Selbst während meiner Gefängniszeit von 1950 bis 1967 war ich glücklich. Und wenn Sie mich fragen, ob ich alles noch einmal tun würde, antworte ich mit Ja.«

Im Prozess, der folgte, wurden Nathuram Godse und Narayan Apte zum Tode verurteilt und hingerichtet. Vier andere, darunter Gopal Godse, wurden zu einer lebenslangen Freiheitsstrafe verurteilt. Heute ist der grauhaarige Mann im Bambusstuhl der einzige noch lebende Attentäter.

Plötzlich wird es in Gopal Godses Wohnzimmer stockdunkel. Wieder einmal ist die Stromversorgung zusammengebrochen.

Der »Assistent«, der die ganze Zeit in der Ecke gesessen und uns zugehört hat, steht auf und tastet sich vorsichtig zur Haustür vor. Es zeigt sich, dass die ganze Nachbarschaft von dem Stromausfall betroffen ist; ein paar Sicherungen helfen da nicht weiter. Hinter einem Vorhang höre ich Godses Ehefrau jammern.

»Macht mich zum Premierminister, und die Hälfte von Indiens Problemen wäre gelöst!«, brummt Godse aus der Finsternis. Hinter dem Vorhang am anderen Ende der Wohnung erklingt ein kurzes Schnauben.

Godse sagt, er setze große Hoffnungen in die Hindu-Nationalisten. Doch ihre Aufgabe sei nicht leicht. Im ganzen Land falle mehrmals täglich der Strom aus. Doch wer könne schon Wunder bewirken außer den heiligen Babas? Einige von ihnen, wie zum Beispiel Sai Baba in Puttuparthi, können Gegenstände aus der Luft hervorzaubern. Diejenigen, die Sai Baba gesehen haben, sagen, er sei fantastisch. Premierminister Vajpayee hingegen sei außerstande, so etwas zu tun, da er ein gewöhnlicher Mensch ist. Außerdem dürfe nicht vergessen werden, dass sämtliche Probleme Indiens aus der Vergangenheit herrühren. »Denken Sie daran, dass die Kongresspartei Indien ein halbes Jahrhundert regiert hat. Ich habe großes Vertrauen in Vajpayee.«

»Aber hat Vajpayee den Mord an Mahatma Gandhi nicht wiederholt verurteilt?«

»Er wird sich mit der ganzen Angelegenheit nicht gründlich genug beschäftigt haben.«

Plötzlich ist der Strom wieder da. Der große Deckenventilator setzt sich ächzend in Bewegung. Gopal Godse nickt zufrieden.

»Haben Sie die Verteidigungsrede gelesen, die mein Bruder vor Gericht gehalten hat?«

Ohne meine Antwort abzuwarten, steht er auf und verschwindend murmelnd im Nebenzimmer. Eine knappe Minute später kehrt er mit einem zerfledderten grauen Buch zurück.

»Nathuram hat diese Rede am 8. November 1947 gehalten. Sie dauerte fünf Stunden und besteht aus 93 Seiten. Darum kann ich sie Ihnen nicht komplett vorlesen, aber ein bisschen was sollen Sie hören.«

Er ruft seinen Assistenten, der aufsteht und sich räuspert.

»Wo soll ich anfangen?«, fragt er.

»Fang an, wo du willst. Eigentlich ist alles wichtig, aber dazu fehlt uns die Zeit. Habe ich die wichtigsten Passagen nicht unterstrichen?«

Der Assistent räuspert sich erneut.

> Gandhi wird gerne als Vater der Nation bezeichnet. Doch wenn dies so wäre, dann hat er seine väterlichen Pflichten schändlich versäumt, indem er sich mit der Teilung Indiens einverstanden erklärte. Gandhi hat uns alle verraten. Anstatt der Vater Indiens zu sein, ist er der Vater Pakistans geworden. Ohne Gandhi würde sich Indien an den praktischen Erfordernissen orientieren und wäre in der Lage zurückzuschlagen. Es besteht kein Zweifel, dass ich meine Zukunft verspielt habe, indem ich ihn tötete, doch auf der anderen Seite hat dieser Mord unsere Nation vor pakistanischen Übergriffen bewahrt. Das Volk mag mich nennen, wie es will, doch nun – nach dem Mord an Gandhi – steht es uns frei, einem Kurs der Vernunft und der nationalen Verantwortung zu folgen.

»Stopp!«, unterbricht ihn Godse. »Das waren wichtige Worte. Alles, was seit der Teilung 1947 geschehen ist, hat gezeigt, was für ein Fehler es war, den Muslimen ein eigenes Land zu geben. Haben uns die Pakistaner je etwas anderes als Scherereien gemacht? Mussten wir nicht drei Kriege gegen sie führen? Wir nennen uns Hindus, doch das Wort Hindu stammt ursprünglich von Indus, einem Fluss in Pakistan. Wussten Sie das? Der Indus entspringt im Himalaja und mündet in den Indischen Ozean. Vor Tausenden von Jahren existierte an den Ufern des Indus eine hochstehende Zivilisation, doch damit ist es vorbei. Lies weiter!«

»Wo soll ich weiterlesen?«, fragt der Assistent.

»Ich habe die wichtigsten Abschnitte mit einem Bleistift markiert.«

»Vielleicht den Abschnitt über Gandhis jahrelange Provokationen?«

»In Ordnung.«

Gandhis jahrelange Provokationen, die in seinem proislamischen Hungerstreik mündeten, zwangen mich zu der Erkenntnis, dass er aus dem Weg geräumt werden musste. Natürlich hatte er sehr wertvolle Arbeit in Südafrika geleistet, wo er sich für die Rechte der indischen Einwanderer einsetzte. Doch als er nach Indien zurückkehrte, entwickelte er eine Geisteshaltung, die darauf beruhte, dass er – und nur er! – wusste, was richtig und was falsch war. Wenn das Land seine Führerschaft wollte, musste es seine Unfehlbarkeit akzeptieren. Andernfalls hätte er sich aus der Kongresspartei zurückgezogen und den Kampf auf seine Weise fortgesetzt. Solch einer Haltung gegenüber gibt es keinen Kompromiss. Entweder musste die Kongresspartei klein beigeben und sich seinem Ego und seinen primitiven Visionen unterordnen, oder sie musste ohne Gandhi weitermachen.

»Stopp! Auch das ist wichtig, denn wenn wir uns demokratisch verhalten wollen, dann müssen alle zu Wort kommen. Gandhi pflegte zu sagen, ein Weiser könne sich nicht irren. Damit meinte er sich selbst. Das ist metaphysischer Unsinn und das Gegenteil von Demokratie. Lies weiter!«

Ich übernehme die volle Verantwortung für meine Tat und beuge mich selbstverständlich dem Urteil des Gerichts. Doch möchte ich hinzufügen, dass ich keine Gnade erwarte und auch nicht will, dass jemand für meine Gnade betet. Über den moralischen Wert meiner Tat war ich nie im Zweifel, obwohl ich von allen Seiten kritisiert worden bin. Doch bin ich davon überzeugt, dass die Geschichtsschreiber eines Tages den Wert des Mordes an Mahatma Gandhi zu würdigen wissen.

Gopal Godse hebt die Hand.

»Das waren nur ein paar Kostproben«, sagt er. »Die gesamte Verteidigungsrede können Sie in der Buchhandlung kaufen.«

»In welcher Buchhandlung?«

»Überall in Bombay oder in Pune. Wir lesen den Text so, wie Sie die Bibel lesen.«

Neun Monate nach dem Urteilsspruch, am 15. November, wurden die beiden zum Tode Verurteilten aus ihren Zellen geholt und zum Galgen geführt. Zu diesem Zeitpunkt befand sich Gopal Godse hinter Gittern des Ambala-Gefängnisses, 180 Kilometer nördlich von Neu-Delhi, wo er die nächsten siebzehn Jahre verbrachte.

»Als Augenzeuge wäre ich damals stolz auf meinen Bruder gewesen«, sagt er und erzählt, Nathuram und Narayan hätten auf dem Weg zum Galgen Parolen gerufen: *Akhand Bharat Amar Rahe – Möge das vereinte Indien ewig leben,* und einen alten Refrain auf Sanskrit angestimmt: *Selbst im Augenblick des Todes grüßen wir dich, unser Vaterland!* Die Wächter ließen die beiden Delinquenten nebeneinander Aufstellung nehmen, fesselten ihnen die Arme auf dem Rücken, zogen ihnen schwarze Kapuzen über den Kopf, legten ihnen die Schlinge um den Hals und zogen zu. Im nächsten Augenblick öffnete der Henker die in den Boden eingelassenen Falltüren.

»Was geschah danach?«

»Beide wurden im Gefängnis verbrannt. Die Asche streute man in den nahe gelegenen Fluss.«

»Hatte Nathuram nicht darum gebeten, seine Asche in den Indus zu streuen?«

»Doch! Nathuram meinte, der Indus sei der einzig saubere Fluss in ganz Indien.«

»Wie kam er darauf?«

»Weil man die Asche Mahatma Gandhis aufgeteilt und in alle indischen Flüsse gestreut hatte – mit Ausnahme des Indus.«

Gopal Godse macht eine kurze Pause, als wolle er sichergehen, dass ich die Pointe auch verstanden hätte.

»Wir werden die beiden nie vergessen, und der 15. November ist unser Gedenktag. An diesem Tag gedenken alle, die Indien lieben, meines Bruders Nathuram und Narayan Apte. Wir halten Reden und versprechen uns, den Kampf für die Wiedervereinigung Indiens fortzusetzen. Die Hauptveranstaltung findet alljährlich in Pune statt.«

»Das ist richtig«, bestätigt der Assistent und ergreift das Wort. »Ich komme selbst aus Pune. Tausende von Menschen nehmen jedes Jahr an der Veranstaltung teil, und obwohl die Hauptstraße der Stadt Gandhis Namen trägt, rufen wir: *Tod über Gandhi!* und *Lang lebe Hindu Rashtra!*«

»Und wenn wir von der Wiedervereinigung Indiens sprechen, dürfen wir Bangladesch nicht vergessen«, fügt Godse hinzu. »Heutzutage neigen die Leute dazu, die Geschichte allzu schnell zu vergessen. Sowohl Pakistan als auch Bangladesch gehören zu Indien. Denken Sie daran!«

Er begleitet mich zur Tür und beugt zum Abschied seinen steifen Rücken.

Von Gopal Godses bescheidener Wohnung bis zur Sportanlage auf der anderen Seite der Autobahn ist es nicht weit. Dort trifft sich die lokale Sektion des *Rashtriya Swayamsevak Sangh* (RSS), der Nationalen Freiwilligenorganisation, zu ihren täglichen Übungen.

Auch die Brüder Godse gehörten dem RSS an. Die militante Hindu-Organisation, die viele auch als faschistisch bezeichnen, hat 1,8 Millionen Mitglieder. Die meisten sind junge Männer im besten Alter. In voller Montur – schwarze Kappen, weiße Hemden, braune Gürtel und hellbraune kurze Hosen – grüßen sie die safrangelbe RSS-Flagge, indem sie den rechten Arm horizontal über die Brust legen. *»Lang lebe der RSS! Lang lebe Hindustan!«*

In der linken Hand tragen sie die charakteristischen Stöcke, die während der Kampfübungen der nächsten Stunde benutzt werden. Die Soldaten werden in kleine Gruppen eingeteilt und absolvieren ein langwieriges und kompliziertes Programm. Als die Übungen beendet sind, bläst der Kommandant in seine Pfeife. Erneut versammeln sich die Teilnehmer vor der Fahnenstange, wo das Morgenprogramm mit einem Gebet in uraltem Sanskrit beendet wird. Die Flagge wird eingeholt, der Kommandant ruft: »Abtreten!«, worauf die Soldaten in alle Richtungen auseinander laufen.

Doch der Kommandant hat Zeit für ein kurzes Gespräch.

»Wir wollen die Nation aufbauen, indem wir den Charakter formen«, sagt er.

Möglicherweise ist es ein Zufall, doch Bart und Frisur erinnern zum Verwechseln an Adolf Hitler.

»Unsere *Shakha* [Abteilung] hat 84 Mitglieder. Das Durchschnittsalter beträgt 22 Jahre. Meine Aufgabe besteht darin, ihnen Moral und hinduistischen Kampfgeist beizubringen. Wir spielen *Kho-kho* und *Khabaddi*, keine westlichen Spiele. Westliche Kultur haben wir nicht nötig. Unsere eigene ist gut genug. Wir brauchen auch keine westliche Fernsehunterhaltung, weil in unserer Stadt tausend Filme im Jahr produziert werden. Nachdem *I love Lucy* bei uns im Fernsehen gezeigt wurde, haben Eltern in ganz Indien ihre Töchter Lucy genannt. Ich sage meinen Soldaten, dass sie Spielfilme aus dem Westen und Kinos, in denen Filme aus den USA gezeigt werden, boykottieren sollen. Wenn Indien überleben soll, müssen wir das Beste an unserer eigenen Kultur fördern.«

Er streicht sich durch die schwarzen Haare.

Der RSS wurde 1925 gegründet, nachdem Keshav Hedgewar seinen weißen Arztkittel abgelegt hatte, um Indien zu einer vitalen hinduistischen Gesellschaft umzuformen. Er machte die Muslime für die Schwäche Indiens verantwortlich und kritisierte die Hindus dafür, sich gegenseitig zu bekämpfen. In den ersten Jahren rekrutierte der RSS seine Mitglieder vor allem aus den höheren Kasten, ehe nach und nach auch Mitglieder niederer Kasten berücksichtigt wurden. Hedgewars Warnung an die muslimische Minderheit ließ an Deutlichkeit nichts zu wünschen übrig: »Sie können Hindustan verlassen, oder sie können bleiben. Doch wenn sie bleiben, müssen sie sich den Hindus unterwerfen und sich ihre Kultur aneignen.«

Als 1947 die Freiheitsglocken läuteten und Pakistan geboren wurde, überzogen die RSS-Mitglieder die muslimische Minderheit mit einer Welle der Gewalt. Millionen von Menschen wurden vertrieben, mehrere Hunderttausend getötet, die muslimischen Viertel in Delhi, Kalkutta und Bombay in Brand gesteckt. Als nur noch Ascheberge übrig waren, hatten sich die Brandstifter wieder in die Anonymität zurückgezogen.

Während seines über 70-jährigen Bestehens hatte der RSS nur vier Anführer. Der gegenwärtige heißt Rajendra Singh und ist Professor für Physik an der Universität von Allahabad.

»Er ist unser *Sarsanghchalak*, unser großer Führer. Sein Wort ist Gesetz«, sagt der Kommandant.

Heute, zu Beginn des dritten Jahrtausends, kann sich Rajendra Singh eines wachsenden Zuspruchs und einer steigenden Aktivität des RSS in mehreren wichtigen Bundesstaaten erfreuen. Die Organisation betreibt mehr als 13.000 Schulen im ganzen Land, und auch auf den Etagen der Macht gewinnt sie zunehmend an Einfluss.

Als die Bharatiya Janata Party (BJP) 1998 die Unterhauswahlen gewann, erhielt Indien mit Atal Behari Vajpayee einen Premierminister, der seine Jugendjahre im RSS verbracht hatte, ebenso wie der Innenminister Lal Krishna Advani.

»Doch warum besteht der RSS ausschließlich aus Männern?«, frage ich den Kommandanten.

»Weil Frauen für so was keine Zeit haben.«

»Keine Zeit?«

»Ist das in Ihrem Land nicht genauso? Jemand muss doch den Hof fegen, Wasser holen, Essen machen, auf die Kinder aufpassen. Außerdem verlangt der RSS seinen Mitgliedern viel ab. Sie haben uns doch zugesehen. Glauben Sie etwa, dass Frauen zu solch einem Training in der Lage wären? Glauben Sie, Frauen könnten sich an den Abendpatrouillen beteiligen oder an Rettungsaktionen bei Unfällen und Naturkatastrophen? Sie verstehen, was ich meine. Für Frauen ist hier kein Platz. Außerdem haben unsere Mitglieder so viel zu tun, dass viele es vorziehen, nicht zu heiraten.«

»Sind Sie ebenfalls ledig?«

»Natürlich. Wie soll man denn die Nation aufbauen, wenn man verheiratet ist? Nehru war über viele Jahre verwitwet. Der Ehemann von Indira Gandhi war früh verstorben. Darum konnten sich beide vollkommen für die Nation aufopfern. Auch die Premierminister von Sri Lanka und Bangladesch sind unverheiratet.«

»Aber nicht der von Pakistan.«

»Muslimische Männer können bis zu vier Frauen haben, und was ist das Ergebnis? Moralischer Verfall, Degeneration und Misswirtschaft. Pakistan ist ein gutes Beispiel, aber in Saudi-Arabien sieht es noch schlimmer aus. Obwohl die Männer in Saudi-Arabien drei oder vier Frauen haben, kommen viele von ihnen nach Bombay, um ins Bordell zu gehen. Die meisten finden Sie in der Falkland Road.«

Werde ich das wirklich?

Falkland Road

Im heutigen Indien geht es immer mehr Menschen um Sex.
MAHATMA GANDHI

Ich frage mich, was Gandhi wohl gesagt hätte, wären wir uns auf der Falkland Road begegnet. Wäre er auf die steinerne Plattform am Ende der Straße gestiegen und hätte eine flammende Rede gehalten? Hätte er im nächsten Tempel eine Gebetsstunde abgehalten? Wäre er in Hungerstreik getreten?

Soweit die Historiker wissen, ist Gandhi nur ein einziges Mal im Bordell gewesen. Als Fünfzehnjähriger hatte er sich von seinem besten Freund, dem Muslim Sheikh Metab, aus der Stadt locken lassen. Sheikh war ein athletischer junger Mann, der gern das Schicksal herausforderte. Eines Tages verabredete er für sich und seinen schmächtigen Freund einen »Termin« im Bordell. Das Geld bezahlte er im Voraus. Frisch geduscht erschienen die beiden Jungen also zur verabredeten Zeit.

Sheikh Metab entledigte sich sofort seiner Hose und stürzte sich ins Vergnügen, doch Gandhi war dazu außerstande. Er begann zu zittern, setzte sich angezogen auf die Bettkante und starrte verzweifelt zu Boden. Als die Prostituierte sich nach seinem Namen erkundigte, brachte er kein Wort heraus. Schließlich wurde sie des Wartens überdrüssig und setzte den zukünftigen Mahatma vor die Tür. In diesem Augenblick, so Gandhi, fühlte er sich in seiner Mannesehre gekränkt und wäre am liebsten vor Scham im Boden versunken. Doch später habe er Gott oft dafür gedankt, dass er ihn gerettet hatte, schrieb Gandhi später.

Aus Schaden klug geworden, hielt sich Gandhi fortan an seine Frau Kasturbai, wenn es auch keine leichte Partnerschaft war. Eine

Zeit lang hielt er sie für untreu, und eifersüchtig, wie er war, schickte er sie zu ihren Eltern zurück. Die Trennung dauerte ein Jahr lang. Nach einem weiteren Jahr brach Gandhi nach London auf und versprach seiner Mutter und Kasturbai hoch und heilig, sich von Frauen, Fleisch und Alkohol fern zu halten. Wenn wir dem Mahatma Glauben schenken wollen – und das sollten wir möglicherweise –, dann hat er dieses Versprechen gehalten. Das London der Jahrhundertwende war zweifellos nicht arm an Bordellen und anderen Versuchungen, doch der junge Gandhi war vermutlich zu standhaft und zu mittellos, um ihnen zu erliegen. Stattdessen verbrachte er seine Londoner Jahre mit Studien, Korrespondenz und vegetarischer Kost.

Glücklich, die große Herausforderung gemeistert zu haben, kehrte Gandhi nach Indien zurück. Im Lauf der nächsten neun Jahre brachte Kasturbai vier Kinder, allesamt Jungen, zur Welt. Ihr Glück schien vollkommen. Allmählich gelangte Gandhi zu der Erkenntnis, dass der Geschlechtsakt nur einem Ziel diene: der Zeugung von Kindern. Sex zum Vergnügen sei eine Sünde und trage zur physischen Schwächung bei. »Im heutigen Indien geht es immer mehr Menschen um Sex«, schrieb Gandhi in den frühen dreißiger Jahren. »Noch schlimmer ist es, dass sich die Opfer dabei als Helden sehen. Wenn der Sklave beginnt, stolz auf seine Ketten zu sein, und sie als Schmuck betrachtet, dann ist der Triumph der Sklaverei vollkommen. Leidenschaft zu erringen, ist für Männer und Frauen das höchste Ziel im Leben!«

Im Januar 1936 konnte Gandhi seine Anschauungen vertiefen, als Margaret Sanger, eine amerikanische Bevölkerungsexpertin, ihn in seinem Aschram – seinem religiösen Zentrum – besuchte. Er betonte erneut, dass Sex, der zum Vergnügen praktiziert werde, eine große Sünde sei. »Und ich füge hinzu«, sagte er, »dass ich selbst mit schlechtem Beispiel vorangegangen bin. Nur unser jüngster Sohn wurde aus reiner und echter Liebe gezeugt. Warum? Weil er geplant war. Die anderen drei wurden geboren, weil ich meine Leidenschaft nicht kontrollieren konnte. Dafür habe ich mir stets Vorwürfe gemacht.«

»Meinen Sie damit, dass Ehepartner nur drei- oder viermal im Leben Sex haben sollten?«

»Ganz genau! Man muss den Leuten nachdrücklich klar machen, dass es unmoralisch ist, mehr als drei oder vier Kinder zu haben. Sobald die Kinder auf der Welt sind, sollten die Ehepartner getrennt voneinander schlafen. Tut man dies oft genug, wird es einem rasch zur Gewohnheit werden.«

Es ist nicht weiter verwunderlich, dass Gandhi und Sanger geteilter Meinung waren. Margaret Sanger war hauptsächlich nach Indien gekommen, um sich für die Rechte der Frauen einzusetzen. Sie schlug moderne Verhütungsmittel vor, doch Gandhi wollte von Kondomen und anderen neumodischen Erfindungen nichts wissen. »Kondome?«, fauchte er. »Wenn Sie aus einem Mann ein schwaches, entkräftetes Wesen machen wollen, einen Sklaven seiner Leidenschaften, dann geben Sie ihm Kondome!«

Doch was geschah, als Gandhi ein alter Mann wurde?

Er sehnte sich nach *Moksha* und wollte aus dem quälenden Kreislauf von Geburt und Wiedergeburt ausbrechen. *Moksha* bezeichnet einen immer währenden Zustand von Glück und Harmonie, der dem Tod folgt. Doch um dieses Zustands würdig zu sein, musste er sich selbst und Gott beweisen, dass er in der Lage war, den irdischen Versuchungen zu widerstehen. Also lud der über 70-Jährige zahlreiche Frauen ein, mit ihm unter die Decke zu kriechen. Dort, unter der großen Wolldecke des Mahatmas, sollten sie liegen und ihre warmen Körper aneinander reiben. Sollte sich erweisen, dass Gandhi keineswegs erregt würde, war dies als Zeichen zu betrachten, dass er sich auf dem richtigen Weg befand.

In den ersten Wochen verlief das Experiment gut, und Gandhi war höchst zufrieden. Doch dann kam der Rückschlag. »Vor kurzem begriff ich, dass ich überhaupt nicht in der Lage bin, meine Leidenschaft zu unterdrücken. Obwohl ich alles tat, um dies zu verhindern, bekam ich eine Ejakulation«, schrieb er im Mai 1938. »Seitdem hat mich eine ungeheure Unruhe gepackt. Wer bin ich? Wohin gehe ich? Und wie kann ein Mensch, der vor der Leidenschaft kapituliert, Gewaltfreiheit und Wahrheit repräsentieren? Diese Fragen schneiden mir ins Herz, und ständig muss ich mich fragen: Bin ich meiner Anhänger würdig? Bin ich geeignet, sie zu leiten? Nur Gott weiß die Antwort.«

Doch Gandhi gab nicht auf. Trotzig legte er sich erneut ins Bett, umgeben von einer kleinen Schar warmer Frauenkörper. Die Frauen, allesamt in den Zwanzigern, waren Gandhis Schülerinnen und gehörten zum Aschram, in dem er seine ruhigeren Tage verbrachte. »Mein Ziel ist es«, erklärte Gandhi, »ein Eunuch Gottes zu werden.«

In Gandhis Umgebung gab es jedoch viele, denen diese Art von Sehnsucht fremd war. Sowohl Politiker als auch religiöse Führer meinten, Gandhi gehe zu weit und erniedrige die Frauen, mit denen er sich ins Bett lege, nur um zeigen, dass er sich nicht von ihnen erregen lasse.

Auch Nirmal Kumar Bose, einer der engsten Mitarbeiter des Mahatmas, stellte ihm die Frage, ob dies nicht eine andere Form der Unterdrückung sei.

»Nein!«, erhielt er zur Antwort. »Und ich lasse mich nicht beirren. Selbst wenn ich alle irdischen Freunde verlieren sollte, würde ich meinen einsamen Weg zu Gott fortsetzen. Wer mich verdammen will, soll das tun! Und ich gebe zu, dass mich die Aussicht, so degradiert zu werden, mit Freude erfüllt. Tausende von Frauen, muslimische wie hinduistische, suchen mich auf. Und wenn ich angeregt werde, mit jemandem das Bett zu teilen, darf ich nicht zögern. Würde ich diese Probe scheuen, hätte ich mich selbst als Aufschneider und Feigling enttarnt.«

Sagte Gandhi – kurz nach seinem 77. Geburtstag.

Falkland Road.

Ich bin immer noch in Bombay. Es ist spät am Nachmittag. Die Männer kommen von der Arbeit. Manche tragen Plastiktaschen voller Papiere und Dokumente, andere grobmaschige Netze mit Gemüse und tropfendem Fleisch. Warum nicht zwischendurch eine kleine Nummer schieben?

Die alten Holzhäuser, die sich aneinander reihen, wurden irgendwann im neunzehnten Jahrhundert erbaut. Im Erdgeschoss stehen Mädchen in kleinen Käfigen aus Eisen oder Holz und sprechen potenzielle Kunden auf der Straße an. Ihre Stimmen sind leise und flehentlich. Ein dürres Mädchen mit knallrotem Lippenstift kann nicht älter als zehn Jahre alt sein. Sie klammert sich an das Eisengitter und folgt dem Verkehr mit großen, verschreckten Augen. In den drei Stockwerken über ihr arbeiten die erfahreneren, sehr viel älteren Mädchen, die verbissen um die vordersten Plätze kämpfen. Denn wer nicht gesehen wird, geht leer aus.

Vor der Falkland Road 12 steht ein Mann, der eine glänzende Jukebox bedient, aus der abwechselnd muslimische Gesänge und Hindu-Pop dröhnen.

Er sagt: »Die Leute lieben gute Musik. Wenn wir Besuch von Arabern bekommen, spiele ich arabische Musik. Die meisten von ihnen kommen aus Saudi-Arabien, doch gerade haben wir Besuch von zwei Männern aus Südjemen. Sie kamen vor zwei Minuten. Deshalb spiele ich *Qawwali* [religiöse muslimische Gesänge]. Sonst wollen die Leute meistens hinduistische Liebeslieder hören. Sie verstehen sicher, warum.«

Die begehrtesten Frauen der Falkland Road kommen aus Nepal. Jedes Jahr werden Tausende nepalesischer Frauen über die indische Grenze geschmuggelt und an Bordelle im ganzen Land verkauft. Viele der Mädchen sind zwischen zehn und vierzehn Jahre alt. Hier, in dieser Straße, glotzen sie apathisch in alle Richtungen, blass und verunsichert, mit schwarzen Haaren und roten Mündern. Am Abend, im fahlen Licht der Straßenlaternen, sehen sie aus wie leblose Puppen, unbeweglich und vollkommen schutzlos.

»Die armen Dorfbewohner aus Nepal verbinden mit Bombay gute Jobs, Geld, Erfolg und Luxus«, erklärt Gauri Pradhan, der selbst aus Nepal stammt und viele Jahre den zynischen Mädchenhandel bekämpft hat. Jetzt hat er Tränen in den Augen, während er zu den kleinen Sklavinnen emporblickt. Er ist den langen Weg von Kathmandu, der Hauptstadt Nepals, hierher gekommen, »um etwas zu lernen und vielleicht einige zu retten«. Er schätzt die Anzahl der nepalesischen Prostituierten in Bombay auf 50.000. Schlimmstenfalls könnten es auch doppelt so viele sein, wer wisse das schon.

»Waren Sie schon mal in Nepal?«, fragt Pradhan. »Wissen Sie, wie leichtgläubig die Leute dort sind? Fahren Sie in irgendein Dorf der Umgebung und behaupten, Sie seien die Reinkarnation des abscheulichen Schneemanns, und die Leute werden Ihnen Glauben schenken. Die Bauern sind in der Regel so arm und unwissend, dass sie auf alles hereinfallen. Kommt ein freundlicher Inder und sagt, er könne jungen Mädchen zu einem Job in Indien verhelfen, so werden die Eltern sofort Schlange stehen. Die meisten können sich nicht vorstellen, dass die Mädchen als Prostituierte enden, und diejenigen, die es wissen, wollen nicht laut darüber reden. Bevor sich die ›Arbeitsvermittler‹ mit ihren blutjungen Opfern wieder davonmachen, müssen die Eltern noch ein Darlehen aufnehmen, um die Reise und den Beginn des Auslandsaufenthalts zu finanzieren. Auf dem Land kein so einfaches Unterfangen, doch der ›Arbeitsvermittler‹ weiß Rat. Er bietet den Bauern selbst einen Kredit an. Dass dieser mit horrenden Zinsen verbunden ist, der die Bauern zu lebenslangen Schuldnern macht, darüber sagt er nichts. Warum sollte er auch? Von Krediten haben die Bauern sowieso keine Ahnung. Außerdem geht es ja um Betrug. Die Bauern sollen über den Tisch gezogen werden.«

»Die Mädchen werden normalerweise für 200 nepalesische Rupien verkauft«, erzählt Pradhan weiter. Das entspricht in etwa drei Euro. »Für einen kurzen Moment fühlen sich die Bauern reich. Doch sobald ihre Tochter verschwunden ist, wird die erste Rate eingefordert.«

Zwei Bezirke nördlich von Kathmandu sind als Umschlagplatz für junge Mädchen bekannt, die an indische Bordelle verkauft werden. Sie heißen Rasuwa und Sindhuplachowk. Hier hat der Sexhandel ungeheure Dimensionen angenommen, und deshalb ist zu vermuten, dass die Eltern selbst daran beteiligt sind. Alle wissen, was sich hier abspielt. In einem der Dörfer namens Ichowk haben mindestens 200 Familien ihre Töchter zwischen zwölf und fünfzehn Jahren an indische Händler verkauft. Die Not hat sie dazu getrieben, und sie *wissen*, wo die Mädchen landen.

Die Grenze zwischen Indien und Nepal ist 800 Kilometer lang und praktisch unmöglich zu kontrollieren. Bestechung ist an der Tagesordnung, damit die Zöllner den Weg freigeben. Von der Grenze aus gibt es unzählige Wege in die großen indischen Städte. In Zeiten von Aids freut man sich dort natürlich besonders über »reines Fleisch«. Doch bevor die Mädchen mit der Arbeit beginnen, wird ihr Selbstwertgefühl gebrochen. Diesen Job übernehmen die Zuhälter mehr als gern, und die Methode ist immer dieselbe: physische Misshandlung und wiederholte Vergewaltigung. Wenn die Mädchen gefügig geworden sind, können die ersten Freier kommen.

Am Tag nach meiner ersten Begegnung sucht Gauri Pradhan ein Bordell in der Falkland Road auf, um Kontakt mit den nepalesischen Mädchen aufzunehmen, mit ihnen zu reden, sie zu trösten und Grüße zu überbringen. Manchen kann er irgendwann die Heimkehr ermöglichen. Erschüttert kommt er zehn Minuten später wieder heraus. Als wir uns im Hussain Tea House gegenübersitzen, braucht er eine Weile, um die Sprache wiederzufinden.

»Sie wollte nicht mit mir reden«, sagt Gauri und starrt auf die Tischplatte. »Sobald sie meinen Dialekt hörte, bat sie mich zu gehen.«

»Warum?«

»Weil sie anonym bleiben will. ›Mir kann man nicht mehr helfen‹, sagte sie. ›Ich bin schon vollkommen zerstört.‹«

Das Mädchen heißt Tara und ist sechzehn Jahre alt. Sie arbeitet erst seit einem Jahr im Bordell, aber dieses eine Jahr hat ausgereicht, um ihr Leben unwiederruflich zu zerstören. Weil sie alle Selbstachtung verloren hat, ist sie weder in der Lage, Kontakt zu ihren Eltern noch zu einem Landsmann aus Nepal aufzunehmen – zu niemandem. Nur die Freier lässt sie noch an sich heran. Ihre Peiniger. Ihre HIV-infizierten Henker.

Tara. Sechzehn Jahre alt. Und so gut wie tot.

Es wird angenommen, dass die Hälfte aller Prostituierten in Bombay HIV-infiziert ist. Kein Land der Welt hat mehr HIV-Infizierte und Aidskranke als Indien. Die Zahl der infizierten Inder nähert sich der Fünf-Millionen-Marke. Die Ursache liegt in mangelhafter Aufklärung, einem maroden Gesundheitssystem und der unübersehbaren Vielzahl nicht kontrollierter Bordelle. Nichts deutet darauf hin, dass Indien diese Epidemie auch nur annähernd unter Kontrolle bekommt.

Die erste Aidserkrankung in Indien wurde 1986 registriert. Doch die Regierung steckte den Kopf in den Sand und tut dies immer noch, wie der Aids-Experte J. S. Gil sagt.

»Die Regierung weiß überhaupt nicht, was Aids ist!«, erzählt er. »Wenden Sie sich an ein staatliches Gesundheitsamt, und fragen Sie nach einer Broschüre über HIV. Man wird Sie mit großen Augen anschauen und bitten, es nächstes Jahr noch einmal zu probieren. Das ist Indien!«

Erst im Jahr 1992 gründete die Regierung eine eigene Organisation, um den Kampf gegen HIV aufzunehmen. Dennoch ist weiterhin schwer durchschaubar, womit sich die *National Aids Control Organisation* eigentlich beschäftigt. Der Etat scheint gering zu sein – die Bekämpfung von Malaria und Cholera wird weitaus ernster genommen –, und der ständige Streit um Posten und Kompetenzen ist eine Schande. Ein großes Problem besteht in der zentralistischen Organisation des indischen Gesundheitswesens. Ohne langwierige Diskussionen und endlose Schriftwechsel werden keinerlei Mittel zur Verfügung gestellt. Viele Mitarbeiter sind über diese Arbeitsbedingungen frustriert und tun nur mehr das Nötigste.

Wie in vielen anderen Ländern auch sind die männlichen Zuwanderer von der Epidemie am härtesten betroffen. Es sind junge Männer im besten Alter; viele von ihnen haben Frau und Kinder zurückgelassen. »Aber ihre Geschlechtsorgane haben sie mitgenommen«, sagt Dr. Gil, »und jedes Mal, wenn sie die Lust überkommt, ziehen sie in Gruppen ins Bordell. Irgendwann fahren sie dann wieder nach Hause, wo sie ihre Frauen und Freundinnen anstecken. Auf diese Weise dringt der Virus in jeden Winkel des Landes vor.«

Hinzu kommen die Fernfahrer, die den HIV-Virus jahrelang über alle Landstraßen verteilt haben. Die meisten sind Analphabeten. Die Zeitung *The Deccan* hat viele von ihnen interviewt. Ein Fahrer erzählt, er sei während einer normalen Woche mit genauso vielen Mädchen zusammen, wie die Woche Tage habe. Ein anderer sagt, er schiebe gern morgens und abends eine Nummer. »Ich bin ebenfalls HIV-infiziert«, räumt er ein, »doch niemand kann mir die Freuden verweigern, die das Leben zu bieten hat. Schließlich bin ich ein freier Mann.«

»Benutzen Sie Kondome?«, will der Journalist des *Deccan* wissen.

»Warum sollte ich Kondome benutzen? Ich bin doch bereits infiziert.«

»Wenn Sie Kondome benutzen, dann verhindern Sie, dass andere sich anstecken.«

»Daran glaube ich nicht. Wer sagt denn, dass Männer Frauen anstecken können? Dass Frauen Männer anstecken können, das habe ich schon gehört, aber umgekehrt? Nein!«

Ein dritter Fernfahrer betont, Gott sei ohnehin der Einzige, der ihn schützen könne. »Wenn ich lebe, ist es Gottes Wille.«

Der indische Sexmarkt ist groß und offenbar unersättlich. Die Mädchen werden kreuz und quer über den gesamten Kontinent verfrachtet, und der Stacheldraht zwischen Indien und Pakistan ist dabei kein Hindernis. Das Monatsmagazin *Himal*, das in Kathmandu erscheint, berichtet detailliert vom vermehrten Export junger Frauen aus Bangladesch in die pakistanischen Großstädte. Nach vielen Jahren der Trennung – der Krieg von 1971 teilte das ursprüngliche Pakistan in zwei Hälften – praktizieren raffgierige Menschenhändler eine andere Form der »Wiedervereinigung«. Viele der Mädchen enden in Karatschi, der vielleicht gewalttätigsten Stadt in ganz Asien. »Dort werden sie gequält und gepeinigt«, schreibt *Himal*, »und viele sterben in jungen Jahren.«

In Bombay haben die Hindu-Fanatiker, angeführt von Shiv Sena, jahrelang die sexuelle Freizügigkeit in der Kunst, vor allem im Film, bekämpft. Nacktheit ist eine Schande, Sittsamkeit eine Tugend. Als die Zensoren in Delhi einen indischen Film freigaben, in dem zwei spärlich bekleidete lesbische Frauen eine kurze Liebesszene hatten, reagierten die Aktivisten der Shiv Sena mit Massendemonstrationen und gewalttätigen Krawallen. In Bombay wurden mehrere Kinos in Brand gesteckt. Die Hindu-Fanatiker wollten die Moral verteidigen.

Als der muslimische Künstler M. F. Husain sich erlaubte, die mythologische Göttin Sita nackt zu malen, verwüstete der Shiv-Sena-Mob sein Haus. Leinwände wurden verbrannt, und der 82-jährige Künstler wurde durch die Straßen gejagt. Drei Wochen später wurde er gezwungen, öffentlich Abbitte zu leisten.

Shiv Sena ist in Bombay schon viele Jahre an der Regierung. Doch die Sklavenhändler der Falkland Road dürfen weiter ihren Geschäften nachgehen.

Ein kleines Stück Portugal

451 Jahre und 23 Tage wurden wir von Portugal regiert. Deshalb unterscheiden wir uns von den anderen Indern.

PERCEVAL NARONA, HISTORIKER

Weiter komme ich nicht. Mehrere hundert Demonstranten versperren den Weg. Der Shuttlebus nach Panaji, der Hauptstadt von Goa, muss warten.

»Nieder mit Vasco da Gama!«, rufen die Demonstranten, die mit geballten Fäusten über die Gandhi Road ziehen. Voran gehen ungefähr zehn Trommler, und ganz an der Spitze des Zuges befindet sich ein Mann, der eine Puppe aus Pappmaché trägt, die Vasco da Gama darstellt. Die Puppe ist an einer Bambusstange befestigt und thront hoch über allen. Wenn man dem Künstler glauben darf, muss Vasco da Gama unglaublich hässlich gewesen sein – klein, dunkelhäutig, fett und verpickelt, mit langem Bart, Hakennase und kleinen Schweinsäuglein.

»Nieder mit Vasco da Gama!«

Rhythmisches Trommeln.

»Nieder mit Vasco da Gama!«

Rhythmisches Trommeln.

Der Anblick des Flughafenbusses mit den vielen Ausländern scheint die Demonstranten zusätzlich anzuheizen.

Eine aufgebrachte Frau mit rotem Gesicht schlägt gegen die Scheibe und ruft: »Tötet Vasco da Gama!«

»Ist der nicht schon gestorben?«, fragt mein Sitznachbar, ein junger Geschäftsmann aus Bombay. Wir sind mit demselben Flugzeug gekommen. Natürlich ist er bereits gestorben. Im Jahr 1524.

500 Jahre ist es her, dass Vasco da Gama den Seeweg nach Indien »entdeckte« und südlich von Goa an Land ging. 500 ist eine runde Zahl. Deshalb muss er ein weiteres Mal getötet werden.

Die Demonstranten versammeln sich vor der Kathedrale. Fünf Redner, eine Frau und vier Männer, wechseln sich darin ab, den portugiesischen Seefahrer zu verdammen. Einer von ihnen, ein Geschichtsprofessor aus Neu-Delhi, behauptet, Indien und die ganze Welt wären besser dran, wenn es Leute wie Ferdinand Magellan, Christoph Kolumbus und Vasco da Gama nicht gegeben hätte. Auch ein weniger bekannter Mann namens Alfonso de Albuquerque bekommt sein Fett ab. Dieser Bösewicht segelte in Vasco da Gamas Kielwasser und begründete die portugiesische Kolonialherrschaft in Indien.

Die Kundgebung vor der 1541 erbauten Kathedrale findet ihr Ende, indem der Geschichtsprofessor die Vasco-da-Gama-Puppe in Brand steckt. Die anwesenden Polizeibeamten lächeln, und die Demonstranten zerstreuen sich unter dem funkelnden Sternenhimmel. Manche kehren in das Restaurant ein, das sich neben dem Büro von Jet Airways befindet. Es heißt »Restaurante Vasco da Gama«.

Der Duft nach Bacalao (Stockfisch) schlägt mir entgegen, als ich vor der Eingangstür stehen bleibe und die Speisekarte studiere. Mindestens fünfzehn Bacalao-Gerichte stehen zur Auswahl: *bacalhau á gomes de sá, bacalhau á conde de guarda, bolinhos de bacalhau* ... Auch die unentbehrlichen Sardinen gibt es in rauen Mengen, und die Fleischgerichte füllen vier Seiten. Eine Strophe aus einem alten Fado, der melancholischen portugiesischen Volksmusik, ziert die Vorderseite der Speisekarte:

O Waves from the salty sea,
From whence comes your salt?
From the tears shed on the
Beaches of Portugal

Die Weinkarte führt *vinhos maduros* und *vinhos verdes* auf (die reifen und die jüngeren Weine). Die Versuchung ist groß, den Feinden Vasco da Gamas in das gleichnamige Lokal zu folgen, doch zum einen habe ich keinen Hunger, und zum anderen muss ich morgen zeitig aufstehen, um die Frühmesse in der Basilica of Bom Jesus nicht zu verpassen. Ich entscheide mich für einen ausgiebigen Abendspaziergang durch eine Gegend, in der zwischen 1510 und 1961 die portugiesische Fahne geweht hat.

Auf der großen indischen Landkarte ist Goa nur ein kleiner Fleck, 600 Kilometer südlich von Bombay. Die Einwohnerzahl beläuft sich auf 1,3 Millionen. In Panaji leben gerade mal 40.000 Menschen, und die meisten von ihnen scheinen ein geruhsames Leben zu führen. Begleitet vom leisen Rauschen des Indischen Ozeans, schlendere ich unter dem Sternenhimmel durch die dunklen Gassen, vorbei an alten Hauswänden, weiteren portugiesischen Restaurants und der erleuchteten Kathedrale, deren gotische Basaltfassade sich in den Himmel erhebt. Eine bleiche Gestalt taucht plötzlich hinter dem St.-Thomas-Denkmal auf und fragt, ob ich Marihuana brauche. Das tue ich nicht, und sofort ist der Mann wieder hinter dem grauen Granit verschwunden.

Auf dem Heimweg werde ich erneut vom »Restaurante Vasco-da-Gama« angezogen. Und wen sehe ich an einem der großen Tische am Fenster sitzen? Den Professor.

Denselben Professor, der unter dem Jubel der Massen die Vasco da Gama-Puppe angezündet hatte. Seine Assistenten und Bewunderer haben sich um ihn geschart, und während die gegrillten Fleischstücke mit einem edlen Wein aus der Gegend um Porto heruntergespült werden, verbreitet er sich über den bösen Charakter des Imperialismus – so stelle ich es mir zumindest vor. Der Professor hat die unterstützenden Fakten bei der Hand, während seine Bewunderer stumm und einvernehmlich nicken.

Diese Szene ruft mir ein unvergessliches Erlebnis meiner Jugend ins Gedächtnis, als wir die 700 Meter vom Youngstorget bis zum Universitätsplatz in Oslo marschierten, um gegen den Vietnamkrieg und die Not in der Dritten Welt zu demonstrieren. Danach gingen wir in ein exklusives Restaurant, um Rinderfilet zu essen und Rotwein zu trinken, gefolgt vom besten Kognak des Hauses. Während des Essens stimmten wir darin überein, dass sich die norwegischen Politiker zu willenlosen Werkzeugen des internationalen Imperialismus machen ließen und dass eine Mitgliedschaft Norwegens in der Europäischen Wirtschaftsgemeinschaft die Lebensbedingungen in Laos nur verschlechtern würde. Als wir gegen Mitternacht auf die Straße schwankten, waren wir sicher, die meisten Probleme dieser Welt gelöst zu haben.

Vasco da Gama hatte seinen Auftrag von König Manoel erhalten. Alle wussten, dass Indien existierte, doch niemand wusste, wie man auf dem Seeweg dorthin gelangen sollte. König Manoel stellte Vasco da Gama vier große Schiffe zur Verfügung, die im Juli 1497 in See stachen. Natürlich in südliche Richtung, zuerst an der afrikanischen Westküste entlang, um das Kap der Guten Hoffnung herum und dann wieder gen Norden. In der Stadt Malindi im heutigen Kenia heuerte Vasco da Gama einen Navigator für die letzte lange Etappe über das Meer an. Die Reihe der qualifizierten Kandidaten war ungefähr so lang wie die Hauptstraße der Stadt, denn afrikanische Seeleute hatten bereits seit Jahrhunderten die Weltmeere durchkreuzt.

Zehn Monate nach der Abreise aus Portugal, am 20. Mai 1498, ging Vasco da Gama an Land. Die halb nackten, mahagonibraunen Einwohner des Kappat-Strandes empfingen ihn freundlich, und ein Jahr später kehrte der »Entdecker Indiens«, die Schiffe voll beladen mit Gewürzen, nach Portugal zurück. Berauscht von diesem Erfolg, entsandte König Manoel umgehend eine neue Expedition in das gelobte Land, diesmal bestehend aus dreizehn Schiffen unter dem Kommando von Pedro Alvares Cabral.

Die Landung endete in einem Blutbad. Alle 1200 Mann wurden gefangen genommen und getötet. König Manoel schwor Rache, worauf sich Vasco da Gama ein weiteres Mal auf den Weg machte. Diesmal war man erfolgreicher, und mit einer Mischung aus List und Gewalt gelang es Portugal, sich an der indischen Westküste festzusetzen. Die endgültige Eroberung fand 1510 statt, als Alfonso de Albuquerque an Land stürmte und ein Massaker anrichtete. Wie die Schulkinder in Goa in ihren Geschichtsbüchern lesen: »In den Straßen hatte das Blut breite Bäche gebildet, und die Schreie schnitten wie Messer durch die Luft und erhoben sich gen Himmel.«

Doch im Kampf um die unfassbaren Reichtümer Indiens konnte sich Portugal nicht durchsetzen. Bald sollte sich zeigen, dass nur das britische Königreich in der Lage war, den indischen Subkontinent zu beherrschen. Die Portugiesen mussten sich mit Goa und zwei weiteren Punkten auf der Karte bescheiden – und schienen zufrieden damit. Dafür hinterließ ihre Gegenwart weitaus tiefere Spuren als die der Briten. Über Goa brachen Tausende von Missionare herein und zwangen sowohl Hindus als auch Muslime, sich zwischen Himmel und Hölle zu entscheiden.

Die Intoleranz erreichte ihren Höhepunkt um die Mitte des sechzehnten Jahrhunderts, als die Jesuiten – die Speerspitze der katholischen Kirche – mit Bibel, Kreuz und Schwert bewaffnet an Land stürmten. Sie überzeugten den portugiesischen Vizekönig davon, alle Hindu-Tempel in Goa zu plündern und abzubrennen. Innerhalb von zwei Jahren wurden auf diese Weise 200 Hindu-Tempel dem Erdboden gleichgemacht. Tausende von Hindus flüchteten landeinwärts. Das Land, das sie zurückließen, wurde von den Missionaren übernommen, und die Hindus, die sich zum Bleiben entschlossen, wurden hart bestraft, wenn sie zu ihren Göttern beteten. Eine der

Strafen bestand darin, sie den Krokodilen des Mandovi-Flusses zum Fraß vorzuwerfen.

Die treibende Kraft hinter diesem Kreuzzug war der unermüdliche Francisco Xavier, der es sich zum Ziel gesetzt hatte, ganz Asien innerhalb kürzester Zeit zu missionieren. Nach seiner Landung 1542 stellte er sich unmittelbar auf den Marktplatz des alten Goa, das ursprüngliche Stadtzentrum der Kolonie, und las laut aus der Bibel. Als er die Vorlesung beendet hatte, waren die verschreckten Einwohner längst geflüchtet.

Xavier entstammte einer wohlhabenden Familie aus Navarro in Nordspanien, wo er 1506 geboren wurde. Seine turbulente Studienzeit ließ nicht erkennen, dass aus dem jungen Mann einst ein Missionar werden sollte. Doch im Alter von 28 Jahren ließ er sich bekehren. Er studierte Theologie und trat nach seiner Ordination in Rom dem Jesuitenorden bei. Für die Jesuiten gab es eine klare Alternative. Man musste sich zwischen Gott und dem Teufel entscheiden. Entweder war man dafür oder dagegen. Francisco Xavier war entschieden dafür.

Einige Jahre später wurde der Papst vom portugiesischen König um Hilfe gebeten. König Dom João III. brauchte mehr Missionare, um die unglückseligen Heiden in den Kolonien zu bekehren. Ob der Papst ihm hierfür einige geeignete Leute zur Verfügung stellen könne?

Das konnte er, und 1541 begab sich der spätere Heilige auf seine erste Reise zum Land der Heiden. Der Aufenthalt in Goa dauerte zwar nur achtzehn Monate, war dafür aber umso folgenreicher. Entrüstet über die moralischen Zustände, empfahl er dem Papst die sofortige Einsetzung der Inquisition. Nur rohe Gewalt und Massenbekehrungen könnten der indischen Barbarei ein Ende bereiten. Während er auf die Entscheidung des Papstes wartete, begann er mit seiner Missionstätigkeit. Um auf sich aufmerksam zu machen, pflegte er mit einer Glocke durch Goas Straßen zu ziehen. Dann stellte er sich an eine Straßenecke und trug die Bibelverse singend vor, um die Leute aus ihren Häusern zu locken.

Doch war es damit nicht getan. Um seiner Botschaft den nötigen Nachdruck zu verleihen, drohte er den Ungläubigen, aus Goa verwiesen zu werden und im Fegefeuer ewige Qualen zu leiden. Vor allem arme Hindus und Muslime warfen sich ihm daraufhin zu Füßen. Den größten Erfolg verbuchte Xavier jedoch, als er einen Abstecher nach Kap Comorin machte, den südlichsten Punkt Indiens. Dort taufte er innerhalb eines Monats mehr als 10.000 Inder.

Derart ermutigt, folgte Francisco Xavier seiner Berufung und unternahm einige lange Seereisen in Asien. Zunächst durchquerte er die Straße von Malakka, den schmalen Seeweg zwischen Indonesien und Malaysia. Dann segelte er die indische Westküste entlang, weiter nach Japan und schließlich nach China. Unterwegs lernte er die verschiedenen Landessprachen und vermittelte als Erster die christliche Lehre auf der anderen Seite des Erdballs. Überall sorgte er dafür, dass zentrale Bibeltexte übersetzt und verbreitet wurden. Doch dann erkrankte er – und starb. Am 3. Dezember 1552 endete sein Leben auf der kleinen Insel Sanxian vor der chinesischen Südküste. Er wurde nur 46 Jahre alt.

Seine Gefährten fragten sich, was sie tun sollten. Ihn in chinesischer Erde begraben?

Während die Wochen verstrichen, machten sie eine bemerkenswerte Entdeckung: Franciscos Leichnam verweste nicht. Darum entschlossen sie sich, seine sterblichen Überreste nach Goa zu überführen. Gesagt, getan. Nach anderthalbjähriger Seereise wurde der steife Leichnam in Goa an Land gehievt, während zur Begrüßung die Kirchenglocken läuteten und die Kanonen donnerten. Franciscos sterbliche Hülle war immer noch unbeschadet, und Tausende von Menschen – darunter der portugiesische Vizekönig –

feierten die Begebenheit mit Jubelrufen und ekstatischen Lobpreisungen. In einer langen Prozession wurde der Sarg zur St.-Pauls-Kathedrale gebracht. Dort wurde Francisco Xavier drei Tage lang aufgebahrt – lange genug für eine hysterische Frau, um ihm den rechten kleinen Zeh abzubeißen.

Schließlich wurde der Abgesandte Gottes in der imposanten Kathedrale beigesetzt. Zwanzig Jahre später kam eine makabre, doch höchst konkrete Anfrage des Papstes. Ob man ihm den rechten Unterarm Francisco Xaviers schicken könne? Der Bitte des Heiligen Vaters wurde entsprochen, und da man schon einmal bei der Arbeit war, entschieden sich die Prälaten, gleich noch weitere Körperteile nach Malacca, Macao (eine andere portugiesische Kolonie) und Japan zu schicken. Den erstaunten, doch hoffentlich glücklichen Empfängern wurden Stücke des rechten Oberarms und Schulterblatts zuteil. Indessen nahm der Papst den Unterarm näher in Augenschein und konnte sich davon überzeugen, dass er noch ebenso unversehrt und fleischig war wie eh und je. Folglich wurde Francisco Xavier 1622 heilig gesprochen.

Die begeisterten Prälaten in Goa öffneten daraufhin den Sarg ein weiteres Mal, machten sich über die inneren Organe her, schnitten sie auseinander und verkauften sie als Reliquien. Was von dem Leichnam noch übrig war, wurde in einen silbernen Sarg gelegt und in die Basilica of Bom Jesus überführt.

Früher Sonntagmorgen. Ich bin auf dem Weg zur Frühmesse in der Basilica of Bom Jesus.

Während eine fahle Sonne versucht, sich durch den morgendlichen Dunst zu kämpfen, verlasse ich Panaji mit dem Motorboot und halte Kurs auf das alte Goa. Der Morgen ist ruhig und mild, die Wasseroberfläche des Mandovi-Flusses spiegelglatt. Ich habe mir ein blau gestrichenes Boot ausgeliehen – eine Schönheit namens *Santa Maria*, die dem Skipper zufolge 24 Fuß misst –, imprägniert mit Teer und beißendem Fischgestank. Acht gemächliche Kilometer liegen vor uns. Ich lege mich auf die sonnengetrockneten Fischernetze, verschränke die Arme hinter dem Kopf, sauge die salzige Seeluft ein und lasse Portugals alte Kolonie wie einen Kinofilm an mir vorüberziehen. »451 Jahre und 23 Tage wurden wir von Portugal regiert«, schreibt der einheimische Historiker Perceval Narona. »Deshalb unterscheiden wir uns von den anderen Indern vollkommen. Ich wiederhole: Wir sind *vollkommen verschieden*, haben eine andere Mentalität, eine andere Sprache und eine andere Kultur. Jedes Mal, wenn ich die alte Grenze nach Indien überquere, habe ich das Gefühl, in ein anderes Land zu kommen. Alles ist anders: das Essen, die Landschaft, die Gebäude, die Menschen, die Lebensweise.«

Der Kapitän in seiner kleinen Kajüte, deren Fenster blutrot eingerahmt ist, steuert uns vorsichtig durch die Palmenlandschaft, deren alte Kolonialbauten aussehen wie kleine Schlösser. Der Fluss schlängelt sich in östliche Richtung, zunächst träge und breit, dann immer schmaler werdend. Auf diesem Gewässer kam also auch Vasco da Gama vor 500 Jahren in die Stadt. Nach seiner Landung notierte er in seinem Tagebuch, Indien sei ein schönes Land – *»und nicht weit von Brasilien«*.

In den folgenden Jahrzehnten entwickelte sich der Mandovi zu einem der meistbefahrenen Flüsse Asiens. Jahr für Jahr entsandte Portugal eine Flotte von 300 Schiffen nach Goa – voll beladen mit Offizieren, Soldaten, Geschäftsleuten, Missionaren und Schusswaffen. Wenn die Schiffe die Mündung des Flusses erreichten, waren sie bereits ein Jahr auf See gewesen und hatten sich durch tosende Orkane und wildeste Monsune gekämpft. Viele der Matrosen und Passagiere starben während der Überfahrt und wurden auf See bestattet. Doch die meisten erreichten ihr Ziel, konnten vor dem

Schiffsaltar niederknien und Gott danken, wenn das schäumende Meer vom trägen Mandovi abgelöst wurde.

Genauso voll beladen, wie sie gekommen waren, stachen die Schiffe schließlich wieder in See. Aus den Transportkisten drang der Geruch nach Curry, Pfeffer und Safran, andere waren mit Metallen, Kunstgegenständen, Papieren und Dokumenten gefüllt. Wenn der Vizekönig eine Anfrage an seinen Herrn, den König in Lissabon, richtete, musste er zwei Jahre auf eine Antwort warten. E-Mails gab es damals noch nicht.

Was für ein Gefühl, auf diesem legendären Fluss zur Frühmesse zu schippern, und das vor sechs Uhr morgens! Schnaufend bahnt sich die *Santa Maria* ihren Weg der Sonne entgegen, die den Morgendunst nun fast vollkommen vertrieben hat. Ein weißer, storchenähnlicher Vogel hat sich neben mir auf den Netzen niedergelassen, hinterlässt seine Visitenkarte und flattert mit kräftigen Flügelschlägen wieder davon. Von einem der Pfähle, die zu den Häusern am südlichen Ufer gehören, stürzt sich ein kupferbrauner Körper kopfüber ins Wasser, gefolgt von mehreren Kindern. Man hört ein Lachen und Prusten. Goa zeigt die ersten Lebenszeichen. Kurz darauf höre ich fernes Glockengeläut, worauf sich das alte Goa mit seinen Kirchtürmen und jahrhundertealten Ruinen meinem Blick offenbart. Der Kapitän zeigt voraus und sagt irgendwas auf Konkani – der Sprache der Einheimischen. Doch das Dröhnen des Motors und der enormen Messingglocken der Basilica of Bom Jesus übertönt alle anderen Geräusche.

Schließlich legt die *Santa Maria* am Kai an. Unmittelbar vor mir erhebt sich ein sanft ansteigender, rotbrauner Hügel, auf dem sich die Kirche befindet sowie der 400 Jahre alte Triumphbogen des Vizekönigs. Er ist grau, ramponiert und ein wenig schief, hält sich jedoch wacker aufrecht. Vor langer, langer Zeit entfaltete sich an dieser Stelle das Leben in all seiner Farbenpracht. Das alte Goa war eine der größten Städte der Welt, 75.000 geschäftige Menschen, mehr als im damaligen Madrid und fast genauso viele wie in Lissabon. Und als Beleg dafür, dass die Portugiesen noch anderes als Gottesworte zu bieten hatten, kam es erstmals zu Geschlechtskrankheiten – ein bislang unbekanntes Phänomen –, die sich rasant ausbreiteten. In alten Dokumenten des Königlichen Krankenhauses von Goa findet die »teuflische Syphilis-Epidemie« Erwähnung, die zu Beginn des siebzehnten Jahrhunderts in der Stadt wütete. Alljährlich gab es durchschnittlich 500 Tote zu beklagen, unter denen sich »sogar Priester« befanden.

Heute herrscht im alten Goa, abgesehen von der Kathedrale, nichts als gähnende Leere. Die Stadt starb genauso schnell, wie sie geboren wurde. Aber warum? Wohl kaum wegen der Geschlechtskrankheiten, sondern weil die Portugiesen nach und nach ihr Monopol auf den Gewürzhandel einbüßten. Die Stadt wurde einfach sich selbst überlassen, plötzlich und mitleidlos – verschmäht wie eine Frau nach einer stürmischen Liebesnacht.

Die letzten 200 Meter muss ich mir meinen Weg durch die Verkäufer bahnen, die plötzlich aus dem Gestrüpp gekommen sind. Fast könnte man meinen, sie hätten die ganze Nacht auf der Lauer gelegen. Sie verkaufen Traktate und Kruzifixe, göttliche Glanzbildchen und billige Lesezeichen: Jesus am Kreuz, die Jungfrau Maria mit dem Kinde, ein lächelnder Francisco Xavier in einem Holzboot – vermutlich auf dem Weg nach Goa – und ein gekrümmter Johannes Paul II. mit geschlossenen Augen und gefalteten Händen.

Ich bin früh dran, doch unter der Kuppel der Basilica of Bom Jesus verbreitet sich bereits der Geruch von Weihrauch. Ganz hinten in der Apsis entbietet mir der Heilige selbst seinen Gruß. Seine Statue ist aus Holz. Er trägt ein schwarzes Priestergewand und streckt – mit schiefem Kopf und melancholischem Blick – das Kreuz in die Luft.

Eine Frühmesse in Goas Kathedrale folgt der Liturgie der römisch-katholischen Kirche, doch wird sie auf Konkani, nicht auf Portugiesisch – und schon gar nicht auf Hindi – gehalten. Konkani, sagen die Goanesen, sei kein Dialekt, sondern eine eigene Sprache. Der Erzbischof Raul Gonsalves trägt sein schweres Gewand und schwenkt das Weihrauchfass so heftig hin und her, dass sich vor dem Altargemälde aus reinem Gold die Rauchwolken kringeln. Ein Nonnenchor stimmt ein Lied in Moll an. Die Kirchenbänke sind bis auf den letzten Platz gefüllt. Die Morgensonne blitzt durch die hohen Fenster, und während ich, eingehüllt in Myrre- und Weihrauchschwaden, die goldene Pracht auf mich wirken lasse, wird mir einmal mehr der Drang der Kirche bewusst, sich mit irdischen Reichtümern zu umgeben.

Was ist schief gelaufen auf diesem Weg?

Darauf kann die Kirche selbst antworten, doch nicht jetzt. Um Punkt acht ist Erzbischof Gonsalves hinter einer goldenen Wand verschwunden – die Frühmesse ist beendet –, und die Gemeinde drängt sich in dem engen Seitenschiff zusammen, in dem St. Francisco Xavier in seinem silbernen Sarg ruht. Geordnete Schlangen sind nicht gerade eine indische Spezialität, doch den Kirchendienern gelingt es seltsamerweise, für eine gewisse Ordnung zu sorgen. Der riesige Sarg ruht auf einem steinernen Sockel, der so hoch ist, dass man gerade eben die Gesichtszüge des Toten hinter der Glasscheibe erkennen kann. Einer nach dem anderen tritt nach vorn, kniet nieder, bekreuzigt sich und geht.

Schließlich bin ich an der Reihe. Ich habe mich mit Vater Carmo verabredet. Er ist 42 Jahre alt, in Goa geboren und sympathisch.

»Kommen Sie!«, sagt er und führt mich vor den Sarg. »Leider kann ich den Schrein nicht öffnen, aber wie Sie selbst sehen, ist von St. Francisco Xavier nicht mehr viel übrig geblieben. In den letzten 30 bis 40 Jahren ist er immer kleiner geworden.«

»Warum?«

»Ich weiß es nicht. Weil die Zeit vergeht.«

Ich versuche durch die trübe Scheibe zu blicken und die bräunlichen, vertrockneten Reste des Mannes zu betrachten, der vor fast 500 Jahren gelebt hat. Der Schädel ist immer noch von einer hautähnlichen Schicht bedeckt, doch die rechte Wange ist von einem hässlichen Riss entstellt. Die Augen sind eingesunken und unkenntlich. Am Kinn sind immer noch ein paar spärliche Bartstoppeln auszumachen. Seine dürren Arme, die aus dem gelblichen Brokatgewand herausschauen, sehen aus wie die Sehnen einen Bogens. Den schiefen und dunkel verfärbten Füßen fehlen vier Zehen.

Vater Carmo erzählt, die sterblichen Überreste St. Francisco Xaviers seien insgesamt zehnmal zur Schau gestellt worden. Zum ersten Mal 1792, zuletzt 1994. Eine Million Menschen aus der ganzen Welt strömten nach Goa, um einen Blick auf die sterblichen Überreste des größten Missionars Asiens zu werfen. Aus Rom, Madrid und Lissabon reisten 1200 Prälaten mit dem Charterflugzeug an; von den katholischen Philippinen kamen zwei bis zum Bersten gefüllte Passagierschiffe. Wochenlang hallte die Basilica of Bom Jesus von Gebeten und Lobpreisungen in allen Sprachen der Christenheit wider. Sogar Tausende von Hindus und Muslimen waren zugegen. Die Gläubigen fielen scharenweise auf die Knie; einige heulten hysterisch, während andere einen Schock erlitten und auf der Trage aus der Kirche getragen werden mussten.

Doch wie kommt es, frage ich, dass der Tote sich weigert, zu Staub zu zerfallen?

»Ein göttliches Wunder«, antwortet Vater Carmo und streckt den Finger gen Himmel. »Die Wissenschaft hat dafür keine Erklärung. Es kann sich nur um ein Wunder handeln.«

»Aber ist es nicht ein Faktum, dass Xavier mit der Inquisition unendliches Leid über viele Menschen gebracht hat?«

»Vollkommen richtig!«, antwortet Carmo. »Aber man muss diesen Mann an den Maßstäben seiner Zeit messen.«

Widerspruch zwecklos. Jede Handlung, ob gut oder schlecht, meint Carmo, müsse historisch beurteilt werden. Seufzend hebt er die Hände.

Wir verlassen den leeren Kirchenraum und setzen uns auf die steinerne Bank vor der Sakristei. Ich habe die letzte Ausgabe der Lokalzeitung *The Post* dabei, die auf der Titelseite von Übergriffen radikaler Hindus auf christliche Mitbürger in Goa berichtet. Gottesdienste und Gebetsstunden wurden gestört, Nonnen drangsaliert und christliche Schulen verwüstet. Aber warum?

»Das geschieht im ganzen Land«, erklärt mir Vater Carmo. »Nicht nur in Goa. Radikale Hindus vertreten die Ansicht, dass Muslime, Buddhisten und Christen in Indien nichts zu suchen hätten. Sie wollen ein reines Indien, so wie Hitler ein reines Deutschland wollte.«

Bisher ist Goa einigermaßen glimpflich davongekommen. Doch die Meldungen aus anderen Bundesstaaten sind alarmierend. Christen werden vergewaltigt und getötet, Kirchen in Brand gesteckt. Indiens Christen sind eine kleine, empfindliche Minderheit, sagt Carmo, nur 22 Millionen Menschen. Desto mehr hätte er sich von der Regierung in Neu-Delhi eine deutliche Verurteilung der Gewalttaten erwartet. Doch die Hindu-Koalition reagierte ebenso vage wie zögerlich. Warum? Vater Carmo sieht die Erklärung dafür im Wahlmanifest der Koalitionsparteien von 1998: »Die BJP will alles dafür tun, die Vision von Einer Nation, Einem Volk und Einer Kultur zu verwirklichen.« Weil dies keine leichte Aufgabe ist, wird die Drecksarbeit – die Gewalt – den Fanatikern des RSS überlassen.

Vater Carmo fährt fort: »Die Hindu-Fanatiker haben natürlich Recht, wenn sie das Christentum als Exportartikel bezeichnen. Aber was heißt das schon? Auch die Demokratie ist schließlich ein Exportartikel und kommt aus dem alten Griechenland. Die meisten

Länder der Welt sind Demokratien. Sollen sie diese Staatsform nun aufgeben? Das Christentum wurde in Palästina geboren, hat sich seitdem jedoch in alle Himmelsrichtungen ausgebreitet, unter anderem nach Europa. Doch bevor es nach Europa gelangte, hat es in Indien Wurzeln geschlagen. Viele glauben, es sei St. Francisco Xavier gewesen, der uns das Christentum brachte, aber das stimmt nicht. Syrische Christen sind bereits im zweiten Jahrhundert nach Christus über das Meer gefahren und haben sich in Kerala (an der Südwestküste Indiens) niedergelassen. Folglich existiert das Christentum in Indien schon seit fast 2000 Jahren. Und auch der Islam kam früh zu uns ins Land. Schon im achten Jahrhundert, keine 100 Jahre nach Mohammeds Tod, wanderten die ersten Muslime aus dem Westen ein. In den kommenden Jahrhunderten folgten weitere Wellen, viele Hindus traten zum Islam über. Heute gibt es 140 Millionen indische Muslime. Das bedeutet, dass nur Indonesien mit 185 Millionen noch mehr Muslime hat als Indien. Sollen die etwa auch vertrieben werden?«

»Ja!«, antworten die Hindu-Fanatiker.

»Nein«, sagt Vater Carmo. »Indien hat Platz für alle.«

Das meinte auch Premierminister Nehru. Er insistierte, Indien sei ein säkularer Staat, in dem die Mitglieder aller Religionen dieselben Rechte und Pflichten hätten. Alles andere bedrohe die Vielfalt des Staates. Nehru setzte seinen Willen durch. In der Verfassung steht klipp und klar, dass jede Religionsgemeinschaft das Recht habe, ihren Glauben zu verkünden und andere zu diesem zu bekehren.

Im Schatten der Basilika mit dem Sarg des intoleranten Heiligen äußert Vater Carmo seinen Wunsch, dass sich die Toleranz am Ende durchsetzen werde. Es ist derselbe Wunsch, den täglich Tausende von Intellektuellen in mündlicher wie schriftlicher Form zum Ausdruck bringen. Einen der brisantesten Beiträge zu diesem Thema lieferte der Bengale Amartya Sen, der 1998 den Nobelpreis für Wirtschaft erhielt. Bereits 1993, nachdem die Hindu-Fanatiker eine Moschee in Ayodhya dem Erdboden gleichgemacht hatten, meldete er sich mit einem zweiseitigen Artikel in der *Times of India* unmissverständlich zu Wort:

»Der Begriff des Faschismus wird oft missbraucht, und ich will auch nicht behaupten, die gesamte hinduistische Bewegung sei faschistisch. Doch trägt sie gewisse Züge, die gemeinhin mit faschistischen Bewegungen in Verbindung gebracht werden, wie beispielsweise der Gebrauch von Drohungen und Gewalt, um eigene sektiererische Ziele zu erreichen, die Stigmatisierung der Andersdenkenden sowie die hysterische Mobilisierung der Massen.«

Und weiter:

»Militant-hinduistische Gruppen stellen Indien als Land von unkritischen Götzenverehrern, besinnungslosen Fanatikern, kriegerischen Gläubigen und religiösen Mördern dar. Dieses Urteil fällte auch James Mills in seinem berühmten *Geschichtsbuch*: Indien sei intellektuell bankrott und in der Hand barbarischer Gestalten. Indiens Nationalisten des letzten Jahrhunderts haben alles versucht, um Mills Argumente zu entkräften, doch die Nationalisten von heute bestätigen ihn. Sie vergessen nicht nur, dass die Hindus selbst in unterschiedlichste Gruppen zersplittert sind, sondern auch die lange rationalistische Tradition Indiens. Mathematik, Geometrie und Astronomie wurden sehr früh entwickelt, das Dezimalsystem entstand in Indien, säkulare wie religiöse Philosophien erreichten höchstes Niveau. Inder erfanden das Schachspiel, waren Pioniere auf einem so sensiblen Gebiet wie dem Sex und legten die ersten Studien in politischer Ökonomie vor.«

Und schließlich:

»Faschistische Bewegungen können sich dann am besten entfalten, wenn ihnen nichts entgegengesetzt wird. Ein Teil der Verantwortung liegt sicher beim schockierend niedrigen Ausbildungsniveau in Indien. Nur 52 Prozent der Bevölkerung sind des Lesens und Schreibens mächtig; im so genannten Hindu-Gürtel in den nördlich und zentral gelegenen Bundesstaaten ist die Zahl noch geringer. Den Drohungen der Hindu-Fanatiker muss entschiedener Widerstand entgegengesetzt werden; den politischen Machthabern kommt in dieser Hinsicht eine besondere Verantwortung zu.«

Vater Carmo stimmt dem zu, und die Christen im ganzen Land haben angefangen, sich zu mobilisieren. Auch in Goa, wo sich 50.000 Christen am Abend trafen, Lichter entzündeten und für den Frieden beteten. Viele engagieren sich im sozialen Bereich, der von den Hindus allzu lange vernachlässigt wurde. Neue Mitglieder gewinnt die Kirche vor allem unter den Angehörigen niederer Kasten. So ist es immer gewesen. Warum sollte sich ein Hindu von hoher Abstammung zu einer Religion bekehren lassen, die den Gedanken von der Gleichwertigkeit aller Menschen vertritt?

Ich frage Vater Carmo, wann die sterblichen Überreste Xaviers das nächste Mal öffentlich zur Schau gestellt würden.

»Normalerweise geschieht das alle zehn Jahre. Aber vielleicht war dies auch das letzte Mal. Meiner Meinung nach hat es keinen Sinn mehr, ihn von nahem zu betrachten.«

»Wer trifft darüber die Entscheidung?«

»Der Erzbischof und sein Kollegium.«

»Und der Tourismusminister?«

»Der wird sicher dafür sein.«

»Was glauben Sie?«

Vater Carmo lacht auf.

»Alles kann passieren. Die Chancen stehen fifty-fifty. Sicherheitshalber sollten Sie aber vor Ort sein.«

Fürs Erste habe ich genug von Faschisten, Fanatikern und Leichenteilen und halte Kurs auf Calangute, den weißen Strand, der vor

30 Jahren fest in der Hand der Hippies war. »Alle« waren sie dort. Calangute wurde zum Inbegriff für die entwurzelte Jugend der nördlichen Halbkugel. Ein Ort für Sonne, Sex und Drogen. Bob Dylan, die Rolling Stones, Janis Joplin, Joe Cocker und The Who.

Der Weg zum verlorenen Paradies schlängelt sich durch Mangrovenwald und dichten Dschungel. Nach zehn Kilometern in nördlicher Richtung öffnet sich plötzlich das majestätische, azurblaue Meer, dessen schaumbesetzte Wellen sanft an den Strand schlagen. Als das Auto anhält, fällt mein Blick auf »Frank Zappa Shack«, ein ausgebleichtes Bambusdach auf vier schwankenden Stützen. Darunter ein Inder im Schneidersitz, der Cola, Sonnencreme, *Bisleri*-Mineralwasser und Sonnenhüte verkauft – und wenn er nichts zu verkaufen hat, dann spielt er Frank Zappa.

Was ich noch entdecke am Calangute Beach?

Vor allem alte und müde Pauschaltouristen, die meisten aus Großbritannien. Die einstmals glücklichen Hippies sind inzwischen 50 geworden, gebildet, aber gebeugt und fast impotent, und wenn ihnen Zappa oder die Stones zu laut werden, fliehen sie zum Mittagsschlaf in ihre Bungalows.

Doch wo finde ich Goas echte Hippies – die wenigen, die ihr Paradies nie verlassen haben, um die Zukunft unter Kokospalmen zu verbringen?

»Versuchen Sie's doch mal bei Willie«, empfiehlt mir die Tourismusbehörde.

»Willie?«

»Willie Ridgeway. He should be here still. His wife also.«

Doch Willie ist nicht zu Hause, als ich ihn besuchen will. Seine Frau auch nicht. Sie sind fischen, erklärt mir der alte Mann, der vor ihrer baufälligen Hütte tropisches Laub zusammenfegt. Auf der kleinen Terrasse schlafen zwei räudige Hunde. Namenlose Kriechtiere auf vier, acht, zwölf oder tausend Beinen krabbeln über die warmen Planken. Drinnen miaut eine Katze. Vor einem der Fenster baumelt ein blauer Plastikeimer mit einem schmutzigen Lappen.

Ich zucke zusammen, als mich eine tiefe Stimme von hinten anspricht.

»*Hi, friend!*«

Willie und seine Frau sind mit reichem Fang nach Hause zurückgekehrt, und ehe ich etwas entgegnen kann, hat sich auch schon die Katze über den frischen Fisch hergemacht.

Danach sind wir an der Reihe. Willies Frau hat Schwertfisch mit Chili zubereitet, eine Köstlichkeit, die wir mit *Bisleri*-Mineralwasser herunterspülen.

»Was ist Glück?«, fragt Willie und fährt sich durch den langen, struppigen Bart. »Ist Reichtum gleichbedeutend mit Glück?«

Er schüttelt den Kopf und antwortet selbst.

»Die *London School of Economics* hat herausgefunden, dass die Inder das fünftglücklichste Volk der Welt sind. Das habe ich in der Zeitung gelesen. Die Einwohner Nigerias, des korruptesten Landes in ganz Afrika, stehen an der Spitze, gefolgt von den bettelarmen Menschen in Bangladesch und den noch ärmeren Nepalesen. Mein eigenes Land, die USA, rangieren auf Platz 46. Die Amerikaner, das reichste Volk der Welt, klagen darüber, keine Zeit mehr füreinander zu haben. Man lebt aneinander vorbei – alle arbeiten, sitzen im Auto oder vor dem Fernseher. Daran sieht man doch, dass Gemeinschaft und Zusammengehörigkeit viel wichtiger sind als materieller Wohlstand. Man kann natürlich auch versuchen, mit seinem Bankkonto zu reden, nur wird man keine Antwort bekommen. Onkel Dagobert spricht ja manchmal zu seinen Geldsäcken, doch ist er glücklich?«

Willie wurde 1944 in Phoenix, Arizona, geboren. Ein groß gewachsener, kräftiger Kerl mit dünnen Haaren, Pferdeschwanz und unglaublich langem Bart. Seine Bermudas sind von Fischblut, alten Farb- und Soßenflecken völlig verdreckt. Die Füße lang und breit, und als er sich auf die Terrasse legt und die Fußsohlen hebt, sehe ich nichts als gelblich braune Hornhaut. Im Gegensatz zu vielen anderen Hippies, die damals nach Goa kamen, war Willie weder Student noch Musiker oder Hobbyphilosoph. Er war ein ganz gewöhnlicher Arbeiter, der sich mit Gelegenheitsjobs über Wasser hielt. »*I just wanted to get away from it all!*«, sagt er. Diesen Beschluss fasste er 1969.

»Als die Amerikaner auf dem Mond landeten, Nixon Präsident und Martin Luther King ermordet wurde, war einem klar, dass man zu Hause nichts mehr verloren hatte. Stimmt's, Judy?«

Judy nickt. Sie ist eine Frau der schweigsamen Sorte, die genug mit der Katze, den Hunden und dem Abwasch zu tun hat. Groß gewachsen auch sie, ein wenig unförmig, ungeschminkt, mit schulterlangen fettigen Haaren.

Seit Willie nach Goa kam, ist er nur viermal in seinem Heimatland gewesen.

»Als ich 1994 in Phoenix war, habe ich mich wie ein Fremder gefühlt. Ich hatte keine Ahnung, wie ich meine neue Kreditkarte benutzen sollte. Genauso erging es mir mit den neuen bargeldlosen Telefonautomaten. Im größten Shoppingcenter der Stadt, einem grauenhaften Ort, musste ich einen Dollar für den Einkaufswagen bezahlen. Als ich der Frau an der Kasse sagte, ich wolle das in bar erledigen, schaute sie mich an, als wäre ich ein Verbrecher. Meine Eltern waren nicht mehr am Leben, mein Bruder ist nach Alaska gezogen, mein Elternhaus ist verkauft, fast alle alten Freunde sind verschwunden. Einem Einzigen von früher bin ich begegnet. Er trug einen Anzug und einen Aktenkoffer und erinnerte mich an die Aufziehpuppe, die ich zu meinem vierten Geburtstag bekommen habe.«

Ich frage, wie sie sich in all den Jahren in Goa durchgeschlagen haben.

So wie die meisten anderen auch, antwortet er. Mit Gelegenheitsjobs; Judy habe vier Bücher aus dem Konkani ins Englische übersetzt, er selbst habe geholfen, viele Hotels und Bungalows an den Stränden zu errichten, und Fische gebe es nach wie vor in Hülle und Fülle.

»*Surely, I'll die in Goa!*«, erklärt Willie. Von Judy, die begonnen hat, die restlichen Fische auszunehmen, höre ich ein undefinierbares Murmeln.

Am Ende des Tages schlendere ich den knappen Kilometer zum Meer hinunter, an dem sich die Bungalows namens *Peace*, *Love* und *Happiness* aneinander reihen. Sie wurden 1971 errichtet, und der Vermieter sagt mir, Ringo Starr habe im Herbst 1974 in *Happiness* gewohnt. Sollte ich nicht dasselbe tun?

Peace und *Love* sind beide belegt, doch *Happiness* ist tatsächlich noch frei. Im Grunde ist es kein Bungalow, sondern eine kleine Bambushütte ohne Klimaanlage, mit dünnen, schiefen Wänden und einem langen Holztisch, in dessen dunkle Platte die Parolen der Vergangenheit eingeritzt sind: *Yankee, go home! Make love, not war! Power to the people! Free hash!* Außerdem eine Liebeserklärung an eine weit entfernte Stadt: *I left my heart in San Francisco.*

Zwei kühle Tage lang, umgeben von Palmen und weißem Sand, lausche ich glücklich dem gleichmäßigen Rauschen des Meeres, ehe ich erneut von Unruhe gepackt werde. Denn jetzt will ich in den Cyberspace.

http://www.bangalore.com

Ein Land, das aus Analphabeten besteht, wird immer arm sein.
Ein Land, das aus Alphabeten besteht, wird immer reich sein.
JOHN KENNETH GALBRAITH

Das höchste Gebäude des Hochtechnologieparks in Bangalore sieht aus wie ein Raumschiff, das jeden Moment abheben wird. Nur die Abschussrampe und die Treibstofftanks fehlen. Die achtzehn Aufzüge, Cyberspace I-XVIII, führen von der Rezeption direkt in die Raumkapsel in der 34. Etage. Dort, unter dem eiförmigen Glasdach, begegne ich Vasant Vira, der einen auffallend glücklichen Eindruck macht. Den Grund entdecke ich an der Glastür zu seinem Büro, auf die irgendjemand mit grüner und rosafarbener Kreide JUST MARRIED! geschrieben hat.

Vasant Vira, ein mittelgroßer Mann mit Hornbrille, hat gerade geheiratet und nimmt mit sichtbarem Stolz meine herzlichen Glückwünsche entgegen.

»Erzähl ihm, wie's war!«, fordert ihn ein Kollege auf. Und Vasant Vira lässt sich nicht lange bitten.

»In Indien pflegt der Bräutigam ja eigentlich auf einem Pferd zu seiner Hochzeit zu reiten, doch ich habe eine andere Lösung gewählt.«

»Und welche?«

»Ich habe mir einen Hubschrauber ausgeliehen!«

Der Kollege lacht laut, während sich Vasant triumphierend zurücklehnt.

Vasant Vira gehört der neuen Elite des Landes an, den Programmierern. Und hier, in seiner Cyberkapsel, spricht er mit seinen Computern in den merkwürdigsten Sprachen. Die fertige Ware wird sodann in den Cyberspace geschossen und landet stets beim richtigen Adressaten.

»Unsere Auftraggeber kommen aus der ganzen Welt«, sagt der frisch Verheiratete. »Sogar aus Afrika.«

Ungewiss, ob seine Auserwählte ihren erfolgreichen Ehemann oft zu Gesicht bekommen wird, denn in Bangalore sind die Arbeitstage lang. Tausende von Fenstern im Technologiepark sind bis tief in die Nacht erleuchtet, und wenn die Workaholics mal nicht arbeiten, sitzen sie gern auf einem Barhocker und trinken Bier oder teuren Whisky. Weiter entfernt vom ursprünglichen Indien kann man nicht sein.

Vasant und ich sind uns schon früher begegnet, und jetzt haben wir beschlossen, eine Bar aufzusuchen. Die Ehefrau muss warten. Während Vasant seine Papiere ordnet und den Rechner herunterfährt, werden in Bangalore Millionen von Lichtern entzündet. Vom 34. Stock aus wirkt die Stadt wie ein Zirkus. Zu unseren Füßen leben sechs Millionen Menschen. Wie in Neu-Delhi sind die früheren Grünanlagen vierspurigen Autobahnen und chaotischen Verkehrsverhältnissen gewichen. Der Lärm und die blinkenden Lichter lassen mich an den Todeskampf eines Untiers denken, aus dessen Maul Benzindämpfe steigen, die sich wie eine giftige Haut über die technologische Hauptstadt im indischen Hochland legen.

Bangalore liegt im Bundesstaat Karnataka im südlichen Indien. Schon 1954 entschied die Regierung, diese Stadt zum Zentrum für Wissenschaft und Technologie zu machen, doch erst in den sechziger Jahren nahm dieser Plan Gestalt an. Aus dem ganzen Land strömten die Experten gen Süden, um den Traum der Nation zu verwirklichen. Indien sollte eine technologische Großmacht werden, und die Atomphysik spielte hierbei eine entscheidende Rolle. Als China 1964 einen unterirdischen Atomsprengsatz zündete, bestärkte dies die indischen Politiker in ihrem Bestreben, Indien ebenfalls zur Atommacht zu machen. Zehn Jahre später detonierte die erste indische Bombe.

Heute nimmt Bangalore für sich in Anspruch, das Gehirn des großen indischen Staatskörpers zu sein. Die Forschungseinrichtungen liegen über die ganze Stadt verteilt, und im Hochtechnologiepark drängt sich die Forschungselite des Landes in hohen Glastürmen zusammen. Vasant Vira erzählt mir, dass er oft in seinem Büro übernachte. Hinter dem Laserdrucker steht ein grünes Schlafsofa. Wenn die Auftraggeber ungeduldig werden, ist keine Zeit zu verlieren. Doch an diesem Abend macht Vasant eine Ausnahme. Wir nehmen den Cyberspace IV hinunter zur Rezeption und stürzen uns in den Verkehr in Richtung »Einstein«, Vasants Lieblingsbar.

Das »Einstein« erweist sich als waschechter britischer Pub, mit dunkelbrauner Holztäfelung, runden Eichenfässern und hohen Barhockern vor einem Arsenal von Zapfhähnen. Die Fußbodendielen sind abgenutzt, und in den schummrigen Ecken werden lautstarke Gespräche geführt. Das erste Gesicht, das ich drinnen erblicke, gehört natürlich Albert Einstein. Schwarz gerahmt hängt es hinter dem Barkeeper und zeigt einen jungen Einstein beim Geigenspiel. »Undatiert«, lautet der zugehörige Text, »aufgenommen an Bord eines Schiffes in die USA, 1930.« Der dunkelhaarige Physiker hat einen wachen Blick und trägt einen zerknitterten Anzug. Ein anderes, ebenfalls undatiertes Bild zeigt die grauhaarige Version des Genies, und zwar in der Bibliothek der Princeton-Universität. Sein Blick ist ein wenig müde, die Haltung gebeugt.

Doch gibt es auch andere Größen, deren gerahmte Porträts den dunklen Raum schmücken: Archimedes, da Vinci, Galilei, Newton, Benjamin Franklin, Graham Bell, Jurij Gagarin, Norman Borlaug (der Begründer der Grünen Revolution steht inmitten eines Kornfelds) und Bill Gates. Der größte Rahmen ist Premierminister Nehru vorbehalten, dem Agnostiker, Rationalisten und Staatsmann, der von einem vernünftigeren und weniger gläubigen Indien träumte.

»Indien ist kein armes Land«, sagte Nehru. »Es hat alles, was ein Land reich machen kann, und dennoch sind die Leute arm.«

Vasant beugt vor dem riesigen Bild den Kopf, als handle es sich um einen hinduistischen Gott. Schon 1937 bezeichnete der große Nehru die Wissenschaft in einer Rede vor dem Indischen Wissenschaftskongress in Bombay als »Blut des Lebens«. Die Politik hatte ihn zur Ökonomie und diese zur Wissenschaft geführt. »Nur die Wissenschaft – und nur sie allein! – kann die Menschen vor Hunger und Armut bewahren, vor Krankheit und Analphabetentum, vor Aberglauben und der Tyrannei der Tradition.«

Ebenso wie Gandhi bezeichnete sich Nehru als praktischen Idealisten. Praxis ohne Idealismus sei eine Unmöglichkeit. Idealismus ohne Praxis ebenfalls.

In jungen Jahren wurde Nehru von einem amerikanischen Journalisten gefragt, was er gegen die riesige Armut Indiens zu tun gedenke.

»Gratuliere!«, entgegnete Nehru. »Sie haben die richtige Frage gestellt. Seit Hunderten von Jahren fragen wir Inder uns, wer wir sein wollen. Nun ist es an der Zeit zu fragen: Was sollen wir *tun?*«

In seinem 1946 erschienenen Buch *Entdeckung Indiens* schrieb Nehru mit viel Sachverstand und Engagement von Indiens vergessener »rationalistischer Tradition«. In fernen Zeiten, als Europa noch schlief, waren Inder für große wissenschaftliche Entdeckungen verantwortlich, unter anderem in der Mathematik. So unmaßgeblich sich das auch anhören mag, so wurde die Null in Indien entdeckt. Eine bahnbrechende Erkenntnis. Die Null öffnete die Tür zu einer neuen Welt. Der Sinn der alten Inder für Zeiten und Zahlen sei wirklich bemerkenswert, schrieb Nehru. Als die Griechen, Römer und Perser noch nach einer Terminologie für Zahlen über 1000 suchten, hatten die Inder dieses Problem längst gelöst.

Auch der Physik, der Astronomie, der Chemie und Medizin kam im alten Indien große Bedeutung zu, ehe das Land allmählich vom Nebel der Religion eingehüllt wurde – Kastenwesen und Klassenunterschiede, Stagnation und Fanatismus breiteten sich aus. Der Vernunft wurden Ketten angelegt, und die Wissenschaft musste den religiösen Zauberformeln der Hindu-Fanatiker weichen.

Vasant und ich nehmen unter dem glatten Jungengesicht von Bill Gates Platz und bestellen zwei Whisky zum ansehnlichen Preis von 400 Rupien, was gut sieben Euro entspricht. Von diesem Geld könnte ein armer indischer Bauer – schlimmstenfalls auch zwei – einen Monat lang leben.

Vasant erzählt, dass manche Programmierer in Bangalore knapp 4000 Euro im Monat verdienen. Was er selbst verdient, bleibt ein Geheimnis. Die Stadt verdankt ihren Erfolg jedoch nicht hohen, sondern *niedrigen* Löhnen. Dank der niedrigen Löhne und ihrer hohen Qualität ist indische Software weltweit gefragt. Schon 1998 verkaufte Indien Software im Wert von 4,4 Milliarden Euro. Und das war erst der Anfang.

Die *Financial Times* schreibt dazu:

»So wie die Golfregion ihr Rohöl und Südafrika seine Diamanten hat, besteht Indiens Reichtum in einem Überfluss an hoch spezialisierter Arbeitskraft. Diese Ressource hat das Land zu einem Softwareparadies gemacht. Bill Gates bezeichnet Indien als eine Softwaregroßmacht des 21. Jahrhunderts. Worin liegt die Ursache? Manche sehen sie in einem angeborenen Sinn der Inder für Mathematik und verweisen darauf, dass die Null in Indien erfunden wurde. Andere verweisen auf die billige Arbeitskraft und die hohe

Qualität der fertigen Produkte. Die Wahrheit dürfte beide Argumente mit einschließen – plus viele andere.«

Vasant hat zahlreiche Statistiken im Kopf: In den neunziger Jahren sei die indische Softwareindustrie jedes Jahr um 50 Prozent gewachsen. Und viel Arbeit wurde darauf verwandt, die Probleme zu lösen, die mit der Umstellung zu Beginn des dritten Jahrtausends erwartet wurden. Auch die Universitäten hätten ihre Lehrinhalte den neuen Realitäten vollkommen angepasst und sich ganz der Computerindustrie verschrieben. Allein 100.000 indische Computerexperten hätten sich in Kalifornien niedergelassen. 10.000 von ihnen haben einen Arbeitsplatz bei ihrem Traumkonzern Microsoft gefunden.

In den USA verdienen sie das Mehrfache von dem, was ihre Kollegen in Bangalore bekommen. Gerade deshalb ist Vasant Vira davon überzeugt, dass die Zukunft der Softwareindustrie in Indien liege. Beim großen Wettrennen um die Vormachtstellung würde sich derjenige durchsetzen, der *billig* und *gut* sei. Darum bleibe er, wo er sei. Seine Frau Vimala stimme ihm da vollkommen zu.

Ich frage ihn, wie er sie kennen gelernt habe. Vielleicht mit Hilfe seiner Eltern?

»Aber nein, mit Hilfe des Internets.«

Der 32-jährige Vasant hatte eine Annonce unter *www.hindumarriage.com* aufgegeben. Und wie die meisten anderen Inder in seiner Situation dies auch getan hätten, wies er ausdrücklich auf seine Kastenzugehörigkeit hin. Ein gemeinsamer Hintergrund sei doch eine wichtige Voraussetzung für eine glückliche Ehe. Brahmane sucht Brahmanin, Bauer sucht Bäuerin, Kastenloser sucht Kastenlose. Im Cyberspace können alle Grenzen überschritten werden, doch nicht im Persönlichen, wo es der Wissenschaft nicht gelungen ist, jahrtausendealte Traditionen zu beseitigen. An einem Sonntag im April ist unter der Kategorie BRAHMANE Folgendes zu lesen:

GEWÜNSCHT: schlanke, hoch gewachsene und hübsche Brahmanin. Gesucht von Ingenieur, ehrlich, aufrichtig und dynamisch, 171 cm groß, spricht Russisch und Englisch. Angestellt in einem internationalen Unternehmen, notiert an der Börse von Bombay. Goldene Zukunft. Persönliche Daten und Horoskop an Box. No. E936C Times of India.

Oder:

SOFTWARE! Nordindischer Brahmane, Vater aus Kaschmir, Software-Ingenieur, 28 Jahre/177 cm, sucht Brahmanin mit Würde und Gottesfurcht. Bedingung sind gerade Nase, helle Hautfarbe, gute Ausbildung und korrekte biografische Daten. Foto, Horoskop und Atteste unerlässlich. Eilig.

Oder:

ALLIANZ! Brahmanensohn aus angesehener Gutsbesitzerfamilie in Kerala bietet makelloser Brahmanin eine eheliche Allianz. Keine Mitgift. Kosmopolitische Einstellung vorausgesetzt. Von Auslandsreisen ist auszugehen. Biografische Angaben, Horoskop und scharfe Farbfotos. Bewerbungen mit Schwarzweißbildern werden umgehend zurückgesandt.

Leider habe ich Vasant nie gefragt, wie er seine eigene Anzeige formuliert hat. Doch soweit ich verstanden habe, hat er sofort ins Schwarze getroffen. Auf seine Annonce im Internet hat er über 200 Antworten bekommen, denn welche Frau träumt nicht von einem Brahmanen, der edelsten Ausgabe eines Menschen, die es gibt? Einem Brahmanen, der außerdem Computerexperte ist, also über ein hohes und gesichertes Einkommen verfügt! Hoffnungsvolle Brahmaninnen aus dem ganzen Land schickten ihm ihre Vita, manche mit scharfen Farbfotos. Eine der Frauen hatte sogar eine endlose schriftliche Empfehlung ihres Vaters, eines bekannten Generals der Luftwaffe, beigefügt. Eine andere versprach, ihm »viele Söhne« zu schenken.

Nachdem die Antwortfrist abgelaufen war, klemmte sich Vasant den Papierstapel unter den Arm und ging zum Astrologen an der Ecke. In Indien sind Astrologen unentbehrlich. Selbst Indira Gandhi – abergläubisch, wie sie war – suchte ihren Lieblingsastrologen immer dann auf, wenn eine wichtige Entscheidung getroffen werden musste.

»Er war zwar nicht billig, aber er hat gute Arbeit geleistet.«

»Wer?«

»Narasimha Alse. Der Astrologe!«

»Hast du etwa den Astrologen für dich entscheiden lassen?«

»Aber natürlich!«

Vasant Vira, der Computerexperte mit Bestnoten der Bangalore University, ließ den Astrologen die endgültige Wahl treffen. Sie fiel auf die schöne Vimala, eine Chemikerin mit der richtigen Kastenzugehörigkeit und einem soliden finanziellen Hintergrund. Als ihr handgeschriebener Brief geöffnet wurde, lächelten alle Sterne des Universums. Sie waren das perfekte Paar. Doch was geschah, nachdem Vasant 1250 Euro bezahlt hatte und mit dem Hubschrauber gelandet war?

Die Hochzeitsfeier fand in Mysore, der Nachbarstadt von Vimalas Geburtsort, statt. 360 fröhliche Gäste drängten sich auf der Rasenfläche vor dem größten Hotel der Stadt zusammen, wo große, luftige Zelte errichtet worden waren. Nachdem Vasant unter dem hingerissenen Seufzen der Gäste gelandet war, nahm das Brautpaar auf der großen Bühne Platz. Vor dem großen Tag hatten sich die beiden erst achtmal gesehen. Stundenlang saßen sie in ihren Festkleidern einfach da, während die Gäste aßen und tranken. Aus den pechschwarzen Grillöfen strömte ein verführerischer Duft. Festlich gekleidete Kellner mit Turban bedienten die Hochzeitsgesellschaft. Hinter der hohen Mauer, die den Festplatz umschloss, standen die Armen mit offenen Mündern. Nie zuvor hatten sie einen Bräutigam mit dem Hubschrauber landen sehen.

Doch dann erschienen ungebetene Gäste – Eunuchen!

»Ach, die Eunuchen!«, seufzt Vansant resigniert. *»Hijras!«*

Sie kamen in großer Zahl, singend und lärmend, mit rabenschwarzen Haaren und roten Mündern, und ehe die Gäste wussten, wie ihnen geschah, hoben sie ihre langen Röcke und entblößten ihre verunstalteten Unterleiber. Die beiden, die das zweigeschlechtliche Elend als Erste zu Gesicht bekamen, waren Vasant und Vimala – sie verlegen, er entnervt.

»Wir hatten das für unmöglich gehalten«, sagt er. »Das Wachpersonal war angewiesen worden, den Eingang, der nur drei Meter breit war, genauestens im Auge zu behalten.«

»Wie sind sie dann hereingekommen?«

»Sie sind über die Mauer geklettert. Eigentlich war das eine Kleinigkeit.«

Ein fürchterlicher Tumult brach aus. Die Eunuchen – es müssen über 20 gewesen sein – sangen, tanzten und schrien, schlugen auf Tamburins und drangsalierten die Gäste. Auch Vasants Mutter, eine vornehme alte Dame, Brahmanin bis in die Fingerspitzen, wurde mit einem grotesken, frisch rasierten Unterleib konfrontiert – zwar nur für einen kurzen Augenblick, doch lang genug, um ihr den Abend zu verderben. Selbst der Hindu-Priester und seine Tochter wurden nicht verschont, und in dem Moment, als der Dessertwagen mit der Eistorte und den Zuckerkugeln abgedeckt wurde, sprang ein Eunuch zum Brautpaar auf die Bühne und wischte sich den Schweiß ab.

»Es war grauenhaft«, berichtet Vasant. »Die Eunuchen weigerten sich zu gehen, ehe sie nicht reichlich dafür bezahlt wurden.«

Die Inder nennen sie *Hijras*. Ein *Hijra* ist weder Mann noch Frau, sondern etwas dazwischen, etwas Diffuses, von dem die meisten Menschen nichts wissen wollen. Seit 2000 Jahren sind sie im ganzen Land unterwegs, um wichtige Familienanlässe – vorwiegend Geburten und Hochzeiten – zu feiern. Andere halten sich lieber in der Bahnhofsgegend auf, um die Reisenden mit ihren deformierten Genitalien zu erschrecken. Die meisten sind irgendwann so entnervt, dass sie ihnen Geld geben, nur damit sie verschwinden.

Die Eunuchen öffnen selten anderen ihre Türen. Selbst die Inder wissen nur wenig von ihnen, und als die indisch-amerikanische Autorin Zia Jaffrey sich in ihr Leben vertiefen wollte, musste sie zahlreiche Umwege in Kauf nehmen. So wie in Indien üblich, offenbarte sich die Wahrheit in Form tausender kleiner Wahrheiten – eine Unzahl von Schicksalen, die so vielfältig sind wie das Land selbst.

Was Jaffrey vor allem faszinierte, waren die unbegreiflichen Widersprüche im Leben der Eunuchen. »Sie sind keine Männer, doch auch keine Frauen. Sie werden nicht gebeten aufzutreten, doch daran gehindert werden sie auch nicht. Ihr Instrument ist die Stimme, doch versuchen sie nie den Eindruck zu erwecken, wirklich singen zu können. Sie segnen das Brautpaar und werden selbst beschimpft. Sie werden als Erpresser betrachtet und bringen doch Glück. Sie werden bezahlt – nicht um aufzutreten, sondern um die Menschen in Ruhe zu lassen. Sie nehmen an Familienbegebenheiten wie Geburten und Hochzeiten teil, ohne selbst die Freuden der Fruchtbarkeit genießen zu können. Sie selbst sind Kastenlose und dennoch in der Lage, alle Kastengrenzen zu überschreiten und jeden der Lächerlichkeit preiszugeben.«

Die Geschichte der indischen Eunuchen scheint genauso alt zu sein wie das Land selbst. In den ältesten religiösen Schriften finden sie Erwähnung, unter anderem in der Legende vom Gott Rama. Nachdem Ramas böse Stiefmutter ihn zu vierzehnjähriger Verbannung verurteilt hatte, begleiteten ihn seine Untertanen bis zur Stadtgrenze. Dort dankte er ihnen und bat alle Männer und Frauen, nach Hause zurückzukehren. Alle kamen der Bitte nach – mit Ausnahme der Eunuchen, die sich keinem der beiden Geschlechter zugehörig fühlten. Als Rama nach vierzehn Jahren zurückkehrte, waren sie immer noch da und warteten auf ihn. Zu Tränen gerührt, segnete er sie und sagte: »Von nun an sollt ihr von anderer Leute Arbeit leben.«

Einen anderen Hinweis auf die Eunuchen finden wir in den Reisebeschreibungen Marco Polos gegen Ende des dreizehnten Jahrhunderts. In China erfuhr er, dass oft indische Händler ins Land kamen, um Eunuchen zu kaufen: »Es wimmelt von ihnen in China, denn jeder Gefangene wird augenblicklich kastriert und danach als Sklave verkauft.«

Sowohl in China als auch in Indien spielten die Eunuchen eine wichtige Rolle als Haremswächter. Kastriert, wie sie waren, kamen sie als Rivalen nicht in Betracht. Doch auch unter normalen Menschen fand ihr Leben unter anderen Bedingungen statt. Die Unglücklichsten wurden gegen ihren Willen verstümmelt, andere legten selbst Hand an sich. Eine Betäubung gab es nicht. Die offene Wunde wurde notdürftig mit Lappen und Kuhmist zusammengeflickt, und noch ehe sie ihren neuen Unterleib in Augenschein nehmen konnten, waren manche bereits gestorben.

So ist es immer noch. Während einige sterben und andere überleben, treiben die Eunuchen weiterhin im ganzen Land ihr Unwesen. Immer noch suchen sie Familienfeste auf, um provozierende Tänze und lautstarke Segnungen zum Besten zu geben. Man sagt ihnen übersinnliche Kräfte nach. Ihr Segen bringt Glück. Wer von ihnen nicht gesegnet oder gar verflucht wird, der muss mit dem Schlimmsten rechnen. Warum sie also vor die Tür setzen? Sollte man ihnen nicht lieber ein bisschen Kleingeld zustecken, als sich den Zorn der Götter zuzuziehen?

Die »Experten« sind sich nicht einig, wie viele *Hijras* es in Indien gibt. Niemand hat je versucht, sie zu zählen. Außerdem umgibt sie eine Aura des Unwissens. Wenn sie nicht »bei der Arbeit« sind, leben sie ein zurückgezogenes Leben hinter dicken Mauern. Wer versucht, in ihr Privatleben einzudringen, trifft auf Schweigen und abweisende Blicke. »Ihre Organisation«, schreibt Jaffrey, »ist phänomenal. Sie haben sich zu Gruppen oder Clans zusammengeschlossen, und Undiszipliniertheit wird oft brutal bestraft.«

Doch einiges wissen wir. Zum Beispiel kennen wir die alte Tradition der Eunuchen, kleine Jungen zu entführen. *India Hijra Kalyan Sabha* – eine soziale Organisation, die mit den Eunuchen zusammenarbeitet – hat kürzlich bekannt gegeben, dass jedes Jahr »mindestens 1000 Jungen« entführt werden, um anschließend unter dem Messer zu landen. Niemand hört ihre Schreie. Sie verschwinden einfach, und wenn der »Doktor« gute Arbeit geleistet hat, tauchen sie Jahre später als tanzendes Neutrum in Frauenkleidern wieder auf.

Auch halten die Eunuchen weiterhin an ihrer Praxis fest, Jungen »einzufordern«, die mit genitalen Defekten geboren werden. Nähert sich der Junge der Pubertät, klopfen sie irgendwann an die Tür, und die Eltern – oft arm und machtlos – geben nicht selten nach. Manche tun dies gar mit Freude, denn ein Junge mit genitalem Defekt wird später kaum eine Frau finden. »Wissen Sie«, sagte eine von Jaffreys Quellen, »kommt in Indien ein missgebildetes Kalb zur Welt, wird es einem Tempel verehrt, und ein missgestalteter Junge wird eben den Eunuchen überlassen.«

Und was tut die Polizei dagegen?

Wenig oder gar nichts. Eunuchen verdienen mit ihren Berufen oft viel Geld, das sie dazu verwenden, die Hüter des Gesetzes zu bestechen. In der Regel lässt man die Eunuchen gewähren. Und wer wagt schon, sich mit Menschen anzulegen, die über mystische Kräfte verfügen?

Ich erkundige mich, was eigentlich aus dem Eunuchen Kali geworden ist, der sich im Bundesstaat Bihar zur Wahl stellte. Wurde er gewählt?

Drei Wochen sind seit der Wahl vergangen, und noch immer habe ich nichts über ihren Ausgang erfahren. Vasant hat auch nichts gehört und schaut im Internet nach. Fünf Minuten später kommt er mit einem Ausdruck zurück. Kalis Partei erlitt eine vernichtende Niederlage – wie nicht anders zu erwarten, meint Vasant. Welcher vernünftige Mensch würde schon einen Eunuchen wählen?

Ansonsten haben die Wahlen unterschiedlichste Kommentare hervorgerufen, wie sich das für ein freies Land gehört. Lobgesänge auf die indische Demokratie gab es natürlich viele. Denn ist es nicht ein Wunder, dass die Inder – eines der ärmsten Völker der Welt – nahezu geschlossen zur Wahl gehen? Subhas Pani, der stellvertretende Vorsitzende der Wahlkommission, ist erleichtert, dass die Wahlen »weitgehend« friedlich vor sich gingen. Nur ein paar hundert Menschen mussten ihr Leben lassen, was auf das Konto desperater Guerillakräfte geht, die im nordöstlich gelegenen Assam seit Jahren wüten.

Aber eine friedliche Wahl ist nicht zwangsläufig eine gerechte Wahl. In den Zeitungen hagelt es Beschuldigungen, und kaum jemand wählt dabei härtere Worte als T. N. Seshan, der der Wahlkommission in den achtziger Jahren vorstand: »Erneut sind wir Zeuge einer Farce geworden. Millionen von Analphabeten haben ihre Stimmen abgegeben, ohne zu wissen, für wen sie eigentlich gestimmt haben. Korruption ist an der Tagesordnung, und nun sehen wir, dass im ganzen Land Gangster und Kriminelle in die Parlamente einziehen.«

Immer und immer wieder hat Seshan vor einer zunehmenden Kriminalisierung des politischen Lebens gewarnt und erinnert an die relative Idylle zu Beginn der fünfziger Jahre, als das Land noch von integren Politikern regiert worden sei. Viele von ihnen, auch Premierminister Nehru, hatten in Großbritannien studiert. »Heute scheinen Ehrlichkeit und Integrität aus dem öffentlichen Leben verschwunden zu sein. Die Situation lässt mich an den griechischen Philosophen Diogenes denken, der am helllichten Tag mit seiner Lampe umherzog, in der Hoffnung, einen ehrlichen Menschen zu finden.«

Doch Machtmissbrauch und Korruption beschränken sich nicht auf die Politiker, meint Seshan. Auch die öffentliche Verwaltung sei durch und durch bestechlich. In Millionen von Büros im ganzen Land müssten selbst die Ärmsten tief in die Tasche greifen, um etwas zu erreichen. Die Korruption ist so umfassend, dass die meisten Menschen aufgehört haben zu reagieren. Statt sich gegen die Missstände aufzulehnen, wird die Bevölkerung durch ständig neue Erlasse und Gesetze immer tiefer in das perfide Spiel hineingezogen. Und die größten Verlierer sind immer die Ärmsten.

Doch was ist mit den Gerichten?

Auch in dieser Hinsicht senkt Seshan, so wie die meisten Inder, den Daumen. Laut einer Meinungsumfrage der *Times of India* halten 80 Prozent der Bevölkerung Richter und Anwälte für korrupt. 1947 erbte Indien ein funktionierendes und unbestechliches Rechtswesen, das auf britischen Traditionen beruhte. Heute leidet es an Vertrauensverlust und chronischer Unterbesetzung. 1998 warteten 23 Millionen Rechtsfälle darauf, dass sich jemand ihrer annahm. Beim Obersten Gerichtshof stauten sich 66.000 Rechtssachen, von denen 10.000 schon mindestens zehn Jahre auf eine Klärung warteten.

Am härtesten sind diejenigen betroffen, die sich keine Sonderbehandlung erkaufen können. Groteske Beispiele gibt es viele. Die *Times of India* erwähnt Folgendes: In der Stadt Lucknow ging 1958 eine Frau zum Gericht, um die Scheidung einzureichen. Sie begründete dies damit, von ihrem Mann und ihren Schwiegereltern systematisch misshandelt zu werden. Genau 40 Jahre später erging das Urteil: Die Scheidung wurde ausgesprochen. In der Zwischenzeit waren sowohl die Schwiegereltern als auch der Mann und die Frau verstorben.

Was das alles mit *www.bangalore.com* zu tun hat?

Sehr viel. Indien entwickelt sich gefährlich ungleichmäßig. An einem Ende des Spektrums finden wir die neuen Superalphabeten, die Computerelite. Sie leben im Cyberspace und fliegen mit dem Hubschrauber zu ihrer Hochzeit. Am anderen Ende befinden sich Millionen wehrloser Menschen. Die Manipulierten. Die Entwurzelten. Die weder lesen noch schreiben können. Ihre Zahl steigt von Jahr zu Jahr und wird bald eine halbe Milliarde erreicht haben.

Als das unabhängige Indien 1947 auf der Weltbühne erschien, wollte die Regierung bis zum Jahr 1960 die kostenlose Schulpflicht für alle Kinder zwischen sieben und vierzehn Jahren einführen. Heute traut sich niemand mehr zu prognostizieren, wann dieses hehre Ziel jemals erreicht sein wird. Der Durchschnittsinder verbringt gerade mal 1,7 Jahre auf der Schulbank. In China sind es fünf Jahre, auf Sri Lanka sieben und in Südkorea neun Jahre. Der indische Unterricht ist meist erbärmlich – Ausnahmen bestätigen die Regel. In manchen Teilen des Landes ist das Unterrichtsangebot schlechter als vor zehn Jahren. Eine Untersuchung belegt, dass zahlreiche Schulen heute als Lagerschuppen für Getreide oder getrockneten Kuhmist dienen. »Einige von ihnen sind öffentliche Latrinen«, schreibt *India Today*.

Die indischen Schulen waren stets den Eliten vorbehalten, woran der selige Nehru nicht ganz unschuldig ist. Nehru selbst kümmerte sich vorwiegend um die Eliten und übersah die Notwendigkeit einer breiten Förderung aller Schichten. Ein Großteil des Geldes wurde in Hochschulen und Universitäten investiert, kam Wissenschaft und Forschung zugute. So bekam Indien seine Heerschar von Computerexperten, so entstand Bangalore, so wurde die indische Atombombe realisiert, so konnte es sich Vasant leisten, mit dem Hubschrauber zu seiner Hochzeit zu fliegen.

Wissen ist die wichtigste Verteidigungswaffe der Menschen. Ein Mensch ohne Wissen, der weder lesen noch schreiben kann, ist wehrlos. Daher ist es um Indien schlecht bestellt.

Und Gott schuf den Mann

Niemand soll geboren werden, doch wenn es geschehen muss, soll es kein Mädchen sein.
INDISCHES GEDICHT

Tamil Nadu weit im Süden Indiens. »Hab keine Angst«, sagt Arun, »Ganesh wird uns sicher ans Ziel führen.«

In Aruns alter Klapperkiste sind wir auf dem Weg nach Usilampatti. Die Abgase, die sie ausstößt, sind so pechschwarz, dass sich Menschen und Tiere, die wir auf der Bundesstraße 1012 passieren, hustend abwenden. Als wir durch ein kleines Dorf fahren, ruft man uns Schimpfworte und Flüche nach. Ein alter Mann ballt die Fäuste, als wir an ihm vorbeifahren, zwei kleine Jungen werfen mit Steinen. Doch der Elefantengott Ganesh hält seinen schützenden Rüssel über uns und soll uns wohlbehalten nach Usilampatti führen.

Ganesh, der mit zwei Schrauben vor der ramponierten Windschutzscheibe befestigt ist, wackelt vor meinen Augen hin und her. Seit über 2000 Jahren suchen die Hindus Trost bei diesem jovialen Elefantenmenschen, der auf die sonderbarste Art und Weise das Licht der Welt erblickte: Die Frau des Gottes Shiva namens Parvati nahm eines Tages ein Bad und schabte sich hinterher die alte, schmutzige Haut von den Beinen. Als sie genug Hautfetzen beisammenhatte, formte sie zunächst einen Klumpen und daraus ein Kind, das sie zum Leben erweckte. »Stell dich dorthin!«, sagte sie zu dem Neugeborenen und zeigte zur Badezimmertür. »Halte dort Wache und lass keinen herein!«

Ganesh stellte sich gehorsam vor die Tür. Kurz darauf kam Shiva nach Hause und wollte ins Bad gehen. Da er den Jungen noch nie gesehen hatte, sagte er ihm, er solle verschwinden. Ganesh seinerseits wusste nicht, dass er seinem Vater die Tür versperrte. Es kam zu einem fürchterlichen Zweikampf, der damit endete, dass Shiva Ganesh den Kopf abschlug. Weinend verlangte Parvati, dass Ganesh sein Leben zurückbekomme. Als Shiva begriff, was geschehen war, sandte er jemanden aus, einen neuen Kopf für Ganesh zu bringen, und zwar von dem ersten Lebewesen, dem er begegnete. Das war ein Elefant. Shiva setzte den Kopf des Elefanten an seinen Platz, worauf Ganesh erneut zum Leben erwachte.

»Hab keine Angst«, wiederholt Arun, um mir zu versichern, es sei überhaupt kein Problem, dass gerade ein Reifen geplatzt war und die Kühlerhaube ständig aufsprang, um uns die Sicht zu versperren. Ganesh ist bei uns und lässt uns nicht im Stich. Er ist ein Gott, der Hindernisse beseitigt und Glück bringt. Die Hindus nennen ihn »Herr des Anfangs«, und so muss jeder Anfang – jede Geburt, jede Hochzeit, jedes Examen, jede lange Reise, schwierige Entscheidung oder neue Lebensphase – von ihm gesegnet werden. Ohne ihn geht alles schief; folglich findet er sich auf Altären und Regalen, an Armaturenbrettern und Hauswänden im ganzen Land.

Doch kann der Elefantengott, der mich an Dumbo in Disneyland erinnert, auch die Neugeborenen in Usilampatti retten? Arun und ich sind auf dem Weg in eine Gegend, in der die Eltern neugeborener Mädchen in Verzweiflung verfallen und ihr Elend zum Himmel schreien. Manche greifen zur Waffe und werden selbst zum Mörder. Andere graben ein Loch in die weiche tropische Erde und begraben das Mädchen. *Lebend.*

Usilampatti. Indiens Todeserde.

Die Fahrt von der Millionenstadt Madurai in Südindien dauert nicht lang – es sind nur 55 Kilometer. Arun, der erste und einzige Taxifahrer, den ich am frühen Morgen auftreiben konnte, opferte Ganesh vor Beginn der Fahrt einen Fruchtbonbon. Der gelbe Bonbon tanzt in der kleinen Blechschale vor dem Gott hin und her.

Dieser nickt wohlgefällig im Takt mit den Schlaglöchern. Doch Fruchtbonbons können den Gestank nicht verhindern, der aus dem Auspuff von Aruns Schrottkarre, einem Ambassador Baujahr 1953, kommt. Arun meint allen Ernstes, ein böser Geist müsse sich des alten Motors bemächtigt haben. Vielleicht sitze er in einem der Zylinder. Auf einem kleinen Hügel der kargen Landschaft werden wir von zwei Polizisten auf Motorrädern angehalten. Schwarz im Gesicht, da sie hinter uns hergefahren sind, verlangen sie eine »Entschädigung«. Der eine schlägt drohend mit der flachen Hand auf die rostige Kühlerhaube. 250 Rupien für jeden besänftigen sie sofort. Überglücklich verabschieden sie sich und brausen auf demselben Weg, den sie gekommen sind, wieder davon.

Da Arun einen Drang zum Gebet empfindet, halten wir in einem Dorf vor einem kleinen Tempel, der zu Ehren der südindischen Göttin Adhiparasakthi errichtet wurde. Er fällt vor der kleinen Puppe mit dem roten Mund auf die Knie und murmelt eine Viertelstunde lang etwas, das ich nicht verstehe. Südindien hat seine eigenen Gottheiten, seine eigenen Gewohnheiten und Traditionen, seine eigene Sprache und sein eigenes Essen. Alles ist anders hier. Die Menschen sind sanfter und haben einen dunkleren Teint. Vielleicht liegt das am tropischen Klima, vielleicht am Verlauf der Geschichte – vielleicht an beidem. Jedenfalls ist es eine Tatsache, dass es im Süden Indiens von jeher weniger Kriege als im Norden gegeben hat.

Von Palmen umgebene idyllische kleine Dörfer liegen zu beiden Seiten des Weges. Die Vegetation ist wild und fruchtbar, und obwohl der Monsun erst in drei Monaten einsetzen wird, scheint die Erde feucht zu sein. Kleine Kinder laufen aus den Häusern ein und aus, und nichts, was ich sehe, lässt mich an Mord und Tod denken. In ganz Indien ist Usilampatti für die Tötungen kleiner Mädchen bekannt. Journalisten und andere, die recherchiert haben, kehrten erschüttert zurück.

Zum ersten Mal wurde in Indien 1986 über Usilampatti berichtet. Das Magazin *India Today* hatte zwei Journalisten in die Gegend entsandt, um den Gerüchten über Kindstötungen auf den Grund zu gehen. Das Ergebnis war eine brisante Reportage mit dem Titel »Geboren, um zu sterben«. Die Journalisten schrieben, die Praxis sei in der Kallar-Kaste, einer armen Unterkaste der Kleinbauern und Landarbeiter, sehr verbreitet. »Es gibt kaum eine Kallar-Familie in dieser Gegend, die in den letzten zehn Jahren nicht ein oder mehrere kleine Mädchen getötet hat«, sagte der Landarbeiter Muniamma zu *India Today*. Viele andere bestätigten diese Aussage. Zwei Jahre später reiste Elisabeth Bumiller von der *Washington Post* nach Usilampatti. Später schrieb sie ein Buch mit dem Titel: *Hundert Söhne sollst du haben*.

Während Ganesh, der »Herr des Anfangs«, mir weiter zunickt, blättere ich in Papieren der Ford Foundation, die darüber Auskunft geben, wie das Leben in Usilampatti beginnt – und endet. Eine der unglücklichen Mütter, die in den Papieren genannt wird, sagt: »Du bist vollkommen am Ende. Du hast gerade ein Kind zur Welt gebracht und fühlst dich leer. Du bist ausgelaugt. Die schweren Brüste schmerzen. Und dann erfährst du, dass du ein Mädchen zur Welt gebracht hast! Du streichelst den nackten Körper und küsst den weichen Kopf. Aber du hast keine Wahl. Du musst das kleine Mädchen töten, und du musst es sofort tun.«

Warum müssen die Mütter in Usilampatti ihre neugeborenen Mädchen töten? Warum haben sie keine Wahl?

Eine weitere Kreuzung. Arun ist sich nicht sicher, welchen Weg er einschlagen soll. Im Straßengraben sitzen zahlreiche Bauern mit Hacken und Spaten, doch niemand will uns den Weg nach Alligundam sagen, eines der Dörfer des Usilampatti-Distrikts. Sie schauen nur einander an oder starren dumpf in die Luft, in der die Mücken tanzen.

Schließlich steht einer der Männer auf und fragt Arun: »Warum hast du diesen Ausländer dabei, wenn du nach Alligundam willst?«

Er wirkt überaus misstrauisch und richtet seine Spitzhacke auf das offene Autofenster.

»Wir wollen zur Mütterberatungsstelle«, antwortet Arun. »Wir haben eine Verabredung.«

»Es gibt keine Mütterberatungsstelle in Alligundam.«

Ein weiterer Mann steht auf, um sich am Gespräch zu beteiligen.

»Alligundam gibt es nicht«, sagt er. »In der ganzen Gegend gibt es keinen Ort, der Alligundam heißt.«

»Aber der Ort steht doch auf der Karte«, sage ich und zeige auf den kleinen Punkt westlich von Mandurai, was allerdings vollkommen sinnlos ist, weil keiner der Bauern im Graben lesen kann.

»Gib ihnen ein paar Rupien, damit wir weiterkommen«, schlägt Arun vor. »Sie sind zwölf Mann. Zehn Rupien für jeden reichen.«

Der Anblick der Geldscheine veranlasst die Männer, Hacken und Spaten sinken zu lassen. Alle stehen auf. Auf den zerfurchten Gesichtern zeichnet sich das sanfteste Lächeln ab. Einer der Bauern, ein zahnloser Alter, legt mir behutsam die Hand auf den Kopf, als wolle er mich segnen.

»Wo wollt ihr hin?«, fragen sie im Chor.

»Nach Alligundam.«

»Ach, nach Alligundam! Da geht's lang!«

Das vierte Gebäude, das wir in Alligundam erreichen, ist die Mütterberatungsstelle. Ein niedriges Steinhaus mit kleinen Fenstern und einer Tür, die direkt zum »Operationssaal« führt. An einer der Wände sind noch Reste eines grünen Schriftzugs zu erkennen, dem ehemaligen Motto der Regierung: *One is fun!* Doch die Einwohner von Usilampatti scheinen den Spaß an *einem* Kind verloren zu haben. Mehrere müssen es sein, und zwar ausschließlich Jungen.

Und es spielt ja auch keine Rolle. Die Parole stand in Englisch an der Wand – einer Sprache, die hier ohnehin niemand versteht.

Wie verabredet steht Dr. Amish auf den Stufen. Er ist Ende zwanzig, frisch ausgebildet, kräftig gebaut und sympathisch. Große, freundliche Augen und schwarzes, lockiges Haar. Dr. Amish erzählt mir, dass er seit zwei Jahren hier arbeite und jeden Tag damit beginne, in eine weiße Krippe zu schauen. Sie stehe auf dem Hof vor der Mütterberatungsstelle. Ich hatte sie gar nicht bemerkt, doch jetzt sehe ich sie: weiß, frisch gestrichen und stumm – wie ein hübsches Dekorationsstück inmitten der tropischen Blumenpracht.

»Ich habe heute Morgen um acht nachgeschaut«, sagt Dr. Amish, »aber sie war leer.«

»???«

»Die Krippe war leer. Niemand hat sie im Lauf der Nacht benutzt.«

»???«

»Vor zwei Wochen habe ich ein kleines Mädchen gefunden. Sie war gerade erst geboren worden und hatte noch feuchte Haare. Sie war sorgfältig in saubere Tücher eingeschlagen. Sie schlief wie eine kleine Puppe, als ich zur Arbeit kam.«

Dr. Amish geht zur Krippe, hebt die Decke hoch und schüttelt sie aus, als wolle er sichergehen, dass er nichts übersehen habe. Aber das hat er nicht. Die Krippe ist leer.

Jetzt erst verstehe ich den Zusammenhang. Den Eltern wird angeboten, ihre neugeborenen Mädchen in die Krippe zu legen, statt sie zu töten. Sie können das mitten in der Nacht tun. Ungesehen. Niemand braucht zu wissen, wer sie sind. So kann das Kind überleben.

Es ist eine tragische Tatsache, dass der indischen Gesellschaft heute 50 Millionen Frauen »fehlen«. Normalerweise werden etwas mehr Jungen als Mädchen geboren (106:100). Doch in der indischen Gesellschaft ist die Differenz sehr viel größer. Die unerwünschten Mädchen werden entweder schon im Mutterleib oder nach der Geburt getötet. Diejenigen, die diese kritischen Stadien überleben, laufen Gefahr, in jungen Jahren an Krankheiten zu sterben oder entstellt zu werden – bevor sie ins heiratsfähige Alter kommen.

»Sie müssen hungrig sein«, sagt Dr. Amish.

In diesem Augenblick taucht seine Frau wie ein von Gott gesandter Engel hinter der Rosenhecke auf. Sie ist eine schwarzhaarige, langbeinige Schönheit mit Colgate-Lächeln, die drei blitzende Metallbehälter in der Hand hält. Halb verdeckt hinter ihrem blauen Sari entdecke ich ein kleines, drei- bis vierjähriges Kind. Das Älteste des Ehepaares. Ein Mädchen, das leben durfte.

Als die Bügelverschlüsse geöffnet werden, steigt der Duft der tamilischen Küche in die Luft. *Idlis*, dampfende Reiskuchen, *Vadais*, frisches würziges Schmalzgebäck, ein saftiger Papayasalat, Kokosmilch und Tee. Wir nehmen auf der steinernen Bank Platz, auf der normalerweise die Patienten warten, und genießen die erste Mahlzeit des Tages. Wie aus dem Nichts taucht plötzlich eine große graue Kuh auf, lässt mitten auf dem Hofplatz einen dampfenden Fladen fallen und trottet weiter.

»Wenn Sie in Usilampatti eine Kuh töten, riskieren Sie Ihr Leben«, sagt Dr. Amish, während er sich einen weiteren Reiskuchen nimmt. »Wenn Sie ein kleines Mädchen töten, riskieren Sie gar nichts.«

Nachdem wir unser Frühstück beendet haben, sammelt seine Frau die Behälter wieder ein und geht davon. Sie hat die ganze Zeit kein einziges Wort gesagt. Nur gelächelt.

Dr. Amish kommt aus der Großstadt, aus Chennai, dem früheren Madras, der Hauptstadt von Tamil Nadu. Die zwei Jahre in Usilampatti haben bei ihm zu Verzweiflung und Scham geführt. Welchen

Weg geht das Land? Warum sind die Leute so gleichgültig? Warum greift die Politik nicht ein? Wie kann es sein, dass auf dem ganzen indischen Subkontinent Eltern ihre neugeborenen Mädchen töten und ungestraft davonkommen? Alle wissen, dass es geschieht. Wird jedoch eine Kuh getötet, geraten die Menschen in Rage, und die Tempelpriester toben. Sogar die Polizisten erwachen aus ihrer Lethargie und stellen Ermittlungen an. Im schlimmsten Fall werden die Täter aus dem Dorf gejagt oder gelyncht.

Der Usilampatti-Distrikt besteht aus 300 Dörfern und Kleinstädten mit insgesamt 250.000 Einwohnern. Die Leute sind arm, aber kaum ärmer als der indische Durchschnitt. Dennoch töten die Eltern ihre eigenen Kinder. Die sich im Distrikt auskennen, behaupten, die Zahl der Tötungen nehme jedes Jahr zu. Die Erklärung liegt in einem Fluch namens Mitgift. Trotz der fruchtbaren Natur sind die Grundstücke klein in Usilampatti. Die Bauern haben nichts zu verschenken. Daher ist die obligatorische Mitgift eine große Belastung.

»Wie im übrigen Indien auch sind es vor allem die Ärmsten, die töten«, sagt Dr. Amish. »Für die Reichen stellt die Mitgift kein Problem dar. Die haben genügend Geld. Auch die Mittelschicht kommt einigermaßen zurecht. Eine Schwangere aus der Mittelschicht kann zum Arzt gehen und eine Ultraschalluntersuchung durchführen lassen. Wenn das Geschlecht nicht ihren Vorstellungen entspricht, kann sie das Kind abtreiben. Doch die Armen können sich das nicht leisten, außerdem ist der Weg zu den Krankenhäusern oft weit. Darum müssen sie bis nach der Geburt warten, um das Kind zu töten.«

»Und wenn das Erstgeborene ein Mädchen ist?«

»Erstgeborene werden nur selten getötet. Das erste Mädchen lässt sich gut im Haushalt verwenden. Doch bei Mädchen Nummer zwei sieht es schon anders aus, und das dritte Mädchen ist noch mehr gefährdet. Mädchen Nummer vier ist in der Regel zum Tod verurteilt.«

Dr. Amish liegen keine genauen Zahlen darüber vor, wie viele Mädchen jedes Jahr in Usilampatti getötet werden.

»Aber es sind viele«, sagt er. »Sehr viele.«

Niemand verrät den anderen, denn jeder könnte der Nächste sein. Warum sollte man über den Nachbarn tuscheln, wenn man nicht weiß, was die Zukunft bringt. Doch nachdem er eine Weile nachgedacht hat, deutet Dr. Amish an, dass ungefähr jeder zehnte weibliche Säugling in Usilampatti getötet werde. Als ich ihn frage, wie das geschieht, muss er sich zunächst räuspern.

»Die Methoden variieren«, antwortet er. »Manche begraben ihre Kinder bei lebendigem Leib. Das ist das Einfachste. Ein paar Spatenstiche, und das Ganze ist in ein, zwei Minuten vorüber. Keine Schreie, keine Spuren. Andere geben dem Kind den giftigen Saft des Oleanders zu trinken. Die Säuglinge beginnen zu husten und mit den Armen zu fuchteln, und wenige Minuten später tritt der Tod ein. Außerdem gibt es verschiedene Formen des Erstickens, oft mit einer Decke oder einem Kissen oder indem man den Kindern eine Hand voll Körner in den Mund stopft. Letzteres bezeichnen wir als ›*dry drowning*‹ – als ›trockenes Ertrinken‹.«

»Wer führt die Tötung durch? Ist es die Mutter? Der Vater? Beide zusammen?«

»Auch das ist verschieden. Manchmal einer der Eltern, mitunter die Großeltern. Doch meistens erledigen das die Hebammen.«

»Die Hebammen?«

»Natürlich. Sie werden doch dafür bezahlt, dem Kind auf die Welt zu helfen, und wenn man ihnen ein paar Rupien extra gibt, dann töten sie es auch. In einem der umliegenden Dörfer wohnt eine Hebamme, die schon Hunderte toter Säuglinge auf dem Gewissen hat. Sie ist über 70 und bei allen sehr beliebt.«

»Könnten wir sie besuchen?«

»Wir können es versuchen.«

Wenig später sind Dr. Amish, Arun und ich auf dem Weg in das Dorf, das auf der anderen Seite des Reisfelds liegt. Wir müssen einen 300 Meter langen Erdwall entlanggehen, eine Brücke überqueren und dann dem schmalen Pfad folgen, der in südlicher Richtung parallel zum Kanal verläuft. Das dauert zwanzig Minuten. Länger nicht. Wir begegnen einem Elternpaar, deren kleines Kind – ein Sohn – in einem schmutzigen Tümpel fischt. Der Sonntagmorgen ist frisch und klar. Die gezackten braunen Berge in der Ferne sind in Sonnenlicht getaucht.

»Wir hätten auch das Auto nehmen können«, sagt Amish. »Doch es ist schön zu gehen. Außerdem erregen wir so weniger Aufmerksamkeit.«

Kanchamma, die Hebamme, wohnt am Rand des Dorfes. Ihr Haus ist hübsch und weiß gekalkt, Rupien können Wunder bewirken. Kaum einer hat uns gesehen, als Amish an die Tür klopft, die von einem kleinen, bunten gemalten Ganesh bewacht wird. Amish und Kanchamma kennen sich, und ihr Wiedersehen scheint durchaus herzlich zu sein. Die Hebamme mit den vielen Kindern auf dem Gewissen hat ein hohles, aber lebendiges Lachen, ihr Gesicht ist glatt und schmal, die Augen klein, der Blick scharf, der Körper drahtig und die Hände so lang wie Feuerzangen.

Amish fragt, ob sie etwas gegen unseren Besuch einzuwenden habe.

Kanchammas Antwort ist eine unbestimmte Mischung aus Nicken und Kopfschütteln, die so typisch für die indische Gestik ist. Der Kopf wackelt leicht hin und her. Meint sie Ja oder Nein? Wir setzen uns auf ein großes, knarzendes Eisenbett, das neben der Tür steht. Auf dem Kleiderhaufen in der Ecke schläft eine braungrau getigerte Katze, eine der wenigen, die ich in Indien gesehen habe. Der kleine Raum ist fast nackt, doch an der Schmalseite hängt ein verblichenes Filmplakat aus Chennai (Madras) oder Bombay. Unter dem Plakat steht der Hausaltar mit einer ganzen Ansammlung von Göttern.

»Warum kommt ihr so früh am Morgen?«, fragt Kanchamma.

»Weil ich Besuch von einem ausländischen Gast habe, der etwas über das Leben auf dem Land erfahren will«, antwortet Dr. Amish diplomatisch.

Kanchamma erweist sich als redselige Frau, der man nicht alles aus der Nase ziehen muss. Zwischendurch bekommen wir zu hören, dass sie im Alter von vier Jahren verheiratet wurde.

»Können Sie sich noch an die Hochzeit erinnern?«, fragt Amish.

»Nein, gar nicht!«

Die kinderlose Ehe währte, bis ihr Mann im letzten Jahr starb.

»Es war einfach zu warm«, erklärt sie. »Mehrere Tage hintereinander 45 Grad. Das hat er nicht ausgehalten.«

Nachdem wir eine Weile über Gott und die Welt geplaudert haben, erkundigt sich Amish, ob sie nicht bald ihren Beruf als Hebamme an den Nagel hängen wolle. Das müsse doch ein harter Job sein, fügt er hinzu.

Kanchamma streckt den Rücken und fühlt sich sichtlich geschmeichelt.

»Aber die Leute brauchen mich«, sagt sie entschieden. »Die Frauen in Usilampatti gebären wie nie zuvor. Jeden Tag werde ich von überallher gerufen. Da kann ich jetzt nicht einfach aufhören.«

An manchen Tagen, sagt sie, seien es zwei oder sogar drei Geburten. Dann laufe sie von Haus zu Haus, von Dorf zu Dorf. Ziemlich anstrengend das Ganze. Aber in der Regel gehe es gut.

»Seit 50 Jahren mache ich das jetzt schon.«

»Die meisten wollen heutzutage wohl keine Mädchen mehr«, stellt Amish vorsichtig in den Raum.

»Warum sollten sie auch? Warum soll man eine Rose in den Garten des Nachbarn pflanzen? Die Mädchen werden sowieso irgendwann verheiratet. *The seer varisai!* – Denk an die Mitgift! Heutzutage müssen die Bauern eine Mitgift aufbringen, die mehreren Jahreseinkünften entspricht. Wenn du da mehrere Töchter hast, bist du ruiniert. Dann musst du nach Madurai fahren, um zu betteln. Wie viele Bauern aus Usilampatti sind nicht schon nach Madurai gefahren, um dort vor den Tempeln die Hand aufzuhalten. Mein Nachbar zum Beispiel. Er ist seit dem Monsun 1991 nicht nach Hause zurückgekehrt, aber ich habe gehört, dass er mit ausgestreckten Händen vor dem Meenakshi-Tempel sitzt. Er ist so heruntergekommen, dass ihn fast niemand mehr erkennt. Ein entfernter Verwandter von mir hat sich umgebracht, nachdem er seine zweite Tochter bekam. Er wusste, dass er die Mitgift nicht aufbringen kann, und sprang in den Brunnen.«

Kanchamma ist kastenlos und sagt dennoch, sie sei froh, im Leben so vieles erreicht zu haben.

»Es ist ein gutes Gefühl, anderen helfen zu können. Alles, was ich tue, geschieht aus Barmherzigkeit.«

»Aber wäre es nicht besser, wenn die Leute die weißen Krippen mehr benutzten?«, fragt Amish. »Wir haben sie an verschiedenen Orten in Usilampatti aufgestellt. Eine von ihnen steht vor unserer Beratungsstelle.«

»Ha! Die weißen Krippen! Wer will sein Kind schon so loswerden? Denken Sie an den Stolz der Leute in Usilampatti. Sie wollen ihre Kinder nicht einfach irgendwem überlassen. Wo bleiben denn eigentlich die Kinder, die in den Krippen gefunden werden?«

»Einige werden adoptiert, andere kommen ins Kinderheim.«

»Die Armen.«

Kanchamma schüttelt den Kopf. Zum ersten Mal während unseres Gesprächs sieht sie wirklich bedrückt aus.

»Ich habe einen guten Rat«, fährt sie fort. »Entfernen Sie die weißen Krippen! Die Leute mögen sie nicht. Und ein Kind auf diese Weise loszuwerden, ist entwürdigend.«

Dr. Amish, weiterhin diplomatisch, verspricht darüber nachzudenken.

Wir verabschieden uns von Kanchamma, der Katze und Ganesh. Der Tag ist noch jung, und ehe die Sonne hinter der braunen Bergkette im Westen versinkt, hat sich die Frau in der Türöffnung womöglich erneut auf den Weg gemacht, um »Barmherzigkeit« walten zu lassen.

Auf dem Heimweg räumt Dr. Amish ein, dass die weißen Krippen eine Enttäuschung seien. Obwohl sie mehrere hundert Mädchen vor einem sicheren Tod bewahrt hätten, würden sie von der Lokalbevölkerung mit Skepsis und Verachtung betrachtet. Viele Krippen seien kurz und klein geschlagen worden, was Dr. Amish damit erklärt, dass die Einwohner von Usilampatti stets eigen und renitent gewesen seien. Außerdem: Müsse ein anonymes Findelkind nicht als kastenlos betrachtet werden? Und wer wolle sein eigenes Kind schon zu einem Kastenlosen machen?

In anderen Distrikten Tamil Nadus ist die Situation kaum weniger ernst. Die weißen Krippen sind zerstört oder entfernt worden. Als die Regierung des Bundesstaates gemeinsam mit dem Indian Council for Child Welfare 1994 die ersten Krippen aufstellte, geschah dies mit großem Getöse. Zahlreiche Fernsehreportagen und Zeitungsartikel berichteten über die neue Errungenschaft, die vom Gesundheitsminister als »Revolution« bezeichnet wurde. Heute interessieren die Krippen keinen mehr. Sie sind verschwunden. Sogar die Krippen, die in den öffentlichen Parks standen, sind entfernt worden. Sie wurden nicht benutzt. Statt ihre Kinder zu Kastenlosen zu machen, begraben die Eltern sie lieber bei lebendigem Leib. Die Eltern oder die Hebamme.

»Kanchamma ist eigentlich ein guter Mensch«, sagt Dr. Amish. »Sie tut nur, worum sie gebeten wird.«

»Aber Mord ist ein Verbrechen.«

»Nicht in dieser Gegend. Die Tötung weiblicher Säuglinge wird als Privatsache betrachtet.«

»Sieht die Polizei das genauso?«

»Die Polizei tut doch dasselbe. Als ein Polizist aus Usilampatti sein drittes Mädchen bekam, hat er es umgebracht. Er nahm das Kind und schleuderte es gegen die Wand. Niemand hat etwas gesagt.«

In Indien haben Kindstötungen eine lange Tradition. Schon den britischen Kolonialbesatzern war oft der große Mädchenmangel in den Dörfern aufgefallen.

»Noch gibt es in Usilampatti keine Dörfer ohne Mädchen«, versichert Dr. Amish. »Aber wenn wir so weitermachen, wer soll dann Indien in eine gute Zukunft führen? Allein die Männer?«

Erneut erscheint Dr. Amishs Frau – lautlos und lächelnd – mit drei blinkenden Behältern, als wir nach Hause zurückkehren. Seine Tochter bringt eine mittelgroße Kokosnuss. Diesmal wird die Mahlzeit als Lunch bezeichnet, doch handelt es sich um dasselbe leichte und wohlschmeckende Essen, das wir bereits am Morgen zu uns genommen haben. In der Ferne hören wir das unveränderliche, diffuse Summen der kleinen Stadt. Menschliche Rufe und das Läuten von Fahrradklingeln mischen sich mit dem Muhen von Kühen und dem dürren Meckern der Ziegen. Plötzlich wird die eintönige Geräuschkulisse von einer panischen Frauenstimme durchbrochen. Eine Frau trägt ihren vierjährigen Sohn auf den Armen, der sich das Knie aufgeschlagen hat. Eigentlich ist die Gesundheitsstation geschlossen, doch Dr. Amish nimmt sich viel Zeit, reinigt die Wunde und deckt sie mit einem großen Pflaster ab.

»Neun von zehn Kindern, die ich behandle, sind Jungen«, sagt er, nachdem Mutter und Sohn wieder verschwunden sind. »Mädchen müssen sich selber helfen.«

Auch dies ist ein Faktum in Indien: Den Mädchen, die leben dürfen, wird weitaus weniger Fürsorge zuteil als den Jungen. Weniger Essen, weniger Medizin, weniger Schulbesuch, weniger Aufmerksamkeit – aber mehr Arbeit. Die indische Verfassung, die größtenteils auf den Kastenlosen B. R. Ambedkar zurückgeht, schreibt gleichen Lohn für gleiche Arbeit vor. Kindstötungen, Kinderehen, Misshandlung der Ehefrau, sexuelle Ausbeutung und Vergewaltigung sind verboten. Doch in einem Land, in dem die Geburt eines Jungen von jeher gefeiert wurde, gewähren wohlmeinende Gesetze keinen ausreichenden Schutz. Es ist der Sohn, der erbt. Es ist der Sohn, der seiner Familie Reichtum beschert. Es ist der älteste Sohn, der das Feuer beim Begräbnis seiner Eltern entzündet und den Seelen somit den Weg ins Himmelreich bahnt. Töchter bringen nur Elend.

Als Dr. Amish nach Usilampatti kam, hegte er große Ambitionen. Er wollte etwas unternehmen, mit den Missständen aufräumen. Zwei Jahre sind seither vergangen. Dr. Amish ist noch keine 30 Jahre alt, doch sein Ehrgeiz hat merklich nachgelassen. Nicht einmal die offensichtlichsten Kindstötungen bringt er zur Anzeige. Warum? Weil ihn niemand unterstützt. Weder die Bauern noch die Polizei oder die Politiker. Jede noch so gut gemeinte Initiative verläuft im Sande. Und die Probleme beschränken sich keinesfalls auf diese Gegend, sondern gelten für große Teile des Landes.

»Denken Sie daran«, sagt Dr. Amish, »das ist Indien.«

Er sagt dies leise, es klingt fast wie ein Seufzen. Desillusionierte Inder sagen überall dasselbe: »Das ist Indien!«

Auch solle ich daran denken, sagt Amish, dass er ein *Jain* sei, kein Hindu. Bei diesen Worten richtet er sich auf. Das ist etwas, wofür er einsteht. Unter der riesigen Menge von Hindus befinden sich nur 4,5 Millionen *Jainas*. Sie leben über das ganze Land verteilt, vor allem aber im Westen und Südwesten. Viele haben in der freien Wirtschaft Fuß gefasst, andere haben sich als Künstler, Anwälte,

Wissenschafter oder Ärzte etabliert. Der Jainismus begann vor 2500 Jahren als hinduistische Reformbewegung, entwickelte sich im Lauf der Zeit jedoch zu einer eigenständigen Religion.

Doch was unterscheidet den Jainismus vom Hinduismus?

»Wir lehnen das Kastenwesen ab«, sagt Dr. Amish. »Ist es nicht eine Selbstverständlichkeit, dass alle Menschen gleich geboren sind? Außerdem sind wir strikt gegen die Tötung von Lebewesen – ob es sich nun um Menschen, größere Tiere oder Insekten handelt. Manche von uns tragen einen Mundschutz, um nicht versehentlich eine Fliege oder eine Mücke zu verschlucken, aber ich finde das unpraktisch. In Ahmedabad gibt es übrigens ein Hospital für müde und erschöpfte Insekten. Sie lachen, aber ich scherze nicht! Das müssen Sie sich unbedingt ansehen, wenn Sie in der Gegend sind. Jainas aus dem ganzen Land fahren mit sterbenden Insekten, die sie am Wegesrand oder auf der Fensterbank gefunden haben, nach Ahmedabad. Lachen Sie nicht, das ist wirklich wahr!«

»Das stimmt«, bestätigt Arun, mein Fahrer. »Die Jainas sind gute Menschen.«

Ahmedabad liegt im Bundesstaat Gujarat. Wie schade, dass ich von dem Hospital noch nichts gehört hatte, als ich mich am Rande der Salzwüste befand und nicht wusste, welchen Weg ich einschlagen sollte. Sonst hätte ich selbstverständlich einen Krankenhausbesuch mit eingeplant. Aber es werden sich bestimmt noch weitere Möglichkeiten ergeben.

Auf dem Rückweg halten Arun und ich in einem Dorf namens Pothanpatti, einer Ansammlung grauer Häuser, in der nichts geschieht, wenn die Arbeitswoche vorüber ist. Ein klein gewachsener, bescheidener Mann namens Jayamani möchte gern mit uns nach Madurai zurückfahren. Er arbeitet für SIRD, eine Organisation von Freiwilligen, die den Bauern mit Kompetenz und günstigen Krediten unter die Arme greift. Doch heute ist Sonntag, und da hat er Gott sei Dank frei.

Pothanpatti kann einem Leid tun! Die engen Gassen sind voll von Müll und Exkrementen. Ein kräftiger Regenschauer direkt vor unserer Ankunft hat zudem alles aufgeweicht. Ein einsamer Fahrradfahrer – das vorerst einzige Lebenszeichen im Ort – ist in einem Müllhaufen stecken geblieben. Dann bemerken wir auf einer kleinen Plattform mit dunklem Strohdach einen ambulanten Zahnarzt, der seinen pedalgetriebenen Bohrer in Bewegung setzt. Das Opfer ist ein älterer Mann. Vor der Plattform liegt eine überfahrene Hundeleiche. Der Kopf ist zermalmt, der Oberkiefer treibt gemächlich in der nächsten Pfütze.

Der zusammengesunkene Patient gibt ein furchtbares Stöhnen von sich, als die Behandlung vorüber ist. Er erweist sich als stellvertretender Bürgermeister des Ortes und lässt sich auf ein Gespräch mit uns ein.

»Ich stimme Ihnen zu«, sagt er. »Im Moment sieht es in Pothanpatti sehr traurig aus. Aber das ist nicht unsere Schuld.«

»Wessen Schuld ist es dann?«

»Die des Nachbardorfs!«

»Des Nachbardorfs?«

»Hören Sie, hier wohnen Angehörige höherer Kasten. Also ist es nicht unsere Aufgabe, den Müll zu entfernen. Das machen die Angehörigen der niederen Kasten im Nachbardorf. Aber dort findet gerade eine Feierlichkeit statt, und solange die anhält, haben wir niemanden, der unseren Müll entsorgt. So einfach ist das.«

Der alte Mann tritt gleichgültig gegen die stinkende Hundeleiche.

»Aber am Montag werden sie da sein!«, fügt er hinzu.

»Ja, sie kommen am Montag«, bestätigt ein weiterer Alter, der vorüberhinkt.

Auch Jayamani tritt gegen die Hundeleiche. Er wirkt frustriert und scheint sagen zu wollen: Warum arbeite ich eigentlich hier?

Auch in Andipatti, einem anderen Dorf, ist nur wenig los. Es scheint, als seien alle in ihre Häuser geflüchtet. Doch am Ortsausgang, vor einem hellblauen Gebäude mit vergitterten Fenstern, bilden zwölf schweigende Frauen eine Schlange. Es handelt sich um das »Scanning Center«, in dem die Ärzte des Todes ihre moderne Technologie installiert haben. Alle Frauen erhalten eine Ultraschalluntersuchung, und schon nach wenigen Sekunden flimmert das Ergebnis über den Monitor. Junge oder Mädchen?

»Tut mir Leid«, sagt Dr. Pavalam zu der Frau auf der schmalen Holzpritsche. »Es ist ein Mädchen!«

Rajathi, die werdende Mutter, erhebt sich langsam und beginnt zu weinen. Sie nimmt den Kopf in beide Hände und schluchzt: »Was soll ich nur meinem Mann und meiner Schwiegermutter sagen?«

»Sagen Sie ihnen die Wahrheit«, rät Dr. Pavalam, der sich mit einem roten Tuch den Schweiß von der Stirn wischt und die nächste Frau hereinwinkt. Die schluchzende Rajathi wankt aus dem Zimmer und bezahlt die vorgeschriebenen 150 Rupien an den Sekretär.

Die wartenden Frauen haben die Botschaft verstanden und nicken ihr bekümmert zu.

Amaravathi ist ebenso unglücklich wie Rajathi. In ihrem kugelrunden Bauch hat sich ein Geschlecht entwickelt, das niemand haben will. Doch im Gegensatz zu Rajathi nimmt sie die Mitteilung des Arztes gefasst zur Kenntnis. Scheinbar unbewegt entrichtet sie die Gebühr und will davongehen. Jayamani, der alles genau beobachtet, hält die entschlossene Frau am Arm fest, bevor sie die Treppe hinuntergehen kann.

»Was willst du tun?«

Amaravathi scheint von der überflüssigen Frage sichtlich überrascht. »Na, was schon? Abtreiben natürlich.«

Vielleicht hat Amaravathi mehr Geld zur Verfügung als Rajathi, denn in Usilampatti können sich nur die Besserverdienenden eine Abtreibung leisten. Die Ärmeren müssen ihr Kind töten, nachdem es geboren wurde.

Obwohl das indische Gesetz Ultraschalluntersuchungen verbietet, die dazu dienen, das Geschlecht eines Embryos festzustellen, schießen die »Scanning Center« wie Pilze aus dem Boden. Allein im Usilampatti-Distrikt gibt es dreizehn von ihnen, und Madurai – eine Stadt mit 1,2 Millionen Einwohnern – brüstet sich, über zirka 100 solcher Einrichtungen zu verfügen. Selbst arme, abgelegene Dörfer, die weder Schulen noch fließendes Wasser oder eine medizinische Grundversorgung aufweisen, haben sich in den letzten Jahren mit teuren Ultraschallapparaten versorgt. Die Ärzte und Unternehmen können auf diese Weise viel Geld verdienen. Mehr als je zuvor in der indischen Geschichte soll die Geburt von Mädchen verhindert werden.

Aus dem »Gesetz über pränatale Diagnostik« von 1994 geht klar hervor, dass Ultraschalluntersuchungen einzig und allein dazu dienen dürfen, Missbildungen bei Embryos zu entdecken. Unter keinen Umständen darf der Arzt das Geschlecht des Kindes verraten. Doch die Ärzte des Todes rechtfertigen sich damit, nie etwas von diesem Gesetz gehört zu haben. In ihrer Geldgier teilen sie das Geschlecht des Kindes selbst im sechsten oder siebten Schwangerschaftsmonat mit. Das Ergebnis: Die Frauen laufen in Panik zur nächsten Abtreibungsklinik oder schlimmstenfalls zum Quacksalber an der Ecke.

Dr. Pavalan ist ein schmächtiger Mann mit Stirnglatze. Stolz erzählt er, dass die Klinik ihm gehöre. »Für solche Untersuchungen gibt es einen großen Markt«, erklärt er lapidar. Das Gesetz von 1994 ist ihm bekannt, doch er meint, die Gesetzgeber hätten schlechte Arbeit geleistet. »Sie können sich nicht eingehend mit den indischen Verhältnissen beschäftigt haben. Ist es nicht besser, heute 150 Rupien zu bezahlen als später 15.000?«

Die Mitgift geht bei den Hindus auf eine alte Tradition zurück. Lange wurde sie von den Angehörigen hoher Kasten zum Zweck des sozialen Aufstiegs praktiziert. Indem man die Tochter an einen Sohn aus »gutem Hause« verheiratete und gleichzeitig eine stattliche Mitgift entrichtete, stieg der soziale Status sowohl der Tochter als auch ihrer Familie.

Für den Großteil der Bevölkerung war dies bis zum Beginn des zwanzigsten Jahrhunderts eine unbekannte Praxis. Zwar pflegte man die Braut mit Hausrat und Kleidung auszustatten, doch wurde dieser bescheidene Beitrag nie als Mitgift verstanden.

1961, vierzehn Jahre nach Erlangung der Unabhängigkeit, war die Lage so ernst, dass die Nationalversammlung den so genannten »Dowry Prohibition Act« erließ, ein Gesetz, das die Mitgift verbot. 1987 wurde dieses Gesetz noch verschärft.

»Doch von den vielen schlafenden Gesetzen in Indien schläft keines besser als dieses«, sagt die Schriftstellerin und Frauenrechtlerin Anita Bishnoi. »Würden Verstöße gegen das Gesetz geahndet, müssten Millionen von Menschen angeklagt und verurteilt werden. Doch nichts geschieht. Selbst diejenigen, die für die Einhaltung des Gesetzes sorgen müssten, bezahlen so viel Mitgift wie nie zuvor. Wer soll uns also schützen?«

Heute, 40 Jahre nach Einführung des »Dowry Prohibition Act«, ist bei den meisten indischen Eheschließungen eine Art Mitgift fällig. Und diese fällt Jahr für Jahr üppiger aus. In den USA hat die *Association of Bridal Consultants* die Durchschnittskosten für eine amerikanische Hochzeit auf 8500 Euro veranschlagt. Ein Betrag, der zirka ein Drittel des durchschnittlichen amerikanischen Jahreseinkommens beträgt. Verarmte Bauern müssen in Indien mitunter 2700

Euro für eine Hochzeit aufwenden. Das entspricht zehn Jahreseinkünften – oder noch mehr als dem.

Wo die Bauern das Geld herbekommen?

Vom Geldverleiher. Die Zinsen sind horrend, und schlimmstenfalls werden die Schulden an die nächste Generation vererbt.

Vor allem in den neunziger Jahren nahm die Entwicklung dramatische Formen an. Da die Regierung seit 1991 die Wirtschaft liberalisierte, begann ein Konsumboom, durch den immer mehr Menschen nach teuren materiellen Gütern strebten. Hatte die Mitgift früherer Jahre noch in einem einfachen Radio bestanden, sollte nun auch ein Fernseher dazugehören. Anstelle eines Motorrollers musste es jetzt ein Auto sein – ein Maruti. Die »Maruti-Hochzeiten« der letzten Jahre haben arme Bauern im ganzen Land ruiniert, doch die Automobilhersteller reiben sich die Hände. »Es ist unglaublich!«, jubelt der Direktor gegenüber der Zeitung *Indian Express*. »Die Verkaufszahlen haben alle Prognosen weit übertroffen!« Der Direktor hat sich vor seinem privaten Swimmingpool ablichten lassen, daneben ein Maruti, mehrere Hausangestellte und eine grüne Rasenfläche. Im Hintergrund prangt ein herrschaftliches Anwesen.

Es ist typisch für viele Mitgifthochzeiten, dass der Bräutigam und seine Eltern anfangs auf eine Mitgift verzichten wollen. Erst später, nach der Hochzeit, kommen die Forderungen. Und sobald die erste Forderung erfüllt wird, kommt die nächste. So wird aus der Mitgift eine Erpressung, die sich über einen längeren Zeitraum erstreckt.

So ist es auch Phoolvati und Bhim Singh ergangen. Ihre Tochter Santara war neunzehn Jahre alt und heiratsfähig, und wie in Indien üblich, wählten die Eltern einen jungen Mann mit gutem Leumund aus. Trotz seiner Arbeitslosigkeit waren die Zukunftsaussichten vielversprechend, sollte er doch den Hof seiner Eltern erben. »Niemand hat uns nach einer Mitgift gefragt. Im Gegenteil, die Eltern versicherten ein ums andere Mal, dass unsere Tochter die schönste Gabe sei, die man sich denken könne«, erzählt Bhim Singh.

Das Ehepaar Singh fühlte sich erleichtert und geschmeichelt. Die Hochzeit wurde in einem fröhlichen, doch bescheidenen Rahmen gefeiert. Die Eltern verwendeten ihre Ersparnisse und nahmen noch ein mittleres Darlehen auf, um Schmuck, Silber, ein Holzbett, einen Schwarzweißfernseher, einen Ventilator und eine Nähmaschine für das Brautpaar zu kaufen. Alle schienen glücklich und zufrieden, und nachdem das Fest vorbei war, zog die Tochter in das Haus der Schwiegerfamilie, das nicht weit von ihrem Elternhaus entfernt lag.

Die ersten Monate verliefen ohne Probleme. Man ließ Santara in Ruhe. Doch nach einem halben Jahr wurde die erste Forderung gestellt. Der Bräutigam und die Schwiegereltern brauchten ein Auto!

»Geh zu deinen Eltern und bitte sie um 50.000 Rupien!«, verlangte die Schwiegermutter. Eine ungeheure Summe, über 900 Euro. »Glaubst du etwa, eine Bauernfamilie kann heutzutage noch ohne ein Auto auskommen?«

»Aber ...«

»Kein Aber! Du verschaffst uns 50.000 Rupien, oder wir zünden dich an!«

Phoolvati und Bhim Singh blieb keine Wahl, doch 50.000 Rupien konnten sie unmöglich aufbringen. Nicht einmal der gierige Geldverleiher an der Straßenecke wollte ihnen helfen. Er kannte die finanziellen Verhältnisse der Leute besser als jeder andere, und die armen Singhs schienen ihm kaum kreditwürdig zu sein. Außerdem hatten sie noch zwei weitere Töchter, die irgendwann verheiratet werden sollten.

Während die Zeit verstrich, wurden Santaras Schwiegereltern immer ungeduldiger. Von früh bis spät drehte sich jedes Gespräch im Haus nur noch um die Mitgift und das Auto.

»Wann kommt denn das Geld endlich?«, fragte die Schwiegermutter. »Du willst uns wohl zum Narren halten.«

Schließlich musste Santara unter Tränen gestehen, dass ihre Eltern die Forderung nicht würden erfüllen können.

Die Schwiegermutter tobte vor Zorn, griff nach den Streichhölzern und holte den Petroleumkanister. Ehe Santara wusste, wie ihr geschah, hatte die Schwiegermutter sämtliches Petroleum über ihr ausgegossen. Zu Tode erschrocken, gelang ihr im letzten Moment – bevor ein Streichholz entzündet wurde – die Flucht. Sie stürzte aus dem Haus, lief die Straße hinunter und fand bei Nachbarn Unterschlupf. Dort durfte sie bleiben, bis ihre Eltern sie abholten.

War die Gefahr damit vorüber?

Keinesfalls. Sobald sie wieder zu Hause bei ihren Eltern war, wurde sie gedrängt, zu ihrer Schwiegerfamilie zurückzukehren. In einer Kultur, in der die Ehre der Familie über allem steht, bedeutete Santaras Flucht einen fürchterlichen Gesichtsverlust für die Eltern. Ihre Ehre konnte nur wiederhergestellt werden, indem Santara zurückfuhr und so tat, als wäre nichts geschehen. »Es war einfach unmöglich«, sagte ihre Mutter später. »Ich konnte eine verheiratete Tochter doch nicht in meinem Haus wohnen lassen.«

Das Bezirksgericht brauchte 45 Minuten, um die Sache zu entscheiden. Auf der Anklagebank saßen die Schwiegereltern und der Bräutigam. »Nehmt das Mädchen zurück und behandelt sie gut«, entschied der Richter. »Und denkt daran: Wenn ihr sie anzündet, landet ihr alle drei am Galgen!«

»Wir werden sehen«, entgegnete die Schwiegermutter.

»???«

Der Richter starrte die trotzige Frau auf der Anklagebank ungläubig an.

»Wir werden sehen, wie sie sich benimmt!«

Santara lebt immer noch. Doch der Tod kommt oft rasch. 1998 registrierten indische Behörden nicht weniger als 12.200 »Mitgiftbezogene Todesfälle«. Die meisten ereigneten sich bezeichnenderweise in der Küche.

Die Küche ist in Indien ein gefährlicher Arbeitsplatz. Denn dort stehen der Herd und der Petroleumkanister. Dort arbeiten Schwiegertochter und Schwiegermutter Seite an Seite. Für die Polizei, die gemeinhin viel zu spät am Ort des Geschehens eintrifft, ist es oft schwierig, die Schuldfrage zu klären. Alle wissen schließlich, dass es in der Küche zu Unfällen kommen kann, zumal in indischen Küchen, in denen die Sicherheitsvorkehrungen gleich null sind. Darum ist es nicht verwunderlich, dass die meisten Todesfälle, die mit dem Streit um die Mitgift zusammenhängen, als »Küchenunfälle« getarnt werden.

12.200 »Mitgiftbezogene Todesfälle« sind eine gewaltige Zahl, doch nur die Spitze des Eisbergs. Die meisten Todesfälle – genauer gesagt: Morde – gehen als Unglücksfälle in die Statistik ein. Die Polizei hat anderes zu tun, als sich in brisante Familienangelegenheiten einzumischen. Selbst die Richter zögern. Und warum soll man sich überhaupt an ein Gericht wenden, wenn die Wartezeit zehn Jahre betragen kann? Wer kann so lange warten? Und wenn die Familie des Opfers schon die Mitgift nicht aufbringen konnte, wird sie auch kein Geld haben, um die Polizei und den Richter zu bestechen.

Doch nun die gute Nachricht:

Immer mehr Inder nehmen den Kampf gegen diese unhaltbaren Zustände auf. In den Großstädten werden zahlreiche Frauenorganisationen gegründet. Die meisten Frauenrechtlerinnen verfügen über eine gute Ausbildung, arbeiten als Ärztin, Journalistin oder Lehrerin. Eine dieser neuen Organisationen, die *Women's Vigilance Society*, bietet den Mitgiftopfern kostenlose juristische Unterstützung an. Andere haben Anlaufstellen für verfolgte Frauen eingerichtet. In Neu-Delhi gibt es bereits 150 solcher Einrichtungen, in Bombay 64, in Kalkutta 45 und in Chennai 30. Alle sind hoffnungslos überlaufen.

Die fünfundzwanzigjährige Minoo Duggal nahm die Sache in die eigene Hand. Minoo ist Lehrerin und wollte heiraten. Eltern und Schwiegereltern einigten sich zuvor auf die Höhe der Mitgift: 7000 Euro. Eine schwindelerregende Summe. Doch nur drei Tage vor der Hochzeit erhöhten die Schwiegereltern ihre Forderung auf 10.500 Euro. Da wurde es Minoo zu bunt. In Übereinkunft mit ihrem Vater sagte sie die ganze Hochzeit kurzerhand ab. Bevor sich der Festumzug mitsamt dem Bräutigam, der Blasmusik, den Gästen und weißen Pferden in Bewegung setzte, klebte sie ein Plakat an die Hauswand: Die heutige Hochzeit ist aufgrund überhöhter Mitgiftforderungen abgesagt. Ich bitte die Gäste, dies zu entschuldigen.

Der Mond steht wie eine bleiche Sichel über Mandurai, der Abend ist blauschwarz und mild, und vermutlich haben Sie das Gefühl, langsam genug von leidenden Frauen gehört zu haben. Leiden denn *alle* Frauen in Indien?

Natürlich nicht. Im Land der Gegensätze leben Millionen von Frauen ein gutes Leben, und manche besitzen so viel Schmuck, dass jeder Hollywoodstar vor Neid erblassen würde. Eine von ihnen ist Jayalalitha Jayaram. Sie wohnt in Chennai. An einem Herbsttag des Jahres 1996 wurde ihr Haus von der Polizei durchsucht. Diese fand 96 Armbanduhren, 27 Kilo Gold und Diamanten, 800 Kilo Silber, 350 Paar Schuhe – und 10.000 Saris!

Wer war Jayalalitha Jayaram? Sie war und ist die mächtigste Frau im Bundesstaat Tamil Nadu. Die frühere Filmschauspielerin, von vielen fast wie eine Göttin verehrt, wurde später Vorsitzende der größten politischen Partei des Bundesstaates. Bei den Wahlen 1991 errang sie 164 von 168 Sitzen im Parlament. Mit großem Pathos und auf offener Szene setzte Jayalalitha Jayaram ihr Jahresgehalt fest, das unter einem Euro lag.

»Die Dankbarkeit der Menschen bedeutet mir viel«, erklärte sie.

Doch was geschah danach?

Jayalalitha bediente sich aus der Staatskasse. Selbst das Kinderschutzprojekt der Regierung wurde von ihr geplündert. Man überhäufte sie mit Korruptionsgeschenken. In Lauf der ersten fünf Jahre ihrer Amtszeit raffte sie polizeilichen Ermittlungen zufolge 248 Millionen Euro zusammen. Doch die Mühlen des Gesetzes mahlen langsam in Indien. Nach der polizeilichen Untersuchung wurde sie zunächst inhaftiert und gegen eine Kaution wieder auf freien Fuß gesetzt. Ihre Karriere ging weiter. Die Diebstähle auch.

Halt die Klappe, ich halt's nicht mehr aus!

Our trip has been a complete failure.
ROY MACPHERSON

Der Bahnsteig der Egmore Station in Chennai muss der längste der Welt sein. Wenn die Dämmerung hereinbricht, scheint sich die ganze Menschheit auf dem schmalen Asphaltstreifen zu versammeln – in der Hoffnung, einen Sitzplatz im Howrah Mail Express, dem Zug nach Kalkutta, zu ergattern. Es scheint um alles oder nichts zu gehen, doch in Wahrheit geht der nächste Zug 24 Stunden später, und die Preise sind erschwinglich. Für die 1700 Kilometer bezahlt man knapp sieben Euro. Wer den fünffachen Preis aufbringt, darf erster Klasse reisen. Der wenig komfortable, verrostete Howrah Mail Express wird anderthalb Tage unterwegs sein.

Es ist 22.30 Uhr, als die beiden Diesellokomotiven die bis zum Rand mit Menschen und Gütern gefüllten 28 Waggons in Bewegung setzen wollen. Dreimal geht ein Ruck durch den Zug, sonst passiert nichts. Beim vierten Ruck kapituliert das Ungetüm und setzt sich widerstrebend in Bewegung, hinaus in die schwüle Tropennacht.

Diesmal habe ich Glück gehabt. Glaube ich zumindest. Ich befinde mich in Gesellschaft von Roy Macpherson und seiner Frau Linda aus Leeds. Zwei alte Menschen auf Reisen, scheu, blass und asketisch, beide vermutlich über achtzig. Er trägt beigefarbene Freizeitkleidung und eine Schirmmütze mit der Aufschrift »Leeds Coal Industries Ltd.«, sie ein blaues Baumwollkleid mit weißem Kragen. Der kleine Hut mit dem zierlichen Schleier lässt mich an Miss Marple denken, doch der entschlossene Ausdruck des schmalen Gesichts erinnert eher an Margaret Thatcher.

Nach den ersten Höflichkeitsphrasen kommt Macpherson gleich zur Sache.

»*Our trip has been a complete failure*«, sagt er.

Ich frage nach dem Grund.

»*Because we didn't accomplish our task!*«

Das Ehepaar hat das Ziel seiner Reise verfehlt. Seine Stimme klingt resigniert, und in Lindas Augen sehe ich den Untergang der Welt nahen. Es zeigt sich, dass die beiden erfolglos versucht haben, dass Grab ihrer Eltern zu finden. Lindas Eltern starben bereits 1929 und wurden auf einem kleinen Friedhof der Stadt Vellore, zirka 150 Kilometer südwestlich von Chennai, beigesetzt. Bis 1991 waren das Grab und der Friedhof unangetastet geblieben. Doch nun ist der komplette Friedhof verschwunden. Dort, wo ungefähr 60 Engländer begraben lagen, steht heute eine Keksfabrik.

»Wie erklärten dem Direktor, warum wir gekommen waren«, sagt Macpherson.

»Was hat er geantwortet?«

»Er bot uns lächelnd eine Packung Kekse als Entschädigung an!«

Während Linda und Roy schlafen und der Zug seinen Weg durch die Dunkelheit fortsetzt, falte ich eine unhandliche Indienkarte auseinander. Es ist eine alte Karte aus dem Jahr 1976. Ich fahre mit dem Finger die Eisenbahnlinie von Chennai nach Vellore entlang, wo Lindas Vater als »district officer« seinen Dienst tat. Die Briten hatten 400 solcher Beamter über das ganze Land verteilt, jeder von ihnen mit einem ansehnlichen Stab von Mitarbeitern versehen.

Damals, bevor Pakistan und Bangladesch selbstständige Staaten wurden, war Indien so groß wie ganz Europa. Wie konnte das kleine Volk der Briten diesen Kontinent nur unter Kontrolle halten?

Sie konnten es nicht und versuchten es auch gar nicht erst. Obwohl der britische Vizekönig über 40.000 Beamte, 55.000 Soldaten,

150.000 Polizisten und 400 »district officers« verfügte, blieben große Teile Indiens von britischen Händen und Füßen vollkommen unberührt. Das Land war einfach viel zu groß, um es bis in jeden Winkel hinein zu steuern. In Tausenden von Dörfern und kleinen Städten ist niemals ein Engländer gesehen worden.

Auch die religiösen Unterschiede begrenzten den britischen Einfluss. Eigentlich verhielten sich Christentum und Hinduismus zueinander wie Feuer und Wasser, und so wurde die Begegnung britischer Missionare mit Indien zu einem schockierenden Erlebnis. Tausende von Missionarsbriefen berichten mit großer Dramatik von den »barbarischen Bräuchen« der Inder. Viele dieser Briefe wurden im Unterhaus verlesen, und natürlich wurde der Ruf nach einem harten Durchgreifen laut. Doch hatten die Briten Indien nicht in Besitz genommen, um mehrere 100 Millionen Hindus zu bekehren. Dies war Aufgabe der Missionare – falls diese dazu in der Lage waren. Das Imperium wollte nichts als herrschen und Geld verdienen.

Doch irgendwo musste es doch eine Grenze geben. Das meinte zumindest Generalmajor John Campbell, einer der Helden des britischen Empire aus dem 19. Jahrhundert. Während seiner vielen Reisen entlang »dem dunklen Küstenstreifen« von Chennai nach Kalkutta erfuhr er von den grausamen Menschenopfern bei manchen Bergvölkern – nicht zuletzt in Orissa, einer Bergregion, die halb so groß ist wie Norwegen. Die dortigen Bewohner, die nicht Hindus, sondern Animisten waren, pflegten sich im Flachland »Diener« zu kaufen, die sie anschließend mästeten. Die »Diener«, die keine Ahnung hatten, was sie erwartete, waren natürlich überwältigt von der scheinbaren Großherzigkeit. Doch sobald es erforderlich und ihr Speckmantel dick genug war, wurden sie getötet – um eine Pest aufzuhalten, Regen oder eine gute Ernte zu erflehen.

Campbell war entsetzt. Es zeigte sich, dass die Durchführung des Opferrituals von Stamm zu Stamm variierte, doch die Gemeinsamkeiten waren bestialisch genug. Den Opfern, die mit Alkohol betäubt worden waren, band man die Hände auf den Rücken und schnitt sie bei lebendigem Leibe auseinander. Die frischen, blutigen Fleischstücke wurden feierlich begraben oder im Fluss an einen Pfahl gebunden. Bei manchen Stämmen wurden die Opfer in einem Bottich mit Schweineblut ertränkt, bevor man sie zerteilte.

Lange hatte sich die britische Verwaltung in Sitten und Gebräuche der einzelnen Stämme nicht einmischen wollen, doch Generalmajor Campbell war in diesem Punkt zu einer anderen Meinung gelangt. Höchstpersönlich zog er in die Berge und rief die Stammesführer zusammen. Er drohte ihnen, dass sich das britische Empire zum Handeln gezwungen sähe, wenn die Menschenopfer nicht aufhörten. Danach zogen sich die Stammesführer zur Beratung zurück.

Mehrere Tage später teilten sie ihm mit, in Zukunft keine Menschen mehr zu opfern. Von nun an wollten sie – wie Campbell es ihnen vorgeschlagen hatte – nur noch Tieropfer durchführen.

Die Umstellung brauchte jedoch seine Zeit, und sicherheitshalber blieb Campbell sechzehn Jahre lang in den Bergen. In dieser Zeit bewahrte er – dem Historiker Philip Mason zufolge – 1506 ausgewählte Opfer vor dem sicheren Tod.

Diese entlegene Gebirgsregion, von den Briten als »Khond Country« bezeichnet, erstreckte sich von Chennai bis nach Bengalen. Und heute? Berge und Täler liegen unverändert da – abweisend, unzugänglich und nicht ungefährlich. In Indien, so wie in vielen anderen Ländern auch, leben Millionen von Menschen ihr eigenes Leben, vollkommen unberührt von Politik, Polizei oder »Zivilisation«. Der amerikanische China-Experte Orville Schell schrieb einmal: »Nichts ist der Welt so unbekannt wie das Leben im Innern Chinas.« Das Leben im Innern Indiens ist kaum bekannter.

Da Roy und Linda endgültig zu schlafen scheinen, nutze ich die Gelegenheit, von anderen Bräuchen zu berichten, die von den Briten nicht akzeptiert werden konnten – zum Beispiel von den brutalen Kinderopfern, die in mehreren Distrikten entlang der Grenze zu Burma praktiziert wurden. Die Opferzeremonie begann damit, dass das Kind in einem Lehnstuhl durch das Dorf getragen wurde. Vor jedem Haus wurde ihm ein Finger abgeschnitten, und wenn keine Finger mehr da waren, kamen die Zehen, Ohren und Augen an die Reihe. Schließlich wurde das Kind durch zahlreiche Schläge und Tritte getötet. In Tanjore in Tamil Nadu (dem heutigen Thanjavur) wurde an jedem Freitagvormittag ein Junge geopfert, und in Bastar ließen 1830 bei einer einzigen Zeremonie 30 erwachsene Männer ihr Leben.

Die Tradition des Sati – der Witwenverbrennung – war natürlich ein besonders heikles Problem. Oftmals wurden die Witwen zu diesem Ritual gezwungen. Nicht zuletzt in Bengalen. »Unmittelbar nach dem Tod des Ehemannes«, schreibt Philip Mason, »begannen Angehörige und übereifrige Priester, die Witwe unter Druck zu setzen. Ihr Tod würde der Familie Ehre bringen, und ihrem Mann würden seine Sünden vergeben, selbst wenn er eine Kuh getötet hätte ...«

In Bengalen wurde die Witwe an den Leichnam gebunden, während dieser noch warm war. Sicherheitshalber standen Männer mit langen Stöcken um das Feuer herum. Selbst wenn die Witwe sich losriss, konnte sie nicht auf Gnade hoffen. Mason berichtet von solch einem Fall: An einem späten Abend, der Himmel war dunkel und regenverhangen, gelang es einer hysterischen Witwe, vor dem Feuer zu fliehen. Schreiend lief sie ins nächste Gebüsch, wo die Männer sie kurz darauf fanden. Während die Frau um Gnade flehte, wurde sie an einen langen Ast gebunden und ein zweites und letztes Mal ins Feuer geworfen.

Mit gewissem Recht konnten die Hindu-Priester darauf verweisen, dass die Tradition der Witwenverbrennung auf alte religiöse Schriften zurückging. Andere Rituale entstanden hingegen erst in neuerer Zeit, wie zum Beispiel die verbreitete Praxis, den Erstgeborenen den Göttern zu opfern. Dies geschah, indem man das Kind in den nächsten Fluss warf. Dieses Opfer sollte die Götter besänftigen und die Frau noch fruchtbarer machen. Oft warteten die Eltern mit dem Opfer, bis das Kind neun Jahre alt war. Das arme Kind wurde in den Fluss gelockt oder mit Gewalt in die Fluten geworfen. Im Ganges gab es damals noch viele Krokodile, und geschah das Opfer am Sagar Point – an der Mündung des Flusses –, taten die Haie ein Übriges. Mason schreibt hierzu: »Dieser Brauch wurde von den Hindu-Priestern betrieben. Lord Wellesley verbot ihn für alle Zeit.«

Auch die Behandlung der Alten und Schwachen konnten die Briten nicht gutheißen. Sie wussten zwar, dass es als großes Glück betrachtet wurde, am Ufer des Ganges oder eines anderen heiligen Flusses zu sterben, doch waren sie entsetzt über die Begleitumstände. Die Inder brachten die Kranken oft lange vor ihrem natürlichen Todeszeitpunkt zum Fluss – ohne Rückkehrmöglichkeit. Wer sich »weigerte« zu sterben und sich zurück nach Hause tragen ließ, dem konnte den Hindu-Priestern zufolge keine Erlösung zuteil werden. Deshalb – um den Tod zu beschleunigen – flößten sie den Kranken literweise Wasser ein und verschlossen ihnen Nase und Mund mit Lehm und Sand. Das half.

Für die Aussätzigen bestand nicht die geringste Hoffnung. Sie wurden lebendig begraben.

Ein anderes Phänomen mit religiösen Wurzeln waren die ritualisierten Morde umherziehender Banden. Jeder Reisende auf Indiens Landstraßen hatte schon von diesen kriminellen Banden gehört, die von den Engländern als *thugs* bezeichnet wurden. Normalerweise traten sie im Herbst, nach Ende der Regenzeit, in Aktion. Neun Monate später, wenn die nächste Regenzeit im Anzug und die »Saison« vorüber war, hatte jede dieser Banden wohl tausend Menschenleben auf dem Gewissen.

In erster Linie töteten die Banden nicht, um sich zu bereichern, sondern um die Göttin Kali zufrieden zu stellen – eine der blutrünstigen Erscheinungen des Hinduismus. Je mehr Menschen sie töteten, desto besser. Die Bandenmitglieder lagerten für gewöhnlich am Wegesrand, in der Nähe von Dörfern oder großen Kreuzungen. Ihr Aussehen unterschied sich nicht von dem anderer Reisender, und so geschah es häufig, dass sich andere Reisende ihnen anschlossen. Man entfachte ein Lagerfeuer, teilte das Essen und tauschte Erfahrungen aus. Doch wenn die Nacht hereinbrach, schlugen sie zu. Der Anführer gab das Signal mit dem Ruf: »Gebt mir den Tabak!« Ein Satz, der zunächst kein Misstrauen weckte, doch im nächsten Augenblick ging die Bande, meist von hinten, zum Angriff über. Blitzschnell und lautlos wurden die Opfer mit einem Tuch erdrosselt und befanden sich schon Minuten später in ihren gut getarnten Gräbern, worauf die Bande weiterzog. Es bedurfte eines unerschrockenen walisischen Offiziers namens William Sleeman, um diesem Unwesen ein Ende zu bereiten. Von 1831 bis 1837 leitete er eine der gefährlichsten Aktionen in der Geschichte des britischen Empire – und war erfolgreich. Eine Bande nach der anderen wurde ausgehoben, und durch ihre Geständnisse wurde das ganze Ausmaß ihres Tuns erst deutlich. Ein Bandenmitglied brüstete sich damit, 719 Menschen getötet zu haben, und wäre der Idiot Sleeman nicht gewesen, fügte er hinzu, hätte er es sicher auf 1000 gebracht.

Der abschließende Kommentar Philip Masons ist von der ironischen Sorte: »Das Böse wurde vollständig ausgerottet. Auch wenn es heute so scheinen mag, als habe die Kompanie [die britische Ostindien-Kompanie] auf der falschen Seite gekämpft. Sie hätte sich vielmehr mit Kali verbünden sollen, um die viel zu hohe Bevölkerungszahl in den Griff zu bekommen.«

Der Howrah Mail Express hat alle Türen geschlossen. Keiner kommt herein, keiner heraus. Vor uns liegt der dunkle Küstenstreifen, der zu den Bundesstaaten Andhra Pradesh und Orissa gehört. Andhra Pradesh hat 80 Millionen Einwohner, Orissa 40 Millionen. Zwei Bundesstaaten, die so arm sind, dass sie die Laus als Symbol für ihr Wappen hätten wählen können. V. S. Naipaul schrieb einmal, die Einwohner Andhra Pradeshs seien so dünn und verkrüppelt, dass sie eine »abwärts führende Evolution« bezeugten.

Doch nun wollen wir Bosheit und Elend für eine Weile vergessen. Ich schlafe ein und erwache erst bei Anbruch der Dämmerung vom leisen Murmeln dreier kniender Muslime. Sie haben auf dem schmalen Gang einen kleinen Teppich ausgerollt und die Richtung nach Mekka gefunden. Indien hat 140 Millionen Muslime, mehr als Pakistan und Bangladesch – doch weniger als Indonesien. Und zur großen Verzweiflung vieler Hindus bekommen sie mehr Kinder als sie. Extremistische Hindu-Führer heben warnend den Zeigefinger. »Entweder müssen *wir* mit Kondomen aufhören oder *die* damit beginnen«, sagt Bal Thackeray, der Shiv-Sena-Vorsitzende in Bombay. Als ersten Schritt hat er die kostenlose Verteilung von Kondomen an alle Muslime der Stadt vorgeschlagen.

Eine Weile bevor wir in den Bahnhof von Vijayawada einlaufen – einem Verkehrsknotenpunkt der ostindischen Eisenbahn –, haben die drei Muslime ihr Gebet beendet. Auch die Macphersons in den unteren Kojen sind inzwischen aufgewacht. Linda hat einen dunkelblauen Hosenanzug angezogen, während Roy genauso erschöpft und in sich gekehrt wirkt wie zuvor.

Vijayawada erweist sich als kleine Stadt, jedoch groß genug, um eine Schockwelle im Howrah Mail Express auszulösen. Noch bevor der Zug zum Stehen gekommen ist, hat eine Horde fliegender Händler mit Tüten und Kisten, Körben und Behältern die Trittbretter geentert. Im Lauf der nächsten halben Stunde ergießt sie sich wie eine Sturzflut über den gesamten Zug. Sie kommen allein und in Gruppen, schreiend und lärmend. Die Aggressivsten von ihnen packen die Reisenden am Jackenkragen. Einer der Ersten, der in den Waggon Nummer sechs stürmt, ist ein kleiner, vierschrötiger Muslim, der einen bis zum Rand mit Sand gefüllten beigefarbenen Leinensack schleppt. Ihm folgen zwei Gehilfen mit Schaufel und Waage.

»Heiliger Sand aus Mekka! Heiliger Sand aus Mekka!«

Dieser Ruf sorgt für einigen Wirbel. Die drei Muslime, die am frühen Morgen gebetet hatten, stecken die Köpfe aus dem Kupee und reißen die Augen auf. Der Verkäufer behauptet, »direkt« aus Mekka zu kommen. Seine Ware sei eine Rarität, und wer jetzt nicht zuschlage, werde dies bis an sein Lebensende bereuen. Um die drei Muslime zu animieren, nimmt er eine Hand voll heiligen Sand aus dem Sack und lässt ihn durch die Finger rieseln. Noch bevor die Hand leer ist, haben sich die Muslime entschieden. Sie alle wollen kaufen. Spaten und Waage kommen zum Einsatz. 100 Gramm kosten nur wenige Rupien.

Der Verkäufer reißt die Scheine an sich, lächelt zufrieden und eilt in den nächsten Waggon.

Dann kommen die Kinder. Es müssen über zwanzig sein, die meisten im Alter zwischen vier und zehn Jahren. Zerlumpt, barfüßig und schmutzig, mit verfilzten Haaren und flehendem Blick. Sie haben nichts anzubieten, nur ihre leeren ausgestreckten Hände. Die drei Muslime sind zu sehr mit ihrem heiligen Sand aus Mekka beschäftigt, um zu reagieren. Sie schnuppern daran, während sie die Kinder verscheuchen. Anders Linda aus Leeds. *»Poor little children of India!«*, ruft sie aus und streckt ihnen ein großes Büschel Bananen entgegen. Doch die Kinder wollen keine Bananen. Sie wollen Bares, am liebsten raschelnde Geldscheine, denn die Mafia, die sie steuert, hat keine Lust, von morgens bis abends Bananen zu essen.

Roy hindert Linda im letzten Augenblick daran, zum Portemonnaie zu greifen.

Während die Kinderhorde weiterrennt, nutze ich die Chance, einige von Lindas Ausrufen auf der Innenseite meiner leeren Mentholschachtel zu notieren:

»What a dreadful sight!«

(Beim Anblick des Feuerschluckers, der fast den Vorhang in Brand steckt.)

»But where is God?«

(Beim Anblick des blinden Bettlers ohne Augen, der sich mit seinem weißen Stock durch den Zug tastet. Worauf Roy antwortet: *»Uh, not in this place, Linda.«*)

»Roy, there is no rule of law here!«

(Beim Anblick der Zigeuner, die versuchen, den Passagieren mit Wetten und Kartentricks das Geld aus der Tasche zu ziehen.)

»Aren't those meant for harvesting?«

(Beim Anblick der geschliffenen Sicheln, die von einer jungen Frau mit sonnengegerbter Haut angeboten werden.)

Den Sicheln folgt eine Flut weiterer Waren: getrocknete Aprikosen, Feuerwerksartikel, geröstete Kastanien, Zigaretten, Zahnbürsten, Hühnersuppe, batteriebetriebene Haartrockner, Chilischoten, Bartwachs, Plastiksandalen, Räucherstäbchen, Häkeldecken, Tigerkrallen, Süßigkeiten, Tikapulver (um sich einen schmückenden Punkt auf die Stirn zu malen), Kleiderbügel, ausgestopfte Vögel, Taschenspiegel, Teppiche, Betelblätter, Sonnenbrillen, Kürbisse, Sesamsamen, Mineralwasser, Seife, Sicherheitsketten, Vorhängeschlösser, Glanzbildchen der Gottheiten Shiva, Krishna, Vishnu, Durga und Ganesh, Milchpulver, Kekse (womöglich aus der neuen Keksfabrik in Vellore) und Tomaten – große, rote Tomaten! Ohne zu zögern, kaufe ich zehn der größten Tomaten in ganz Indien. Linda lächelt, während Roys Mundwinkel zu zucken beginnen.

Schließlich fegt noch ein Buchverkäufer durch den Waggon Nummer sechs. Erneut opfere ich ein paar Rupien, wohl wissend, dass die letzten 22 Stunden zäh werden können. Da könnte mir Rynn Berrys *Famous Vegetarians & Their Favorite Recipes* ein wenig Abwechslung verschaffen.

Die Hauptstadt von Andhra Pradesh heißt Hyderabad und hat fünf Millionen Einwohner. Als Indien 1947 unabhängig wurde, drohte der islamische Herrscher *(Nizam)* der Stadt, sein Territorium zu einem eigenen Staat zu machen. Die Drohung wurde in Neu-Delhi sehr ernst genommen, und erst ein Jahr später gaben sich die islamischen Aufrührer dem Unionsheer geschlagen. Doch noch immer ist Hyderabad ein bedeutender islamischer Ort in Indien. In der größten Moschee der Stadt finden 10.000 kniende Männer Platz.

Heutzutage ist Hyderabad – im Volksmund »Cyberabad« – neben Bangalore zu einem Zentrum für Computer- und Hochtechnologie geworden. Treibende Kraft hinter dieser Entwicklung war Chandrababu Naidu. Naidu (48) hat sich als erster Politiker in ganz Indien bezeichnet, der mittels seines Laptops regiert. »An Konferenzen nehme ich nicht mehr teil«, sagte er in einem Interview mit der *Economic Times*. »Ich kommuniziere ausschließlich über E-Mails. In den letzten drei Jahren habe ich 2000 Mitarbeiter mit Computern versorgt, weitere 2000 stehen noch auf der Warteliste. Jeden Tag nutze ich vier Stunden, um E-Mails zu schreiben. Mit meinem Laptop kann ich alles bewirken, manchmal sogar Wunder.«

Naidu will, dass jeder Ort in Andhra Pradesh bis zum Jahr 2020 ans Internet angeschlossen sein wird. Nachzulesen unter *www.andhrapradesh.com*. Über die Wettervorhersage oder den Verlauf des Monsuns sollen sich die Bauern in Internet-Points informieren können.

Doch welcher Bauer ist überhaupt in der Lage, seinen Namen zu schreiben, um sich ins Internet einzuloggen?

Fast keiner.

Und was bedeutet das? Dass die Fähigkeit, lesen und schreiben zu können, dem Internet vorausgehen muss. Sonst wird es ein exklusives Spielzeug für die Privilegierten bleiben. Amartiya Sen, der indische Nobelpreisträger für Wirtschaft, sagt: »Wir können Hunderte von Städten wie Bangalore und Hyderabad erbauen, und doch wird Indien so arm bleiben, wie es ist! Natürlich brauchen wir Computer. Doch noch dringender brauchen wir neue Überzeugungen, Menschenrechte, Bildung, Gesundheit und sauberes Wasser.«

Leider hat Naidus Laptop nichts gegen die unfassbar hohe Kindersterblichkeit in Andhra Pradesh ausrichten können, wo 66 von 100 Kindern sterben, bevor sie das sechste Lebensjahr erreicht haben. Angesichts dieser Tatsache hat ein Mann namens Garbha Nirodhi gefordert, die Einwohner sollten dazu übergehen, Kinder zu adoptieren, statt eigene in die Welt zu setzen. Waisen gebe es genug. »Echte Liebe«, sagt er, »besteht darin, das Individuum vor Leid zu schützen. Doch hier in Andhra Pradesh besteht das Leben von der Wiege bis zur Bahre aus nichts als Leid.«

Für die meisten Inder hat der Name Garbha Nirodhi einen merkwürdigen Klang. *Garbhani* bedeutet »Schwangerschaft« und *nirodham* »vorbeugen«. Kein Wunder also, dass der Mann mittleren Alters mit den grau melierten Haaren seufzend konstatiert: »Wenn ich mich vorstelle, glauben die Leute, ich wolle ihnen Kondome verkaufen. Aber ich ›verkaufe‹ nur meine Überzeugung: Zeigt Menschlichkeit! Kümmert euch um die Kinder, die bereits geboren sind!«

Seit 1972 zieht Nirodhi nun schon von Ort zu Ort, um den Armen seine Botschaft zu verkünden. Vergeblich. Oft hat man ihn einfach davongejagt. Er hat Steine ins Gesicht und Krüge an den Kopf bekommen. Einmal wurde er sogar von einem Speer im Rücken getroffen, und 22 Polizeichefs haben ihn in ihrem Distrikt zur unerwünschten Person erklärt. Aus Schaden klug geworden, hat er sich inzwischen in die Großstadt zurückgezogen. Auf dem Bürgersteig in Hyderabad lässt man ihn in Ruhe.

Der Howrah Mail Express setzt seinen Weg unverdrossen in Richtung Norden fort. Linda und ich genießen unsere Tomaten, doch Roy will keine haben. Indien ist ein Land von Vegetariern. An jeder zweiten Straßenecke befindet sich ein vegetarisches Restaurant, und in den Zeitschriften finden sich haufenweise vegetarische Rezepttipps.

Indiens berühmtester Vegetarier ist natürlich Mahatma Gandhi, der sich den Großteil seines Lebens von Obst und Nüssen ernährte. Doch Rynn Berrys Buch überzeugt mich davon, dass es auch zuvor schon berühmte Vegetarier gab, zum Beispiel Pythagoras, Buddha, Platon, Sokrates, Jesus, Leonardo da Vinci und Leo Tolstoi, um nur einige zu nennen. Gandhis Liebe zu fleischloser Kost hing natürlich mit dem Milieu in Gujarat zusammen, in dem er aufwuchs. Dort hatte es von jeher eine starke vegetarische Tradition gegeben. Außerdem lebten in Gandhis näherer Umgebung viele Jainas, denen das Töten eines lebenden Wesens – und sei es eine Filzlaus – verboten ist.

Doch der junge Gandhi hatte ein Problem. Er war so unglaublich klein und schmächtig. Sein Freund Mehtab (derselbe, der ihn mit ins Bordell nahm) glaubte ein Mittel zu kennen, das Gandhi groß und stark machen würde – Fleisch! Gandhi hatte zu dem groß gewachsenen, athletischen Mehtab immer bewundernd aufgeblickt. Außerdem pflegte dieser ein Gedicht des regional bekannten indischen Dichters Naramda Shankar zu zitieren:

Behold the mighty Englishman
He rules the Indian small
Because being a meat-eater
He is five cubits tall,

A host to himself
A match for five hundred.

Gandhi hatte ein enges Verhältnis zu seinen Eltern und wollte sie nicht enttäuschen. Dennoch begriff er, dass es wichtiger war, Indien vom Joch der »mächtigen Engländer« zu befreien.

»So kam der Tag«, berichtet Gandhi, an dem ihn der muskulöse Mehtab in die Freuden des Fleischessens einweihen wollte. »Es ist schwer, meine Lage genau zu beschreiben. Einerseits waren da der Eifer zur ›Reform‹ und der Reiz der Neuheit, für einen Moment vom Lebensweg abzuweichen. Andererseits war da die Scham, sich bei diesem Tun wie ein Dieb verstecken zu müssen. (...) Wir brachen auf und suchten uns einen einsamen Platz am Fluss; und dort sah ich zum ersten Mal in meinem Leben Fleisch. (...) Das Ziegenfleisch war zäh wie Leder. Mir wurde übel, und ich musste mit dem Essen aufhören.«

Danach wurde der junge Gandhi von nächtlichen Visionen heimgesucht. Kurz vor dem Einschlafen hatte er stets die Vorstellung, eine Ziege blute in seinem Bauch. Doch Gandhi erkannte, dass sich der Konflikt um mehr als Fleisch drehte. Es ging um weitaus Wichtigeres, nämlich um die Frage, ob die Inder auch in Zukunft Sklaven blieben oder das britische Empire besiegten und wieder Herr im eigenen Haus würden!

Ein Jahr lang versuchte Gandhi sich an Ziegenfleisch zu gewöhnen, bevor er es endgültig aufgab.

Was sagen die *Gesetze des Manu* über den Verzehr von Fleisch?

Eine ganze Menge!

In den 2685 Versen ist erstaunlich viel von der menschlichen Ernährung die Rede. Vegetarische Kost wird als gesund bezeichnet. Außerdem dürfen Tiere nicht getötet werden, es sei denn, man opfert sie den Göttern. »Du kannst kein Fleisch essen, ohne einem

Tier Gewalt anzutun, und tötest du ein Tier, wirst du nicht in den Himmel kommen. (...) Wer die Tötung von Tieren zulässt, wer Fleisch kauft oder verkauft, der ist ein Mörder. Niemand ist ein größerer Sünder als jener, der sich auf Kosten anderer gütlich tut.« Opfer hingegen sind nicht nur wichtig, sondern eine Verpflichtung. Dessen ungeachtet sollen die Menschen nicht zu viel essen. Das sei ungesund, und die Götter schätzten es nicht.

Der Howrah Mail Express hat inzwischen Tamil Nadu und Andhra Pradesh hinter sich gelassen und den Bundesstaat Orissa erreicht.

Entlang dem gesamten dunklen Küstenstreifen rufen Millionen nach Gleichheit und Gerechtigkeit; der westlich von Orissa gelegene Bundesstaat Madhya Pradesh bildet da keine Ausnahme. Doch welche Pläne verfolgt der Maharishi Mahesh Yogi, der 1997 das »Jahr der globalen Administration durch das Naturgesetz« ausrief? Auf einer unfruchtbaren Hochebene im Herzen von Madhya Pradesh will er den »höchsten Turm der Welt« bauen lassen – 670 Meter hoch –, um von diesem aus seine Botschaft von Frieden und Harmonie über die ganze Welt verbreiten zu lassen.

Maharishi Mahesh Yogi erlangte Ende der sechziger Jahre als »geistiger Ratgeber« der Beatles internationale Berühmtheit. Er nutzte die Zusammenarbeit, um sich Millionen von Anhängern in der ganzen Welt zu verschaffen. Mehrere Milliarden Dollar haben diese Menschen gesammelt, um inmitten des indischen Elends ihren globalen Leuchtturm zu errichten, dessen Grundstein am 6. November 1998 gelegt wurde. Zugegen in der vollkommen unbekannten Stadt Karondi waren Jünger aus 32 Ländern.

»Die 2000 Bewohner des Dorfes, viele von ihnen barfüßig und halb nackt, trotzten der quälenden Hitze und verfolgten die dreistündige Zeremonie mit großem Erstaunen«, schrieb die *Times of India* am nächsten Tag. Die farbige Skizze des Architekten, die auf

Seite acht zu sehen war, zeigt ein riesiges pyramidenförmiges Gebäude, das sich bis in die Wolken erhebt. An der Spitze brennt die ewige Flamme als Sinnbild für die unauslöschliche Schöpferkraft Maharishis.

In diesem Turm soll Maharishis globale Administration in Gestalt von 60.000 hinduistischen Schriftgelehrten Platz finden. »Die Arbeitsverhältnisse werden großartig sein«, sagt ein Sprecher. »Niemand wird sie daran hindern, tagaus, tagein die alten vedischen Schriften und Naturgesetze zu studieren. Und auch für das leibliche Wohl der Pilger wird gesorgt sein, denn in Gottes irdischer Wohnung sollen sich 88 Restaurants befinden. Durch die riesigen Parkanlagen, die an jene des Tadsch Mahal erinnern, wird eine Magnetbahn sausen.«

Ich erkundige mich nach dem Zeitplan.

»Wir haben keinen Zeitplan«, sagt der Sprecher. »Denken Sie daran, dass es sich hier um ein gigantisches Projekt handelt. Schon der Transport des Baumaterials wird Jahre in Anspruch nehmen. Doch der Grundstein ist gelegt. Die Politiker unterstützen uns. Keine irdische Kraft kann uns aufhalten.«

»Uhu!«, sagt der Howrah Mail Express – vielleicht als Kommentar zu der moralischen Bankrotterklärung der Maharishi-Bewegung.

Noch anderthalb Monate wird es dauern, bis der Monsun das östliche Indien bewässern wird. Doch einer der Wetterpropheten in Kakanida, einer Hafenstadt am Golf von Bengalen, hat angekündigt, der Regen werde dieses Jahr später kommen. Der Mann, der behauptet, 812 Jahre alt zu sein, hat das Verhalten der Schildkröten beobachtet. Wenn der große himmlische Zorn ausbricht, geschieht dies stets mit elementarer Wucht. Die Bauern suchen dann Schutz hinter Erdwällen und Tempelaltären. Straßen und Eisenbahnschienen werden überspült und der Howrah Mail Express – der unaufhaltsame Bote der Ostküste – gezwungen, auf seinem langen Weg nach Kalkutta westliche Nebengleise zu benutzen.

Durch das Fenster beobachte ich, wie die Bauern bereits die Deiche und Erdwälle verstärken. Die große Überschwemmung des Vorjahres kostete 3000 Menschen das Leben. Dasselbe kann wieder geschehen. Deshalb werden nun Sand und Steine aufgeschichtet. Die Bauern transportieren die schwere Last in langen Reihen über die Felder, kämpfen sich vor wie eine Armee auf dem Weg an die Front. Einige stürzen, andere stehen wieder auf. Die Temperatur liegt bereits bei 33 Grad, und es wird noch wärmer werden. Ein schmächtiger Junge läuft über einen trockenen Acker. Ein Rudel hechelnder Hunde ist hinter einem Bretterzaun in Deckung gegangen, und im Westen sieht man die von der Sonne verdörrten Bergrücken. In vier Monaten wird alles überstanden sein und das Leben wieder zur Normalität zurückkehren. Entlang der Bahnlinie des Howrah Mail Express geht es vor allem darum, den Reis zum Wachsen zu bringen. Der Regen muss zur richtigen Zeit und in der richtigen Menge fallen. Doch auch wenn die Erde willig ist, so sind die Ackerflächen zu klein. In Indien wird der Grund nämlich nicht an den ältesten Sohn, sondern an *alle* Söhne vererbt, mit dem Ergebnis, dass es eine unendliche Zahl kleinster Höfe gibt, die ständig ums Überleben kämpfen. Viele geben auf, verkaufen ihre Parzelle an den regionalen Großbauern und werden Pachtbauer.

Würde dies in China geschehen, hätten die Bauern Hacken und Spaten hingeschmissen und sich einen Mao gesucht. Dieser hätte die Bauern zu einem Heer zusammengeschlossen, die Gerätschaften zu Gewehren umgeschmiedet und einen langen Marsch von Cap Comorin im Süden bis zum Himalaja im Norden organisiert. Doch in Indien gibt es keinen Mao. In einem Land, in dem Hinduismus und Kastenwesen viele Hundertmillionen Menschen versklaven, kann es keinen Mao und keine nationale Befreiungsarmee geben.

Nacht, Tag und Nacht sind vorüber. Die Reise geht ihrem Ende entgegen. Der Howrah Mail Express hat sich bis nach Westbengalen vorgekämpft. Kalkutta, einst Hauptstadt des britischen Empire in Indien, lockt in der Ferne. Die flache bengalische Landschaft breitet sich wie ein unendlicher Flickenteppich in Gelb, Braun und Grün vor mir aus. Die Arbeit ist erledigt. Alle warten auf den Regen.

Linda Macpherson hat ihre Morgentoilette begonnen und hantiert mit Puderdose und rosa eingefasstem Handspiegel. Apropos Morgentoilette. Wer wagt schon, eine Toilettentür im Zug zu öffnen, nachdem der Howrah Mail Express 1700 Kilometer zurückgelegt hat? Weder Linda noch ich jedenfalls. In einem indischen Zug besteht die Kunst darin, sich so lange wie irgend möglich zu beherrschen – oder der Allererste unmittelbar nach Abfahrt des Zuges zu sein, der die Toilette aufsucht. Linda hat es sicher ein dutzend Mal versucht und ist jedes Mal kopfschüttelnd zurückgekommen. Dies ist nicht der Frühzug nach Leeds.

Derweil hat draußen *Die große indische Morgentoilette* begonnen. Nur sechs Prozent aller Inder haben Zugang zu Toiletten, die annähernd westlichem Standard entsprechen. Folglich verrichten sie ihre Notdurft im Freien. In keinem anderen Land weht der Uringestank so frei durch die Luft wie in Indien. Während die Felder an unserem Fenster vorbeitanzen, sehen wir Tausende von Menschen mit heruntergezogenen Hosen oder gerafften Saris auf der Erde hocken. Es sind wirklich *unfassbar viele*, und wüsste ich es nicht besser, könnte man glauben, sie alle hätten Auguste Rodin für seinen »Denker« Modell gesessen.

Sind die Inder ein unreinliches Volk?

Die richtige Antwort lautet womöglich folgendermaßen: An ihrer *persönlichen* Hygiene ist nichts auszusetzen. Sie waschen und pflegen sich zu allen Tageszeiten, und ihre Liebe zum täglichen Bad ist legendär. Selbst in den ärmsten Slums versuchen die Einwohner sich täglich unter den Wasserschlauch zu stellen – bewunderungswürdig. Doch Indiens großes Problem ist die erbärmliche kollektive Hygiene. Es fehlt an Gemeinschaftsgefühl. Deshalb sind die Toiletten des Howrah Mail Express unbenutzbar. Und nur ein Kastenloser würde so eine Zugtoilette reinigen.

Dann wird Roy wach. Er trägt immer noch seine graue Schirmmütze mit der traurigen Reklame für »Leeds Coal Industries Ltd.« und ist durstig. Als ich ihm die letzte Tomate anbiete, nimmt er dankbar lächelnd an. Es ist sein erstes Lächeln seit 28 Stunden. Linda erzählt mir, dass sie nur drei Tage in Kalkutta verbringen werden. Dann geht's mit British Airways direkt nach London.

»*Praise the Lord!*«, sagt Linda ein weiteres Mal.

»Halt die Klappe«, entgegnet Roy. »Ich halt's nicht mehr aus!«

Auch die drei Muslime halten die Zeit für gekommen, abermals den Herrn zu preisen. Da es bewölkt ist, sind sie ein wenig unsicher, was die Himmelsrichtung betrifft. Doch bald einigen sie sich darauf, Mekka müsse »da drüben« sein – in etwa zwischen der Notbremse und Lindas Miss-Marple-Hut. Der Teppich wird ausgebreitet, und ungeachtet der allgemeinen Unruhe fallen sie auf die Knie. »*Allah o Akbar, Allah o Akbar,* Gott ist groß!«

Die Hindus begnügen sich damit, den Glanzbildern von Shiva, Brahma, Krishna, Duga und Ganesh zu danken, während ich dem Zugführer einen freundlichen Gedanken widme.

Das große schwarze Loch

Das Leben in den engen Städten hat nur wenige verlockende Seiten, doch auf lange Sicht kann man sich mit ihnen anfreunden. Nicht, indem man die Städte ändert, sondern indem man die menschliche Rasse dahin bringt, ihnen zu gleichen.
CHARLES DARWIN

Oft sind die Städte so groß, dass man den Stadtplan auf dem Boden ausbreiten muss. Auf dem Teakparkett des Lytton Hotel beuge ich mich über eine Karte, die mich daran zweifeln lässt, dass ich immer noch in Indien bin: *St. Paul's Cathedral, The Polo Club, English Bazar, Victoria Memorial Hall, Ladies' Golf Club, Hastings Chapel, Shakespeare Road, Jardine's House, Fort William* – ist das Indien? *St. John's Church, New Market, United Services Club, The Cricket Club, South Street Park und Albert Hall Coffee Shop*. Indien?

Dann stoße ich auf den Namen *Memorial to the Dead Telephone* und hege nicht mehr den geringsten Zweifel: Das ist Indien. Verwunderlich nur, dass nicht alle indischen Städte eine Gedenkstätte für das tote Telefon haben.

The Big Black Hole. Kalkutta. Der Ort, an dem nichts funktioniert. Das Denkmal für das tote Telefon wurde erst 1984 errichtet und ging auf eine Initiative der Telefonabonnenten zurück. Es steht vor dem Eingang zur Handelskammer. Ein kleines, aber aussagekräftiges Stück Kunst – ein rostiges, altertümliches Telefon mit abgerissenen Kabeln und Leitungen, das auf einem breiten Sockel steht, von dem aus man einen recht guten Überblick über die Menschenmenge hat. In den Sockel eingeritzt ist ein Gedicht:

Oh! Child of Communication
You were born to bridge the gap
But corruption has caused a mishap
Inefficiency and procrastination
Caused the telephone lines to go – »SNAP«

Jedes Jahr halten die Einwohner Kalkuttas vor dem toten Telefon eine Gedenkveranstaltung ab, um die Machthaber an eines der großen ungelösten Probleme der Stadt zu erinnern. Mit geschlossenen Augen und gebeugten Köpfen flehen sie die Götter an, die teuflischen Kupferdrähte zu vereinen, damit die Menschen wieder miteinander sprechen können.

Ein weiterer Name auf dem Stadtplan, der mich in Aufregung versetzt, ist *Writer's Building*. Wohl wissend, dass Kalkutta die intellektuelle Hauptstadt des Landes ist, laufe ich die schiefen Treppen des Lytton Hotel hinunter, eile auf die Straße und halte den ersten Rikschawallah an, der des Weges kommt. Die Rikschawallahs in Kalkutta radeln nicht, sondern sie laufen. Und während der Wallah sich mächtig ins Zeug legt, erinnere ich mich und meine Leser daran, dass Kalkutta einen Literatur-Nobelpreisträger hervorgebracht hat. Rabindranath Tagore (1861–1941), der literarische Vordenker der nationalistischen Bewegung, erhielt den Preis 1913. Tagore schrieb u. a. über 1200 Gedichte und 200 Erzählungen. Doch was erlebe ich vor dem Eingang zum vermeintlichen Haus des Dichters?

Ich sehe eine Stempeluhr und den gleichmäßigen Strom gleichgültig aussehender Beamter, die durch die rußgeschwärzte Schwingtür ein und aus gehen. Der uniformierte Wachmann klärt mich auf, das Gebäude heiße zwar Writer's Building, beherberge heute jedoch Kalkuttas Stadtverwaltung. Tausende von Beamten sitzen hier an kleinen Holztischen, auf denen defekte Telefone stehen. Die Einwohner, die ihr Glück in dem monströsen Gebäude versuchen, können einem Leid tun. Sie jagen von Tisch zu Tisch und werden von den dösenden, Tee trinkenden oder Zeitung lesenden Beamten herumgescheucht: »Dafür bin ich nicht zuständig. Versuchen Sie es in Zimmer 1206.« Oder: »Das ist nicht meine Angelegenheit. Gehen Sie wieder nach unten, über den Parkplatz, dann links um die Ecke, 150 Meter geradeaus, Abteilung E, die Wendeltreppe nach oben, und fragen Sie nach Herrn Chatterjee.« Oder: »Herr Chatterjee ist heute nicht im Hause. Außerdem ist das nicht sein Aufgabengebiet. Gehen Sie zurück zu Zimmer 1206.« Schließlich: »Zimmer 1206? Das gibt es gar nicht. Wer hat gesagt, Sie sollen es in Zimmer 1206 versuchen?«

Ein neugieriger Passant, ein Mann mit schwarzer Plastiktüte, kommt zu mir und sagt: »Wir nennen dieses Gebäude Kafkaland. Alle, die hineingehen, kommen als Verlierer wieder heraus.«

Eigentlich – aber das erfahre ich erst später – war Kafkaland niemals ein Aufenthaltsort für Kalkuttas Schriftsteller. Das Gebäude heißt Writer's Building, weil hier die Verwaltungsbeamten der britischen Ostindien-Kompanie ihren Dienst taten. Einst arbeiteten in diesem Gebäude 2220 »Schreiber«, alle mit Füller und Tinte – und natürlich dem ehrwürdigen Siegel der Kompanie – bewaffnet.

Groß-Kalkutta hat ebenso viele Einwohner wie Bombay: vierzehn Millionen. Die Stadt erstreckt sich 80 Kilometer weit zu beiden Seiten des Flusses Hooghly. Der Engländer, der hier an Land ging, um diese Hölle auf Erden zu gründen, hieß Job Charnock. Das geschah 1690. Job, der mehrere Jahre für die britische Ostindien-Kompanie gearbeitet hatte, war beauftragt worden, eine geeignete Handelsniederlassung für die Kompanie im reichen Bengalen ausfindig zu machen. Er entschied sich für den sumpfigen Dschungel am Hooghly, wo sich bereits drei Dörfer befanden. Eines von ihnen hieß Kalikat – daher Kalkutta. »Hier soll die Stadt liegen«, sagte Job und zeigte auf die abstoßende Mischung aus undurchdringlichem Dschungel und Brackwasser, über dem die Malariamücken tanzten.

Der Hooghly ist einer der vielen Nebenarme des Ganges, der das große und fruchtbare Delta durchzieht, bevor er ins Meer fließt. Träge und breit bahnt er sich seinen Weg durch Kalkutta, ehe er 80 Kilometer weiter südöstlich seinen Cocktail aus Chemikalien und Kloake in den Golf von Bengalen spült.

Armer Job Charnock – sein Name sollte jahrzehntelang von den Briten verflucht werden, die im Sumpfgebiet ihr Dasein fristeten. Von den ersten 1000 Siedlern starben 750 an Malaria oder der Ruhr. Die Opferzahl unter den Indern, die zu Zehntausenden in die Sümpfe zogen, um ihre Dienste anzubieten, dürfte kaum geringer gewesen sein. Doch nach und nach wurde der Dschungel gerodet, sodass die Stadt im 18. Jahrhundert allmählich Gestalt annahm. Die Briten, die es auf Bengalens Reichtümer abgesehen hatten, forderten ein Handelsmonopol und bekamen es auch. Der kurze Aufstand der Bengalen von 1756 ist nur eine Fußnote in der Geschichte, wenngleich das Drama, das sich in der Tiefe von Fort William abspielte, unvergessen ist: Die Aufständischen nahmen 146 Briten gefangen und sperrten sie in einen dunklen Raum, der nur 32 Quadratmeter maß. Als die britischen Soldaten das Fort einen Tag später zurückeroberten, waren nur noch 23 der Gefangenen am Leben.

So entstand der Ausdruck *The Black Hole of Calcutta*. Die Stadt selbst wurde als *The Big Black Hole* bezeichnet.

»Kalkutta muss eine der schlimmsten Städte des Universums sein«, urteilte Robert Clive, der erste Generalgouverneur Kalkuttas 1782.

»Kalkutta ist eine Stadt, in der Cholera und Zyklone an der Tagesordnung sind und wo die Kloake wie ein schäumender Fluss durch die Straßen fließt«, schrieb Rudyard Kipling.

»Was bin ich froh, Kalkutta besucht zu haben!«, sagte Winston Churchill.

»Warum das?«, fragte der Journalist.

»Weil ich jetzt weiß, dass ich nicht wiederzukommen brauche.«

Kaum ein anderer Ort dieser Welt hat einen schlechteren Ruf als Kalkutta. Die Stadt wird mit Tod und Verfall in Verbindung gebracht, und das nicht zu Unrecht. Dennoch bekamen viele Briten, die am Ende des 18. Jahrhunderts den Hooghly hinaufsegelten, zunächst einen guten Eindruck von der neuen bengalischen Hauptstadt. Ein begeisterter Geschäftsmann bezeichnete Kalkutta gar als »leuchtend weiße Stadt, weißer als weiß, voller herrschaftlicher Häuser, die flache Dächer und große, luftige Balkone haben, sowie strahlender Kirchtürme, die sich gen Himmel strecken«.

Doch hinter der weißen Fassade spielte sich das wahre Leben ab. Kalkutta bestand eigentlich aus drei Städten: der weißen Stadt, der grauen Stadt und der schwarzen Stadt. In der vornehmen weißen Stadt mit ihren monumentalen Bauten wohnten die Europäer. Die graue Stadt wurde vornehmlich von Muslimen bevölkert, und in der schwarzen Stadt fand sich eine Mischung aus Hafenarbeitern, Kleinhändlern, Handwerkern, Pfarrern, Tagelöhnern, Huren, Dieben, Magiern und Schlangenbeschwörern.

Anderthalb Jahrhunderte lang hatte die größte Handelskolonie der Welt Kalkutta sowie das übrige Bengalen unter absoluter Kontrolle. Nach und nach gewöhnten sich die Briten an das Wort *loot*, das auf Hindi »Diebstahl« bedeutet. »Ich habe jahrzehntelang den Hooghly befahren und nie etwas anderes als die britische Flagge gesehen«, schrieb Generalgouverneur Warren Hastings im Jahr 1762. Zu diesem Zeitpunkt erstreckte sich die britische Freihandelszone vom Golf von Bengalen bis zur Stadt Benares, die 750 Kilometer entfernt im Inland liegt. Bengalen und die Täler entlang des Ganges verfügten über das meiste, vor allem Seide und Baumwolle. Zu

Hause in England wurden aus den Rohstoffen fertige Produkte hergestellt, die nach Indien zurückgeschickt wurden. Die indische Textilindustrie, die auf kleinen Webereien und Handwerksbetrieben in den Dörfern basierte, war bald am Ende.

So wurden die armen Inder noch ärmer. Kein Wunder also, dass Mahatma Gandhi seine Landsleute 200 Jahre später aufforderte, die importierten britischen Textilien zu verbrennen.

Auch indische Gewürze waren sehr gefragt, Jute ebenso, und bei den britischen Pfeifenrauchern stand bengalischer Tabak hoch im Kurs.

Gleichzeitig begannen die Engländer im großen Stil mit Opium zu handeln. Das Gift wurde in große Kisten verpackt und nach China geschickt, wo Reiche wie Arme das Betäubungsmittel konsumierten. 1850 erreichte der Export seinen Spitzenwert mit 40.000 Kisten Opium, die nach China verkauft wurden. Die Chinesen probten den Aufstand, doch jedes Mal zogen die Engländer für ihre »Rechte« in den Krieg. In Kalkutta – im British Club – wurde jeder Sieg mit vollen Whiskygläsern und dem Absingen von »Rule Britannia« und »God Save the Queen« gefeiert. Das britische Empire war auf der Höhe seiner Macht. 1877 wurde Königin Victoria zur Kaiserin von Indien und Kalkutta zur kaiserlichen Hauptstadt ernannt.

Das Gerücht von Kalkuttas unendlichem Reichtum verbreitete sich bis in jeden Winkel des Landes, und schon bald strömten Millionen von Menschen in die Stadt. Mit ihnen kamen die Ratten und Krankheiten. Der Rattenangriff auf den British Club im Jahr 1891 war so heftig, dass sämtliche Vorrats- und Weinkeller hinterher desinfiziert werden mussten. Für einige ungemütliche Wochen litten die alkoholisierten Gentlemen mit Stock und Hut in aller Stille, während die Kastenlosen alle Hände voll damit zu tun hatten, die halb toten Ratten in einem riesigen Feuer am Fluss zu verbrennen.

»Der Gestank war entsetzlich«, schrieb ein britischer Augenzeuge, »doch waren wir uns alle einig darin, das Beste aus der Situation zu machen.«

Gibt es den British Club immer noch?

Es gibt ihn tatsächlich, wenn auch an einem anderen Ort. Auch handelt es sich nicht mehr um einen Klub für Whiskytrinker mit roten Nasen, sondern um eine Art Kulturverein. »Sie dürfen ihn gern einen Treffpunkt für Nostalgiker nennen«, sagt Joan Williams. Sie steht auf den Marmorstufen vor der geschlossenen Eingangstür und ist genauso enttäuscht wie ich. Das Schild an der Tür spricht eine deutliche Sprache: Der Klub ist bis auf weiteres geschlossen – nicht aufgrund eines neuerlichen Rattenangriffs, sondern weil sich Vermieter und Mieter nicht auf einen neuen Vertrag einigen konnten.

»*You know*«, sagt Joan betrübt, »*I think this club is going to die.*«

Ihr schiefes Lächeln kann ihre Wehmut nicht verbergen. Joan Williams, die seit 1948 in Kalkutta lebt, schickt sich an, der Stadt den Rücken zu kehren. Sie ist 75 Jahre alt und will in ein Land zurück, das sie als junge Frau verlassen hat. Zum letzten Mal klopft sie an die Tür des »Club«, doch niemand öffnet. »Beim letzten Treffen waren nur noch zwölf Personen anwesend«, erzählt sie. »Alle waren über 70, und wir taten nichts anderes, als Tee zu trinken und über die alten Zeiten zu plaudern. *Time is out, you see. Calcutta doesn't need me anymore.*«

Joan ist Oberstleutnant der Heilsarmee – sozusagen der einzige verbliebene britische Offizier in dem schwärzesten aller Löcher. Ein halbes Jahrhundert lang hat sie unter den Ärmsten Kalkuttas gearbeitet. Am morgigen Sonntag wird sie sich von ihrem Lebenswerk – dem Behala Girls' Home – verabschieden, wo 400 elternlosen Mädchen Kost, Logis und Ausbildung geboten werden kann. Sie fragt mich, ob ich sie zu dem großen Abschied begleiten und hinterher vielleicht mit ihr essen gehen wolle – ihr letztes Essen in Kalkutta.

Am nächsten Tag erweist sich das Behala Girls' Home als grüne Oase am Rande der Stadt, bepflanzt mit roten Rosenhecken und riesigen Bougainvilleasträuchern. Auf der grünen Rasenfläche stehen 400 Mädchen im Alter zwischen vier und sechzehn Jahren in hübschen Seidenkleidern. Der große Augenblick ist gekommen. Es ist schwülwarm und die Atmosphäre gefühlsgeladen. Auch Mutter Joan hat sich in Schale geworfen. Sie trägt ein knöchellanges graublaues Kleid mit weißem Kragen. Mit feuchten Augen gibt sie jedem Kind die Hand, verabschiedet sich und wünscht den Mädchen all das Glück, das Gott und Kalkutta ihnen geben können. Die Mädchen machen einen Knicks und lächeln wortlos zurück.

Sobald sie dem letzten Kind die Hand geschüttelt hat, nehmen sich die Mädchen an den Händen und stimmen ein Lied an: »*Should old aquaintance be forgot and never brought to mind.*«

»Als ich diese Kinder im Rinnstein fand, hatten sie keine Namen«, sagt Joan mit erstickter Stimme. »Jetzt haben sie einen Namen und eine Zukunft bekommen.«

Joans letztes Essen in Kalkutta besteht aus einer vegetarischen Gewürzorgie aus Bihar. Für die Zubereitung verantwortlich sind ihre Nachfolger, das Ehepaar Mirza, das im ärmsten Bundesstaat Indiens geboren und aufgewachsen ist. »Sie kommen aus Patna«, sagt Joan. »Ist es nicht an der Zeit, dass die indische Heilsarmee indisch wird?«

Am nächsten Tag verlässt Joan Williams Kalkutta. Fast 50 Jahre im schwarzen Loch sind vorüber. Von nun an soll die Heilsarmee in Indien ganz den Indern vorbehalten sein. Doch in der Zeitung finde ich nicht eine Notiz über Joan und ihr Lebenswerk.

Ganz anders, als die kleine Agnes, 87 Jahre alt, ihre letzte Reise antrat. Monarchen, Staatsoberhäupter und Regierungschefs aus der ganzen Welt kamen nach Kalkutta, um ihr die letzte Ehre zu erweisen – die Königinnen von Spanien und Jordanien, die Herzogin von Kent, Hillary Clinton, Italiens Staatspräsident Oscar Scalfaro, Cory Aquino von den Philippinen, Indiens Präsident Shri K. R. Narayanan und viele andere. 200.000 Menschen säumten die Straßen, während die Lafette mit dem kleinen Leichnam von der St.-Thomas-Kathedrale bis zum überdachten Netaji-Stadion gezogen wurde. Die Lafette war dieselbe, die ein halbes Jahrhundert zuvor schon den Leichnam Mahatma Gandhis zum Kremationsplatz am Ganges transportiert hatte. Die Trauerzeremonie wurde vom Fernsehen in 64 Länder übertragen.

Agnes war im selben Jahr wie Joan Williams nach Kalkutta gekommen. Sie wurde in Skopje, Mazedonien, geboren und hieß mit vollem Namen Agnes Gonxha Bojaxhiu. Doch die ganze Welt wird sie als Mutter Teresa in Erinnerung behalten. Die letzten Jahre ihres Lebens war sie sehr krank, und als ich sie 1995 in dem anonymen Schwesternheim an der Lower Circular Road besuchte, war sie gerade von einem Krankenhausaufenthalt aus Rom zurückgekehrt. Die dramatischen Meldungen, die bei den Nachrichtenredaktionen eingingen, ließen darauf schließen, dass Mutter Teresa im Sterben lag. In Kalkutta wurden aus den ärztlichen Bulletins die Headlines der Tageszeitungen. Die Prognosen der Ärzte waren vage und wir Journalisten jederzeit bereit, letzte Hand an die vorgefertigten Nachrufe zu legen.

Doch Mutter Teresa wollte nicht sterben. Und als ich mich einen Monat später im engen Wartezimmer des Schwesternheims einfand, dauerte es nicht lange, bis die zierliche Gestalt aus ihrer kleinen Kammer trippelte: barfüßig wie üblich, die Zehen wie deformierte Wurzeln eines Baumes, klein und gebeugt, in der charakteristischen weißen Tracht mit den blauen Streifen, mit dem markanten, zerfurchten Gesicht, das sie zu einer der fotogensten

Frauen der Welt gemacht hat. Sie wirkte erstaunlich frisch und lächelte mich warmherzig an. Doch interviewen lassen wollte sie sich nicht. Dass ich aus Norwegen kam, dem Land des Friedensnobelpreises, spielte keine Rolle. Stattdessen legte sie mir die Hand auf den Kopf, sprach ein kurzes Gebet, bedankte sich für den Besuch und verschwand wieder hinter dem grauen Vorhang.

Enttäuscht blieb ich zurück, während ein paar Schwestern mir signalisierten, dass die Audienz vorüber sei.

»Wäre es vielleicht möglich, jemand anderen zu interviewen?«, fragte ich.

»Mutter Teresa verbietet uns, Interviews zu geben«, antworteten die Schwestern und zogen mich entschieden am Arm.

Journalisten machten Mutter Teresa weltberühmt. Doch in ihren letzten Lebensjahren wandte sie sich von ihnen ab. Nicht zuletzt die massiven Vorwürfe des Briten Christopher Hitchens, die in einer Fernsehdokumentation von 1994 geäußert wurden, müssen sie sehr getroffen haben. Hitchens behauptete, ihr soziales Engagement in Kalkutta habe sich im Großen und Ganzen darauf beschränkt, den Sterbenden die Hand zu halten. Gebete seien ihr wichtiger als Medizin gewesen. In einem Land, das so dringend Verhütungsmittel und Familienplanung benötige, habe sie den Frauen nur geraten, ganz auf Gott zu vertrauen. Die Vorwürfe gipfelten in der Behauptung, sie habe die Massenmedien manipuliert und sich mit politischen Tyrannen gemein gemacht, unter anderem mit dem verhassten Diktator Haitis Jean-Claude Duvalier. Wenige Monate später setzte Hitchens seinen Feldzug mit dem Buch *The Missionary Position: Mother Teresa in Theory and Practise* fort.

Mutter Teresa reagierte mit Schweigen. Vielleicht fühlte sie sich zu schwach für eine Erwiderung.

Zwei Jahre später, am 5. September 1997, starb sie. Als sie morgens erwachte, fühlte sie sich erschöpft. Dennoch bestand sie darauf aufzustehen, um ihrer täglichen Arbeit nachzugehen. Außerdem wollte sie sich an den Planungen für die Gedenkveranstaltung für Prinzessin Diana beteiligen. Prinzessin Diana und Mutter Teresa hatten eine tiefe Sympathie füreinander empfunden, und sofern sie dazu in der Lage war, wollte sie auch am Gedenkgottesdienst teilnehmen, der am nächsten Tag in der St.-Pauls-Kathedrale stattfinden sollte.

Doch dazu kam es nicht mehr. Nach dem Abendessen klagte sie über Schmerzen in der Brust. Die Schwestern riefen einen Arzt herbei, der jedoch nichts mehr tun konnte. »Ich kann nicht atmen«, waren ihre letzten Worte. Das Weinen und Jammern der Schwestern war bis in das Nachbargebäude zu hören, in dem die mächtige Westbengalische Kommunistische Partei ihre Zentrale hatte. Die Kommunisten wussten sofort, was geschehen war, und verständigten die Presse. Binnen Minuten verbreitete sich die Nachricht vom Tod Mutter Teresas in Kalkutta, Indien und der ganzen Welt.

Sie hinterließ 4000 Schwestern und 600 Institutionen für sterbende und notleidende Menschen in 130 Ländern. Sonst nichts. Keine Kleider. Keinen Schmuck. Keine Wertsachen. Keine Pelzmäntel. Keine Autos. Kein Geld. Als sie 1979 in Oslo den Friedensnobelpreis entgegennahm, lehnte sie das traditionelle Festbankett ab und schlug stattdessen vor, mit dem Geld den Hungernden in Kalkutta den Bauch zu füllen. In der kleinen Kammer, in der sie den Großteil ihres Lebens verbrachte, befand sich nichts außer einem alten Eisenbett, einem kleinen Nachttisch und einem schiefen Korbstuhl. Neben der Nachttischlampe lag eine zerfledderte Bibel. Die Entgegnung auf die Angriffe Christopher Hitchens und anderer formulierte schließlich der »Außenminister« des Vatikans Angelo Sodano: »Es wird behauptet, Mutter Teresa hätte mehr für die Bekämpfung der Ursachen der weltweiten Armut tun können«, sagte Sodano in einer Gedenkrede vor Tausenden von Zuhörern in Kalkutta. »Sie war sich über diese Kritik vollkommen im Klaren. Ich glaube, sie hätte mit den Schultern gezuckt und entgegnet: ›Während ihr die Ursachen diskutiert, will ich neben den Ärmsten der Armen knien und ihnen zu Diensten sein. Die Sterbenden, Behinderten und Ungeborenen, die keinen Verteidiger in dieser Welt der utopischen Ideologien haben, bedürfen der Nähe eines liebevollen Menschen, der ihnen die Hand hält. Diese Menschen haben keine Zeit, darauf zu warten, dass der Rest der Welt eine gültige Antwort auf die Armutsproblematik findet.‹«

»Hin und wieder«, schrieb die *Calcutta Times* daraufhin, »schmolz die intellektuelle Kritik an Mutter Teresa ebenso schnell dahin wie die Wachskerzen zu beiden Seiten der Jesusstatue auf dem Altar.«

Schwester Teresa, wie sie lange Zeit hieß, hatte siebzehn Jahre als Lehrerin an einer christlichen Mädchenschule in Indien gearbeitet, bis sie – nach eigener Aussage – von Gott beauftragt wurde, sich für die Kranken und Sterbenden in Kalkutta aufzuopfern. »Die Botschaft war vollkommen klar«, sagte sie später, »es war ein Befehl.«

Zu diesem Zeitpunkt befand sich Kalkutta in einem Zustand der Auflösung und des Zusammenbruchs. Seit der Hungersnot in Bengalen drei Jahre zuvor, die zwei Millionen Todesopfer gekostet hatte, drängten unfassbar viele Menschen in die Großstadt. Zu Tausenden lagen ausgemergelte Gestalten am Straßenrand und warteten auf den Tod. Gleichzeitig tobten heftige Straßenkämpfe zwischen Hindus und Muslimen und gaben gewissermaßen einen Vorgeschmack auf die Zustände, die nach Erlangung der indischen Unabhängigkeit herrschen sollten. Die Kämpfe brachen im Februar 1946 aus und dauerten bis zum nächsten Jahr an, als Mahatma Gandhi – auch er völlig abgemagert – nach Kalkutta kam, um das Blutbad zu beenden. Es näherte sich der Unabhängigkeitstag, doch der Mahatma war von den Vorfällen so entsetzt, dass er sich weigerte, an den Feierlichkeiten teilzunehmen. Als der große Tag gekommen war, bat ihn die Regierung, ein Grußwort an die Nation zu richten. »Ich habe nichts mehr zu sagen«, entgegnete Gandhi, der ausschließlich fasten, spinnen und beten wollte.

Weniger Tage später gab er bekannt, er wolle fasten »bis in den Tod«. Umstimmen könne ihn einzig und allein ein Waffenstillstand und Burgfrieden. Die Tage vergingen, und Gandhi wurde zusehends schwächer. In seinem langen, turbulenten Leben hatte er oft gefastet, um seine Gegner zum Einlenken zu bewegen. Zwei dieser Hungerperioden hatten 21 Tage gedauert und ihn fast das Leben gekostet.

Würde er diesmal überleben?

Während Horden von Hindus und Muslimen, bewaffnet mit Dolchen und Messern, durch die Straßen rasten und sich gegenseitig töteten, döste Gandhi vor sich hin und wartete auf ein Wunder. In einem verzweifelten Versuch, das Blutbad zu beenden, hatte die Regierung mehrere tausend Soldaten und Polizisten nach Kalkutta entsandt – ohne Erfolg. Die Übermacht auf der Straße war zu groß. Würde ein gebrechlicher Mann von 78 Jahren in der Lage sein, dem Wahnsinn, dem die bewaffneten Einsatzkräfte hilflos gegenüberstanden, ein Ende zu bereiten?

Nach drei Tagen auf seiner Strohmatte im Hydari House war Gandhi dem Tode nah. Sein Körper war aufgezehrt und sein Puls binnen Stunden dramatisch gesunken. Seine Stimme, die lange schon schwach gewesen war, versagte nun völlig. Und während die Kunde vom bevorstehenden Tod des Mahatmas sich wie ein Lauffeuer durch die Stadt verbreitete, fielen die Ärzte auf die Knie und flehten ihn an, ein wenig Nahrung zu sich zu nehmen. Doch der ausgemergelte Gandhi weigerte sich.

Da geschah das Wunder:

Die Tür ging auf, und herein kamen 27 der schlimmsten Bandenanführer der Stadt. Mit gesenktem Kopf und feuchten Augen stellten sie sich an Gandhis Bett – wie eine Reihe reuiger Sünder, die auf Vergebung hofften. Im Laufe weniger Sekunden ließen sie ihre Pistolen, Dolche, Messer und Schwerter zu Boden fallen. Die Szene war unbeschreiblich. Gandhi erhob sich mühselig. Im nächsten Moment saß er auf der Bettkante und trank ein Glas frisch gepressten Orangensaft.

In Kalkutta herrschte wieder Frieden.

Doch auf den Straßen lagen die Toten, die Sterbenden und die Kranken. Die Verstümmelten. Die Aussätzigen. In dieses Inferno des Leidens kam die 38-jährige Teresa. Ein halbes Jahrhundert sollte sie in der Stadt bleiben.

»Hier ruht sie«, sagt Schwester Jacobine. Wir stehen vor dem Grab Mutter Teresas.

Erneut habe ich den Weg zum *Mother House* gefunden, zu dem Gebäude, in dem die *Missionaries of Charity* ihr Hauptquartier hat. An der Eingangstür hängt ein kleines Schild: »Mother Teresa – IN«. Schwester Jacobine, eine Französin um die 30, hat mich in das Allerheiligste gelotst und deutet auf einen rechteckigen Zementblock, der mit Blumen und Kerzen bedeckt ist. In die weiße Marmorplatte vor dem Grab sind die Worte aus dem Johannesevangelium eingraviert: *Dass ihr einander liebt, so wie ich euch geliebt habe.* Und: *Mother M Teresa M C – 26.8.1910 to 5.9.1997. Our dearly beloved Mother, founder of the Missionaries of Charity.*

Schwester Jacobine und ich neigen im stillen Respekt das Haupt, so wie alle anderen Besucher auch, die täglich die bescheidene Grabstätte besuchen. Ein aussätziger Mann in den Sechzigern ist von der Straße hereingekommen und steht mit seinen versehrten Gliedmaßen vor dem Grab. Er hebt seine Armstümpfe zum Gruß, ist jedoch nicht in der Lage, sich die Tränen zu trocknen. Schwester Jacobine erzählt mir, dass die Aussätzigen die Einzigen waren, die

Mutter Teresa hatten küssen dürfen. Im alten Indien der Kolonialzeit hat man die Aussätzigen mitunter lebendig begraben, und noch heute leben sie in ihren eigenen Siedlungen. Indem sie sich auf die Stirn küssen ließ, wollte Mutter Teresa ein Exempel statuieren und den Indern zeigen, dass auch die Elendsten unserer Liebe und Fürsorge bedürfen.

In einer Ecke steht ein niedriger Altar, vor dem zuvor zwei Nonnen im stummen Gebet gekniet haben. Auf der weißen Decke steht ein weißes Kruzifix aus Gips.

»Früher war dies unser Speisesaal«, flüstert mir Schwester Jacobine zu. Sie bückt sich und zieht einen orangefarbenen Blumenstrauß zur Seite, der gefährlich nahe an einer der brennenden Kerzen liegt.

Vielleicht wäre es nahe liegender gewesen, Mutter Teresa auf einem der städtischen Friedhöfe beizusetzen, doch die Schwestern wollten es anders. Aus Angst, jemand könne das Grab schänden und schlimmstenfalls den Orden erpressen, beschlossen sie, die letzte Ruhestätte solle innerhalb ihrer eigenen vier Wände sein. »So haben wir das Gefühl, dass Mutter Teresa immer noch bei uns ist«, sagt Schwester Jacobine.

Im übrigen *Mother House*, möglicherweise auch im übrigen Orden, geht das Leben seinen gewohnten Gang. Schwester Nirmala hat die Leitung übernommen, und wie ihre Vorgängerin steht sie jeden Morgen um vier Uhr auf. Die Schwestern hatten diese Wahl ein halbes Jahr vor dem Tod Mutter Teresas getroffen. 226 Frauen in Weiß und Blau kamen aus allen Ecken der Welt nach Kalkutta. Zwei Wochen lang wurde meditiert und gebetet. Die Entscheidung war alles andere als einfach, und Schwester Jacobine zufolge wurden sowohl der Papst als auch Gott zu Rate gezogen.

Schwester Nirmala wurde 1934 im Bundesstaat Bihar geboren. Ihr Vater, ein Nepalese, der zur Kaste der Brahmanen gehörte, diente im indischen Heer. Als Siebzehnjährige brach sie mit den hinduistischen Lehrsätzen und wurde als Nonne im *Missionaries of Charity* aufgenommen. Mutter Teresa wurde rasch auf die ruhige und fleißige Frau aufmerksam, und so wurde sie 1965 ausgewählt, eine erste Dependance des Ordens außerhalb von Indien – in New York – zu gründen.

Ihre erste Niederlage als neues Oberhaupt des Ordens erlitt sie am Tag von Mutter Teresas Beisetzung. Ihr Widersacher war das indische Heer. Als bekannt wurde, dass prominente Persönlichkeiten aus aller Welt zum Begräbnis nach Kalkutta kommen würden, entschied sich das Heer, Straßensperren errichten zu lassen und 20.000 Soldaten mit Panzern in die Stadt zu entsenden. Aus »Sicherheitsgründen« übernahmen die Generäle auch die Kontrolle über den Trauerzug. Der Plan der Schwestern, dem Sarg zunächst eine Gruppe von Aussätzigen und Behinderten folgen zu lassen, wurde von den Generälen untersagt. Aussätzige und Behinderte bei einem Trauerzug, der vom Fernsehen in alle Welt übertragen wurde?

Schließlich einigte man sich darauf, die Aussätzigen und Behinderten in einen Bus zu setzen, dem ein Platz weit hinten im Trauerzug zugewiesen wurde.

Diese Entscheidung dürfte die westbengalischen Kommunisten, die seit langem ein gespanntes Verhältnis zu Mutter Teresa hatten, zufrieden gestellt haben. Sie waren der Meinung, ihre einseitige Fokussierung auf das Elend trage der Stadt einen schlechteren Ruf ein, als sie es verdiene. »Wenn ich in ausländischen Zeitungen Berichte über Kalkutta lese, klingt es manchmal so, als würden alle neun Millionen Einwohner im Sterben liegen«, sagt Jyoti Basu, der ehemalige Ministerpräsident von Westbengalen. »Und wenn Delegationen aus dem Ausland zu Besuch sind, werde ich stets gefragt, warum ich, ein Kommunist, mich nicht mehr für die Armen im Land engagiere. Ich pflege zu antworten, dass wir uns sehr wohl engagieren und Kalkutta eine Stadt voller Vitalität und Lebensfreude ist.«

So viel zu Mutter Teresa. Falls Sie jetzt den Eindruck gewonnen haben, niemand werde in Kalkutta stärker verehrt als sie, dann irren Sie sich. Denn unumstrittener »Held« in dieser Gegend ist Subhas Chandra Bose. »Netaji«, wie die Bengalen ihn nennen, starb 1945 bei einem Flugzeugabsturz über Taiwan. Doch immer noch grüßt er die Einwohner Kalkuttas von seinem in der Stadtmitte stehenden Sockel aus. Dort steht der Uniformierte in strammer Haltung und hebt den rechten Arm auf eine Art und Weise, die an Adolf Hitler denken lässt. Und tatsächlich hat Bose etwas mit Hitler gemein.

Wie Gandhi träumte auch er von einem freien Indien. Doch im Gegensatz zum Mahatma strebte er nicht unbedingt eine gewaltfreie Lösung an. Als junger Nationalist wurde er wegen angeblicher terroristischer Aktivitäten mehrmals festgenommen und ins Gefängnis geworfen. Dann verfrachteten ihn die Briten in ein Gefangenenlager in Burma, in dem seine labile Gesundheit auf eine ernste Probe gestellt wurde. Schließlich boten ihm die Briten an, in die Schweiz ins Exil zu gehen, doch Bose wollte nicht über sein persönliches Schicksal verhandeln: »Ich bin kein Händler auf dem Basar!«

1938, Bose war wieder auf freiem Fuß, wurde er Vorsitzender der Kongresspartei. Sein Einzug auf dem Parteitag ist vielen in unvergesslicher Erinnerung geblieben. In einem mit Perlen, Edelsteinen, Blumen und Pfauenfedern verschwenderisch geschmückten Karriol wurde er von 51 Ochsen zum Versammlungsort gezogen. 400.000 staunende Menschen standen am Straßenrand.

Doch wie lange durfte dieser Adam im Paradies bleiben?

Nicht lange, denn schon ein Jahr später gelang es dem schlauen Gandhi, Bose aufs Abstellgleis zu schieben und Jawaharlal Nehru zum neuen Vorsitzenden zu machen.

Aber Bose ließ sich nicht entmutigen und kämpfte hartnäckig um seine Rückkehr an die Macht. Als England von Nazideutschland angegriffen wurde, meldete er sich mit großem Pathos zu Wort und verlangte, die Briten müssten sich unverzüglich aus Indien zurückziehen. Wie nicht anders zu erwarten, wurde er erneut festgenommen, doch neun Tage bevor sein Prozess beginnen sollte, gelang ihm, als Muslim verkleidet, die Flucht aus Kalkutta. Acht Monate später, nach einer abenteuerlichen Flucht durch Afghanistan, Zentralasien und die Sowjetunion, erreichte Bose am 28. März 1941 Berlin. Dort warf er sich Adolf Hitler direkt in die Arme. Ob ihm der Führer helfen könne, Indien vom Joch der britischen Besatzung zu befreien? Hitler hegte zweifellos eine gewisse Sympathie für den strammen Inder, doch hatten die Nazis mehr als genug mit anderen Dingen zu tun.

Zwei Jahre später stand der unermüdliche Bose am Kai in Kiel und stieg in ein deutsches U-Boot, das nach Indonesien wollte. In Sumatra ging er von Bord und flog nach Japan weiter. Erneut bat er die Machthaber um Hilfe – diesmal mit Erfolg. Schon bald befand sich Bose in Burma an der Spitze der so genannten *Indian National Army*. Es handelte sich um 25.000 bengalische Bauern, ausgestattet mit japanischen Waffen. Am 23. Oktober 1943 erklärte er den Briten den Krieg. Endlich sollte das Heimatland befreit werden.

Doch sobald Bose und seine Soldaten die Grenze nach Indien überschritten hatten, wurden sie von der 14. britischen Armee überrollt. Die Überlebenden der *Indian National Army* starben im Dschungel meist an Hunger oder Malaria, doch Bose überlebte auch diesmal auf wundersame Weise. Am 18. August 1945 fand sein Leben jedoch ein jähes Ende. Das Flugzeug, das ihn von Singapur nach Tokio bringen sollte, stürzte über einem Gebirgsmassiv in Taiwan ab. Der bengalische Nationalheld wurde mit starken Verbrennungen in ein Krankenhaus eingeliefert, wo er diesen erlag.

Im trockenen Klima von Rajasthan ist das Leben hart und entbehrungsreich. Familien, auch die Kinder, müssen mit ihren Wasserbehältern teils weite Entfernungen zurücklegen.

Obwohl Indien in hochtechnologisierten Industrien langsam an Boden gewinnt, sind altmodische Schreibmaschinen immer noch weit verbreitet, wie hier in den Straßen von Kalkutta.

Die alte, aber willensstarke Mutter Teresa bei einem ihrer letzten öffentlichen Auftritte. Zahlreiche Anhänger besuchten sie jeden Tag.

Für mich ist Indien ein Land der satten, leuchtenden Farben. Die Obsthändler in Kalkutta tun alles, um ihre Kunden mit kunstvollen Auslagen zu beeindrucken.

Die arme Landbevölkerung, die zu Tausenden nach Kalkutta strömt, stellt eine große Belastung für die soziale Infrastruktur der Stadt dar.

Vor den alten Tempeln und Palästen von Varanasi, der heiligen Stadt an den Ufern des Ganges, nehmen gläubige Hindus ein Bad, um sich von allen Sünden reinzuwaschen.

Bootsmann Ari rudert mich am frühen Morgen auf den Ganges hinaus. Im Hintergrund die alten, verfallenen Tempel von Varanasi.

Witwen aus ganz Indien versammeln sich in Vrindavan, einer kleinen Stadt südlich von Delhi, um den Rest ihres Lebens in eigens für sie errichteten Häusern zu verbringen.

Indische Stadtbewohner gehen leidenschaftlich gern ins Kino, wie hier in Kalkutta.

Die Kumbh Mela, ein riesiges hinduistisches Fest, wurde 1989 in Haridwar abgehalten. Millionen von Gästen nahmen ein reinigendes Bad in »Mutter Ganges«.

Ein langhaariger Sadhu, einer von Indiens heiligen Männern, taucht während der Kumbh Mela in den Ganges ein.

Auch der Autor reinigte sich im Ganges von allen Sünden. Da der Fluss mit hoher Geschwindigkeit durch Haridwar fließt, sind die stabilen Eisenketten von großem Nutzen.

Eine stolze Sikh-Familie vor dem Goldenen Tempel von Amritsar, Punjab. Die Sikhs bilden eine äußerst aktive Minderheit im hinduistisch dominierten Indien.

Die Gebäude und der viereckige Teich innerhalb des Goldenen Tempels von Amritsar sind ein imponierender Anblick. Tausende von Sikhs pilgern täglich zu diesem Ort.

Doch ist Bose wirklich gestorben?

Bis weit in die siebziger Jahre hinein hielt sich in Bengalen das Gerücht, er habe den Flugzeugabsturz überlebt und lebe irgendwo im Himalaja, im burmesischen Dschungel, in einem amerikanischen »Internierungslager« oder unter Freunden in irgendeinem kommunistischen Land. »Sichere Quellen« wussten zu berichten, sie hätten Bose »observiert«, und 1970 schlugen die Wellen um diese Gerüchte so hoch, dass Indiens Nationalversammlung eine öffentliche Untersuchung über »Natajis Verschwinden« in die Wege leitete.

Indessen pflegen die Einwohner von Kalkutta, ja von ganz Bengalen unverdrossen den Netaji-Mythos. Straßen und Parks werden nach ihm benannt, und es existieren Hunderte von Büsten und Statuen, die ihm mit ausgestrecktem Arm zeigen. Ihm zu Ehren werden Umzüge veranstaltet und Reden gehalten, und um Punkt 12.15 Uhr heulen anlässlich seiner Geburt die Sirenen der ganzen Stadt. Danach beginnen Militärkapellen die alten Kampflieder der *Indian National Army* zu spielen.

Gandhi ist in Bengalen längst vergessen – im Gegensatz zu Netaji.

Am Ende eines langen Tages ziehe ich mich erschöpft ins Lytton Hotel in der Sudder Street zurück. Es ist ein düsteres, heruntergekommenes Hotel, beinahe so unansehnlich wie die Straße selbst. Lord Lytton hingegen, dessen Namen das Hotel trägt, liebte das Tageslicht. Als der erzkonservative Tory 1876 zum Vizekönig von Indien ernannt wurde, verließ er die Heimat mit großem Pomp. Eine Zeitung fühlte sich beim Anblick seines Profils gar an »Napoleon nach dessen Krönung in Notre-Dame« erinnert.

Nach einer sechswöchigen Seereise ging Vizekönig Lytton in Indien an Land – rechtzeitig, um die formelle Ausrufung Königin Victorias zur Kaiserin von Indien vorbereiten zu können. Dies geschah im Januar 1877 in Neu-Delhi, und zugegen war alles, was Indien an Prinzen und Prinzessinnen aufzubieten hatte. Das britische Imperium selbst steuerte 15.000 in Rot gekleidete berittene Soldaten und Hunderte dressierter Elefanten in gleichmäßiger Prozession bei – Rudyard Kipling zufolge »ein Anblick, der jeder Fantasie spottete«.

Der Maharadscha von Indore, einer von 400 seinesgleichen, war außer sich vor Glück und sagte zum Vizekönig: »Bisher war Indien nur ein Haufen Steine. Jetzt ist ein Haus entstanden, in dem jeder einzelne Stein seinen richtigen Platz hat.«

30 Jahre lang blieb Lord Lytton der Stellvertreter der Königin in Indien. Inzwischen begnügt sich der Vizekönig damit, gerahmt in meinem Hotelzimmer in der Sudder Street zu hängen: weiße Uniform, Tropenhelm, kleine Adlernase, scharfer Blick. Und was sieht er, wenn er in Zimmer 312 aus dem Fenster blickt?

Die Sudder Street ist eine der lebhafteren Straßen Kalkuttas. Hier finden sich zahlreiche Hotels, von Motten zerfressene Antiquariate und überlaufene Straßenküchen, die einen verführerischen Duft nach Curry und Koriander verströmen. Das Reisebüro neben Dr. Kumars Mütterklinik lockt mit günstigen Reisen nach Dublin und der Isle of Man. Doch warum sollte man dorthin reisen, wenn einem hier rund um die Uhr solch ein Schauspiel geboten wird? Von meinem ovalen Balkon aus kann ich den ständigen Szenenwechsel an der Wasserpumpe vor dem Indian Museum beobachten. Wie im übrigen Indien auch werden Wasserpumpen in Kalkutta heilig gehalten. Wo sich eine Wasserpumpe befindet, gibt es auch Menschen. Nacheinander knien sie vor der rostigen Pumpe und lassen die köstliche Flüssigkeit in ihre Kehlen laufen.

Und bevor die Nacht über Kalkutta hereinbricht, strömen die Armen hierher, um sich den Schweiß des Tages abzuwaschen. Im Lichtschein der schiefen Straßenlampe steht ein nacktes Kind – ein etwa drei- bis vierjähriges Mädchen – in heller Begeisterung unter dem Wasserstrahl. Ein räudiger Hund trippelt heran und hält seine Zunge darunter. Im Hintergrund hocken Erwachsene hinter glühenden Kohlehaufen und warten darauf, dass der Reis zu kochen beginnt. Eine junge Frau rührt vorsichtig in einem rußigen, verbeulten Blechbehälter, und wenn der Reis fertig ist, scharen sich die Hungrigen noch enger um die Glut. Junge und Alte strecken die Hände aus und bedienen sich direkt aus dem Behälter. Es scheint genug Essen für alle zu geben, und auch ein vorüberziehender Bettler bekommt ein wenig ab. Dann bricht die Nacht herein. Die Sudder Street wird zum Schlafareal. Die Menschen sinken einfach zusammen und dämmern auf der einzigen Matratze dahin, die sie kennen – dem Bordstein. Manche liegen allein, andere beieinander, einige auf dem Rücken, andere auf dem Bauch – ungeschützt, halb nackt, wehrlos.

Von Lord Lytton bewacht, gehe auch ich ins Bett, doch die Ruhe währt nicht lange. Denn nun werden die Hunde munter, die während des heißen Tages vor sich hin gedöst haben. Im Schein des Mondes, der wie eine runde Lampe über dem Ende der Straße steht, gehen die Vierbeiner in Stellung, um ihre Revierkämpfe auszutragen. Es müssen Hunderte sein, und da die Sudder Street von der Free School Street gekreuzt wird, hat sich inzwischen eine ganze Hundeguerilla auf der anderen Seite der Straße eingefunden. Ein riesiger Köter mit zahlreichen Bisswunden, der das linke Hinterbein nachzieht, geht plötzlich zum Angriff über. Das Startsignal ist gegeben. Der Krieg ist eröffnet.

Mit unbeschreiblichem Furor rasen die Hunde aufeinander los, hetzen sich durch die Straßen und verwandeln die ganze Gegend in ein bellendes, knurrendes und jaulendes Inferno. Doch die Menschen, gehüllt in Zeitungen, Planen und Lumpen, liegen vollkommen unbeweglich da, als hätten sie soeben kollektiven Selbstmord begangen. Das kleine Mädchen, das vorhin unter der Wasserpumpe getanzt hat, liegt mit dem Kopf auf der Bordsteinkante, die Beine vor einem Abflussrohr. Ihr Gesicht ist ruhig und sanft. Sie sieht aus wie eine weggeworfene Puppe. Im Hintergrund rauchen die immer noch glühenden Kohlehaufen. Einer der Hunde jault auf, als er im Kampf gegen die Kohlen geschleudert wird, während die Zweibeiner weiter in ihrem bewusstlosen Zustand verharren.

Vor dem Eingang des Red Shield Guesthouse auf der anderen Straßenseite haben vier Rikschawallahs längst Schutz unter ihren Wagen gesucht. Im Lichtschein erkenne ich, wie sich ein schmächtiger Brustkorb mit vorstehenden Rippen rhythmisch hebt und senkt. Es kommt darauf an, jeden einzelnen Atemzug auszukosten, denn in Kalkutta sind es die Rikschawallahs, die als Erste auf den Beinen sind und sich als Letzte zur Ruhe begeben. Zu Beginn der neunziger Jahre versuchte die Stadtregierung, die Rikschawallahs aus dem Stadtbild zu verdrängen. Die Stadt sei dafür zu modern geworden, sagten die Politiker, außerdem hielten sie den Verkehr auf. Doch die Rikschawallahs ließen sich das nicht gefallen. Sie gründeten eine eigene Gewerkschaft, die sofort 12.000 Mitglieder hatte, und an einem Januartag des Jahres 1997 zogen sie mit ihren knarzenden Karren über die Nehru Road. Fünf Stunden lang stand der Verkehr still, während der Anführer der Wallahs, ein Analphabet aus Bangladesch, vor dem Rathaus auf eine Holzkiste stieg und den Namen des Bürgermeisters rief.

Dieser ließ sich zwar nicht blicken, doch seitdem hat niemand mehr gewagt, die jüngste und stolzeste Gewerkschaft Kalkuttas herauszufordern.

Bei den Rikschawallahs handelt es sich überwiegend um ruinierte Bauern aus den Dörfern Westbengalens. Für 25 Rupien am Tag leihen sie sich die Rikschas von den Besitzern aus. Um überleben zu können, müssen sie das Vierfache dieser Summe verdienen, ihre beladenen Gefährte also von früh bis spät durch die Straßen zu ziehen. Da sie in der Regel heimatlos sind, verbringen sie ihre Tage und Jahre vor und unter der Rikscha. Viele sterben früh infolge von Abgasvergiftungen, Infektionen und Mangelernährung. Andere lassen bei Verkehrsunfällen ihr Leben. 1993 betrug die durchschnittliche Lebenserwartung eines Rikschawallahs 40,6 Jahre.

»Doch wir brauchen sie«, sagt der Mann an der Rezeption des Lytton Hotel. »Vor allem in der Regenzeit. Wenn die Straßen überschwemmt werden, sind die Rikschawallahs unentbehrlich.«

Die ersten knirschenden Pumpgeräusche von der anderen Straßenseite signalisieren den Anbruch des neuen Tages. Vielleicht ein Rikschawallah, der sich vor der ersten Fahrt den Schlaf aus den Augen wäscht. Zahnpflege ist bei dieser Berufsgruppe nicht üblich; die Zähne dürfen in aller Ruhe verfaulen.

Andere kommen mit Seife und Zahnbürste. Bald schäumt es nur so an der Wasserstelle. Die Straßenkinder spielen lachend und lärmend mit Seifenblasen und Schaumfetzen. Eine gähnende Frau in knöchellangem Rock hat ein Stück Seife unter die Textilien geschmuggelt und duscht schließlich angezogen. Was macht das schon? In ein oder zwei Stunden wird der Sari wieder trocken sein. Aus einem Lumpenbündel erhebt sich ein blasses, fast nacktes Knochengestell mit weißen Haaren und dünnen, klapprigen Beinen. Langsam fährt sich der Mann mit der Hand durch seine spärlichen Haare und sieht all die Menschen, die so viel Energie für ihre Morgentoilette aufbringen, verständnislos an. Im nächsten Moment setzt er sich mitsamt seinen Lumpen in Bewegung und verscheucht, bevor er um die nächste Straßenecke biegt, noch die Raben, die sich auf dem Müllhaufen vor dem Kalkutta New Age Video Store niedergelassen haben.

Doch entstehende Freiräume werden umgehend besetzt. Von der gegenüberliegenden Seite nähert sich ein junger Mann mit einem schwarzen Geigenkasten. Er stellt sich genau an die Stelle, an der sich eben noch das Lumpenbündel befunden hat, und schon erklingt Beethovens *Für Elise* in der Sudder Street. Die Szene wirkt unwirklich, doch niemand scheint Notiz von dem Violinisten in dem weißen Hemd, der schokoladenbraunen Hose und den glänzenden schwarzen Schuhen zu nehmen. In Kalkutta sind solche überraschenden Szenenwechsel an der Tagesordnung. Im Lauf der nächsten Stunden wird der schmale Asphaltstreifen hinter der Wasserpumpe von einem Haarschneider, einem Schlangenbeschwörer, einem Saxofonisten, einem Fakir, einem Dichter, einem Blumenverkäufer, einem Fußpfleger, einem Feuerschlucker, einem Straßenfeger, einem Porträtmaler, zwei Schachspielern, einem Dieb und einem wütenden Polizisten bevölkert.

Auch ein Schreiber taucht auf. Er hat sich einen kleinen Arbeitstisch aus bengalischem Bambus und eine bleischwere Remington-Schreibmaschine aus den vierziger Jahren mitgebracht. Sein Rücken ist krumm, und seine Beine sind schief, doch seine Stimme ist scharf: »Briefe! Liebesbriefe! Rechnungen, Anzeigen, Anträge!«

Rasch hat sich eine unruhige Schlange vor dem Bambustisch gebildet. Die Tasten knallen wie Schüsse, und während die Stunden vergehen, rattern die weißen Bögen aus dem schwarzen Monstrum. Die Analphabeten in der Schlange bezahlen ein paar Rupien und verschwinden mit ihrem Schreiben in Richtung Briefkasten.

Um kurz vor zwölf beenden der Schreiber und die anderen Straßenkünstler der Sudder Street ihre Vorstellung. Der Vorhang senkt sich, weil die Sonne mittlerweile hoch am Himmel steht. Die Wärme wird langsam unerträglich. Halb Kalkutta zieht sich nach drinnen zurück, und während die Sonne ihrem Zenit entgegenstrebt, wende ich mich an den Hotelpagen – einen uniformierten älteren Herrn mit weißen Handschuhen – und frage nach dem besten Tee, den Kalkutta und Indien zu bieten habe.

»*Oh, yes*«, entgegnet er. »*It must be a cup of First Flush Super Fine Tippi Golden Flowery Orange Pekoe I.*«

»???«

»*A cup of First Flush Super Fine Tippi Golden Flowery Orange Pekoe I!*«

Indien ist einer der größten Teeproduzenten der Welt. Abgesehen von den Chinesen, trinkt kein Volk mehr Tee als die Inder. Sie wissen also, wovon sie reden.

Gleich um die Ecke liegt das Oberoi Grand Hotel. Dort müsste Indiens bester Tee eigentlich zu finden sein. Umgeben von hartem Asphalt mit seinen rot gefärbten Speichelresten, hat dieses Hotel manch bleichen Europäer davor bewahrt, die Nerven zu verlieren. Mein Problem indes ist der Bettler, der den Haupteingang versperrt. Er liegt mit verstümmelten Gliedmaßen auf einem Nagelteppich und stößt merkwürdig gurgelnde Laute aus. Sein Kopf sitzt so schief auf dem Hals, als hätte die Guillotine nur halbe Arbeit geleistet. Kinn, Mund und ein Ohr sind vollkommen unkenntlich. In einem Anfall postkolonialer Nächstenliebe erübrige ich für den Versehrten 100 Rupien, bevor ich an ihm vorbeigehe.

»Das hätten Sie nicht tun sollen«, sagt der Wachmann.

»Warum nicht?«

»Weil das Geld der Mafia und der Polizei in die Hände fällt.«

Er winkt mich zum Hoteleingang und führt mich in einen Saal mit weißem Marmorboden. Ein Streichquartett – vier Herren im Frack – sitzt unter einem prächtigen Kronleuchter und spielt den ersten Satz aus den *Vier Jahreszeiten* von Vivaldi. Durch das Panoramafenster blicke ich in die Schwimmhalle, in der indische Geschäftsleute in Liegestühlen die rosafarbene *Economic Times* lesen.

So nah liegen also Himmel und Hölle beieinander.

Frühling, Sommer, Herbst und Winter dauern lange genug, um es mir im Rücken des Streichquartetts richtig bequem zu machen und mir fünfmal die hauchdünnen Porzellantassen mit – na, was wohl? – *First Flush Super Fine Tippi Golden Flowery Orange Pekoe I* füllen zu lassen. Und während ich mich im antiseptischen Interieur spiegle, kann ich keine Spur der 2000 alliierten Soldaten entdecken, die das Hotel während des Zweiten Weltkriegs mit Beschlag belegt hatten.

Nur einen Steinwurf vom Oberoi Grand Hotel entfernt liegt die Maidan genannte grüne Lunge Kalkuttas. Hier werden auf riesigen Grünflächen Cricket und Hockey gespielt. Hier schlafen die Armen – ganze Familien mitsamt ihren Säcken und Kochutensilien –, hier schlagen sich die Liebenden in die Büsche, und hier werden jeden Mittwoch um 19 Uhr Gedichte vorgelesen. Das große schwarze Loch ist auch bekannt als Stadt der Literaten. In keiner Stadt der Welt werden so viele Gedichte geschrieben wie in Kalkutta, und wohl nirgends gibt es so viel Anschauungsmaterial, dessen man sich bedienen könnte. Die Stadt, die Tagore hervorbrachte, betrachtet sich selbst als intellektuelles Zentrum Indiens.

Es ist 19 Uhr. In einem Winkel des Stadtparks, auf einer kleinen sandigen Fläche, ist es Zeit für die Poesie. Zwei Männer tragen ein kleines Holzpodest heran. Die Holzbretter riechen nach Urin, aber das soll die Gedanken nicht hindern, sich frei zu entfalten. Ein blasser Mann mit kleiner Hornbrille tritt vor das Publikum. Ich weiß nicht, wie viele wir sind, denn es ist stockdunkel. Im schwachen Licht der Laterne, die auf der anderen Seite des Zaunes steht, zeichnen sich die schwarzen Silhouetten der Dichter ab. Einige lesen mit Pathos, andere mit leisen, kaum hörbaren Stimmen. Ein junger Mann ist so nervös, dass er mitten in der ersten Strophe abbrechen muss. Das Publikum spendet ihm höflichen Applaus.

Eine alte Frau macht die Runde und bietet ihre handgeschriebenen Gedichte an. Eines kostet nur fünf Rupien. Ein Mann verkauft seine Gedichte auf grobem Papier. Überall werden Gedichte verkauft. Kurze und lange, eigene und fremde. Gedichte von Tagore. Teils in Bengali, teils in Hindi, die wenigsten in englischer Sprache verfasst. Kalkutta hat mehr Dichter als Rom und Paris zusammen, behaupten die Schöngeister, und angeblich soll es in der Stadt über 2000 literarische Magazine geben. Sandeep Dutt, stolzer Inhaber des *Little Magazine Library and Research Centre*, spricht voller Stolz: »Die Einwohner Kalkuttas sind mehr am Geist als an der Materie interessiert. Mit materiellen Dingen sollen sich die Mumbaiwallahs [die Einwohner von Bombay] abgeben!«

Ich bin mir nicht sicher, ob Sandeep Recht hat. Doch die Behauptung macht natürlich Eindruck.

Am nächsten Morgen. Wohin geht die Reise?

Möglichkeiten gibt es zur Genüge. Wer sich nach Ruhe sehnt, der kann sich nach Sunderban begeben, ins riesige Sumpfgebiet am Golf von Bengalen, das 1973 zum Nationalpark erklärt wurde. An Bord eines der gepanzerten Boote des West Bengal Tourist Bureau kann man in den Mangrovenwald vordringen – in der Hoffnung, ein Exemplar der 300 verbliebenen menschenfressenden Bengaltiger zu Gesicht zu bekommen. »Diese ungeheuerlichen Raubtiere verschonen kein lebendes Wesen«, schrieb der Franzose Jacques Bernier im achtzehnten Jahrhundert. »Wer in ihr Reich eindringt, riskiert sein Leben. Der Tiger pflegt von hinten anzugreifen, und wenn man den Besatzungen der Boote glauben darf, schlagen sie ihre Krallen immer zuerst in den fettesten der Passagiere.« Um sich gegen die Angriffe von hinten zu schützen, haben die Jäger in den Sümpfen begonnen, Gesichtsmasken am Hinterkopf zu tragen.

Sunderban liegt nur 80 Kilometer östlich von Kalkutta und erstreckt sich bis nach Bangladesch. Der Sumpf beansprucht eine Fläche von 18.000 Quadratkilometern, und die benachbarten Dörfer leben in ständiger Angst vor den Raubtieren – nicht nur vor den Bengaltigern, sondern auch vor Krokodilen und Pythonschlangen. In jedem einzelnen Dorf haben Tiger bereits die Einwohnerzwahl dezimiert. In Arampur sollen in den letzten fünf Jahren 200 Männer von Tigern getötet worden sein.

Das Problem in den Randgebieten des Sumpfes besteht darin, dass sich die Bevölkerung – insgesamt 300.000 Menschen – genauso von Sunderban angezogen fühlt wie die Tiger. Die Bewohner haben dort von jeher gelebt und kennen nichts anderes als die Mangrovensümpfe. Ihre Nahrung besteht aus Waldhonig, Fischen und Eidechsen, und bei ihren Ausflügen geht es tagtäglich ums Überleben.

Der Mitarbeiter des Reisebüros in Kalkutta bietet mir eine zweitägige Tour durch Sunderban an. »Nur 800 Rupien, inklusive Essen und zwei Übernachtungen. Hinzu kommt die Versicherungsgebühr.«

»Versicherungsgebühr?«

»Aber natürlich müssen Sie sich versichern. In Sunderban kann alles geschehen.«

Vergessen wir Sunderban fürs Erste und richten unsere Blicke nach Darjeeling. Darjeeling? Wenn Sie jetzt an Tee denken, sind Sie auf der richtigen Spur. Darjeeling liegt in luftiger Höhe im südlichen Himalaja, 500 Kilometer nördlich von Kalkutta. Der Höhenzug, auf dem die Stadt liegt, wurde 1828 von zwei britischen Offizieren »entdeckt«, die in den Bergen irgendeinen Grenzkonflikt lösen sollten. Die klare Gebirgsluft tat ihnen gut, und wenige Jahre später beschlossen die Briten, eine so genannte *hill station* einzurichten. Doch wie sollten die bequemen, rotwangigen Kolonialherren aus Kalkutta nur in die Berge kommen? Etwa zu Fuß?

Die Lösung mutet sehr britisch an. Zehntausende Inder wurden zusammengetrommelt, um eine Schmalspurbahn zu errichten, die von der Ebene in eine Höhe von 2134 Metern emporführte. Mit der Bahn drangen die Menschen in das südliche Himalajagebiet vor, das für den Teeanbau wie geschaffen war. In Kalkutta, wo die Ware verschifft wurde, gründete man eine Teekompanie nach der anderen, wovon die Mission Row immer noch Zeugnis ablegt. Die Straße ist schmal, doch geschäftig. Zu beiden Seiten reihen sich viktorianische Lagerhallen aneinander. Weiterhin werden regelmäßig Teeauktionen hinter den brüchigen Fassaden veranstaltet. Händler aus der ganzen Welt erschnuppern sich die beste Ware aus den »Hills«.

Der Toy Train nach Darjeeling geht jeden Morgen um neun und wird von einer Dampflokomotive aus dem Jahr 1892 gezogen, wie mir der Mann hinter dem Schalter zu verstehen gibt.

»Und dort liegt Sikkim oder Bhutan!«, fügt er hinzu und zeigt in nördliche Richtung.

Lange Zeit wurde Sikkim als das letzte Shangri-La des Himalaja angesehen. Das Land war ein unabhängiges Königreich, eingebettet in Rhododendronwälder, Orchideen und eine ureigene Fauna. Doch 1975 beendeten die Inder die Unruhen in der Hauptstadt Gangtok, annektierten das Land und machten es zum 22. indischen Bundesstaat. Seitdem hat die indische Regierung beträchtliche Summen aufgewendet, um den kleinen Bundesstaat, der nur 600.000 Einwohner zählt, zu modernisieren. Diesem Engagement lag sicher die Furcht vor China zugrunde, mit dem es lange Zeit einen schwelenden Grenzkonflikt gab, der erst im April 2005 vertraglich beigelegt wurde.

Im Grenzgebiet liegt auch der Kanchenjunga, der dritthöchste Berg der Erde.

Der Mann hinter dem Schalter setzt seinen Zeigefinger auf das Gebirgsmassiv, das sich in Sikkims nordwestlicher Ecke befindet.

Der Kanchenjunga ragt 8598 Meter in die Höhe. Für die Sikkimesen ist er ein heiliger Berg. Als ihn eine britische Expedition 1955 erstmals bestieg, ehrte sie den Glauben der Sikkimesen, indem sie einige Schritte vor dem eigentlichen Gipfel Halt machte.

Östlich von Sikkim liegt Bhutan. Doch im Gegensatz zu seinem westlichen Nachbarn hat Bhutan sich dem Zugriff Indiens bis heute entzogen. König Jigme Singye Wangchuck, dem die unzugängliche Gebirgslandschaft sicher zur Hilfe kommt, hat das Land vom Rest des Subkontinents isoliert. Nur wenige tausend Touristen werden jedes Jahr ins Land gelassen, und der Kampf um die begehrten Plätze ist hart. In der Hauptstadt Thimpu gibt es nur zwei Tankstellen und in den Straßen mehr Hunde als Autos. »Wir haben viel Zeit und werden das Land nach unseren eigenen Vorstellungen modernisieren«, sagte der König auf der jährlichen Eröffnungssitzung der Nationalversammlung im Herbst 1998. Ehe die 150 Abgeordneten den reich dekorierten Sitzungssaal in Thimpu betraten, deponierten sie ihre blitzenden Schwerter in einem vor dem Eingang platzierten Ständer.

»Aber wie soll ich in das ›Land des Drachens‹ gelangen?«

»Indem Sie einen Antrag stellen«, sagt der Mann hinter der Schranke und zieht acht verschiedene Formulare aus der Schublade.

»Und wie lange muss ich warten, bis ich eine Antwort erhalte?«

»Einen Monat. Vielleicht auch zwei. Wer weiß. *It's up to the King!*«

Bhutan muss warten – leider. Ich habe mich entschieden. Die nächste Etappe meiner Reise wird mich in das bevölkerungsreichste Tal dieser Erde führen. Dort wohnen 400 Millionen Menschen, und falls die Experten Recht behalten, werden diese Millionen über Indiens Schicksal entscheiden. Scheitern sie, wird Indien zugrunde gehen.

Leb wohl, Kalkutta. Auf Gleis 18 setzt sich der Poorva Express kreischend in Bewegung. Der Zugführer richtet den Blick gen Westen, zum Tal der Täler und dem Fluss der Flüsse. Während wir dem Sonnenuntergang entgegenrattern, hat sich ein junger Mann zu mir gesellt, der aussieht wie ein Pachtbauer aus Bihar nach einer missglückten Ernte.

Nun gut, »zu mir gesellt« ist ein wenig übertrieben. Vielmehr lese ich das Buch eines gewissen Dennison Berwick, eines britischen Originals, das sich einst weigerte, eine Fahrkarte zu kaufen. Stattdessen wollte er zu Fuß gehen – vom Sunderban-Nationalpark bis zur eiskalten Quelle des Ganges im Himalaja.

Beklagen Sie sich nicht.
Nächste Station Benares

Früher haben wir eine natürliche Trennung praktiziert, doch nun reisen wir in alle Richtungen. Ist es da verwunderlich, dass wir weit vor der Zeit krank werden und sterben?

MAHATMA GANDHI

Schön, ein Buch zu haben, wenn das Ziel noch fern ist. Und in diesem Moment passt Dennison Berwicks *A Walk Along The Ganges* besonders gut. Ich habe es in einem dunklen, staubigen Antiquariat in Kalkutta erstanden. »Die Idee, am Ganges entlangzuwandern, von der Mündung bis zu seiner Quelle, kam mir eines Morgens, als ich über den Nil blickte«, schreibt Berwick in seinem Vorwort. »Gründe gab es mehrere. Zum einen wollte ich eine monatelange Wanderung unternehmen – warum nicht entlang dem Ganges? –, zum anderen der Frage nachgehen, was einen Fluss mit einer Gottheit verbinden kann. Für Millionen von Hindus verkörpert der Ganges die Göttin Ganga. Indem ich seinem Ufer folgte und dabei Tausende von Dörfern passierte, würde ich viel über Indien lernen.«

Gesagt, getan.

Es erklangen keine Fanfaren, schreibt Berwick, als er sich am 23. November 1983 auf den Weg machte. Die Luft war schwül und von Mücken gesättigt. Am Horizont zog ein schweres Unwetter auf. Der resolute Engländer trug die traditionelle Kleidung der indischen Landbevölkerung: einen grünen knöchellangen *Lungi* (ein langes Stück Stoff, das um die Hüfte getragen wird), eine beigefarbene *Kurta* (ein langes Hemd), die bis zu den Oberschenkeln reicht, und Kunststoffsandalen. Auf dem Rücken hatte er einen kleinen Tornister, in dem sich ein Mückennetz, Zahnpasta, Seife, verschiedene Tabletten gegen Fieber und Durchfall, ein Kamm, Pflaster, Bindfaden und andere Kleinigkeiten befanden.

Schon nach dreihundert Metern wurde er von einem Inder angehalten, der ihn fragte, wohin er wolle. Berwick traute sich nicht zu sagen, er wolle bis zur 2510 Kilometer entfernten Quelle des Ganges wandern. Also begnügte er sich damit, in eine bestimmte Richtung zu zeigen und seinen Weg fortzusetzen.

Die nächste Person, der er begegnete, stellte dieselbe Frage. Diesmal antwortete Berwick, er wolle in die nächste Stadt. Der Inder schlug ihm vor, den Bus zu nehmen, doch der Engländer lehnte ab.

Bevor er seinen langen Marsch begann, hatte Berwick bei einem Bengalen in Kalkutta einen zweiwöchigen Kurs in Hindi belegt. Als dieser beendet war, konnte er immerhin ein paar nützliche Phrasen wie »Ich spreche kein Hindi« herunterleiern. Das Problem war allerdings, dass die Menschen am Golf von Bengalen und am niederen Flusslauf des Ganges kein Hindi sprechen, sondern Bengali.

»*I am a Bengali. My mother tongue is Bengali, then I know English. What is Hindi? It is the language of Neu-Delhi*«, bekam er ein ums andere Mal zu hören.

Doch Berwick war lernfähig. Das Gangesdelta ist genauso groß wie Dänemark, und die Dörfer am Flussufer reihen sich in rascher Folge aneinander. Millionen von Bauern hatten soeben mit der Ernte begonnen. Kilometer um Kilometer sah Berwick, wie sie mit ihren scharfen Sensen auf den Feldern arbeiteten und die Ernte bei Sonnenuntergang auf schmerzenden Schultern in die Dörfer schleppten. Die Tageslöhne waren sehr niedrig, schreibt er – sieben Rupien für Männer, sechs für Frauen. Doch die Menschen, denen er begegnete, wirkten dankbar. Sie winkten ihm lächelnd zu, die Frauen sangen oft während der Arbeit.

Bei Anbruch der Dunkelheit öffneten die armen Bauern dem seltsamen Ausländer in seiner indischen Baumwollkleidung die Türen zu ihren baufälligen Behausungen. Dort konnte er seine Mahlzeiten einnehmen, seine Blasen verpflastern und seine schmerzenden Glieder ausruhen. Wenn er am nächsten Tag weiterzog, folgten ihm oft die Kinder des Dorfes: »*Where are you going? Where have you come from? Which is your country?*« Jeden Tag dieselben Fragen.

Schon nach drei Tagen fühlte sich Berwick am Ende seiner Kräfte. Und drei Monate hatte er noch vor sich! »Doch mehr denn je«, schreibt er, »war ich entschlossen, mein großes Vorhaben zu realisieren.«

Wäre Berwick vor 400 Jahren losmarschiert, hätte er mit Sicherheit Station in Gaur, der damaligen Hauptstadt Bengalens, gemacht. Als der venezianische Kaufmann Ludovico di Varthema zu Beginn des sechzehnten Jahrhunderts in Gaur an Land ging, erblickte er eine der schönsten und reichsten Städte in ganz Asien: »So imponierend, dass ich mich fragte, ob ich noch auf dieser Welt war.« Er betrachtete Gaur »als verschwenderische Belohnung für tausend stürmische Tage auf See, für die unbeschreiblichsten Leiden und Entbehrungen«.

Innerhalb der hohen Stadtmauern wimmelte es von Händlern und Abenteurern aus China und Europa. Der Marktplatz schien ihm »wie die ganze Welt im Kleinen«.

Ebenso wie Venedig wurde auch Gaur von einem engmaschigen Netz von Kanälen durchzogen. Diese Wasseradern verbanden die Stadt mit dem Ganges. Di Varthema wie auch andere, die Gaur besuchten, berichten von der unfassbar großen Einwohnerzahl. Es war die Rede von »1,2 Millionen Familien«. Von allen Gebäuden der Stadt konnte sich keines mit der Goldenen Moschee messen, die zu Beginn des sechzehnten Jahrhunderts erbaut wurde und 44 Minarette besaß. Von Nord nach Süd war die Stadtmauer zwölf Kilometer lang, während die Breite zwischen anderthalb und drei Metern betragen haben soll. Die Stadttore waren höher und dicker, als di Varthema es jemals bei einer anderen Stadt gesehen hatte, und die Wassergräben »die tiefsten überhaupt«. Kein Feind sollte Gaur jemals einnehmen können.

Doch dann wurde die Stadt plötzlich von Feinden heimgesucht, mit denen niemand gerechnet hatte: Dürre, Siechtum – Tod!

Man schrieb das Jahr 1575. Drei Monate lang hatte der Monsun gewütet und ganz Bengalen unter Wasser gesetzt. Menschen und Tiere waren zu Tausenden ertrunken. Dann folgten Sonne und Trockenheit. Der Ganges, aufgrund dessen Gaur einst gegründet wurde, änderte seinen Verlauf und ließ die Stadt wie ein sterbendes Tier zurück. Wochenlang lagen die Schiffe im ausgetrockneten Flussbett fest, während sich die Kanäle in erbärmliche Rinnsale verwandelten. Die verzweifelten Einwohner suchten die Goldene Moschee und die Tempel auf, doch die Götter erhörten ihre Gebete nicht. Stattdessen wurden die geschwächten Menschen zuerst von den Malariamücken, dann von der Pest heimgesucht, die der Stadt vollends den Garaus machte.

Der Ganges, die Quelle des Lebens, kehrte nie mehr nach Gaur zurück. Ebenso wie Angkor in Kambodscha verschwand die Stadt im Nebel der Geschichte, und erst in den siebziger Jahren des neunzehnten Jahrhunderts rodete die Organisation *Archaeological Survey of India* das Dschungelgelände und machte die einstige Weltstadt den Touristen zugänglich. Doch außer vereinzelten Ruinen und einer Gruppe schläfriger Affen fanden sie nichts vor.

Im Poorva Express wird es Abend. Draußen, auf der anderen Seite des Fensters, schwirren die Mücken in der feuchten Luft. Die Landschaft flimmert nach dem langen Sonnenbad. Die schmalen Wolken am Horizont erstrecken sich wie Feuerzungen in westliche Richtung, während die Bauern von den Reisfeldern nach Hause zurückkehren. Hin und wieder schallt das ferne Jammern einer Frau durch den Zug, doch niemand scheint davon Notiz zu nehmen. Gejammert wird viel in Indien; eine Frau mehr oder weniger spielt da keine Rolle. »Ouiiihhh«, stöhnt die Frau in regelmäßigen Abständen. »Ouiiihhh! Ouiiihhh!«

Der Expresszug nach Benares antwortet mit seinem gleichmäßigen Rattern über Schienen und Schwellen, während Indien allmählich zur Ruhe kommt und die roten Feuerzungen sich in grauschwarze Schleier verwandeln. Jenseits der Glasscheibe, an der tote Mücken kleben, sind nur noch wenige Menschen zu sehen. Nur hin und wieder tauchen welche wie Gespenster aus der Dunkelheit auf. Manche schleppen sich mit Spaten und Hacken nach Hause, andere treiben ihre Kühe und Ochsen an. In Tausenden von Dörfern flackern schwache Lichter als letztes Zeichen menschlichen Lebens, doch indem sich die Nacht über die Landschaft senkt, verlöschen sie eines nach dem anderen.

»Ouuuiiihhh! Ouiiihhh! Ouiiihhh!«

»Herrgott noch mal!«, ruft einer der Männer, »was schreit die denn so?« Er dreht sich um, ändert die Sitzposition und zieht die Knie unter das Kinn. Für einen Augenblick scheint es so, als wolle er aufstehen, um persönlich für Ruhe zu sorgen. Doch plötzlich sinkt sein großer Kopf auf die Schulter des Nachbarn – wie ein Ball, aus dem die Luft entweicht. Dort wackelt er hin und her, während sich die Frau auf etwas vorbereitet, das niemand ahnt. Niemand außer der Frau selbst und ihrer kleinen Reisegesellschaft mit ihren Wolldecken und Plastiktüten. Mindestens vier Begleiter müssen es sein, unter denen sich zumindest *ein* Mann befindet. Der Mann – den ich nicht sehe, sondern nur höre – lässt jedem Ouiiihhh! ein kurzes Stöhnen folgen. Vielleicht ist dies ein Versuch, der Frau Trost zu spenden, deren Jammern immer lauter wird. Jemand verschwindet auf der Toilette und holt der Frau einen Becher Wasser. In der nächsten halben Stunde wird ihre Stimme hörbar schwächer.

Erneut schlage ich Dennison Berwicks *A Walk Along The Ganges* auf. Wie weit ist Dennison inzwischen gekommen? Nicht besonders weit, um es gleich zu sagen – er ist immer noch in Bengalen, auf seiner scheinbar endlosen Wanderung entlang Sandbänken und Reisfeldern, durch stinkende Schlammlöcher und malariaverseuchte Sumpfgebiete. Als seine wunden Füße ihn kaum noch zu tragen vermögen, stößt er in all dem Elend auf eine norwegische Missionsstation, in der eine Frau namens Gudrun Sæther das Sagen hat.

Hier wird er sogleich mit Wundsalbe, Pflastern, Wattebäuschen, Bandagen und Tabletten aus dem gut sortierten Medikamentenbestand der Missionsstation versorgt – Gott und Gudrun sei Dank!

Der Schaffner, der den Namen Gupta trägt – erkennbar an seinem Namensschild –, betritt unseren Wagen. Er ist klein und grauhaarig, doch seine Körpersprache ist von großer Entschiedenheit.

Er nimmt Haltung an und ruft: »*I'm looking for a dai! Any dai around?*«

Die Männer um mich herum reagieren mit Murmeln und fragenden Blicken. Eine *Dai*? Eine Hebamme? Veranstaltet die Frau deshalb so ein Geschrei? Will sie etwa hier ein Kind bekommen? Im Expresszug auf dem Weg nach Benares? Die Verkündung des bevorstehenden Ereignisses lässt die Frau einen hellen Schrei ausstoßen – »Aaahhhooiiii!« –, während der Schaffner in den nächsten Wagen eilt. »*I'm looking for a dai!*«, hört man ihn in der Ferne. »*Any dai a-r-r-o-u-n-d?*« Ein paar Männer und eine ältere Frau haben sich an Guptas Fersen geheftet, neugierig, wie die Angelegenheit wohl enden wird. Im Nu hat Gupta auf seiner Jagd nach einer rettenden Dai den halben Zug durchquert.

»Es wird doch wohl irgendeine *Dai* hier im Zug geben«, kommentiert ein Mann. »Hier fahren schließlich 2000 bis 3000 Leute mit.«

»Aber wie viele Frauen sind schon darunter«, schaltet sich ein anderer ein. *»Less than ten percent, I'm sure! Less than ten percent!«*

Während die Minuten verstreichen, leert sich in Abwesenheit Guptas der Waggon Nummer 16. Die meisten haben von dem Geschrei die Nase voll. Koffer und Kohlköpfe, Decken, Plastiksäcke und eine merkwürdige Topfpflanze, die mich an einen Tintenfisch denken lässt, werden von der Gepäckablage gehoben und fortgetragen. Einige Männer begnügen sich damit, sich etwas weiter nach vorn zu setzen, während andere den Waggon so fluchtartig verlassen, als wäre die Pest hinter ihnen her. Ihr Gesichtsausdruck spricht Bände: Das sollen die schreiende Frau und ihre *Dai* – sofern es eine gibt – unter sich ausmachen.

Plötzlich wird vehement die Tür aufgestoßen. Schaffner Gupta und sein Gefolge sind zurückgekehrt. Sie haben sicher hundertmal *»Dai!«* gerufen, ohne die erlösende Antwort zu bekommen. Keine *Dai* aufzutreiben, nur mehr oder minder verschlafende Männer auf dem Weg in die heilige Stadt. Die alte Frau mit der langen, krummen Nase scheint die Führung übernommen zu haben und ruft alle zwei Meter nach einer Hebamme. Kein Abteil entgeht ihrem scharfen Blick, und sieht sie eine Frau, streckt sie den Rücken und ruft mit inquisitorischer Stimme: *»Dai?«*

»Ouuuiiihhh!«, gellt es hinter uns. »Ouuuiiihhh!«

»Kann die nicht woanders ihr Kind kriegen?«, fragt einer der Männer. »Kann der Zug nicht anhalten und sie rauswerfen?«

»Gibt es kein Krankenhaus in der Nähe?«, fragt ein anderer.

»Krankenhaus?«, fragt Gupta zurück. Er richtet sich auf, nimmt Haltung an und sieht enorm wütend aus. *»Don't you know where we a-r-r-r? We a-r-r-r in Bihar-r-r!«*

Mittlerweile hat der Zug Westbengalen verlassen und Bihar erreicht, den ärmsten und korruptesten Bundesstaat von allen. Draußen ist es stockdunkel. Schwärzer als schwarz. Es ist kurz vor Mitternacht. In den unzähligen Dörfern ist es still geworden. Millionen haben sich zur Ruhe begeben. Indien schläft. Wer wollte da ein Krankenhaus suchen? Gupta, der Schaffner, jedenfalls nicht.

Bihar. 100 Millionen Einwohner. Kalte Winter und glühend heiße Sommer. Der zweitbevölkerungsreichste indische Bundesstaat. Den meisten Indern signalisiert dieser Name eine schreiende Ungerechtigkeit, etwas, was vollkommen aus dem Ruder gelaufen ist, sich jedoch nicht reformieren lässt. Hier steht der Feudalismus noch in höchster Blüte, trotz der Bodenreform in den fünfziger Jahren. Die Reformen geschahen vor allem auf dem Papier. Die Grundbesitzer arbeiteten ihnen von Beginn an entgegen. Inzwischen hat sich die Einwohnerzahl verdreifacht, und die riesige Schar von Bauern ohne Land wächst Jahr für Jahr. Millionen von ihnen haben inzwischen ihre Dörfer verlassen und ziehen ruhelos durch das ganze Land – auf der Suche nach Arbeit.

Fast die Hälfte von Indiens Rohstoffressourcen liegt in Bihar. Dennoch bewegt sich dieser Bundesstaat am Rand des Abgrunds. »Bihars Finanzen gleichen einem Fass ohne Boden«, schreibt der Ökonom Subir Roy.

Entlang dem Ganges reihen sich die Dörfer von Kastenlosen wie Perlen an einer Schnur. Eines von ihnen heißt Laxmanpur Bath.

Es geschah im Dezember 1997. Die Nacht war pechschwarz, alle 315 Einwohner von Laxmanpur Bath schliefen. Am vorigen Tag hatten ein paar Kastenlose – hungrig, wie sie waren – versucht, einen Teil der Ernte auf einem außerhalb des Dorfes gelegenen Feld zu stehlen. Die Angehörigen der höheren Kasten waren außer sich vor Wut und schworen blutige Rache. Im Lauf der nächsten Stunden überquerten 200 bewaffnete Männer den Fluss Sone und schlichen sich an Laxmanpur Bath heran.

Beim folgenden Blutbad wurden 61 Menschen – meist Frauen und Kinder – massakriert. Zweieinhalb Stunden lang gingen die Mörder von Tür zu Tür und töteten alle Lebewesen, die sie vorfanden. Nicht einmal die heiligen Kühe wurden verschont. Die meisten Männer des Dorfes hatten in die Wälder fliehen können.

Wenige Tage später gingen die Fotos aus Laxmanpur Bath um die ganze Welt. Einige von ihnen waren so grauenhaft, dass die Verantwortlichen sich weigerten, sie abzudrucken. Doch Rabindra Chowdhary, der Anführer der Mordbande, empfand keinerlei Reue: »Die Kastenlosen dürfen nie den Eindruck bekommen, dass wir schwach sind. Wenn wir sie nicht töten, töten sie uns. So einfach ist das.«

In Bihar, so wie in vielen anderen Bundesstaaten, haben die Angehörigen höherer Kasten – vor allem die Grundbesitzer – eigene Armeen aufgestellt, um sich gegen die Armen zu verteidigen. Das Massaker in Laxmanpur Bath wurde von *Ranvir Sena* verübt, einem privaten Heer, das angeblich eintausend Mann stark ist. Doch in diesem Spannungsfeld der Gegensätze führt nicht nur der Kampf um Grund und Boden zu gewalttätigen Auseinandersetzungen. In Belaur, einem weiteren Dorf in Bihar, stritten zwei Jugendliche um eine Schachtel Zigaretten. Der eine gehörte den hochstehenden Bhumihars an. Der andere war kastenlos. Der Streit artete zunächst in eine Schlägerei und schließlich in einen blutigen Kampf aus: Bhumihars gegen Kastenlose. Das Resultat: 18 Tote und 52 Verletzte.

Zum ersten Mal hatten sich die Kastenlosen in Bihar zur Wehr gesetzt. »Meine Generation ist eine kämpfende Generation«, sagt Sri Prakash gegenüber der *Patna Daily News*. »Jetzt haben wir den Kastenangehörigen klar gemacht, dass wir ihre Toten nicht länger verbrennen werden. Sollen sie das doch selber tun!« Ram Prit, ein 75-jähriger kastenloser Tagelöhner, fügt hinzu: »Wenn man lange genug Wasser in ein Rattenloch gießt, werden die Ratten früher oder später an die Oberfläche kommen.« Bis es so weit ist, wird es in Bihar zu weiteren blutigen Auseinandersetzungen kommen. Die dortige Polizei erregte zu Beginn der achtziger Jahre Aufsehen, indem sie mehreren Inhaftierten die Augen ausstach.

Der Bahnhof von Patna erweist sich um zwei Uhr nachts als schwarzes Ungeheuer. Die Zweimillionenstadt schlummert auf Sparflamme. Bleiche, verfrorene Bettler sind durch das Kreischen der Bremsen aufgewacht und pressen ihre flehenden Gesichter an die Zugfenster. Einem von ihnen hat man die Nase abgeschnitten, und ein Auge sieht so aus, als wäre es mit einer Angelschnur notdürftig zusammengeflickt worden. Ein zweiter Bettler schlägt mit seinem Armstumpf verzweifelt gegen die Scheibe.

Sonderbar, an Patna zu denken, das in ferner Zeit – ebenso wie Gaur – zu den größten und reichsten Städten der Welt gehörte. Es war vor 2300 Jahren, als Patna – oder Pataliputra – Hauptstadt eines Reichs war, das sich von Burma bis nach Afghanistan erstreckte. Das Maurya-Reich (322–183 v. Chr.) schuf einen nie gekannten Wohlstand. Die Handelswege reichten bis zum Mittelmeer im Westen und Indonesien im Osten. Entlang dem Ganges wurden unzählige Kanäle angelegt, und der Ackerbau erlebte eine Glanzzeit. In dieser Gesellschaft des Überflusses konnten sich die Reichsten entspannt zurücklehnen und den Freuden der Sexualität hingeben – üppig dokumentiert im *Kamasutra*, dem Hauptwerk der indischen Liebeskunst.

Als sich der Zug wieder in Bewegung setzt, entschwindet Patna im Dunkeln ohne das geringste Zeichen irgendwelcher Liebestätigkeiten. Alles schläft, vermutlich auch der Eunuch Kali – *sie*, die davon träumte, Indiens nächste Premierministerin zu werden. Gern hätte ich ihr einen Besuch abgestattet, doch weder Ort noch Zeitpunkt sind sonderlich verlockend.

Irgendwo im Zug ist Schaffner Gupta weiterhin auf der fieberhaften Suche nach einer *Dai*. Ganz hinten im Wagen haben zwei ältere Männer damit begonnen, das Abteil der stöhnenden Frau mit schweren Wolldecken zu verhängen. Hinter dem Vorhang hört man erregte Stimmen, und als ein Mann mit ernstem Gesicht – womöglich der Ehemann – den Kopf herausstreckt und nervös auf die Uhr blickt, begreife ich, dass keine Zeit zu verlieren ist.

Die Spannung steigt, niemand von uns kann schlafen. Viertel und halbe Stunden verstreichen. Von Bihar gelangen wir in den Nachbarstaat Uttar Pradesh, als sich am Horizont ein heller Streifen abzeichnet. Die Nacht ist auf dem Rückzug, und mit dem Licht erscheint auch Herr Gupta wieder auf der Bildfläche. Er ist in weiblicher Begleitung, doch erst hinter den beiden, einen türkisfarbenen Turban tragend, naht der Retter – und zwar nicht in Gestalt eines alten Weibs, sondern eines jungen Manns. Eines Sikh. Die schläfrigen Passagiere recken die Köpfe und reiben sich die Augen.

»*This is no dai, but a d-o-c-t-o-r-r-r!*«, erklärt der Schaffner lautstark.

»*Yes, a real doctor*«, bestätigt die krummnasige Frau mit heiserer Stimme. »*He has studied medicine!*«

Das Stöhnen der Frau hinter dem Vorhang wird immer lauter. Doch sobald der Arzt eingetreten ist, scheint sie zur Ruhe zu kommen. Das Stöhnen verstummt. Die Stimmen werden leiser. Vielleicht hat sie eine Tablette oder beruhigende Spritze bekommen. Die müden Passagiere versinken wieder in ihrem Dämmerzustand, während der Zug unverdrossen der heiligen Stadt entgegenschnauft.

Ein paar Stunden später werden wir alle von lautem Jammern geweckt. Die milde Dämmerung wirft ein schwaches Licht in den Zug, und in der diesigen Unendlichkeit auf der anderen Seite des Ganges kündigen sich die ersten Sonnenstrahlen an. Wer wird zuerst da sein, die Sonne oder das Kind?

Während die Spannung ihren Höhepunkt erreicht, betritt Gupta den Wagen. Er ist erschöpft, aber entschieden.

»*Everybody, evacuate!*«

Wer den Waggon Nummer 16 bisher noch nicht verlassen hat, der muss es jetzt tun.

»Alles aufstehen! Nehmen Sie Ihr Gepäck, und verlassen Sie den Wagen!«

Die zirka 30 Passagiere folgen seiner Anordnung widerstrebend. Im Übrigen spielt es auch keine Rolle, denn wir haben die heilige Stadt fast erreicht. Und dort wird jeder von uns klopfenden Herzens, ob schläfrig oder nicht, ungeachtet der Waggon- oder Platznummer, gleichgültig, welcher Kaste und gesellschaftlichen Klasse er angehört, mit einem reinigenden Bad im Ganges belohnt werden. Wir werden im Morgenlicht die breiten Stufen hinuntersteigen, unseren Körper ins Wasser tauchen und alle Sünden dieser Welt von uns waschen.

»Beklagen Sie sich nicht. Nächste Station Benares!«

Beinah scheint er seine Pfeife benutzen zu wollen, um uns anzutreiben.

»Nächste Station Benares!«, wiederholt das alte Weib, das uns hilft, unser Gepäck nach draußen zu befördern. »Nächste Station Benares!«

Zunächst kommen wir in den Waggons 15, 14 und 13 unter. Draußen schwirren die Insekten des Gangesdeltas vor der aufgehenden Sonne. Bald dringt das Licht in jeden Winkel des Zuges. Nur 20 Kilometer in westlicher Richtung liegt Benares. 2000 Menschen sind aus ihrem Dämmerzustand erwacht, und alle haben dasselbe Ziel. Hinter mir drängt sich eine Schar hoffnungsvoller Passagiere. Ein alter Mann mit runzligem Gesicht starrt gebannt in Richtung Fluss. Er hat den langen Weg von seiner Heimatstadt im südlichen Bundesstaat Karnataka auf sich genommen. 40 Jahre lang hat er für diese Reise gespart, und jetzt ist der große Moment gekommen.

»*Ganga Ma* [Mutter Ganges]«, sagt er mit brüchiger, flehender Stimme. »*Ganga Ma!*«

Die Belohnung ist nah. War er nicht ein wenig seltsam, dieser Mahatma Gandhi, der Zugreisen hasste wie die Pest? Er behauptete, die Eisenbahn tue nichts anderes, als Lepra und andere Krankheiten von Ort zu Ort zu transportieren. »Früher haben wir eine natürliche Trennung praktiziert«, sagte er, »doch nun reisen wir in alle Richtungen. Ist es da verwunderlich, dass wir weit vor der Zeit krank werden und sterben?« Gandhi zufolge hat die Eisenbahn auch dazu beigetragen, die Zahl der Hungerkatastrophen zu erhöhen. Er wies darauf hin, dass die Getreideproduzenten – anstatt das Getreide an Ort und Stelle zu verkaufen – es nun dorthin verfrachteten, wo sie den besten Marktpreis erzielen könnten.

Auch die »böse Natur des Menschen« sei gefördert worden. Dank der Eisenbahn habe sich der Bewegungsradius der »schlechten Menschen« vergrößert, sodass die heiligen Stätten entweiht würden. »Früher haben die Menschen große Strapazen auf sich genommen, um diese Stätten zu besuchen; heute treiben dort Betrüger ihr Unwesen«, sagte Gandhi.

Zwei junge Männer, die wie Brüder aussehen, gehen durch den Zug. Der eine trägt eine braune Urne. Ihre Blicke sind wachsam und erwartungsvoll. »Das ist mein Vater«, sagt er, indem er über das ovale Keramikgefäß streicht. »Wir wollen die Asche in den Ganges streuen. In Benares!«

Dann hört man einen lauten Knall. Wer immer noch nicht wach ist, soll jetzt gefälligst zu sich kommen. Schaffner Gupta und das alte Weib stehen in der Türöffnung. Ihre Gesichter leuchten triumphierend. Der Schaffner stellt sich in Positur. Etwas ist geschehen.

»Es ist ein Junge!«, verkündet er mit donnernder Stimme. »Es ist ein Junge!«

»Ja, ein Junge«, wiederholt die alte Frau. Sie legt den Kopf in den Nacken und trocknet sich mit ihrem hauchdünnen Sari die Augen.

Ihr Triumphmarsch führt durch den gesamten Zug, und wohin sie auch kommen, wird die frohe Botschaft verkündet:

»Es ist ein Junge!«

»Gelobt sei der Herr«, entgegnet ein Mann, der in einer Ecke vor sich hin döst.

In den nächsten Minuten finden sich immer mehr Menschen bemüßigt, die erfreuliche Nachricht zu verkünden.

»Ein Junge! Es ist ein Junge! Habt ihr schon gehört, ein Junge!«

Während wir uns Benares nähern und die Sonne den Himmel erobert, bekommen wir Besuch von einer treuherzigen Frau mit glitzernden Augen.

»Es ist ein Junge!«, sagt sie und eilt zum nächsten Wagen.

Kurz darauf verklingt das monotone Geräusch des Fahrgestells, das uns in den letzten fünfzehn Stunden begleitet hat. Ein letztes Mal kreischen die Bremsen, dann sind die 24 Waggons, voll gepackt mit sündigen Menschen, in der heiligen Stadt endlich zum Stehen gekommen.

Allgemeiner Aufbruch. Bitte rechts aussteigen. Kinder und Frauen zuerst? Mitnichten – nicht in der heiligen Stadt. Die Starken zuerst, dann die Schwachen. Als ich auf dem Bahnsteig stehe, halte ich nach der frisch gebackenen Mutter mit ihrem Säugling Ausschau. Wann kommt sie? Vielleicht muss sie auf einer Bahre hinausgetragen werden.

Schließlich steht sie auf dem Trittbrett, eine kleine, schmächtige Frau, kaum älter als achtzehn Jahre. Ihr Sari ist so rot wie die aufgehende Sonne in Benares. Der Arzt, der ihr während der letzten Stunde zur Seite gestanden hat, legt das kleine Bündel in ihre Arme. Er nickt lächelnd, verabschiedet sich und verschwindet wieder im Inneren des Zuges. Vielleicht will er noch weiterreisen. Im Menschengewimmel auf dem Bahnsteig stellt sich die junge Mutter hinter einen Laternenpfahl und legt ihr Baby an die Brust. Die erste Mahlzeit des Lebens. Kein mit Zucker gemischter Urin, weder Gewürze noch Wein und Honig – sondern Muttermilch.

Ein älteres Ehepaar bleibt stehen, um das Kind zu bewundern.

»Junge oder Mädchen?«, fragen sie. Doch die junge Mutter hat weder Zeit noch Kraft, um zu antworten. Das Baby erfordert ihre ganze Aufmerksamkeit.

»Es ist ein Junge«, sage ich. Endlich bin also auch ich an der Reihe, die größte aller Begebenheiten zu verkünden.

»Glückliches Kind!«, rufen die beiden im Chor. »Wo ist es geboren worden? Etwa hier, in Benares?«

Ich weiß es nicht. Aber ist das so wichtig? Hauptsache, die Geburt verlief gut, und das Kind ist gesund.

»Wurde das Kind in Benares geboren, dann werden die Götter es gut mit ihm meinen. Glückliches Kind!«

Für einige weitere Sekunden bleiben sie stehen und bewundern Mutter und Kind, ehe sie vom Strom der Massen erfasst und dem dunklen Ausgang entgegengespült werden. Und erst jetzt bemerke ich die Reisegefährten der Mutter, einen gähnenden jungen Mann und zwei erschöpfte Frauen, die ein Knäuel an Decken und Handtüchern schleppen. Von einem der Handtücher tropfen Blut und Schleim.

Nachdem die Mutter das Kind gestillt hat, setzt sich die kleine Reisegesellschaft auf den nächsten Gepäckwagen, um sich ein wenig auszuruhen. Sie seufzen und schnaufen, während sie sich leise unterhalten. Decken werden zusammengelegt, Koffer gedreht und das Kind, ein jammernder kleiner Kerl mit rosigem Gesicht und schwarzen Haaren, noch besser eingepackt. Langsam leert sich der Bahnsteig. 2000 Menschen treiben fächerförmig einer schmalen Passage entgegen und verschwinden im Nichts. Nur die Nachzügler bleiben zurück. Dann erheben sie sich und wackeln davon. Langsam, zögerlich. Drei Erwachsene und eine müde Mutter mit ihrem schlafenden Neugeborenen.

Vor ihnen liegt die Stadt des Lebens und des Todes am Ganges.

Eine Stadt, älter als die Geschichte

Benares ist zweimal so alt wie die Geschichte,
Überlieferung und Sage zusammengenommen.
MARK TWAIN

Kashi, Benares, Varanasi. Die Stadt hat viele Namen, doch heute heißt sie offiziell Varanasi.

Ich bin in eine der ältesten Städte der Welt gekommen. »Benares war schon vor 2400 Jahren berühmt«, schrieb der britische Entdecker M. A. Shering 1868. »Als Babylon gegen Ninive kämpfte und Tyros seine Kolonien errichtete, während Athen noch im Wachsen begriffen war, bevor Rom seine Blütezeit erlebte, als die Griechen gegen die Perser kämpften und Nebukadnezar Jerusalem eroberte, war Benares bereits zu Größe emporgewachsen.«

Und damit nicht genug:

»Während viele Städte und Länder ihren Niedergang erlebten, ging die Sonne über Benares niemals unter. Nie hat es ein Zeichen der Schwäche oder der Auflösung gegeben. Die Stadt öffnete sich wie eine Königin und nahm ihre Untertanen aus allen Teilen des Landes auf. Wie eine Geliebte hat sie deren Zuneigung und Achtung erworben.«

Jetzt bin ich es, der erobert werden will. Ich, ein kastenloser Fremder aus dem christlichen Europa, ein ruheloser Vogel auf der Flucht. Wie lange werde ich es auf den berühmten breiten Stufen aushalten, die zum Ganges hinunterführen? Wie lange will ich den Gläubigen bei ihrem Bad im schmutzigen, stinkenden Wasser zusehen? Wie lange die Leichenverbrenner betrachten, die um das knisternde Feuer tanzen? Wie lange werde ich die Bettler ertragen, von denen es in dieser Stadt nur so wimmeln soll, und wie lange werde ich der Hitze in diesem unbegreiflichen Labyrinth aus Kuhdung und Stein standhalten können?

Varanasi ist eine Stadt für diejenigen, die noch vor Sonnenaufgang aufstehen, um abends zeitig zu Bett zu gehen. Denn in der Stadt der Städte ist es der Morgen, der zählt. Am Morgen nehmen die Gläubigen ihr Bad im Ganges, um den Tag und die Götter zu begrüßen. In unendlichen Scharen strömen sie, ihre magischen Mantras auf den Lippen, die steilen Stufen hinab. Wem es auch um äußere Hygiene geht, der bringt Seife, Zahn- und Haarbürste, Ohrenreiniger und Handtuch mit. Seit Erfindung der Fotografie gehen die Bilder der Badenden in Varanasi um die Welt – an Berühmtheit wohl nur zu messen mit Aufnahmen des Tadsch Mahal.

Herr Baradhari, der stattliche Inhaber meines Hotels, weckt mich schon um fünf Uhr morgens.

»Rise! Rise and get r-r-r-e-a-d-y!«

Wenige Minuten später bin ich fertig. Die Stadt ist immer noch in das Zwielicht der Dämmerung getaucht, doch als Herr Baradhari auf die Außentreppe tritt und einen kurzen Pfiff ausstößt, erheben sich die Rikschawallahs von ihren Schlafplätzen und eilen herbei. Ein flacher Pappkarton wird plötzlich lebendig und gibt einen Mann frei. Ein Haufen Wolle fängt an zu rotieren, ehe ein weiterer Mensch sichtbar wird. Obwohl ihre sehnigen, ungewaschenen Glieder schmerzen und sie nur kurz geschlafen haben, wollen mich alle zu *Mother Ganga* befördern. Sie bitten und betteln, neigen den Kopf, strecken die Arme aus und zeigen verzweifelt auf die Plastiksitze ihrer Gefährte – es geht um ihr Leben, zumindest um die erste Mahlzeit des Tages. Die Fahrt dauert nur zwanzig Minuten.

»Only ten rupies, sir! Only ten rupies!«

Das sind nicht einmal zwanzig Cent.

Der glückliche Gewinner wird nach dem Zufallsprinzip ausgewählt. Während sich die anderen mit hängendem Kopf wieder zu ihren Schlafplätzen zurückziehen, fängt für diesen der Tag gut an. Der erste Anstieg verwandelt den schmächtigen Brustkasten in einen schnaufenden Blasebalg, und bald haben wir ein ordentliches Tempo drauf. Während uns die blätternden Fassaden schweigend zusehen, jagen wir vom Dunkel ans Licht, von West nach Ost – über holpriges Pflaster und gefährliche, halb geöffnete Gullydeckel, durch enge verdreckte Gassen, deren Gestank unerträglich ist, vorbei an heiligen Kühen, die sich weigern, den Weg freizumachen, und an heimatlosen Gestalten, die vor glühenden Kohlehaufen hocken und ihre zitternden Glieder wärmen. Giftige, blaue Rauchsäulen steigen von den Feuerstellen in die Luft und legen sich wie ein gespenstischer Schleier über die Hausdächer.

Aus dunklen Toreingängen dringen die ersten Geräusche des Tages: klappernde Töpfe und Hundegebell, eine müde Mutter schnauzt ihr weinendes Kind an, von irgendwoher ist fremdartige Streichmusik zu hören. Auch *Radio India* ist zum Leben erwacht.

Doch die Mehrzahl der Elenden dieser Straßen schläft noch. Durch Scharen von Obdachlosen bahnen wir uns den Weg – ausgemergelte, verlotterte Bündel aus Fleisch und Blut, die schon lange keinen Trost in der Brühe des Ganges mehr suchen. Gott steht nicht auf ihrer Seite. Ein räudiger Hund schnüffelt probehalber an den übel riechenden Körpern – und trabt weiter.

Jede Umdrehung der knirschenden Räder geschieht im Kampf gegen die Uhr. Am Horizont wird die erste sanfte Farbpalette sichtbar. Bald wird die Sonne aufgehen. Der Rikschawallah kämpft sich verzweifelt in Richtung Osten und ringt nach Luft. Noch ein Kilometer. Ich throne derweil auf meinem hohen Sitz und habe den Eindruck, der dürre, unterernährte Körper werde jeden Moment vor Erschöpfung zusammenbrechen. Aber nein – auch bei den steilsten

Anstiegen verbietet er mir, das Gefährt zu verlassen. Auch ein Rikschawallah hat seinen Stolz.

Endlich werden die ansteigenden Wege von langen, leicht abschüssigen Straßen abgelöst, die mich zum Ziel führen. Zuerst die Luxa Road, dann die Dasaswamedh Ghat Road. Nun rollen wir abwärts, vorbei an Menschen, die aus ihren schiefen Häusern strömen und zielstrebig zum Ganges pilgern. Je näher wir dem Fluss kommen, desto größer wird das Gedränge. Viele von ihnen sind Frauen. Hinter uns kommen Wallahs auf zwei, drei und vier Rädern. Gemeinsam bilden sie ein wogendes Meer, das die Fußgänger an die Hauswände drückt. Es wird gestoßen und gerufen: »Aus dem Weg!« Die morgendliche Tour, die als kühler Ausflug durch die Einsamkeit begann, nähert sich ihrem Ziel – dem Dasaswamedh Ghat. Ein *Ghat* ist ein Badeplatz, und davon gibt es mehrere Dutzend in der Stadt der Städte. Dasaswamedh ist der größte von ihnen.

»Mother Ganges this way! This way, this way, this way!«

Nun geht es durch die letzte schmale Schleuse, vorbei an Blumenverkäufern, Geldwechslern, Schlangenbeschwörern, Fahrradmechanikern, bettelnden Witwen, Friseuren, Schmuckschleifern, Kartenmalern, Seifenverkäufern, Aussätzigen, Teppichhändlern, Obdachlosen, Pulsmessern, Werkzeugmachern, Medizinmännern, Schriftdeutern, Barbieren, Seelsorgern, Dieben, Hindu-Priestern und Wahrsagern – und plötzlich stehe ich in der obersten Reihe des merkwürdigsten Theaters der Welt. Unter mir fallen die steinernen Stufen steil zum Ganges hin ab. Träge und stumm fließt der Fluss in südöstliche Richtung, und in der Ferne liegt die Sonne noch halb verborgen, bereit, ihre tägliche Wanderung in Richtung Westen zu beginnen. In dem riesigen Theater ist die Stimmung feierlich und erwartungsfroh. Die Zeit für die *Puja* – für Gebet, Buße und Reinigung – ist gekommen.

Wie wäre es mit einem kleinen Gedicht?

Der Dichter Jagannatha hat die »Wellen des Ganges« im siebzehnten Jahrhundert besungen:

Ich komme zu dir wie das Kind zur Mutter.
Ich komme zu dir wie eine Waise,
die sich nach Liebe sehnt.
Ich komme zu dir als Flüchtling,
dem du heilige Ruhe schenkst.
Ich komme zu dir als Gefallener,
den du aufrichtest.
Ich komme zu dir als Kranker,
der geheilt wird.
Ich komme zu dir dürstenden Herzens,
du Meer süßen Weins.
Tue mit mir, was immer du willst!

Mindestens 10 Millionen Inder kommen jedes Jahr nach Varanasi, um die *Puja* im Ganges abzuhalten. Viele haben ihr Leben lang gespart, um diese eine Reise machen zu können. Manche haben ihre gesamte Habe verkauft, bevor sie sich von ihren Angehörigen verabschiedeten. Wann oder ob sie zurückkehren, ist ungewiss. Einige waren tagelang unterwegs, haben Täler und Berge überwunden und eine lange Anreise mit Bus und Bahn auf sich genommen, um ihre Seelen genau an diesem Ort reinigen zu können.

Warum?

Weil Varanasi dem Himmel näher ist als irgendein anderer Ort auf Erden. Tatsächlich gibt es nur wenige andere Orte, an denen der Schleier zwischen Himmel und Erde so dünn ist, und keiner von ihnen kann sich mit Varanasi messen. Denn hier sind die Götter allgegenwärtig, nicht zuletzt der kraftvolle Shiva – der Gott der Schöpfung und der Zerstörung –, der in dieser Stadt seine irdische Heimat hat. So rätselhaft ist Varanasi, dass ein kurzes Bad am Dasaswamedh Ghat oder an einem anderen Badeplatz die Sünden sowohl dieses als auch früherer Leben fortspült. Ebenso erstrebenswert ist es, in Varanasi zu sterben. Shiva flüstert dem Sterbenden nämlich ein mystisches Mantra ins Ohr, damit ihm oder ihr *Moksha* (Erlösung) zuteil wird und damit der Ausbruch aus dem ewigen Kreislauf von Geburt, Tod und Wiedergeburt gelingt. Kein Wunder also, dass unzählige Alte und Kranke nach Varanasi kommen, um zu sterben.

Während ich auf die ersten Sonnenstrahlen warte, bekomme ich einen Reklamezettel in die Hand gedrückt: »*Yogi Lodge. Only 60 rupies. Live and die in Varanasi!*«

So lange will ich eigentlich nicht in Varanasi bleiben …

Bald ist es sechs Uhr morgens. Die unerschöpfliche Quelle des Lebens steigt empor. Es ist *Ushas*, die Göttin der Morgenröte, die mit ihrem Wagen heranfährt. Die grauen Sandbänke am anderen Flussufer färben sich rosa, während der Ganges im gesamten Farbspektrum von Gelb bis Rot erstrahlt. Der große Augenblick ist da. Nun wird das Bad zum Gebet und der Freiluftgottesdienst vom leisen Gemurmel der Mantras erfüllt. Die fröstelnden, nassen Menschen drängen sich dicht an dicht. Die Männer – mindestens mittleren Alters oder älter – in kleinen Unterhosen, die sittsameren Frauen in langen, tropfenden Saris. An der Wasseroberfläche treiben haufenweise orangefarbene Ringelblumen – ein Opfer an die Götter.

»Ist es nicht gefährlich, das Wasser zu trinken?«, frage ich meinen einheimischen Stadtführer, einen jungen Mann in den Zwanzigern, der wie aus dem Nichts aufgetaucht ist. Wir stehen auf der untersten Stufe.

»Gefährlich?«, wiederholt er. »Wie sollte Mutter Ganga gefährlich sein? Ist Ihre Mutter gefährlich? Mutter Ganga ist rein, der Fluss ist heilig.«

»Aber …«

»Von einem Bad in Mutter Ganga wird niemand krank! Im Gegenteil. Mutter Ganga heilt. Sogar HIV und Aids. Ein Tropfen genügt. Heutzutage kommen viele Menschen hierher, um von HIV oder Aids geheilt zu werden, und alle fahren gesund wieder nach Hause.«

»Aber …«

Doch als ich zu einer Erwiderung ansetzen will, steht mir plötzlich eine korpulente Frau mittleren Alters gegenüber, die aus meinem eigenen Erdteil stammt. Sie hat nasse Haare und erzählt, sie komme aus Deutschland. Sie trägt einen fünf Liter fassenden Plastikkanister, der bis zum Rand mit Gangeswasser gefüllt ist. Der Deckel ist vorschriftsmäßig verschraubt. Den Kanister will sie mit nach Rheinland-Pfalz nehmen, wo die heilige Flüssigkeit bei Rheumatikern und Alkoholikern Wunder bewirken soll. Von HIV-Infizierten spricht sie nicht. Lächelnd streicht sie sich durch ihr dunkelblondes Haar.

»Ach, wie wunderschön!«

Die Glückliche hat im Ganges gebadet. Körper und Seele seien jetzt gereinigt, und eines müsse ich wissen, fügt sie hinzu: Weder der Rhein noch der klarste Alpensee könnten sich mit dem Ganges messen. Hinter ihr steht ihr Guru, ein würdiger Herr im Mantel mit langen Haaren und ergrauendem Vollbart.

Ich selbst lasse mich an Bord eines der vielen Ruderboote locken, die am Ufer vertäut schaukeln. Nur das Murmeln der Gläubigen bricht die Stille. Die Morgensonne verleiht den hoch aufragenden Tempeln eine großartige Aura. Langsam rudert der Bootsmann Ari gegen den Strom. Das bereitet ihm nicht viel Mühe, denn der Ganges ist zu dieser Jahreszeit äußerst träge. Erst in mehreren Monaten wird der Monsun kommen und mit ihm die Überschwemmungen und Katastrophen. »Schauen Sie!«, sagt Ari und deutet auf einen der

Tempel, einen rotbraunen Koloss, von dessen Turm ein leises Läuten erklingt. »*It's the Smallpox Temple!*«

In diesem Tempel wohnt Shitala, eine Göttin, die die Menschen vor Pocken und anderen Krankheiten beschützt. Vor allem in den warmen Monaten April, Mai und Juni strömen die Gläubigen zu Shitalas Tempel, um ihre Gebete an sie zu richten. Aus Angst vor den Krankheiten der Regenzeit flehen sie um Gnade und Gesundheit, um das Leben ihrer Kinder und darum, vom jährlichen Zornesausbruch des Regengottes verschont zu werden. Nun ist es Mai, und auf der Treppe zum Tempel stehen müde Frauen Schlange. Sie strecken die Arme nach oben und blicken gen Himmel. Die Tage verstreichen, die Zeit ist knapp.

»Shitala ist gut zu mir gewesen«, erklärt Bootsmann Ari, »alle meine sieben Kinder haben aufwachsen dürfen, bis auf drei.«

Er lässt die Ruder los, presst die Handflächen gegeneinander und verneigt sich in 200 Meter Abstand vor der Göttin. Im Lauf der nächsten Stunde wird noch zahlreichen Göttern und Göttinnen gehuldigt.

Je höher die Sonne steigt, desto unübersehbarer die Menschenmassen. Tausende von Frauen in farbenprächtigen Saris. Nun stehen sie, so gekleidet wie zuvor, im schmutzigen Wasser. Mit geschlossenen Augen wenden sie sich dem Licht zu und tauchen den Körper in den heiligsten aller Flüsse. Die Intimwäsche geschieht in aller Diskretion, doch die Scham verhindert nicht, dass hier und da eine nackte Brust aus dem Sari schlüpft. Niemand kümmert sich darum, denn jeder ist mit seinen eigenen Dingen beschäftigt.

In diesem Theater des Lebens ist der Farbschock so gewaltig, dass einem schier die Sinne schwinden. Im unruhigen Wasserspiegel des Ganges gleiten unzählige Saris ineinander und werden zu einem psychedelischen Chaos. Würde es einer Japanerin einfallen, im Kimono zu baden? Oder einer Chinesin in ihrem Cheongsam?

Natürlich nicht. Doch der Sari, die älteste aller Moden, eignet sich zu jedem Zweck. Er existiert seit 3500 Jahren und ist heutzutage beliebter als je zuvor. Der französische Modeschöpfer Pierre Cardin äußerte vor ein paar Jahren, der Sari sei einfach zu unpraktisch, um noch eine Berechtigung zu haben. Bald werde er verschwinden, vermutete er.

Falsch. Der Sari ist nicht unpraktisch. Er ist sowohl hübsch als auch praktisch, und in Indien, Pakistan, Bangladesch und Sri Lanka tragen auch weiterhin Millionen von Frauen ihren Sari mit sichtlichem Stolz. Wie die Textilkünstlerin Shantipriya Kurada sagt: »Die Schönheit des Saris hat nie aufgehört, mich zu faszinieren. Er hat etwas ungeheuer Weibliches, er flattert im Wind wie ein Gedicht, weich und elegant bis in jede Falte. Zart und erlesen, vermittelt er eine Aura unbeschreiblicher Eleganz. In einer Welt wechselnder Moden hat sich der Sari behauptet. Er hat etwas Magisches an sich und symbolisiert die romantische Seite der indischen Frauen – ihre Verletzlichkeit, ihr zurückhaltendes Wesen und ihre verblüffende Schönheit.«

Heute ist der Sari drauf und dran, die Welt zu erobern. Zwanzig Millionen indische Emigranten haben das zeitloseste aller Kleidungsstücke mit nach Johannesburg, Trinidad, Toronto, Singapur, New York und Oslo gebracht.

In den Winkeln von Varanasi kosten die billigsten Saris 150 Rupien (ca. 3 Euro) – die teuersten 25.000. Indiens ärmste Frauen besitzen nur zwei Saris, einen zum Tragen und einen zum Waschen. Die reicheren können mitunter zwischen 2000 Saris auswählen! Jayalalitha Jayarams 10.000 Saris sind ja bereits erwähnt worden. Unbegreiflich, aber im Wasser am Dasaswamedh Gath finde ich sie in allen denkbaren Farben und Formen – die gelben, grünen und roten Saris stehen für Festlichkeit und Fruchtbarkeit, die cremefarbenen für Reinheit und Jungfräulichkeit, die weißen für verlorenes

Glück. Weiße Saris werden nur von Witwen getragen, denn das Leben der Witwen soll farblos sein.

Während sich die Frauen im Flusswasser spiegeln, können sie an ihren Kleidern ihren sozialen Status ablesen. Selbst die Analphabeten unter ihnen wissen, was die Textilien mitteilen. Die Webtechnik, die Fäden, das Muster, Zeichen und Drapierung – dies alles ist von Bedeutung, und in die teuersten Saris sind bedeutungsvolle vedische Verse eingewebt. Zufälle gibt es in Indien nur selten. Doch an diesem Morgen genießen sie die Gemeinschaft. Für kurze Zeit sind sie alle gleich.

Im Lauf des Vormittags nimmt das Leben in dieser Freiluftkathedrale immer alltäglichere Formen an. An den Waschplätzen nördlich des Dasaswamedh Gath stehen Männer und Frauen im Schmutzwasser und schlagen nasse Kleider gegen große Steine. Das dumpfe Echo des klatschenden Geräuschs pflanzt sich den Fluss hinab fort. Wir passieren ein paar morsche Hausboote, auf denen einige der letzten Hippies unserer Tage wohnen.

Nachdem wir wieder angelegt haben, will mir Bootsmann Ari sein bescheidenes Heim zeigen. Er eilt die steilen Stufen hinauf, ich kann ihm kaum folgen. Seine Glieder sind so dünn wie Zahnstocher, und nur wenig weist darauf hin, dass er sein Leben lang den Ganges hinauf- und hinabgerudert ist. Er ist 72 Jahre alt und hat keine Zähne mehr, nicht einen einzigen Stummel – aber rudern, das kann er.

Nachdem wir uns durch ein Wirrwarr von Gassen und Toren gekämpft haben, stehen wir endlich vor seiner Wohnung. Die Tür ist niedrig, die Schwelle hoch, und in dem weiß gekalkten Steinhaus ist es stockdunkel. Nacheinander kommen die Kinder herausgekrochen, das älteste Mädchen ist achtzehn, der Sohn siebzehn und die jüngste Tochter fünfzehn. Sie haben gerade ihr Morgenbad hinter sich und klatschnasse Haare. Die Mädchen schütteln sich mit graziösen Bewegungen die Tropfen ab, begrüßen mich, werfen den Kopf in den Nacken und ziehen sich lächelnd wieder ins Haus zurück. Wie hübsch sie sind!

»Aber auch faul«, sagt Ari mit halb lauter Stimme. »Warum stehen sie jetzt erst auf? Es ist schon sieben.«

Er selbst hat sein Morgenbad schon um vier genommen, so wie jeden Tag.

Doch die Kinder sind entschuldigt. Sie gehen zur Schule und müssen nicht um vier Uhr aufstehen, um in einem verfaulten Holzboot den Ganges hinauf- und hinabzurudern. Der Sohn träumt davon, Ingenieur zu werden.

»Was soll ich davon halten?«, fragt der alte Ari und blickt mir tief in die Augen. »Mein Vater war Bootsmann, mein Großvater und mein Urgroßvater und alle meine Vorväter waren Bootsmänner. Jetzt bin ich an der Reihe. Sollte mein Sohn nicht die Ruder übernehmen, wenn es mich nicht mehr gibt? So ist es von jeher gewesen. Sollten wir nicht die Gesetze der Hindus befolgen?«

Bootsmann Ari schüttelt zweifelnd den Kopf und stapft zum Fluss hinunter. Ich gehe ihm nach. Nun halten wir Kurs auf das entgegengesetzte Ufer, dort, wo sich einsame Sandbänke aneinander reihen, so weit das Auge reicht. Sagte ich einsam? Denn hier leben die fettesten und verfressensten Geier der Welt. Ihre Nahrung, die beständig an Land gespült wird, besteht aus aufgeblähten Menschen- und Tierleichen. Auf einer der Sandbänke tragen etwa zwanzig schreiende Geier ihren morgendlichen Kampf aus. Bootsmann Ari will ihnen lieber nicht zu nahe kommen und zieht die Ruder ein, als wir auf 30 Meter an sie herangefahren sind.

Nur die »Unreinen« gehen am Ostufer an Land, und nichts ist schlimmer, als auf dieser Seite des Flusses zu sterben. Denn die Unglücklichen werden als Affen wiedergeboren – nicht einmal, sondern bis in alle Ewigkeit. Umso faszinierender ist es, die Geschichte von Kabir zu hören, einem Weisen des sechzehnten Jahrhunderts, der in Varanasi lebte. Kabir war ein Suchender, der alles in Frage stellte, auch die heiligsten Lehrsätze des Hinduismus. Am Ende seines Lebens verließ er seine Webstube, um gemeinsam mit den Ausgestoßenen auf der anderen Seite des Flusses zu leben.

Kabir schrieb viele Gedichte, die allesamt gegen den Hinduismus gerichtet sind, wie zum Beispiel dieses:

> Die heiligen Badeplätze bestehen aus nichts als Wasser,
> dort zu baden ist zu nichts nutze.
> Das weiß ich, denn ich habe es oft getan.
> Die Götzenbilder sind leblos,
> denn sie können nicht sprechen.
> Auch das weiß ich, denn ich habe sie angerufen.

Falls Kabir heutzutage in Gestalt eines Affen von Ast zu Ast springen sollte, kann er sich damit trösten, dass viele Inder mit Respekt von ihm sprechen. Kabir war ein Gegner des Kastenwesens und versuchte gleichzeitig eine Brücke zwischen Hinduismus und Islam zu errichten. Von solchen Weisen könnte Indien mehr gebrauchen. Und was ist eigentlich so schlimm daran, ein Affe zu sein?

Ari rudert weiter, und meine Reflexionen über das hyperaktive Leben eines Affen werden jäh unterbrochen, als der Leichnam eines Mannes vorübertreibt, verschnürt in einer durchsichtigen Plastikfolie. Um ein Haar wäre der erfahrene Bootsmann mit dem Toten kollidiert. Nur der steife Kopf ragt aus dem Wasser. Eine wohlgenährte Taube flattert heran und lässt sich auf der zerfressenen Nase des Toten nieder, schlägt träge mit den grauen Flügeln und fliegt unbekümmert weiter. Dann treibt eine weitere Leiche vorbei. Es handelt sich um einen kleinen nackten Jungen. Ein unschuldiges, milchweißes Gesicht und schwarze Haare.

»*This mother is so long and warm*«, sagt Bootsmann Ari, der nun den milden Hauptstrom kreuzt und auf Manikarnika Ghat, den größten Leichenverbrennungsplatz, zuhält. Plötzlich hält er inne, beugt sich über den Bootsrand und trinkt eine Hand voll der widerwärtigen Flüssigkeit, die mit Asche, Blut und Abfall vermischt ist. »Herrlich!«, ruft er aus und behauptet, niemals krank gewesen zu sein.

Mit größter Selbstverständlichkeit erzählt mir Ari von den Selbstmördern, die sich früher nach Varanasi treiben ließen. Das waren Menschen, die nicht darauf warten wollten, dass sie der Tod auf natürliche Weise ereilte. Viele von ihnen waren heilige Männer. An leere Tonkrüge gefesselt, ließen sie sich den Fluss hinabtreiben. Diese füllten sich allmählich mit Wasser, bis sie den Menschen mit in die Tiefe zogen.

»Geschieht das noch heute?«

»Nicht sehr oft. Nur hin und wieder.«

Mit ruhigen, gleichmäßigen Ruderschlägen nähern wir uns dem »reinen« Varanasi, dem Westufer, an dem Menschen von mittlerem und hohem Rang ihr unbeflecktes, vergeistigtes Leben führen – dort, wo die Geier vertrieben wurden, wo aus dem Sand Tempel entstanden und die Zivilisation blüht. Die dort wohnen, tragen viele Namen: der Tempelpriester ist ein *Pujari*, der professionelle Schriftgelehrte nennt sich *Kathavanchak*, der heilige Sänger ist ein *Kitanasia*, während der Mann, der die »Kirchenbücher« führt, als *Panda* bezeichnet wird. Ganz unten in der sozialen Hierarchie schwitzen die unentbehrlichen *Doms*, die Leichenverbrenner.

Am Manikarnika Gath, dem geschäftigsten Leichenverbrennungsplatz des Universums, steigt blauweißer Rauch in den fahlen Morgenhimmel. Kleine, flinke Gestalten in weißen Kleidern laufen wie ferngesteuerte Roboter hin und her. Sie wühlen und graben in Fleisch- und Knochenresten, in Asche, Kohle und Holz. In zwei

Schichten arbeiten sie rund um die Uhr, und dies seit unendlichen Zeiten.

Als wir anlegen wollen, bekommen wir ein Problem. Eine aufgedunsene Leiche hat sich in der Vertäuung des Nachbarbootes verfangen. Platschend stößt Ari den Kopf des Toten mit dem Ruder zur Seite.

Dann richtet er sich auf und macht mir einen Vorschlag: »Ich kenne einen Mann mit prophetischen Fähigkeiten. Der kann Ihnen sagen, wann Sie sterben werden. Jahr, Datum und Uhrzeit – *no problem*! Er wohnt ganz in der Nähe und heißt Nila Baba. Ich kann Sie zu ihm führen, wenn Sie wollen. Er ist ein heiliger Mann. Alles, was er sagt, ist in Erfüllung gegangen.«

Ich schüttle den Kopf. Lieber nicht.

»Wollen Sie nicht? Aber das ist doch von großem Vorteil!«

»Vorteil?«

»Natürlich! Wenn Sie wissen, wann Sie sterben, können Sie rechtzeitig nach Varanasi kommen.«

Ich habe mich bereits daran gewöhnt, dass in Varanasi ständig Leichenprozessionen über die Straßen ziehen, die zum Ganges wollen. »*Ram Nam Sat Hai, Ram Nam Sat Hai* – Gottes Name ist Wahrheit, Gottes Name ist Wahrheit«, intoniert das Trauergefolge, das rasch und mit rhythmischen Bewegungen auf den Fluss zustrebt. Der starre Leichnam, der in farbenprächtige Stoffe gehüllt und an einer schwankenden Bambusbahre befestigt ist, wird von männlichen Angehörigen in weißen Trauerkleidern getragen. Fahrzeuge, Menschen und Hunde – nur nicht die heiligen Kühe – weichen zur Seite. Der monotone Gesang hallt durch die verwinkelten Gassen.

Endlich hat der Trauerzug sein Ziel erreicht. Nun wird die Bambusbahre mit dem Toten auf die aschgrauen Stufen gestellt. Dann wird gewartet, bis man an der Reihe ist.

Jeder kann einer Leichenverbrennung am Manikarnika Ghat beiwohnen, auch Touristen, doch sollten sie so diskret wie möglich auftreten. Fotografieren ist nicht erlaubt. Ich nähere mich von der Rückseite, wo Stapel geschlagenen Sandelholzes an den Mauern lehnen. Ich bleibe stehen und atme des Duft des Holzes ein, werde aber im selben Moment vom nächsten Trauerzug aus meinen Gedanken gerissen. »*Ram Nam Sat Hai, Ram Nam Sat Hai!*« Die weiß gekleideten Männer biegen um die Ecke und verschwinden die Stufen hinunter. Unten warten bereits zwei Tote auf das Feuer.

Den Leichnam eines Erwachsenen zu verbrennen, dauert mindestens drei Stunden. Dieser Trauerzug muss also eine Wartezeit von mindestens sechs Stunden in Kauf nehmen. Doch währenddessen gibt es genug zu tun. Unter anderem muss man mit dem Leichenverbrenner den Preis für das Sandelholz aushandeln. Ein Mensch aus Fleisch und Blut brennt schließlich nicht von allein. Es bedarf einer Menge Holz, mindestens 300 Kilo. Gern Sandelholz, das teurer ist als andere Holzsorten. Die Trauernden werfen verstohlene Blicke zu den kostbaren Holzstapeln und zählen ihre Rupien. Welches Holz können wir uns leisten, und wie viel davon? Zerknitterte Geldscheine werden hervorgeholt, während der *Dom*, der unbestrittene Herr im Ring, sich blinzelnd nähert.

Die minutenlangen Verhandlungen gehen in aller Stille vor sich. Eine »Standardverbrennung« am Manikarnika Ghat kostet normalerweise 800 bis 1000 Rupien (15 bis 19 Euro). Viel Geld für einen armen Inder. Der Älteste des Trauerzuges, ein spindeldürrer Mann mit spärlichen, schneeweißen Haaren, schüttelt traurig den Kopf. Vielleicht ist es seine Frau, die ihre letzte Reise antreten soll, denn der Leichnam ist in ein rosafarbenes Seidentuch gewickelt.

Doch am Manikarnika Ghat gibt es auch andere, die vom Tod eines Menschen profitieren. Der professionelle Schriftleser liest keinen einzigen Vers ohne Bezahlung. Er ist groß und kahlköpfig, trägt einen hellgrauen Lendenschurz, hat eine Hängebrust und einen runden Bauch und macht seine Ansprüche geltend, indem er die leere Hand ausstreckt. Erneut muss verhandelt werden. Wie viele Verse für wie viel Geld? Je mehr Verse, desto besser, denn die Befreiung der Seele sollte so rasch und schmerzfrei wie möglich vor sich gehen. Die Männer des Trauerzugs werfen sich unsichere Blicke zu, bevor die letzten Rupien aus den weißen Baumwollkleidern geholt werden und den Besitzer wechseln. Der Schriftleser begutachtet die Scheine und sieht recht zufrieden aus. Viele Verse wird er nicht sprechen müssen.

Plötzlich fällt die Aufmerksamkeit auf mich. Einer der Leichenverbrenner möchte sich gern mit mir unterhalten – gegen Bezahlung. Aber davon sagt er zunächst nichts.

Er trocknet sein schweißnasses Gesicht und schüttelt die Asche aus seinen schwarzen Haaren.

»*It's hot*«, sagt er in gebrochenem Englisch und grinst breit. »*Where do you come from?*«

»*From Norway.*«

»*Oh, rich country – rich man! You must be happy!*«

Er verzieht das Gesicht zu einem herzlichen Lachen und wird noch gesprächiger.

»*In Varanasi e-v-e-r-y-b-o-d-y very happy. This place very famous, Sir. The most famous place in the world. And the best!*«

»*The best?*«

»*The best!*«

Der Leichenverbrenner erzählt, dass am Manikarnika Ghat binnen 24 Stunden fünfzehn bis zwanzig Leichen verbrannt werden. »Wir könnten noch mehr schaffen, wenn die Leichenreste im Fluss landen würden, aber das wollen wir nicht«, sagt er. »Heutzutage muss man sehr genau sein. Aber Asche und Knochenreste werfen wir direkt ins Wasser.«

Er spuckt einen vom Betel rot gefärbten Schleimklumpen in Richtung Holzstapel und beugt mir sein dampfendes Gesicht entgegen. In diesem Moment wird ein weiterer Leichnam ans Flussufer getragen. Zwei der Leichenverbrenner tauchen den Leichnam in das heilige Wasser, während der kahlköpfige Schriftgelehrte einen kurzen Vers murmelt. Dann wird der Tote wieder herausgeholt. Er soll noch ein wenig in der Sonne trocknen, ehe das Feuer entzündet wird.

Wenn der Leichenverbrenner bereit ist, tragen die männlichen Angehörigen den Leichnam zur Plattform, auf der die Verbrennung stattfinden soll. Der Tote wird mit dem Gesicht gen Norden behutsam auf den Holzstapel gelegt, mit Butterfett und grünen Mangoblättern bestreut – einer Opfergabe an die Götter. Ein Mann mittleren Alters, vermutlich der älteste Sohn, ergreift eine brennende Fackel und geht fünfmal um den Toten herum. Dann entzündet er das Feuer. Wenn die Flammen hochschlagen, zieht er sich zurück und setzt sich zu den anderen Männern.

»Gibt es keine Frauen am Manikarnika Gath?«

»Die haben hier keinen Zutritt«, antwortet der Leichenverbrenner.

»Sie verwehren ihnen den Zutritt?«

»Frauen sind unberechenbar. Sie trauern zu sehr, sie heulen und schreien und verlieren sofort die Selbstbeherrschung. Im schlimmsten Fall werfen sie sich aufs Feuer. Früher ist das oft passiert. Deshalb haben sie hier keinen Zutritt.«

Wenn das Feuer seinen Zweck erfüllt hat und der Tote zu weißer Asche geworden ist, folgt der letzte, dramatische Akt der Zeremonie: die Befreiung seiner Seele. Diese Aufgabe kommt wiederum dem ältesten Sohn zu. Mit fünf harten Schlägen zertrümmert er den übrig gebliebenen Schädel des Toten, damit die Seele ihre Wanderung antreten kann.

Unter der kleinen Schar der männlichen Angehörigen erkenne ich kaum Anzeichen von Trauer. Einige sitzen da und essen, andere betrachten die Boote, die über den Fluss gleiten. Ein hinkender Mann mittleren Alters, der ebenfalls der Trauergesellschaft angehört, läuft plötzlich die Stufen hinauf und verschwindet in einer der Gassen. Ein paar Minuten später kommt er mit einer Tüte Orangen zurück. Ein anderer säubert sich die Fußnägel. Ein Dritter gähnt herzhaft und lehnt sich unbekümmert zurück. Niemand scheint sich für den brennenden Toten zu interessieren. In dieser Welt wiedergeborener Seelen gibt es vielleicht keinen Grund zur Trauer, nachdem der Tote endlich – nach zahlreichen Leben – dem peinigenden Kreislauf der Reinkarnation entronnen ist.

»Wer ist der kleine Junge?«, frage ich.

»Der Junge? Das ist mein Sohn«, antwortet der Leichenverbrenner. »Er arbeitet hier.«

»Geht er nicht in die Schule?«

»Nein, er braucht nicht in die Schule zu gehen.«

»Warum nicht?«

»Weil er Leichenverbrenner werden soll, so wie ich.«

»Wonach sucht er?«

»Nach Gold und Silber. Nach Ringen und Schmuckstücken der verbrannten Leichen. Manchmal finden wir wertvolle Gegenstände in den Aschehaufen.«

»Was tun Sie damit?«

»Wir behalten sie. Was wir finden, gehört uns!«, sagt er mit triumphierendem Lachen.

Wir betrachten für eine Weile den mageren Siebenjährigen mit dem krummen Rücken, der von Fett, Wasser und Schlamm glänzt. Der Arme erinnert mich an die Kindergoldgräber, denen ich am Amazonas in Brasilien begegnet bin.

»Er ist das einzige Kind hier«, sagt der Leichenverbrenner. Ich meine einen gewissen Stolz in seiner Stimme zu hören. »Wenn ich sterbe, wird er ein echter *Dom*, so wie ich.«

Der Sohn des Leichenverbrenners. Das einzige Kind am Manikarnika Ghat.

»Was machen Sie mit einem toten Kind?«

»Oh, das verbrennen wir nicht! Ein Kind ist unschuldig und braucht diese Form der Reinigung nicht. Wir rudern das tote Kind auf den Fluss hinaus, befestigen einen Stein an seinem Kopf und lassen es untergehen.«

»Aber was ist mit seiner Seele? Muss nicht der Schädel zertrümmert werden, damit die Seele entfliehen kann?«

»Die Seele?«

Der Leichenverbrenner hält inne und wirkt plötzlich ein wenig unsicher.

»Die Seele ... fragen Sie nicht mich, sondern den da drüben.«

Er zeigt auf den Schriftgelehrten mit dem Lendenschurz, der nun in einem schattigen Winkel sitzt und vor sich hin döst. Ich lasse ihn schlafen. Erst in ein oder zwei Stunden wird er wieder seine Verse lesen. Sein runder Bauch hebt und senkt sich, während das Amphitheater des Todes vom Rauch und Knistern des Feuers erfüllt wird, das unter uns brennt. Plötzlich tauchen zwei Ziegen auf und beginnen um einen orangefarbenen Blumenkranz zu kämpfen, der nahe dem Feuer liegt. Der Leichenverbrenner nimmt einen Holzscheit und wirft ihn nach den Ziegen. Die erschreckten Tiere purzeln die letzten Stufen hinunter und landen vor dem Sohn des Leichenverbrenners und den Hunden unfreiwillig im Wasser.

Der Leichenverbrenner ist offenbar der Meinung, mich lange genug unterhalten zu haben. Außerdem muss er sich um den brennenden Stapel aus Sandel- und Kampferholz kümmern.

»Das macht 500 Rupien!«, sagt er plötzlich.

»500 Rupien? Wofür?«

»Für das Gespräch!«

Das entspricht über neun Euro.

Wir verhandeln. Als ich Manikarnika Ghat verlasse, bin ich 100 Rupien ärmer, doch die Profiteure des Todes verfolgen mich weiter. Vor einem gespenstisch wirkenden Steingebäude hinter dem Verbrennungsplatz sitzt ein heiterer, redseliger Mann, der einen Becher mit dampfend heißem Tee in der Hand hält.

»Setzen Sie sich«, sagt er und zeigt auf die frisch gewaschene Treppe.

»Das ist das Haus der Erlösung.«

»Das Haus der Erlösung?«

»Nach Varanasi kommen die Leute aus dem ganzen Land, um zu sterben. Und hier, im Haus der Erlösung, bleiben ihnen zwei Wochen Zeit.«

»Zwei Wochen wozu?«

»Um zu sterben, natürlich. Wer nach zwei Wochen noch am Leben ist, muss wieder ausziehen. So ist die Regel. Ich bin hier der Türhüter. Wer im Haus der Erlösung sterben will, der macht erst mal mit mir Bekanntschaft. Und wem es nicht gelingt, innerhalb der Frist zu sterben, der sieht mich eben ein zweites Mal. Setzen Sie sich!«

Das Haus der Erlösung ist eine der bekanntesten Institutionen in Varanasi. Für Tausende Alte und Kranke war dieses Gebäude mit Aussicht auf das Manikarnika Ghat, die Leichenfeuer und den Fluss die Endstation ihres Lebens.

Plötzlich öffnet sich die Tür, und heraus kommt eine Frau in knöchellangem Sari. Sie setzt sich auf die Stufen und zieht die Knie bis ans Kinn.

»Sie arbeitet hier«, sagt der Türhüter. »Sie bereitet das Essen für die Sterbenden zu.«

»Was für Essen bekommen sie?«

Der Türhüter wendet sich an die Frau, die nur zögerlich antwortet.

»Tee«, sagt sie. »Tee und Milch. Eine kleine vegetarische Mahlzeit.«

»Ist das alles?«

»Das ist alles.«

»Mehr brauchen sie nicht«, erklärt der Türhüter und breitet die Arme aus. »Sie sind doch gekommen, um zu sterben. Manche von ihnen sind so schwach, dass sie nicht einmal mehr Tee zu sich nehmen. Sie liegen nur noch da und wollen in Ruhe gelassen werden.«

»Bekommen Sie Medizin?«

Die Frau blickt zu Boden. Erneut ergreift der Türhüter das Wort. Er wirkt gereizt.

»Medizin, Medizin ... Wozu soll das gut sein? Die Leute nehmen Medizin, um länger zu leben. Aber die Alten, die hierher kommen, haben nur einen Wunsch: zu sterben! Doch wenn der Tod nicht eintritt und sie wieder ausziehen müssen, dann haben sie ein schlechtes Karma. Die Götter haben sie durchschaut und beschlossen, dass sie den Tod nicht verdient haben. Darum werden sie bestraft.«

»Dürfte ich vielleicht mal einen Blick ...«

»Sie? Aber Sie sind doch kein sterbender Mann. Niemand darf hier rein außer den Sterbenden, der Köchin, der Wäscherin und den Priestern.«

»Aber wie sieht es dort drinnen aus?«

»Dunkel und traurig. Wir haben 50 Eisenbetten. Da gibt es nicht viel zu sehen. Die Alten liegen da und murmeln vor sich hin. Die Priester gehen von Bett zu Bett und beten für sie. Wenn jemand stirbt, bekommt der Tote ein wenig heiliges Gangeswasser in den Mund. Ein Priester öffnet seinen Kiefer, während ein anderer einen Fingerhut Wasser über seine Zunge laufen lässt. Das ist eigentlich alles. Dann tragen wir den Toten zum Leichenverbrennungsplatz. Wie Sie wissen, sind es nicht viele Stufen.«

»Wie viele Alte und Sterbende befinden sich gerade im Haus?«

Der Türhüter denkt nach und benutzt die Finger zum Zählen.

»26«, antwortet er.

»27«, sagt die Köchin mit Überzeugung.

»Schweig! Wer ist es denn, der hier den ganzen Tag vor der Tür sitzt? Glaubst du etwa, ich kann nicht zählen?«

Die Frau erhebt sich langsam und geht hinein. Als sich kurz darauf ein Fenster im ersten Stock öffnet, dringen gurgelnde Geräusche und leises Murmeln, Seufzen und Stöhnen aus dem grün umrandeten Viereck. Die Sterbenden, die ihre Sinne noch beisammen haben, können die Geräusche und Gerüche der Leichenfeuer wahrnehmen, die nur 25 Meter entfernt sind. Sie hören das Prasseln des Feuers und des Talgs und nehmen den eigentümlichen Geruch nach verbranntem Fleisch und trockenem Sandelholz in sich auf. Sie hören die berstenden Schädel und die Arbeit der Leichenverbrenner, die ständig damit beschäftigt sind, Asche und Knochenreste in den stinkenden Fluss zu befördern. In der Ferne erklingt das Glockengeläut von Shitalas Tempel.

Ich verabschiede mich vom Türhüter und dem Haus der Erlösung.

»Stopp!«, ruft er und steht auf. »Sie haben mit mir geredet. Ich habe Ihnen vom Haus der Erlösung erzählt, von den Sterbenden und von allem, was dort drinnen geschieht. Das macht 300 Rupien!«

Erneut lasse ich mich auf einen kurzen Handel ein. Schließlich lässt sich der Türhüter missmutig wieder auf seine Stufen sinken, nur 100 Rupien reicher als zuvor.

Mahatma Gandhi war – aus welchen Gründen auch immer – nie viel daran gelegen, die heiligen Stätten zu besuchen, auch nicht Benares. Sein erster Besuch fand 1901 statt, kurz nach der Heimkehr von seinem langen Aufenthalt in Südafrika. Doch Gandhi hatte eine Menge zu beanstanden, vor allem die vielen Bettler und die Geldgier der unzähligen Priester und religiösen Wächter. Vor dem berühmten Vishwanath-Tempel sah er ein Meer vergammelter Blumen und eine Horde von Pilgern, die ihre Notdurft zu beiden Seiten des Tempels verrichteten. Der Gestank war so unbeschreiblich, dass Gandhi sich demonstrativ die Nase zuhielt.

Am Brunnen der Erkenntnis, der nur einen Steinwurf vom Tempel entfernt liegt, geriet er mit einem Tempelpriester in Streit, der sich über Gandhis bescheidenen Obolus empörte. Gandhi hatte ihm einen *Pie* gegeben, die kleinste indische Währung zur Jahrhundertwende. Der Priester beschimpfte den jungen Mann und sagte, diese Provokation werde ihn direkt in die Hölle führen. Doch Gandhi entgegnete: »Ganz gleich, welches Schicksal mich erwartet, es schickt sich nicht für einen Mann Ihres Standes, so mit mir zu reden. Sie können die Münze annehmen, Sie können es aber auch bleiben lassen.«

Der Streit endete damit, dass Gandhi seinen *Pie* zurücknahm und ging.

Im Februar 1916 reiste Gandhi erneut nach Benares – nicht um im Ganges zu baden, sondern weil man ihn eingeladen hatte, zur Eröffnung des Central Hindu College eine Rede zu halten. Gäste aus dem ganzen Land kamen in die heilige Stadt: mit Juwelen behängte Maharadschas, reiche Gutsbesitzer, aufstrebende Geschäftsleute, eitle Akademiker, korrupte Politiker, religiöse Führer und heilige Männer. Doch Gandhi war in Kampfstimmung, und was als Festrede geplant war, wurde zum großen Skandal.

Der Mahatma prangerte zunächst den totalen Mangel an Hygiene an, der die Stadt und ihre Einwohner präge. Unter anderem verwies er auf die untragbaren Zustände in und um den Vishwanath-Tempel, auf dessen von Fäkalien verschmierten Steinplatten er ausgerutscht war. »Ist der Zustand dieses Tempels nicht ein Sinnbild unseres Charakters?«, fragte er. »Ich spreche zu Ihnen als Hindu und von ganzer Seele. Kann es richtig sein, dass die Straßen und Wege, die zu unserem heiligen Tempel führen, so unsagbar verdreckt sind? Wie sollen wir in der Lage sein, Indien in die Zukunft zu führen, wenn nicht einmal unsere Tempel ein Vorbild an Sauberkeit sind? Vielleicht wollen wir sie ja auf Vordermann bringen, sobald die Engländer sich verabschiedet haben.«

Die vornehme Versammlung zuckte zusammen, doch Gandhi fuhr unbeirrt fort. Mit seiner hohen Stimme bezeichnete er jede einzelne der indischen Städte als »stinkendes Loch«. Und wer trug dafür die Verantwortung. Unter anderem die hohen Herren in den ersten Reihen!

»Seine Hoheit, der Maharadscha von Darbhanga, sprach gestern von Indiens Armut. Andere Redner taten dasselbe. Doch was sahen wir während der Eröffnungsfeier? Eine fantastische Veranstaltung, eine Zurschaustellung von Schmuck und Juwelen, die den größten Schmuckhändler von Paris in Erstaunen versetzt hätte. Ich vergleiche diese reich dekorierten Adeligen mit Millionen von armen Indern und sage zu ihnen: Es gibt keine Rettung für Indien, solange Sie sich nicht von diesem Schmuck trennen und ihn dem indischen Volk überlassen.«

Lange saßen die Zuhörer wie versteinert da, bis der Maharadscha von Darbhanga plötzlich aufstand und den Saal verließ. Kurz darauf war die ganze Gästeschar in Aufruhr, und die Festrede endete in einem allgemeinen Chaos. Noch am selben Abend wurde Gandhi von der Polizei aufgefordert, Benares zu verlassen. Am nächsten Morgen kehrte er der Stadt den Rücken und wandte sich neuen Zielen zu.

Nun mache auch ich mich auf zum Vishwanath-Tempel. Das Pflaster und die Gebäude sind noch dieselben wie zu Gandhis Zeiten. Kein Straßenschild führt mich ans Ziel, sondern der Strom der

Gläubigen, die sich wie Ameisen durch die dunkelsten Gassen drängen, in die niemals ein Sonnenstrahl fällt. *»Cheap! Cheap! Best quality!«*, rufen die Seidenverkäufer. Eine heilige Kuh kommt angeschlurft und beginnt, an einem Stück lilafarbenen Brokat zu kauen. Der Verkäufer, der den vierbeinigen Schmarotzer ein wenig zu spät entdeckt, reagiert mit einem kurzen Stockhieb, worauf die Kuh weitertrottet.

Varanasi ist die wichtigste Seidenstadt in ganz Indien. Keine indische Stadt bietet eine größere Auswahl an Seide und Brokat. Aus dunklen Löchern drängen Stoffe und Muster in allen Farben, und keine Pilgerin verlässt die Stadt, ohne sich einen neuen Sari gekauft zu haben. Pilger wie Touristen werden mit dem Versprechen auf niedrige Preise und eine Tasse Tee über die steinernen Schwellen gelockt. Und noch ehe die Kunden wissen, wie ihnen geschieht, haben die Verkäufer ihnen bereits Tee eingeschenkt und so viel Seide ausgebreitet, dass sich einem Handel niemand entziehen kann.

Tausende von Menschen strömen Tag für Tag zum Vishwanath-Tempel – kein Wunder also, dass der Weg dorthin glatt und voller Unrat ist. Exkremente und Müll bedecken die Gassen wie Konfetti nach einem Festumzug, und die letzten Meter zum Eingangstor lege ich nur mit äußerster Überwindung zurück. Vermutlich war Gandhi ungefähr an dieser Stelle ausgerutscht und hatte seinen weißen Baumwollumhang besudelt. Doch zumindest war er in das Innere des Tempels gelangt. Mir hingegen versperrt ein Polizist den Weg.

»Sie kommen hier nicht rein, Sie sind kein Hindu!«

Wie so viele andere Tempel auch ist der Vishwanath-Tempel den Hindus vorbehalten. Christen, Muslime, Buddhisten und andere Heiden haben keinen Zutritt. So sei es immer gewesen, bekomme ich zu hören, seit Errichtung des Tempels im Jahr 1776. Doch wenn ich unbedingt einen besseren Blick auf das Heiligtum erhaschen will, kann ich auch im gegenüberliegenden Gebäude den vierten

Stock aufsuchen; von dort oben ist die Aussicht ziemlich gut. Der Polizist richtet seinen Stock auf den Eingang und bittet mich, aus der Schlange zu treten. Mit einer beherzten Bewegung lässt er den nächsten Pulk von Gläubigen eintreten – Frauen und Männer, die Hände voller Opfergaben: Obst, Kuchen, Nüsse, Butter, Käse und kleine Plastikbehälter mit heiligem Gangeswasser.

Vishwanath ist nur ein anderer Name für Shiva. Wäre der selige Gandhi zur sanitären Inspektion gekommen, hätte er seinen Landsleuten wohl eine neuerliche Standpauke gehalten. Doch eines hätte ihn zweifellos gefreut: Sechs Jahre nach seinem Tod, und zwar im Jahr 1955, durften die Kastenlosen erstmals den Tempel betreten. Bezeichnenderweise war es die Nationalversammlung – nicht die hinduistische Priesterschaft –, die hinter dieser Reform stand. Das »Gesetz über die Unberührbaren« stellte es unter Strafe, den Kastenlosen den Zutritt zu öffentlichen Tempeln, Geschäften, Speisestätten oder Dorfbrunnen zu verwehren.

Den maulenden Hindu-Priestern in Vishwanath blieb keine Wahl. Sobald das neue Gesetz erlassen worden war, stürmten die Elenden zu Tausenden den Tempel mit seinen vergoldeten Türmen. Sie weinten und beteten, und erst nach mehreren Monaten kamen der Tempel und seine Umgebung einigermaßen zur Ruhe. Im ganzen Land das gleiche Bild. Die Kastenlosen besuchten in Scharen die Heiligtümer, die sie bislang nie hatten betreten dürfen.

Warum ist der Vishwanath-Tempel so wichtig?

Weil er das heiligste Symbol des Hinduismus birgt, einen *Lingum*. Es handelt sich um einen Phallus, im Neunzig-Grad-Winkel erigiert und aus poliertem schwarzen Marmor gefertigt. Tagaus, tagein kümmern sich die Hindu-Priester um Shivas edelstes Körperteil. Fünfmal täglich wird er gewaschen und danach mit Milch, Butter und Honig eingerieben. Wohl keinem anderen Penis auf der Welt dürfte eine solche Pflege zuteil werden.

Ganz gleich, ob aus Ton, Granit oder Marmor – ein Lingam symbolisiert die Schöpferkraft Shivas. Die Legende besagt, dass der allererste Lingam sich in Form einer blendenden Lichtsäule offenbarte, die genau hier – in Varanasi – durch die Erdkruste brach und in den Himmel schoss.

Am selben Tag hatten Shivas Rivalen Vishnu und Brahma sich gestritten, wer von ihnen die Erde geschaffen habe. Die Lichtsäule verwirrte beide, und um herauszufinden, was geschehen war, zogen sie in verschiedene Richtungen, um das Phänomen zu untersuchen. Brahma verwandelte sich in eine Gans, um den Kopf der Säule zu untersuchen. Vishnu hingegen nahm die Gestalt eines Wildschweins an und begann in der Erde zu graben, um den Ursprung der Säule zu finden. In diesem Augenblick offenbarte sich Shiva in all seinem strahlenden Glanz. Er erklärte Brahma und Vishnu, dass er sie beide gezeugt habe und der mächtigste aller Götter sei. So unterstrich er seine Stellung als unbestrittener Schöpfer des Universums.

Wohl in keiner anderen Stadt werden so viele Phallussymbole verkauft wie in Varanasi. Im Labyrinth der kleinen Gassen kann man sie in allen Größen erwerben. In den Hindu-Tempeln der Stadt sollen sich rund 100.000 Exemplare befinden, und eines von ihnen wächst immer noch! Es befindet sich im bescheidenen, aber gut erhaltenen Tilabhandeshwara-Tempel. Die Priester erklären das Wunder mit der Tatsache, dass dieser Phallus so gut gepflegt und »ernährt« werde, unter anderem mit frischem Obst und Sesamsamen.

In der Dämmerung kehre ich zum Ganges zurück – zu den Betenden und Badenden. Immer noch sind viele Menschen hier, doch die meisten befinden sich inzwischen an Land und haben trockene Kleider angezogen. Hier und da haben sich ein paar Ältere zu kleinen Gruppen zusammengefunden und lauschen den Hindu-Priestern, die aus den heiligen Schriften vorlesen. Hunde, Ziegen und Kühe kämpfen um die letzten Essensreste des Tages, während die Bootsmänner ihre schmerzenden Glieder auf den warmen Stufen ausstrecken. Endlich können sie sich ausruhen.

Am Manikarnika Ghat liegen riesige Ascheberge an den Uferstufen, und selbst bei völliger Dunkelheit fährt der Sohn des Leichenverbrenners damit fort, mit Hilfe einer Taschenlampe nach wertvollen Überresten zu suchen.

»Er sucht nach Goldzähnen«, sagt einer der Inder. »Von reichen Männern bleiben immer die Goldzähne zurück. Viele Goldzähne. Große Goldzähne!«

»Und die Armen?«

»Die hinterlassen gar nichts.«

Einige hundert Meter nördlich des Manikarnika Ghat befindet sich Varanasis elektrisches Krematorium. Als die Anlage zu Beginn der achtziger Jahre in Betrieb genommen wurde, hofften die Behörden auf regen Zuspruch, um eine wachsende Verschmutzung des Ganges zu verhindern. Doch die Hoffnung verwandelte sich in Enttäuschung. Während die öffentlichen Leichenverbrennungsplätze stärker frequentiert werden als je zuvor, können die staatlich beschäftigten Leichenverbrenner des Varanasi Electrical Ghat eine ruhige Kugel schieben. Kaum jemand, ob lebendig oder tot, macht mit diesem neumodischen Betrieb Bekanntschaft, über den selbst Shiva möglicherweise die Nase rümpft.

Ein indisches Gesetz verbietet es, nicht verbrannte Leichen in einen Fluss zu werfen. Doch kein Gesetz wird häufiger gebrochen als dieses. Die Ärmsten haben kein Geld, um ihre Toten zu verbrennen. Selbst in Varanasi geschieht es, dass Leichenverbrenner die Geduld verlieren und halb verkohlte Körper in den Fluss werfen.

»Schauen Sie auf die Karte«, fordert mich der Umweltexperte Sanjay Roy auf. Ich begegne ihm inmitten hoher Bücherstapel in der führenden Universität der Stadt, mit prächtiger Aussicht auf den Ganges. »Dort oben entspringt der Ganges aus einer reinen Quelle. Ein Paradies auf Erden! Doch nachdem die Wassermassen des Himalaja Varanasi hinter sich gelassen haben, sind sie bereits von 400 Millionen Menschen verunreinigt worden. Die Abwässer 114 kleiner und großer Städte, Menschenleichen und Tierkadaver, Unrat und chemischer Abfall haben das Ihrige dazu beigetragen. Viele unserer Wasserproben enthalten 3000-Mal mehr Kolibakterien als empfohlen. Der Ganges ist eine Katastrophe, die in Varanasi ihren Höhepunkt erreicht.«

»Und das Baden geht unvermindert weiter?«

Sanjay Roy sieht mich verwundert an. Offenbar habe ich den Kern der Sache nicht verstanden.

»In Indien kann die Wissenschaft gegen die Religion nichts ausrichten. Gleichgültig, was wir sagen, so werden wir von den orthodoxen Hindus kritisiert. Wenn wir die Ergebnisse unserer Wasserproben präsentieren, wird uns entgegnet, der Ganges sei unsere Mutter, und eine Mutter könne nur rein sein. Ich versuche dann zu argumentieren, dass Mutter Ganges ursprünglich selbstverständlich rein gewesen sei, von uns jedoch verunreinigt wurde und dass wir sie wieder mit mehr Respekt behandeln müssen! Einige können diesen Standpunkt nachvollziehen, doch längst nicht alle.«

Fünfzehn Jahre sind vergangen, seit Premierminister Rajiv Gandhi einen Aktionsplan aufstellte, der den Ganges vor dem sicheren Tod bewahren sollte. Kläranlagen im Wert von 3,5 Milliarden Euro sollten entlang dem Fluss gebaut werden. Doch viele der großartigen Pläne befinden sich immer noch in der Schublade. Die Mühlen der indischen Bürokratie mahlen so langsam wie eh und je, und die Politiker der Nationalversammlung scheinen allmählich das Interesse an diesem Projekt verloren zu haben. Selbst der Umweltminister meint, Mutter Ganges habe »eine unerklärliche, reinigende Kraft«, und die Wissenschaftler seien zu pessimistisch.

Es gibt zwei bekannte Verlierer: die Armen – und die Umwelt.

Die Tage vergehen, und Varanasi beginnt an Körper und Seele zu zehren. Das ist eine natürliche Reaktion. Selbst Inder, die mit dieser religiösen Intensität vertraut sind, werden ihrer nach ein paar Tagen müde. Eines Morgens suche ich Schutz im fruchtbaren Garten meines Hotelwirts, Herrn Baradhari. Der alte Mann sieht, dass ich eine Veränderung brauche. Ich habe abgenommen und stochere lustlos in meinem Omelett.

»Warum fahren Sie nicht nach Sarnath?«, fragt er.

»Sarnath?«

»Buddhas Geburtsort. Der ist gar nicht weit von hier.«

Sarnath liegt knapp zehn Kilometer nordöstlich von Varanasi. Dort, im wuchernden Dschungel, umgeben von wilden Tieren, hielt Buddha anno 588 v. Chr. seine erste Predigt. Sein Publikum beschränkte sich auf fünf ärmliche Mönche. »Es gibt zwei Extreme, vor denen ihr euch in Acht nehmen sollt. Das eine ist der hemmungslose Lebensgenuss, das andere vollständige Lebensverneinung.« Buddhas Antwort war der goldene Mittelweg, bestehend aus einfacher Lebensweise, moralischem Verhalten und ehrlicher Arbeit.

Der Mann, der eine Weltreligion begründete, wurde in Lumbini im heutigen Nepal geboren. Eigentlich war er ein Königssohn und hieß Siddharta Gautama. Noch im selben Moment, in dem er auf die Welt kam, soll er sich einen Überblick über »die zehn Himmelsrichtungen« verschafft und erklärt haben: »Ich bin das Oberhaupt der Welt!«

In den folgenden Jahren lebte der junge Mann ein überaus behütetes Leben hinter hohen Mauern. Im *Buddhacarita*, einer Schrift aus dem ersten Jahrhundert n. Chr., wird eine detaillierte Beschreibung des luxuriösen Milieus geliefert, in dem er lebte. Wir lesen von den sanften Stimmen der tanzenden Mädchen, den zahllosen Versuchungen des Fleisches, von Parfüm und Lotusblüten, der schmachtenden Streichmusik und den glitzernden Pavillons des Königspalastes. 29 Jahre alt und immer noch unwissend über das wirkliche Leben außerhalb der Mauern, heiratete er die bildhübsche Yashodhara.

Zunächst wirkte ihr Glück vollkommen, doch dann hatte der Prinz genug: Er wollte die Welt sehen!

Der König versuchte ihn daran zu hindern, doch als er begriff, dass sein Sohn nicht aufzuhalten war, ordnete er an, die Stadt zu säubern. Weg mit den Bettlern, den Krüppeln, Sterbenden und Prostituierten. Doch der Prinz war ungeduldig, und noch bevor die Arbeiten in der Stadt beendet waren, wurde er mit der brutalen Wirklichkeit konfrontiert. Während seiner vier so genannten Ausfahrten begegnete er Alter, Krankheit und Tod sowie einem Asketen, der nach einem Weg suchte, seine Leiden zu überwinden. Seine letzte Ausfahrt bewegte den Prinzen so tief, dass er ein heiliges Versprechen ablegte, mit allen Banden der Vergangenheit zu brechen.

Bevor er seinen Palast zum letzten Mal verließ, schlich er sich in das eheliche Schlafgemach. Dort schlief seine Frau Yashodhara im sanften Mondlicht. Im Arm hielt sie ihr neugeborenes Kind. Doch für den Prinzen, den späteren Buddha, gab es kein Zurück mehr. Während Lumbini still und friedlich dalag, flüchtete er durch die massiven Stadttore in eine Welt voller Leiden und Tod.

Der Weg bis zur Wahrheit sollte lang werden. Doch als der Prinz nach einer sechsjährigen Wanderung nach Bodh Gaya im nordindischen Bihar kam, spürte er das Licht kommen. Er setzte sich im Schneidersitz unter den berühmten Feigenbaum, den »Baum der Weisheit«, bis ihm schließlich – in einer Vollmondnacht im Mai – *Nirwana* zuteil wurde.

Endlich war er Buddha, der *Erleuchtete*, geworden.

Vom Feigenbaum in Bodh Gaya führte sein Weg zum Gazellenpark in Sarnath. Buddha war bereit, seine erste Predigt zu halten.

»Genau hier ist es geschehen«, sagt der junge Mönch, der mich durch die überwucherten Ruinen von Sarnath lotst. Wir stehen auf einer kleinen Anhöhe zu Füßen des 34 Meter hohen Dhamekh-Stupa. Vor dem achteckigen Steinkoloss sitzen zwölf in safrangelbe Gewänder gehüllte buddhistische Mönche im Schneidersitz. Ihre Oberkörper wiegen sacht hin und her. Sie sind den weiten Weg aus Sri Lanka gekommen, auf einer ihrer Taschen sehe ich ihre gelb-orange-grüne Landesflagge. Ihr monotones Murmeln mischt sich mit den schrillen Geräuschen des Dschungels.

In Sarnath gibt es nicht viel zu tun. Die Menschen gehen umher und versuchen sich die Vergangenheit zu vergegenwärtigen. Doch was finden sie vor? Hier eine Ruine, dort ein Stupa, ein alter Feueraltar, ein wenig Gestrüpp, Müllreste, ein leeres Café, einen grünen Wald und ein paar Händler, die unter einem verblühten Bougainvilleastrauch vor sich hin dösen. Die reinste Friedhofsruhe hat sich einer der heiligsten Stätten des Buddhismus bemächtigt, und von meinem Aussichtspunkt vor dem Dhamekh-Stupa würde ich ihnen am liebsten zurufen: »Buddha ist tot!«

Buddha starb, nachdem er 45 Jahre lang kreuz und quer durch Nordindien gewandert war. Auf dem Totenlager forderte er seine Jünger auf, in die Welt zu ziehen und die Menschen zum rechten Glauben zu bekehren. »Seid fleißig!« Heute – 2500 Jahre später – finden sich unter einer Milliarde Inder nur vier Millionen Buddhisten. Erst indem er sich über die Berge hinweg ausbreitete und nach Tibet, China, die Mongolei, Korea und Japan gelangte, wurde der Buddhismus zur Weltreligion. Warum das so ist?

Der Anfang war vielversprechend. Buddhas Anhängerschar wuchs rasch, vor allem unter den Angehörigen niederer Kasten.

Und als Kaiser Ashoka 269 v. Chr. den Thron bestieg, schien die Sache richtig Fahrt aufzunehmen. Ashokas großindisches Reich erstreckte sich von Afghanistan bis nach Bengalen. Nach der blutigen Unterwerfung des Königreichs Kalinga (des heutigen Orissa), die 250.000 Todesopfer gekostet hatte, geriet Ashoka offenbar in einen Gewissenskonflikt und verspürte den Drang, ein neues Leben zu beginnen. Er brach mit dem Hinduismus und wandte sich dem Buddhismus zu. Er machte *Ahimsa* (Gewaltverzicht) zum höchsten Gesetz. Buddhistische Lehrsätze wurden im ganzen Reich in Stupas und Steintafeln eingeritzt. Der Bevölkerung wurden sogar die Vorzüge der vegetarischen Ernährung nahe gebracht, und viele Inder sind heute noch der Meinung, der indische Drang zu fleischloser Ernährung gründe in der Ashoka-Zeit.

Im Jahr 250 v. Chr. hielt der Kaiser eine buddhistische »Weltkonferenz« ab, an der Delegationen aus mehreren asiatischen Ländern teilnahmen. Erneut wurde Buddhas Missionsauftrag in Erinnerung gerufen, worauf sich Zehntausende buddhistischer Mönche auf das Dach der Welt, in tiefe Täler und die chinesische Steppe begaben. Die meisten von ihnen starben durch Kälte und Schneestürme, durch Krankheit und Hunger, doch einige gelangten ans Ziel. Die Zähesten erreichten die Mongolei und Korea, und wer dann immer noch nicht genug hatte, hisste die Segel mit Kurs auf Japan.

Die östliche und südliche Expansion des Buddhismus geschah auf dem Seeweg – nach Sri Lanka, Burma, Thailand, Kambodscha, Vietnam und Indonesien. Ashoka entsandte gar seinen eigenen Sohn und seine Tochter auf Missionsreise nach Sri Lanka. Wollen wir den Historikern Glauben schenken – ich hege in diesem Punkt gewisse Zweifel –, ging die Missionierung friedlich vonstatten. Keine Drohungen, keine abgeschlagenen Köpfe, weder Inquisition noch Kreuzzüge soll es gegeben haben. Falls dem wirklich so ist, haben wir Kaiser Ashoka zu danken, der folgende Inschrift auf einer

Steinsäule hinterließ: »Alle Religionen haben etwas Gutes an sich und verdienen Respekt. Erkennen wir dies, ehren wir unsere eigene Religion und achten gleichzeitig die Religion anderer.«

Achtzehn Jahre nach der buddhistischen Weltkonferenz starb Kaiser Ashoka, worauf sein Reich allmählich von inneren und äußeren Feinden zersetzt wurde. Im Lauf des Zerfalls verlor der Buddhismus an Einfluss, während gleichzeitig der Hinduismus zu neuer Stärke fand. In den nächsten 1000 Jahren lebten beide Religionen in friedlicher Koexistenz. Als der unaufhaltsame chinesische Entdecker Fa Xien Nordindien im fünften Jahrhundert n. Chr. besuchte, war Sarnath immer noch ein lebendiges buddhistisches Zentrum. Auch als der chinesische Mönch und Pilger Hiuen Tsang im Jahr 640 Sarnath einen Besuch abstattete, fand er 1500 Mönche, 65 Tempel und einen 100 Meter hohen Stupa vor – »ein wunderbarer Ort!«

Erst die islamische Invasion um die Jahrtausendwende bereitete dem Buddhismus ein Ende. Die Muslime, die in mehreren Wellen aus Persien und Zentralasien kamen, richteten ein Blutbad unter den Buddhisten an. Tausende Mönche verließen in Panik ihre Tempel und flüchteten in die Berge oder aufs offene Meer hinaus. Sarnath, die größte Tempelstadt, wurde von Ratten bevölkert und vom Dschungel überwuchert. Erst 1839 stolperten britische Archäologen über die Ruinen, worauf die Vergangenheit schrittweise ans Tageslicht geholt wurde.

Bleibt die Frage, warum der Buddhismus gegenüber dem Hinduismus das Nachsehen hatte.

»Weil Buddha zu spät geboren wurde«, meint der Mönch, der mich herumführt. »Sowohl der Hinduismus als auch das Kastenwesen konnten sich tief verwurzeln. Die Grundlage dafür war bereits geschaffen.«

Vielleicht hat er Recht, denn obwohl Buddhismus und Hinduismus vieles gemeinsam haben, sind die Unterschiede offenbar. Der

Buddhismus lehnt zum Beispiel das Kastenwesen ab. Buddha machte keinen Unterschied zwischen Arm und Reich. Einen guten Menschen erkennt man an seinen Taten. Stand und Geburt sind ohne Belang.

Doch der Prophet gilt bekanntlich nichts im eigenen Land.

Einsam im Haus der Freude

Seit Hunderten von Jahren fragen wir Inder
uns, wer wir sein wollen.
Nun ist es an der Zeit zu fragen:
Was sollen wir tun?
JAWAHARLAL NEHRU

Am 13. Mai 1948 geschah etwas Unerwartetes.

Indien war seit neun Monaten unabhängig. Premierminister Nehru war nach Simla gereist, eine Stadt am Fuß des Himalaja, um sich mit dem früheren britischen Vizekönig, Lord Mountbatten, und dessen Frau Edwina zu treffen. In den letzten anderthalb Jahren vor Indiens Unabhängigkeit hatten Nehru und Mountbatten eng und vertrauensvoll zusammengearbeitet. Fast täglich hatten sie gemeinsam versucht, die Probleme zu lösen, die die Abwicklung der britischen Kolonialregierung mit sich brachte. Die Ausgangslage war gut, denn die beiden gleichaltrigen Männer mochten und respektierten sich.

Der Tradition gemäß wohnte das Ehepaar Mountbatten in der so genannten Viceregal Lodge, der ehemaligen Dienstwohnung des Vizekönigs. Im Grunde handelte es sich um ein prächtiges, auf einem Bergrücken gelegenes Schloss, von dem aus man eine prachtvolle Aussicht bis zum indischen Flachland hatte.

Da geschah das Unerwartete. Premierminister Nehru – seit 1936 verwitwet – erkannte mit einem Mal, dass er rettungslos in Lady Mountbatten verliebt war.

»Plötzlich wurde mir klar, und Dir vielleicht ebenso, dass eine tiefere Verbindung zwischen uns bestand, eine unkontrollierbare Kraft, die uns zueinander hinzog«, schrieb Nehru später an Edwina.

»Diese Erkenntnis überwältigte und begeisterte mich. Wir konnten jetzt vertrauensvoller miteinander reden, als ob ein Schleier entfernt worden wäre. Wir konnten uns in die Augen blicken, ohne peinlich berührt zu sein.« Dass die Verliebtheit auf Gegenseitigkeit beruhte, daran bestand kein Zweifel. Nachdem das Ehepaar Mountbatten nach Schloss Broadlands in Südengland zurückgekehrt war, griff Edwina zur Feder: »Du hast mir ein seltsames Gefühl von Glück und Frieden beschert. Vielleicht geht es Dir ja genauso.«

Ein paar Monate später flog Nehru nach London, um an der jährlichen Konferenz des Commonwealth teilzunehmen. Als die Konferenz vorüber war, fuhr er unverzüglich nach Broadlands, wo ihn das Ehepaar Mountbatten willkommen hieß. Die Wiedersehensfreude lag natürlich vor allem beim Premierminister und der Lady. Tagelang streiften sie durch die Parkanlagen, hielten sich an den Händen, versicherten sich ihre Liebe und verbrachten die Abende vor dem Kamin. Lord Mountbatten, eine äußerst distinguierte Persönlichkeit, ließ sich nichts anmerken, und so gestaltete sich der Abschied ebenso herzlich wie die Ankunft.

In den folgenden Jahren schrieb Nehru – einer der meistbeschäftigten Männer der Welt – Edwina *jeden* Tag einen Liebesbrief. Um sicherzugehen, dass keiner dieser Briefe auf Abwege geriet, nummerierte er sie. Edwina tat dasselbe. Die meisten Briefe wurden durch einen Kurier überbracht. Nehrus Außenminister – der reisefreudige Krishna Menon – erwarb sich hier besondere Verdienste. Edwina war schließlich so abhängig von den täglichen Liebesbezeugungen, dass es sie zutiefst deprimierte, wenn diese einmal ausblieben. Dann bestellte sie sofort einen *urgent long distance call* zum Büro des Premierministers in Neu-Delhi, was manchmal ein stundenlanges Warten mit sich brachte, ehe die Verbindung zustande kam. Mitunter war die Verbindung so schlecht, dass eine Telefonistin die Liebesworte in beide Richtungen übermitteln musste.

Ein gewisser Trost war Edwina zumindest, dass Lord Mountbatten ihr einen jährlichen Urlaub in Indien bewilligte. Natürlich endete die Reise jedes Mal in Nehrus Privatgemächern. Hatten sie Sex miteinander?, fragen die beiden Autoren Jad Adams und Phillip Whitehead in ihrem Buch über die Nehru-Dynastie. Selbstverständlich, lautet die Antwort, obwohl ihre Briefe in dieser Hinsicht keinen eindeutigen Aufschluss geben. Beide waren als freisinnige Menschen bekannt, die sich auch nicht durch religiöse Hemmungen zu sexueller Enthaltsamkeit gezwungen sahen. Als 46-jähriger Witwer hatte Nehru ein ungezwungenes Verhältnis zum anderen Geschlecht, und Edwina war im Lauf der Jahre mehrere außereheliche Beziehungen eingegangen.

Was Lord Mountbatten von der Angelegenheit hielt, ist nicht bekannt. Zu keinem Zeitpunkt brachte er je sein Missfallen zum Ausdruck. Zu seiner Tochter soll er einst gesagt haben: »Wie du weißt, habe ich viele Schwächen. Doch glücklicherweise habe ich nie unter Eifersucht gelitten.«

Jawaharlal Nehru, Indiens Premierminister zwischen 1947 und 1964, lebte und starb als einsamer Mann.

Er heiratete seine Kamala, eine kleine und unscheinbare Frau, im Jahr 1916. Er war damals 26, sie 16 Jahre alt. Die Hochzeit dauerte sieben Tage und Nächte. Sein reicher Vater hatte einen eigenen Zug angemietet, um die 300 Gäste zum Fest transportieren zu lassen. Es handelte sich um eine arrangierte Hochzeit, doch Jawaharlal war mit der Wahl seiner Eltern nicht unzufrieden. Das Fest war kaum vorüber, da wurde er schon in den Strudel der politischen Ereignisse gezogen. Zeitweise saß er im Gefängnis, während Kamala allein in Allahabad zurückblieb und womöglich ihr Schicksal beweinte.

Zehn Jahre nach der Hochzeit erkrankte Kamala an Tuberkulose. Weitere zehn Jahre später verstarb sie in einem Schweizer Sanatorium. Die Einäscherung fand in Lausanne statt. Die Hälfte der Asche streute Nehru in den Ganges, die andere Hälfte behielt er. »Was würde ich darum geben, mit dir noch mal von vorn anzufangen, Kamala«, klagte er.

Seine Einsamkeit wurde nicht geringer, als Edwina am 21. Februar 1960 einem Herzinfarkt erlag. Der Todesfall ereignete sich ausgerechnet auf Borneo. Auf ihrem Nachttisch lag ein Liebesbrief von Nehru, den sie wenige Wochen zuvor in Neu-Delhi besucht hatte. »Geliebte Edwina, wir kommen beide so langsam in die Jahre. Ich habe die 70 überschritten, und du bist 57. Doch unser gemeinsames Feuer schlägt immer noch Funken …«

Am folgenden Tag gedachte die indische Nationalversammlung Lady Mountbatten mit zwei Schweigeminuten. Premierminister Nehru, stumm und aschgrau, stand auf und faltete die Hände. Der Frau, die er zwölf Jahre lang über Tausende von Kilometern geliebt hatte, wurde eine Seebestattung außerhalb von Plymouth zuteil. Als letzten Gruß entsandte Nehru das Marineschiff *Trishul* zu der Bestattung. Während die indische Flagge auf Halbmast wehte, ließen die Matrosen einen Kranz mit orangefarbenen Ringelblumen zu Wasser. Noch Wochen nach der Bestattung war Nehru ein geschlagener Mann, während sich auf seinem Schreibtisch die Probleme von 500 Millionen Menschen häuften.

»Sie gehen in die falsche Richtung«, sagt der junge Mann an der Straßenecke in Allahabad. Er kann sich denken, wonach ich suche: Nehrus Elternhaus. »Sie können um die Bank of India herumgehen, wenn Sie wollen, aber durch den Park geht's schneller. Hier entlang!«

Ich bin dem Ganges stromaufwärts gefolgt und habe 140 Kilometer in westliche Richtung zurückgelegt. Lastkähne und Leichen trieben an mir vorbei, und als der Tag zur Neige geht, erhebt sich

Allahabad wie eine graue Masse vor meinen Augen. Aus zahlreichen Papierfabriken steigt schwarzer Rauch in den Himmel. In der Ferne erblicke ich auf einem Höhenzug eine rötliche Festung. Es muss sich um die Akbar-Festung handeln, vom Großen Akbar im sechzehnten Jahrhundert erbaut. In meinem Reiseführer lese ich, Allahabad habe eine Million Einwohner. Der erste Eindruck ist so trist, dass ich am liebsten sofort weiterreisen würde – wäre da nicht Nehru.

Ich bin auf der Suche nach *Anand Bhavan* oder dem Haus der Freude, in dem sowohl Nehru als auch Indira Gandhi aufwuchsen. Eine wilde, geifernde Hundemeute verfolgt mich durch den verunreinigten Park.

Mir ist nicht bekannt, dass sich Nehru je zu herrenlosen Hunden geäußert hätte. Mahatma Gandhi hingegen schon: »Ein herrenloser Hund ist eine Bedrohung für die Gesellschaft, ein ganzes Rudel von ihnen bedroht ihre eigene Existenz. Im Westen hat jeder einzelne Hund einen Besitzer. Lasst uns vom Westen lernen!«

Mit diesen Worten, geschrieben 1926, löste er einen Sturm der Entrüstung aus. Wochenlang musste Gandhi alle Arbeit ruhen lassen, um sich gegen die Vorwürfe zu verteidigen: »Ist es nicht merkwürdig? Wir sind nicht in der Lage, unsere Kühe zu beschützen. Wir schlagen und peinigen unsere abgemagerten Hunde, ohne uns zu schämen. Doch wenn ein herrenloser Hund getötet wird, gibt es einen riesigen Aufstand. Das Füttern eines herrenlosen Hundes ist eine Sünde, die nur ein falsches Gefühl des Mitleids bei uns hervorruft. Einem hungernden Hund ein paar Brotkrumen hinzuwerfen, ist der reine Hohn. Herrenlose Hunde sind kein Zeichen von Zivilisation, sondern das Gegenteil.«

»Gandhi, du bist ein Sklave des Westens geworden!«, empörten sich die Hundefreunde.

»Ich – ein Sklave des Westens? Ich habe die westliche Zivilisation mit scharfen Worten verurteilt, und das werde ich auch weiterhin tun. Aber ich habe vom Westen auch eine ganze Menge gelernt, und dafür bin ich dankbar. Meine Meinung zu herrenlosen Hunden hat nichts mit meiner westlichen Ausbildung zu tun. Wer im Übrigen glaubt, der Westen sei ohne Humanität, der irrt sich gewaltig. Sein Humanitätsideal ist möglicherweise nicht so umfassend wie unseres, doch in der *Praxis* ist der Westen sehr viel konsequenter als wir. Wir haben hohe Ideale und eine elende Praxis. Wir leben in tiefster Dunkelheit, was an unseren armen Mitmenschen, unseren Kühen und anderen Tieren sichtbar wird.«

Starke Worte, doch Gandhi bekam keine Ruhe. Täglich erhielt er säckeweise wütende *»dog mail«*. Noch größer wurde der Zorn, als bekannt wurde, dass in Gandhis Aschram in Bombay ein unheilbar krankes Kalb eingeschläfert worden war. Während Gandhis Schüler dafür gewesen waren, der Natur ihren Lauf zu lassen, hielt Gandhi es für herzlos, nicht einzugreifen. »Warum sollen wir der leidenden Kreatur nicht behilflich sein?«, fragte er. Also sandte er einen Boten zum Tierarzt, der dem Kalb die tödliche Spritze gab.

Hindu-Priester und Zeitungsredakteure reagierten mit wütendem Protest. Die Kuh sei schließlich heilig gewesen. Ein erregter Jain schrieb: »Du hast dieses Kalb getötet, Gandhi, und wenn ich dich nicht töte, bin ich kein Jain.«

Das war im Jahr 1927. Glücklicherweise machte der Briefschreiber seine Drohung nicht wahr.

Ich rette mich durch einen verzweifelten Sprung über den Maschendrahtzaun, der den Park von der Church Road trennt.

Nachdem ich einen Schuhputzer, zwei offene Gullydeckel, drei Losverkäufer und vier Bettler passiert habe, bin ich am Ziel: Church Road 1.

Das Haus der Freude kommt mir wie eine Kombination aus herrschaftlicher Villa und Schlachtschiff vor. Vermutlich ist es die große, vorstehende Terrasse, die mich an ein Schlachtschiff denken lässt. Hier, in diesem luxuriösen und luftigen Ambiente, wuchs er also auf, der stets einsame Jawaharlal Nehru. Umgeben von einer riesigen Dienerschaft und einer übertrieben fürsorglichen Mutter, wurde jeder Ärger von ihm fern gehalten.

Sein Vater Motilal Nehru, einer der bekanntesten Rechtsanwälte des Landes, entstammte einer Brahmanenfamilie aus Kaschmir – vornehmer geht es in Indien eigentlich nicht. Ein uniformierter älterer Herr mit Schnurrbart führt mich von Raum zu Raum, über persische Teppiche, vorbei an vergilbten Familienporträts und gediegenen Spiegeln, einem hübschen Rokoko-Arrangement, einer Glasvitrine mit chinesischem Porzellan, einer seltenen Harfe, einem Weltempfänger mit Teakholzverkleidung, einer russischen Ikone, einer umfangreichen Bibliothek (in der ich auf die Schnelle Werke von Rudyard Kipling, Gabriel Scott und Charles Dickens entdecke) und einem Kronleuchter, der sicherlich aus Venedig stammt.

»Sehen Sie!«, sagt der Fremdenführer mit hochgezogenen Augenbrauen, indem er einen Lichtschalter betätigt. »Die Nehru-Familie war die erste in Allahabad, deren Haus mit elektrischem Strom versorgt wurde.«

Über uns erstrahlen alle 144 Lampen des Kristallleuchters. Für einen Augenblick genieße ich den Anblick des hell erleuchteten Saals, in dem Motilal Nehru seine Feste feierte.

»Und schauen Sie hier!«

Der Fremdenführer hat mich auf die Toilette gezogen.

»Motilal Nehru war der Erste in Allahabad, der eine Toilette mit Wasserspülung nach westlichem Standard besaß.«

Als Jawaharlal fünfzehn Jahre alt war, schickte sein Vater ihn zur weiteren Ausbildung nach London. Motilal Nehru war davon überzeugt, dass der Weg zum Erfolg nur über London führte. Jedes Gespräch in der Church Road sollte in perfektem »Queens English«

vor sich gehen. Hausangestellte, die trotz mehrmaliger Ermahnung immer noch Fehler bei den unregelmäßigen Verben machten, wurden entlassen. Eines Tages, nach einem Abendessen mit über 30 Gästen, sah Motilal, wie einer der Diener einen Teller mit dem Jackenärmel abwischte. Wutentbrannt sprang der Herr des Hauses auf und verabreichte dem Diener auf der Stelle eine Tracht Prügel. Die Gäste waren vor Schreck wie gelähmt, während der Rest der Dienerschaft in die Küche flüchtete.

Motilals Meinung nach sollten Pilgerreisen vorzugsweise in den Westen stattfinden und nicht zu den heiligen Stätten des Islam. »Die Zivilisation befindet sich in Europa und den USA. Ignorieren wir diese einfache Tatsache, wird Indien keinen Bestand haben«, pflegte er zu sagen.

Auch an seiner ablehnenden Haltung dem Hinduismus, ja jeder Religion gegenüber ließ er keinen Zweifel aufkommen: »Ich glaube nicht an religiöse Offenbarungen. Natürlich haben alle religiösen Schriften ihre positiven Aspekte, doch wie man behaupten kann, Gott spreche zu den Menschen, ist mir unbegreiflich.«

An der Wand mit der Rokoko-Tapete hängt ein Familienfoto aus dem Jahr 1926. Im Hintergrund steht ein grauhaariger Motilal Nehru, lächelnd, breitschultrig und selbstsicher. Seine Kleidung ist natürlich westlich geprägt: dunkler Anzug, helle Weste, weißes Hemd und Krawatte. Im Vordergrund sitzt ein nachdenklicher Jawaharlal, damals 38 Jahre alt, auch er westlich gekleidet. Neben ihm seine Tochter Indira in weißem Kleid. Sie ist sieben Jahre alt, spindeldürr, todernst und schwarzhaarig und hat ihrem Vater den linken Arm um die Schultern gelegt.

»Ist das nicht ein wunderschönes Bild?«, sagt der Fremdenführer und bläst ein wenig Staub vom schwarzen Rahmen. Er zieht einen weißen Handschuh aus der rechten Hosentasche und entfernt eine tote Fliege, die zwischen Glas und Rahmen steckt.

21 Jahre nach Entstehung dieses Fotos – in der Freiheitsnacht 1947 – erhob sich Jawaharlal Nehru in der Nationalversammlung von Neu-Delhi. Die Techniker von *All India Radio* hatten die Kabel richtig verbunden. Die rote Lampe leuchtete. Und draußen im Land, auf einer Fläche von über drei Millionen Quadratkilometern, warteten die Menschen in höchster Anspannung. Indien hielt den Atem an.

Ohne sich ein einziges Wort notiert zu haben, trat Nehru vor das Mikrofon:

»Vor vielen Jahren trafen wir ein Abkommen mit dem Schicksal, und nun ist die Zeit gekommen, unser Versprechen einzulösen. Nicht ganz oder in vollem Maße, aber doch zu einem wesentlichen Teil ... Um Schlag Mitternacht, wenn die Welt schläft, erwacht Indien zu Leben und Freiheit!«

Die Rede dauerte genau fünf Minuten. Dann schlug die Uhr zwölf.

Während ich durch das Haus der Freude streife, erfahre ich, dass Motilal Nehru schon 1931 gestorben ist. Dennoch leistete auch er einen Beitrag zur indischen Unabhängigkeit. Obwohl er ein glühender Anhänger alles Britischen war, meinte er, die Engländer sollten der indischen Mittelschicht mehr Einfluss gewähren. Später gelangten er und sein Sohn zu der Überzeugung, dass sich Indien vollkommen von der britischen Vorherrschaft befreien müsse. Gemeinsam erhoben sie sich zum Protest, und gemeinsam wanderten sie für ihre Agitation ins Gefängnis. Statt westlicher Maßanzüge trugen sie nun indische Kleidung, und hinter den Gefängnismauern gewannen sie gar der ungeliebten vegetarischen Küche ihres Heimatlandes einige Vorzüge ab.

»Es war eine nützliche Zeit«, schrieb Jawaharlal Nehru später. »Ich hatte viel Zeit zum Nachdenken.«

Außerdem las er Hunderte von Büchern, darunter zahlreiche naturwissenschaftliche und philosophische Werke. Im Laufe seiner neunjährigen Gefangenschaft fraß er sich auch durch die Werke von Marx und Lenin – ohne sich von ihren Theorien jedoch ganz überzeugen zu lassen.

Vater und Sohn, beide erfolgreiche Anwälte, hätten später ein komfortables Leben im Haus der Freude in Allahabad führen können. Doch opferten sie ihre Privilegien der Politik. Ein Mensch übte entscheidenden Einfluss auf sie beide aus: Mahatma Gandhi.

Die erste Begegnung zwischen Jawaharlal Nehru und Gandhi fand 1920 statt, also im selben Jahr, in dem Gandhi seine Kampagne des zivilen Ungehorsams gegen die Briten begann.

»Gandhi traf mich wie ein Blitz«, schrieb Nehru später.

Gleichzeitig räumte er ein, dass er Gandhi, der sich allen Fragen auf religiöse und mystische Weise näherte, manchmal nur schwer verstehen könne. Nehru war ein Rationalist, und jedes Mal, wenn Gandhi sich an Gott wandte, um die Antwort auf ein politisches Problem zu finden, wurde ihre Zusammenarbeit auf eine harte Probe gestellt. Seine Studienzeit in England hatte seine Überzeugung gestärkt, Indien brauche mehr Vernunft und weniger Mystik. Und obwohl Nehru am Ganges aufwuchs, ist er doch nie darauf aus gewesen, in dem schmutzig braunen Wasser seine Seele zu reinigen. Doch bewunderte er Gandhis Charakterstärke, seine Integrität, Vitalität und Ausstrahlung.

Gandhi und Nehru. Zwei ungleiche Persönlichkeiten mit einem gemeinsamen Ziel: die Freiheit Indiens.

Indessen setzte Indira ihr trauriges Leben im Haus der Freude fort. Sie war klein und dünn und, wie sie es als Erwachsene formulierte, »großäugig, ernst und einsam«. Da ihre Eltern die öffentlichen Schulen in Allahabad für nicht gut genug befanden, wurde sie zu Hause von einem Privatlehrer unterrichtet.

Manchmal, wenn sie sich langweilte, kletterte sie auf einen Tisch und hielt lange Reden mit der Dienerschaft als Publikum. Ein anderes Mal formierte sie alle ihre Puppen zu Schlachtreihen, um den Krieg zwischen »Imperialisten« und »Freiheitskämpfern« zu führen. Als ihre Tante Krishna eines Tages zu Besuch kam, stand ihre Nichte in strammer Haltung auf der Terrasse und erklärte mit erhobenem Arm: »Landsleute! So wie einst Jeanne d'Arc bin auch ich gekommen, um mein Land in die Freiheit zu führen! Folgt mir! Folgt Indira!«

Als Indiras Mutter starb, hatte die Siebzehnjährige ihre einzige Freundin verloren.

So entwickelte sie sich zu einer introvertierten Frau, die von Unsicherheit, Bitterkeit und Misstrauen geprägt war.

Nach der Führung ziehe ich mich auf eine der weiß gestrichenen Bänke im Garten der Nehru-Familie zurück. Vor mir plätschert ein Brunnen. Ein Gärtner jätet auf allen Vieren Unkraut. Ein grauweißer Vogel landet vor meinen Füßen, pickt ein Körnchen auf und flattert wieder davon. Eine passende Gelegenheit für Reflexionen.

Viele Historiker haben die Ansicht vertreten, die Familie Nehru sei wie »geschaffen« gewesen, um Indien zu führen, und in gewisser Weise haben sie sicherlich Recht damit. Die Inder haben nie nach einem Mao gerufen. Der Klassenkampf liegt ihnen fern, da die Hindu-Priester stets predigen, jeder bekomme, was er verdiene. Darum störte es sie auch nicht, dass die Nehrus reich und gebildet waren. Doch natürlich gereichte es ihnen zum Vorteil, dass niemand an ihrer Redlichkeit zweifelte.

Fast niemand behauptet heute, Jawaharlal Nehru habe sie betrogen. Er machte zuweilen einen abwesenden und arroganten Eindruck, und wie jeder Mensch aus Fleisch und Blut war er nicht unfehlbar. Doch als Politiker war er vollkommen unbestechlich, und zu keiner Zeit erlag er der Versuchung, sich auf Kosten des Volkes, dem er dienen sollte, zu bereichern. Während seiner siebzehn Jahre als indischer Premierminister führte er ein hartes und genügsames Leben, ohne den direkten Kontakt zu der Bevölkerung je abreißen zu lassen. An den Vormittagen stand seine Tür jedem offen, der ihn besuchen wollte: Kommunalpolitikern, Journalisten, besitzlosen Bauern aus Bihar, Kastenlosen aus Rajasthan, Arbeitslosen, Ausgestoßenen, Menschen in Not. Jeden Tag bekam er über 2000 Briefe, und der Historiker S. S. Gill schreibt, dass er täglich vier Stunden erübrigte, um sie zu beantworten. In der Regel geschah dies am späten Abend, in den Stunden vor Mitternacht.

Selbst wenn er auf Reisen war, griff er in den Alltag der Menschen ein, falls es ihm angebracht schien. Als er eines Tages in einer Wagenkolonne durch die Stadt Lucknow fuhr, fiel ihm ein Polizist auf, der bei brütender Hitze vollkommen ungeschützt den Verkehr regelte. Indiens Premierminister gab umgehend Anweisung, den Mann mit einem Sonnenschirm auszustatten. Die Rechnung solle an sein Büro in Neu-Delhi geschickt werden.

Die wenigen freien Stunden, die ihm verblieben, verbrachte er in seiner Bibliothek – ganz im Gegensatz zu Mao, der seine Machtposition zu endlosen Intrigen und ungezügelter Liebe mit armen, wehrlosen Bauernmädchen missbrauchte. Nehru liebte die Bücher und schrieb selbst mit Leidenschaft. Seine historischen Kenntnisse waren umfassend, keine literarische Gattung war ihm fremd. Er beendete jeden Tag mit seinen obligatorischen Yogaübungen. »Seine physische Verfassung zu vernachlässigen, scheint mir eine der größten Sünden zu sein«, schrieb er an Indira.

Im Nachhinein scheint Nehru ein Paradebeispiel dafür zu sein, dass ein guter Politiker durchaus der Oberschicht entstammen kann. Entscheidend ist allein seine Haltung – sein moralisches Rückgrat –, nicht die soziale Klasse, der er angehört. Ebenso wie sein Vater war Indiens langjähriger Premierminister nicht religiös und daher vollkommen frei von jeglichem Kastendenken des Hinduismus. Für den Juristen Nehru waren alle Menschen gleich, und auf diesem Fundament wollte er das neue Indien errichten.

Er selbst zweifelte nie daran, dass die sieben Jahre in England seinen Charakter entscheidend geprägt hatten:

> Ich bin eine Mischung aus Ost und West geworden, ein Fremder in allen Zusammenhängen, niemals zu Hause. Vielleicht ist meine Lebensweise mehr westlich als östlich. Dennoch klammert sich Indien unausgesetzt an mich, wie es dies auf unzählige Arten bei allen ihren Kindern tut. Und an irgendeinem Ort des Unbewussten ruht die Erinnerung an Hunderte Generationen von Brahmanen. Das Alte wie das Neue sind gleichermaßen ein Teil von mir, und obwohl mir dies durchaus von Nutzen sein kann, bringt es doch auch eine gewisse geistige Einsamkeit mit sich.

Falls für diese Einsamkeit wirklich sein britischer Hintergrund verantwortlich war, so teilte er dieses Schicksal mit vielen anderen. Tausende Inder aus reichen Familien genossen ihre Ausbildung in England. Niemand von ihnen blieb unbeeinflusst; viele engagierten sich im Kampf um Indiens Unabhängigkeit und fanden sich später in der Regierung oder im administrativen Bereich wieder. Viele Jahre lang war auf den Korridoren der Macht in Neu-Delhi gepflegtes Oxford-Englisch zu hören. »Diese Heimkehrer«, schreibt Gill, »waren von den demokratischen Idealen des Westens durchdrungen und träumten davon, ein neues und gerechtes Indien zu schaffen.«

Die Jahre vergingen. Der Freiheitsrausch wich den kleinen und großen Problemen des Alltags, und bald begriffen Nehru und die anderen Heimkehrer, dass sie gegen das wahre, uralte Indien nur wenig ausrichten konnten. Solange die Briten das Land kontrolliert hatten, waren sie in der Lage gewesen, die Korruption und Kastenkonflikte einigermaßen in Schach zu halten. Doch nun übernahm das wahre Indien die Kontrolle. Die Dorfbewohner eroberten die Städte, die Korrupten setzten sich gegen die Aufrichtigen durch, und Nehru verspürte eine zunehmende Ohnmacht. Nach zehn Jahren als Premierminister seufzte er: »Ich glaube, es gibt in ganz Indien keinen Menschen, dem dieser schreckliche Job mehr zuwider wäre als mir. Ich verabscheue ihn und hoffe, ihn so bald wie möglich wieder los zu sein.«

Sowohl Gill als auch andere haben inzwischen darauf hingewiesen, dass Nehru mehr hätte tun können, um den Verfall um ihn herum aufzuhalten. Er hätte der Korruption in seinem engsten Kreis Einhalt gebieten und damit vor den Augen der Nation ein Exempel statuieren können. Doch das tat er nicht. Stattdessen hatte er die Neigung – vielleicht aus missverstandener Loyalität –, Machtmissbrauch und Skandale auf hoher Ebene einfach zu ignorieren. Zahlreiche Regierungssitzungen endeten mit wortreichen Erklärungen und Rundschreiben, die ohne Folgen blieben. Dieser Führungsstil, bemerkt Gill, war möglicherweise ein Ausdruck der hinduistischen Anschauung, das »Wort« bedeute alles – der Rest sei Illusion. Gill folgert, Nehru habe es letztlich an der nötigen Härte und Rücksichtslosigkeit gefehlt, um seine eigenen Leute in die Schranken zu weisen: »Er war ein tüchtiger Arzt, aber kein Chirurg.«

Als Nehru 1947 die Regierungsgeschäfte übernahm, hatte Indien 340 Millionen Einwohner. Die durchschnittliche Lebenserwartung betrug 42 Jahre, und von 1000 Neugeborenen starben 182, bevor sie fünf Jahre alt wurden. Die Hälfte der Bevölkerung lebte an der Hungergrenze. Es musste etwas getan werden. Doch im Gegensatz zu Lenin ließ sich Nehru nicht zu totalitären Maßnahmen hinreißen. Politiker, die auf alles eine vorgefasste Antwort wussten, stießen ihn ab. Gleichzeitig erteilte er der freien Marktwirtschaft mit ihrer ungehemmten Konkurrenz und Gier eine Absage. Indien sollte einen Mittelweg finden und dem Staat vornehmlich die Rolle des Wegweisers zukommen.

In diesem Sinne erließ die Regierung 1951 ihren ersten Fünfjahresplan. Inspiriert vor den stalinistischen Fünfjahresplänen der Sowjetunion, wollte auch Nehru auf eine staatlich gesteuerte Industrialisierung im großen Stil setzen. In einer seiner Reden kündigte er gar an, der Lebensstandard der Inder würde bald dem des britischen Vorbilds entsprechen! Vielen Projekten fehlte jedoch ein solides Fundament. J. K. Galbraith, einer der weltweit führenden Ökonomen, fragte angesichts der ersten beiden Fünfjahrespläne: »Wo ist die Effektivität? Wo ist der Nutzen?«

Um Landwirtschaft und Lebensmittelproduktion in Schwung zu bringen, enteignete die Regierung die Gutsbesitzer und teilte das Land unter den armen Bauern auf. Doch auch auf diesem Gebiet fehlte Nehru ein fähiger Chirurg. Großgrundbesitzer und wohlhabende Bauern setzten sich zur Wehr, und so verlief die Reform im Sande. Nach Verwirklichung der ersten beiden Fünfjahrespläne waren unfassbare Summen einfach verschwunden oder in die Taschen korrupter Politiker und Beamter gewandert. Gleichzeitig hatte die Regierung umfangreiche Subventionsprogramme aufgelegt, ohne dafür zu sorgen, dass die Steuereinnahmen mit den öffentlichen Ausgaben auch Schritt hielten.

Infolgedessen wurde ein neuer Begriff geprägt: *the hindu growth rate*. Während andere asiatische Länder ein rapides Wirtschaftswachstum verzeichneten, lagen die Wachstumsraten »des Hinduismus« bei zirka drei Prozent. Das war viel zu wenig, und Jahr für Jahr versanken weitere Millionen in unfassbarer Armut.

Als 1961 der dritte Fünfjahresplan zusammengezimmert wurde, war Nehru schon sichtlich angeschlagen. Düster äußerte er, er hätte lieber Professor in Cambridge werden und eine eigene Anwaltskanzlei eröffnen sollen. Mit allem schien es bergab zu gehen, abgesehen von der Korruption und dem Bevölkerungswachstum. Indira Gandhi fand möglicherweise die richtigen Worte, als sie sagte, ihr Vater sei »ein Held, der sich in die Politik verirrt« habe.

Im folgenden Jahr wurde Nehrus Situation noch schwieriger. Die chinesische Regierung hatte schon seit geraumer Zeit eine Modifizierung des gemeinsamen Grenzverlaufs im Himalaja gefordert, den sie – mit vollem Recht – als Erbe der britischen Kolonialzeit betrachtete. Als sich Nehru dieser Forderung widersetzte, trat die chinesische Volksbefreiungsarmee mit 35.000 bestens ausgebildeten Soldaten in Aktion. Die indischen Grenzsoldaten wurden regelrecht überrannt, und innerhalb weniger Wochen hatten die Chinesen Tausende von Quadratkilometern in der öden Gebirgsregion von Ladakh erobert. Nehru ballte die Fäuste und versprach, das verlorene Gebiet zurückzuerobern. Um den Gegenschlag finanzieren zu können, appellierte die Regierung »an alle guten Bürger«, ihr Gold und Silber der indischen Staatsbank zu überlassen. Indira Gandhi ging mit gutem Beispiel voran und überreichte dem Direktor der Bank of India ihren sämtlichen Schmuck samt der Hochzeitsgeschenke.

Doch Auge in Auge mit der chinesischen Übermacht, musste Nehru einsehen, dass der Kampf verloren war. Die Ernüchterung war gewaltig. Am 19. November 1962 beging Indira ihren 45. Geburtstag, und Hunderte von Freunden waren gekommen, um diesen Tag mit ihr zu feiern. Auf der märchenhaften Geburtstagstorte brannten 45 Kerzen, und die Stimmung stieg mit jedem Geschenk, das in den Saal getragen wurde. Schließlich betrat Indira den Raum. Ihre Lider waren bleischwer, ihr Gesicht grau und verhärtet. Während die Hurra-Rufe durch den Saal schallten, stand sie wie versteinert da und starrte zu Boden. Eine Minute später kam Nehru. Seine Schwester Krishna hat diesen Anblick nie vergessen: »Er war um zwanzig Jahre gealtert, seit ich ihm gestern einen Gutenachtkuss gegeben habe. Seine Haare wirkten weißer, und in jeder Falte seines Gesichts stand die Katastrophe geschrieben.«

In seiner Zeit als Premierminister hatte Nehru mehrmals mit seinem Rücktritt gedroht. Diese Drohungen hatte er meist geäußert, nachdem er in Turbulenzen geraten und für angebliche Fehler kritisiert worden war – zum ersten Mal bereits 1951. Sieben Jahre später erklärte er vor der Nationalversammlung, dass er genug habe. Die Jahre in der Politik hätten ihn ausgelaugt. »Von nun an möchte ich ein normaler Bürger Indiens sein«, sagte er. Die Parlamentsmitglieder trauten ihren Ohren nicht, und die Nachricht von Nehrus bevorstehendem Rücktritt verbreitete sich in der ganzen Welt wie ein Lauffeuer. Doch anstatt sein Abschiedsgesuch einzureichen, überließ er die Entscheidung den Abgeordneten. Diese sprachen sich natürlich für eine Fortsetzung seiner Amtszeit aus, und so geschah es.

Nach der demütigenden Niederlage gegenüber China meinten viele, Nehrus Zeit sei abgelaufen. Doch sie sollten sich irren. Allerdings zog sich Nehru mehr und mehr zurück. Nach wie vor kam er seinen täglichen Verpflichtungen nach, doch seine Arbeitsfreude war erloschen. Obwohl er gewusst haben muss, dass seine Zeit zur Neige ging, tat er so, als würde er auf unbestimmte Zeit Indiens Premierminister bleiben. Fünf Tage vor seinem Tod hielt er eine Pressekonferenz in Neu-Delhi ab. Einer der anwesenden Journalisten wollte wissen, wen er sich als seinen Nachfolger denken konne.

Der sichtlich verärgerte Nehru stand auf und antwortete: »So bald wird mein Leben nicht zu Ende sein!«

Vier Tage später, am 22. Mai 1964, hatte Nehru wie üblich einen langen Arbeitstag. Am nächsten Morgen um sechs erwachte er mit großen Schmerzen. Der herbeieilende Arzt konstatierte, dass die Hauptschlagader geplatzt war. Die inneren Blutungen waren schon weit fortgeschritten, und Indira stellte sich umgehend für die notwendige Bluttransfusion zur Verfügung. Doch Nehrus Leben war nicht mehr zu retten. Indiens erster Premierminister fiel ins Koma und starb um zwei Uhr nachmittags.

Der Leichnam wurde in eine indische Fahne gehüllt, in Nehrus Gemächern aufgebahrt und mit Lilien, Rosen und Ringelblumen bestreut. Eine Million Menschen standen an den Straßen, während der Katafalk zum Kremationsplatz am Jamuna-Fluss gezogen wurde. Seiner Lebenseinstellung gemäß hatte Nehru um eine nichtreligiöse Bestattung gebeten. Doch leider wurde sein letzter Wunsch nicht respektiert. Aus allen Richtungen, vor allem von der hinduistischen Mehrheit, kam die Forderung, die Hindu-Priester an der Zeremonie zu beteiligen. Schließlich gab Indira nach. Die Hindu-Priester kamen, und bald wurde die laue Frühlingsluft von monotonen vedischen Versen erfüllt.

Dann wurde das Feuer entzündet. Zischend schossen die Flammen in die Höhe, während Tausende von Menschen sich weinend um die Flammen scharten. Eine Epoche war zu Ende gegangen.

Zu Lebzeiten hatte Nehru verfügt, man möge seine Asche über die unendlichen Weiten der indischen Landschaft verstreuen. Diesem Willen wurde entsprochen. Der letzte Rest seiner Asche wurde mit einem Sonderzug von Neu-Delhi nach Allahabad transportiert. Während der Zug in südöstliche Richtung fuhr, standen Millionen mit gebeugten Köpfen und roten Augen entlang der Schienen. Etwas Vergleichbares hatte Indien noch nie erlebt.

Im Haus der Freude wurde die Urne auf einen kleinen Sockel gestellt. Nachdem weiteren Tausenden die Möglichkeit gegeben worden war, an der Urne vorbeizudefilieren, ruderte Indira mit ihren beiden Söhnen, Rajiv und Sanjay, auf den Ganges hinaus und leerte die Urnen ihrer beiden Eltern. Die grauweiße Asche wurde im Nu von den Stromwirbeln erfasst.

»Nehru«, fasst S. S. Gill zusammen, »war viel größer als sein Amt. Doch Macht ist wie Opium, und auch Nehru wurde abhängig von ihr. Sein Lebenswerk war 1958 im Grunde vollendet. Wäre er in diesem Jahr zurückgetreten, hätte sein Nachruf nicht den geringsten Schaden erlitten. Außerdem wäre er in diesem Fall mit gutem Beispiel vorangegangen und hätte gezeigt, dass es auch für Politiker andere Möglichkeiten gibt, ihre Karriere zu beenden, als durch Wahlniederlagen oder Tod.«

Nun war es dafür zu spät, und im Sommer 1964 musste Indien sich ein neues Staatsoberhaupt suchen. Die Wahl fiel nicht leicht, denn die Führungsetage der Kongresspartei wimmelte von kleinmütigen Politikern ohne Visionen. Einer von ihnen, der vierschrötige Hindu-Fanatiker Morarji Desai, pflegte jeden Morgen seinen eigenen Urin zu trinken. Andere hatten sich nur um ihres eigenen Vorteils willen in die Politik begeben. Schließlich – vier Tage nach Nehrus Bestattung – scharte sich die Parteiführung um Lal Bahadur Shastri. Er war die Güte selbst und ein Freund von allen. Am 9. Juni 1964 wurde er als zweiter indischer Premierminister vereidigt.

Doch hinter den Kulissen wartete bereits eine Frau, die in ihrer Kindheit auf der Terrasse ihres Elternhauses gestanden und sich selbst als zweite Jeanne d'Arc ausgerufen hatte. Als ich auf der weißen Bank in ihrem ehemaligen Garten sitze, meine ich ihre dünne Stimme hören zu können: »Landsleute! So wie einst Jeanne d'Arc bin auch ich gekommen, um mein Land in die Freiheit zu führen! Folgt mir! Folgt Indira!«

Offenbar hatte niemand Indira als Nachfolgerin ihres Vaters für das Amt des Premierministers auf der Rechnung gehabt. Seit dieser Witwer geworden war, hatte sie stets als seine Tischdame und inoffizielle Protokollchefin fungiert. Durch beide Tätigkeiten hatte sie beträchtliche Erfahrungen in der politischen Praxis gesammelt und kannte viele Akteure auf der politischen Bühne Indiens. »Es ist fast peinlich, dies zu sagen, doch keiner von ihnen beeindruckt mich«, äußerte sie 1961.

Nehru hatte niemals versucht, seine Tochter in die aktive Politik mit einzubeziehen. Der Tradition der Familie folgend, wurde sie zum Studium nach Europa – in die Schweiz und nach Großbritannien – geschickt. Wieder zu Hause, heiratete sie den Politiker Feroze Gandhi (nicht verwandt mit Mahatma Gandhi) und bekam mit ihm die beiden Söhne Rajiv und Sanjay. Doch die Ehe mit Feroze war nicht glücklich. Die meiste Zeit lebten die Ehepartner voneinander getrennt, bis sich ihre Wege 1960 für immer trennten: Feroze erlitt einen Gehirnschlag und starb.

Als Shastri nach Nehrus Tod die Regierung bildete, behielten alle ehemaligen Mitglieder ihre Posten – mit einer Ausnahme: Indira Gandhi wurde zur Ministerin für Funk und Fernsehen ernannt. Kein unwichtiger Posten in einem Land mit staatlichem Rundfunkmonopol. Nachdem sie sich eine Weile zurückgehalten hatte, tauchte sie bald täglich zur besten Sendezeit auf der Mattscheibe auf. Indira Gandhi hatte zu allem eine Meinung, auch zu außenpolitischen Fragen. Im Oktober 1964 reiste sie schließlich – gegen den Willen ihrer Regierung! – nach Moskau, um die neue sowjetische Führung kennen zu lernen.

Shastri ignorierte diese Respektlosigkeit und tat so, als wäre nichts geschehen. Ein Jahr später starb er. Am Morgen, an dem die Wahl des neuen Premierministers stattfinden sollte, suchte Indira Gandhi den Ort auf, an dem ihr Vater verbrannt worden war. »Ich erinnerte mich, was er mir zu meinem dreizehnten Geburtstag geschrieben hatte: ›Sei mutig, der Rest wird von allein kommen!‹« Die Wahl wurde zu einem Triumph für Indira. Mit 355 Stimme und 169 Gegenstimmen besiegte sie ihren Konkurrenten Morarji Desai. Im Alter von 48 Jahren war sie die mächtigste Frau der Welt geworden.

Aus irgendwelchen Gründen war die Machtzentrale der Kongresspartei, das so genannte Syndikat, davon ausgegangen, Indira kontrollieren zu können. Sie war ja schließlich eine Frau. Doch sie irrten sich. In den Jahren hinter den Kulissen hatte sie die meisten politischen Kniffe gelernt. Wenn sie Probleme mit ihren eigenen Leuten bekam, appellierte sie stets an das Volk. Wie ihr Vater liebte sie Massenveranstaltungen, und allein die Tatsache, dass sie die Tochter des großen Nehru war, brachte ihr Bewunderung und Respekt ein. Als das »Syndikat« begriff, dass die Schlacht verloren war, versuchten die alten Männer eine eigene, rivalisierende Kongresspartei zu gründen, doch ohne Erfolg.

Ihr Elternhaus in Allahabad übereignete sie 1970 dem indischen Staat. Das Haus der Freude sollte zum Museum umfunktioniert werden. Vijaya, Nehrus alte, kränkliche Schwester, fragte, ob sie nicht noch eine einzige Nacht im Haus der Freude übernachten könne, ehe es dem Staat in die Hände falle. Indira verwehrte es ihr, obwohl ihr Vater in seinem Testament verfügt hatte, das Haus der Freude solle den Familienmitgliedern in jedem Fall weiterhin offen stehen.

Diese unversöhnliche Geste offenbart eine wichtige Seite an Indira Gandhi: eine Engherzigkeit und Rachgier, die niemand mit dem Vater in Verbindung gebracht hätte. Gewiss war sie eine große Persönlichkeit, konnte jedoch gerade in nichtigen Angelegenheiten eine erstaunliche Kleinlichkeit an den Tag legen. Vijaya und Indira hatten bereits seit Jahren ein gespanntes Verhältnis zueinander gehabt, doch dass Indira ihr eine letzte Nacht im Haus der Freude verwehrte, traf Vijaya tief. Schließlich wurde ihr ein fünfzehnminütiges Treffen mit der ersten Frau des Staates gewährt. »Ich versuchte ein normales Gespräch mit ihr zu führen, doch Indira saß unbeweglich da und sprach kein einziges Wort. Nach fünfzehn Minuten schaute sie auf die Uhr. Die Audienz war beendet.«

Das Schweigen war ein wichtiges Instrument ihrer politischen Strategie. Einheimische wie ausländische Politiker, die sie nicht mochte, mussten ihre beleidigenden, kalten Blicke und ihr peinliches Schweigen über sich ergehen lassen. Der britische Labour-Abgeordnete James Callaghan, der später Premierminister wurde, war einer von vielen, die so etwas erlebten. Während eines Staatsbesuchs Indira Gandhis in Großbritannien hatte er sie zu einem gemeinsamen Frühstück eingeladen. Aus irgendwelchen Gründen hatte sie beschlossen, ihn nicht zu mögen. So saß sie dann während des gesamten Frühstücks schweigend und unversöhnlich da. Als Callaghan sich erkundigte, wie ihr Aufenthalt bislang verlaufen sei, blickte sie ihn nur feindselig an und nippte an ihrem Tee. Also beschloss er, es ihr mit gleicher Münze heimzuzahlen. »Sie war stur, und ich war es auch – und zehn Minuten später war das Frühstück vorbei«, erinnerte sich der Labour-Politiker.

1971 wurde zum Höhepunkt ihrer langjährigen Karriere als Premierministerin. Mit dem Slogan »Indien ist Indira, Indira ist Indien« stellte sich die Kongresspartei zur Wahl. Innerhalb von 43 hektischen Tagen sprach sie auf insgesamt 300 Massenveranstaltungen im ganzen Land. Die Wähler belohnten diesen Einsatz, indem sie der Kongresspartei eine Zweidrittelmehrheit in der Nationalversammlung bescherten. Nun konnte Indira schalten und walten, wie sie wollte.

Die erste Herausforderung lag auf außenpolitischem Gebiet. Die Einwohner von Ostpakistan lehnten sich gegen die ökonomische, politische und militärische Dominanz Westpakistans auf. Ost- und Westpakistan lagen damals zu beiden Seiten Indiens, waren geografisch also weit voneinander entfernt. Die Regierung lag im Westen, in Islamabad, und obwohl beide Landesteile von Muslimen bevölkert wurden, war die Zusammenarbeit schlecht. Die Generäle in Islamabad versuchten, den Konflikt mit Gewalt zu lösen, doch nachdem 10 Millionen verzweifelte Muslime nach Indien geflüchtet waren, machte Indira kurzen Prozess. Sie sandte bewaffnete Einheiten nach Ostpakistan, um die dortige Guerilla zu unterstützen. Nach einem nur wenige Wochen währenden »Blitzkrieg« kapitulierte Westpakistan, und noch ehe das Jahr vorbei war, hatten die Aufrührer die Macht ergriffen und einen neuen Staat gegründet: Bangladesch.

Der Erzfeind Pakistan war nahezu halbiert worden, und Indien hatte einen neuen, wohlgesinnten Nachbarn hinzugewonnen.

In Indien kannte der Jubel keine Grenzen, und selbst die Opposition fiel auf die Knie und küsste Indira die Füße. Atal Behari Vajpayee, Indiens späterer Premierminister, verglich sie gar mit Durga, der indischen Göttin der Macht. Mit Jeanne d'Arc verglich sie keiner – aber Durga war schließlich auch nicht übel.

Macht verführt, und Allmacht korrumpiert vollständig. »Sollte nicht jedes Land von denjenigen geführt werden, die die Wahrheit und Gerechtigkeit auf ihrer Seite wissen?«, hatte Indira Gandhi auf ihren Wahlkampfreden 1971 gefragt. Von einer Woge des Enthusiasmus getragen, begann sie sich unfehlbar zu fühlen. Wer sich dazu hinreißen ließ, sie zu kritisieren, machte mit ihrer scharfen Zunge oder ihrem eisigen Schweigen Bekanntschaft. Wie glücklich ihr Vater war, den kommenden Verfall nicht miterleben zu müssen.

Nach dem schönen Wort Bangladesch (»Das goldene Bengalen«) machte nun ein anderes Wort die Runde: Ökonomie. Indiras Wirtschaftsphilosophie unterschied sich nur unwesentlich von der ihres Vaters, nur dass sie noch stärker auf staatliche Führung setzte. Kein gutes Vorzeichen in einem Land, dessen Einwohner jahrelang gegen eine wuchernde Bürokratie hatten kämpfen müssen.

1972 war Indien von einer Missernte betroffen, und die nächsten beiden Jahre waren kaum besser. Im Süden flehten die Bauern um

Sonne, in der Mitte und im Norden um Regen. Und als wäre das nicht genug, begann ein mächtiger Mann namens George Fernandes einen handfesten Streit vom Zaun zu brechen. Fernandes, der Präsident des indischen Eisenbahnerverbands war, forderte höhere Löhne für die Eisenbahner und organisierte einen landesweiten Streik, der ein allgemeines Chaos auslöste. Die kargen Getreideernten, die unter den Bundesstaaten aufgeteilt werden sollten, kamen nicht ans Ziel.

Dann die Ölkrise: Die Rohölpreise schossen in ungeahnte Höhen und beraubten die Staatskasse ihrer letzten Rupien.

1974 suchte Indira Trost in der Kernphysik. Indien zündete seine erste Atombombe. Das Volk jubelte. Doch auch diese Freude währte nicht lange, denn am 25. Juni 1975 verbreitete sich die Nachricht, die Indien und die ganze Welt erschütterte: Indira Gandhi hatte den Ausnahmezustand über ihr Land verhängt. Diese Entscheidung wurde mit »inneren Unruhen« begründet, die angeblich die »Demokratie und das Wohlergehen des Volkes« gefährdeten. Im Lauf weniger dramatischer Wochen landeten Hunderttausende ohne juristische Grundlage hinter Gittern: Politiker, Journalisten, Anwälte, Gewerkschafter ... Zeitungen, die es wagten, Nehrus Äußerungen zu Freiheit und Menschenwürde zu zitieren, wurden verboten. Millionen von Menschen wurden schikaniert und vertrieben. Das Land, das sich so gern mit dem Titel »Größte Demokratie der Welt« geschmückt hatte, verwandelte sich über Nacht in eine brutale Diktatur.

Auf der Habenseite konnte Indira Gandhi verbuchen, dass die Züge inzwischen wieder pünktlich waren. So wie in Mussolinis Italien und Hitlerdeutschland wurden die Zugfahrpläne zum nationalen Heiligtum erklärt. Zum ersten Mal in Indiens langer Geschichte wurden die Straßen von Müll und Kuhmist befreit. Dann schlug die Stunde von Indiras jüngstem Sohn Sanjay.

Sanjay Gandhi war das, was man salopp als »verzogenen Bengel« bezeichnen könnte. Seit seiner Kindheit war er der Liebling seiner Mutter gewesen. Schon als Vierjähriger kommandierte er die Dienerschaft herum. Später, als Schüler der vornehmen Doon School im Himalaja, machte er sich als Nichtsnutz und chronischer Autodieb einen Namen. Schließlich wechselte er auf eine Schule in Neu-Delhi und setzte seine Autodiebstähle fort. Doch anstatt im Gefängnis zu landen, wurde er mit einer Lehrstelle bei Rolls-Royce im englischen Coventry belohnt. Dort führte er sich ein wenig besser auf, brach seinen Aufenthalt jedoch nach einiger Zeit mit den Worten ab: »Rolls-Royce kann mir nichts mehr beibringen!«

Als 1975 der Ausnahmezustand erklärt wurde, war Sanjay 29 Jahre alt und Vorsitzender der Jugendorganisation der Kongresspartei, und sein Ego war ins Unermessliche gewachsen. Die Veteranen der Kongresspartei, die mit Nehru im Gefängnis gesessen hatten, wurden als »senile Analphabeten« bezeichnet, die der Partei nur noch zur Last fielen. Sanjay erklärte, er wolle Indien zu einer globalen Sensation machen, zu einem technologischen Wunder, aber dazu müsse man ihm freie Hand lassen. S. S. Gill schreibt: »Sanjay wusste, was er wollte und wie er es erreichen konnte. Das demokratische System war ihm allzu schwerfällig – weg damit! Die Bettler auf den Straßen Neu-Delhis verschreckten nur die Touristen – fort mit ihnen! Die Hauptstadt wurde von den Slums kaputt gemacht – beseitigt sie! Die Armen vermehrten sich wie die Kaninchen – sterilisiert sie! Manche Menschen redeten zu viel – werft sie ins Gefängnis! Die Presse war zu kritisch – führt die Zensur ein!«

Sanjay begann seine brutale Säuberung Neu-Delhis, indem er eine Armada von Bulldozern zu den Armenquartieren der Muslime aussandte, die sich hinter dem historischen Turkman Gate befanden. Niemand war vorgewarnt worden. Die Menschen wohnten seit Generationen in den schiefen Steinhäusern, und im Jahr 1947, als

Millionen von Muslimen nach Pakistan geflüchtet waren, hatte Nehru ihnen den Schutz der indischen Regierung zugesagt. Als die Bulldozer sich eines Morgens im April 1976 ihren Weg bahnten, warfen sich die Armen ihnen förmlich entgegen und wurden einfach überrollt. Sanjay hatte seinen Slogan »Taten statt Worte« wahr gemacht. Die Flüchtenden wurde eingefangen und wie Schlachtvieh aus der Stadt gekarrt. Als die »Stadterneuerung« abgeschlossen war, hatten Sanjay und seine Handlanger 15.000 Gebäude abgerissen und 70.000 Menschen obdachlos gemacht.

Nach dem »Erfolg« von Neu-Delhi dehnte Sanjay seine Tätigkeiten auf das ganze Land aus, ließ willkürlich ganze Stadtteile abreißen und Slums beseitigen. Sanjays Worte waren Gesetz. Die Zeitungen überschlugen sich vor Begeisterung, und manch hymnische Schlagzeile erinnerte frappant an die Banalitäten der chinesischen und nordkoreanischen Presse. Zum Beispiel diese: »Mögen Sanjay Gandhis Ideale ewig leuchten wie die Sonne!«

Doch der schlimmste Aspekt seiner Tyrannei war der Versuch, eine ganze Nation zur Sterilisation zu zwingen. Nehru hatte das rasche Bevölkerungswachstum nie als Bedrohung von Indiens Zukunft betrachtet. Einige Landesteile hielt er sogar für unterbevölkert und glaubte, die Probleme mit seinen Fünfjahresplänen endgültig in den Griff zu bekommen. So gesehen, befand er sich auf einer Linie mit Mao. Doch seine Tochter sah das anders. Unmittelbar nach ihrem Regierungsantritt unternahm sie erste Schritte, um die Geburtenraten zu senken. Allerdings waren ihre Methoden stets gewaltlos. Sanjay hingegen war der Meinung, dass ein so unaufgeklärtes Volk wie das indische nur durch Zwang zu retten sei. So wurde jedem Bundesstaat eine »Sterilisationsquote« zugeteilt, die von diesem zu erfüllen war.

Als Sanjay sein Werk vollendet hatte, waren zehn Millionen Menschen – die meisten unfreiwillig! – sterilisiert worden. Dennoch fand er die Zeit, seiner Mutter Indira folgenden Hymnus zu widmen:

Du größte Frau der Welt,
Göttin der Unterdrückten,
Erlöserin der Armen,
Mutter dessen, der handelt,
du bist Indus und Mond zugleich,
du bist das kosmische Licht.

Indira Gandhi hätte dem Personenkult, der sie umgab, ein Ende bereiten können, doch sie tat es nicht. Sicherlich fühlte sich Nehrus Tochter dadurch geschmeichelt, und möglicherweise brauchte sie ihn sogar, um die Disziplin aufrechterhalten zu können, deren das Land ihrer Meinung nach bedurfte. Indien – das Land, das als Demokratie geboren wurde – war zu einer Diktatur geworden. Pakistan hingegen, das seit langem von Generälen gelenkt worden war, hatte sich unter Premierminister Ali Bhutto in eine Demokratie verwandelt. Indien eine Diktatur? Pakistan eine Demokratie?

Für Millionen indische Intellektuelle durfte das einfach nicht wahr sein. Die Wirklichkeit schien auf den Kopf gestellt, doch nur wenige wagten zu protestieren. Jedes kritische Wort zu Sanjay konnte einen ins Gefängnis bringen. Längere Zeit war das Janata Coffee House in Neu-Delhi Treffpunkt der Intellektuellen gewesen. Als Sanjay davon erfuhr, ließ er kurzerhand seine Bulldozer anrücken und machte es dem Erdboden gleich.

Was tat Indira Gandhi? Wie rechtfertigte sie die Gewalttaten?

Während des Ausnahmezustands, der zwei Jahre lang andauerte, lebte sie größtenteils zurückgezogen in ihrer Dienstwohnung. Sanjay war an der Front, sie an ihrem Schreibtisch. Jedes Mal, wenn sie mit staatlichen Übergriffen konfrontiert wurde, unterstellte sie eine »Kampagne« des politischen Gegners. Sanjay nahm sie stets in Schutz. Die Berichte, die sie vom staatlichen Rundfunk und der geknebelten Presse erhielt, waren ausnahmslos positiv. Und Sanjays

Untergebene, die Staatsbeamten und -sekretäre, äußerten sich in gleicher Weise. Wer ihr mit schlechten Nachrichten kam, konnte mit seiner umgehenden Entlassung rechnen.

So wurde Indira Gandhi zum Opfer ihrer eigenen Isolation und Arroganz. Schließlich fühlte sie sich stark genug, den Ausnahmezustand zu beenden. Am 18. Januar 1977 gab sie bekannt, sich in zwei Monaten zur Wahl stellen zu wollen. Sanjay, der ahnte, wie das Volk wirklich dachte, warnte sie. Doch seine Mutter ließ sich nicht beirren. Die Unterlagen auf ihrem Schreibtisch sagten ihr, dass es Indien wirtschaftlich so gut gehe, wie schon lange nicht mehr. Die Wettergötter hatten die Nehru-Dynastie in den Jahren '75 und '76 mit herrlichem Wetter gesegnet. Die Bauern lächelten, die Ernten waren rekordverdächtig.

Dann entschieden die Wähler: Die Opposition gewann – Indira verlor!

Auch Sanjay – der »Mann der Tat«, die »Zukunft Indiens« – wurde in die Wüste geschickt. Drei Jahre später verabschiedete er sich aus der Weltgeschichte mit einem großen Knall: Sanjay war ein enthusiastischer Hobbypilot. Als er sich am 23. Juni 1980 mit seinem Kunstflugzeug über Neu-Delhi befand, steuerte er früher als erwartet den Flughafen an, ohne den Start seines fliegenden Kollegen – des Ministers für zivile Luftfahrt! – abzuwarten. Wenige Minuten später stieg aus einem städtischen Waldstück eine schwarze Rauchsäule in die Luft. Das Flugzeug war abgestürzt. Sanjay war tot.

Während manche seinen Tod beweinten, blieb Indien das Schicksal erspart, Sanjay Gandhi eines Tages als Premierminister erleben zu müssen.

»Sir, it's five o'clock. We're closing!«

Auf der weiß gestrichenen Gartenbank schrecke ich auf. Ich hatte mich in die indische Geschichte vertieft und muss – zu den Geräuschen des friedlich plätschernden Brunnens – eingenickt sein. Die Hausangestellten klappern mit ihren Schlüsseln. Alle müssen das Grundstück verlassen.

Was geschah eigentlich mit Indira Gandhi?

Die Beantwortung dieser Frage muss ein wenig warten, weil zuvor die letzten Nachzügler hinauskomplimentiert werden. Ich scheine der Allerletzte zu sein. Aber der Wächter im weißen Anzug ist keineswegs unfreundlich – zu keinem Zeitpunkt werde ich mit Haft, Zwangssterilisation oder dem Tod bedroht. Ich verabschiede mich vom Haus der Freude und wende mich in südliche Richtung – zum allerheiligsten Punkt des Landes. Ich muss nur der Fort Road folgen. Vor der Akbar-Festung biege ich erst links, dann rechts ab, ehe ich dem sandigen Ufer bis zu dem Punkt folge, an dem Ganges und Jamuna zusammenfließen. »Folgen Sie mir!«, befiehlt der Mann, der wie aus dem Nichts aufgetaucht ist und auf den äußersten schmalen Sandstreifen hinter der Festung deutet.

Abgesehen von seinem flatternden Lendenschurz ist er nackt. Seine langen, schwarzen Haare sind aufgerollt und mit zwei Holzstäben zusammengesteckt. Die Beine lang und schmal; ich habe Mühe, mit ihm Schritt zu halten. Seine großen Fußsohlen hinterlassen deutliche Abdrücke im feuchten Sand. In einigen hundert Meter Entfernung erahne ich eine diffuse Menschenschar und ein prasselndes Lagerfeuer, aus dessen Mitte eine schmale Rauchsäule in den Himmel steigt. Irgendwo in der Menge bellt ein Hund. »Folgen Sie mir!«, wiederholt der Unbekannte und deutet erneut in die angestrebte Richtung. Die schemenhaften Figuren treten immer deutlicher hervor und sind plötzlich zweifelsfrei als *Sadhus* zu erkennen. Sie gehören Indiens bedeutendem Stand der heiligen Männer an, die ihr Leben der Meditation und Askese verschrieben haben.

Schweigend starren sie wie verhext auf das leicht gekräuselte Flusswasser.

Mein Führer bleibt fünf Meter vom Ufer entfernt stehen und zeigt auf den heiligsten Punkt Indiens.

»Dort!«, sagt er. »Sehen Sie die Wasserbewegung? Von links kommt der Ganges, von rechts der Jamuna. Da vorn kreuzen sie sich. *The Confluence!*«

Einige der heiligen Männer scheinen langsam aus ihrer Trance zu erwachen. Einer brummt etwas Unverständliches vor sich hin, ehe er wieder in seinem Dämmerzustand versinkt. Erst in diesem Moment bemerke ich den Sadhu, der inmitten der Gruppe auf dem Kopf steht. Seine weißen Beine ragen kerzengerade in die Luft, sein Leib ist mit grauer Asche beschmiert, Kopf und Arme sind halb im Sand begraben. Er zeigt keinerlei Regung, selbst aus seinem Brustkasten scheint sämtliche Luft entwichen.

»Das macht er schon seit 24 Jahren«, sagt mein unbekannter Begleiter.

»Seit 24 Jahren?«

»Ja, ungefähr seit dem Ausnahmezustand.«

»Aber manchmal wird er doch wohl aufstehen und sich ein bisschen die Beine vertreten?«

»Aufstehen? Das kann er nicht mehr. Wenn er irgendwohin will, muss er getragen werden.«

»Und wenn er schlafen will?«

»Das ist kein Problem. Er schläft, während er auf dem Kopf steht.«

»Warum tut er das?«

»Weil er sich nach *Moksha* sehnt. Statt wiedergeboren zu werden, hofft er auf Erlösung.«

»Wäre es da nicht einfacher, ein Bad im Fluss zu nehmen? Hat das nicht dieselbe Wirkung?«

»Viele Wege führen zum selben Ziel. Einige sind einfacher, andere anspruchsvoller. Jeder bestimmt seinen Weg selbst.«

Wir treten ein wenig näher an die Männer heran. Plötzlich bemerke ich hinter dem Hund, der sich schlafen gelegt hat, einen rotweißen Menschenkopf aus dem Sand ragen. Der Rest des Körpers ist nicht sichtbar. Auch dieser Sadhu lässt kein Lebenszeichen erkennen. Unter herabhängenden zotteligen Haaren erkenne ich friedlich geschlossene Augenlider. Er praktiziert *Samadhi* – befindet sich also in Trance.

»Wie lange ist er schon eingegraben?«

»Immer fünf, sechs Tage am Stück.«

»Wann isst er?«

»Solange er eingegraben ist, nimmt er weder Nahrung noch Flüssigkeit zu sich.«

Neben dem einsamen Kopf sitzt ein lebendes Skelett im Schneidersitz. Es scheint wie mit gelbem Pergament überzogen. Sein Mund ist halb geöffnet. Durch beide Wangen hat er sich etwas gestoßen, das mich an einen Grillspieß erinnert. Die langen moosartigen Haarzotteln sind von der Sonne spröde; Finger- und Zehennägel wuchern vor sich hin. Von den über zwanzig Sadhus im Sand ist er der Einzige, der hin und wieder ein Lebenszeichen von sich gibt. Manchmal rollt er verzweifelt mit den Augen, bevor heftige Zuckungen durch seinen ganzen Körper gehen. Hinter ihm sitzt ein über und über bemalter Zwerg, dessen Füße direkt unter dem Kinn ineinander verschlungen sind – auch er ein Sadhu. Um das Gleichgewicht zu halten, rollt er mit gekrümmtem Rücken im Sand hin und her.

»Er hat einen Eid geschworen, auf diese Weise den Rest seines Lebens zu verbringen.«

»Wie alt ist er?«

»Nicht sehr alt, vielleicht zwanzig.«

In diesem Moment deutet nichts darauf hin, dass an diesem öden Sandstreifen im Jahr 2001 Millionen von Hindus zusammenkommen würden, um die *Kumbh Mela* zu feiern – das größte und farbenprächtigste Spektakel seit Menschengedenken. Das Fest erstreckt sich jedes Mal über mehrere Wochen, und wenn alle Himmelskörper die richtige Position erreicht haben, setzen sich die Menschenmassen in Bewegung, um sich dort, wo Ganges und Jamuna zusammenfließen, in die Fluten zu stürzen. Das heilige Bad wird nicht nur die Badenden selbst für alle Zeit reinigen, sondern darüber hinaus – sofern die Hindu-Priester Recht behalten – all ihre Angehörigen, und zwar über einen Zeitraum von 88 Generationen. Eine sehr effektive Angelegenheit.

Die Kumbh Mela in Allahabad wird jedes zwölfte Jahr abgehalten. Die Teilnehmerzahl des letzten Festes 1989 wurde auf 20 bis 30 Millionen veranschlagt! Der heiligste aller Punkte brodelte nur so, und inmitten all der rufenden und betenden Menschen wurden die Unglücklichsten von der Strömung fortgerissen, während andere – wenn auch nicht viele – tot getrampelt wurden, als sie an Land gingen. Während ich meinen Blick über den einsamen Strand wandern lasse und den grauen Abenddunst betrachte, der über der Wasserfläche schwebt, versuche ich mir die eindrucksvollen Fotos von Rajesh Bedis ins Gedächtnis zu rufen, die Indiens bekanntester Fotograf auf der Kumbh Mela 1989 gemacht hat. Besonders eine seiner Aufnahmen ist mir unvergesslich geblieben: chaotisch und farbenprächtig zugleich, zeigt sie eine Gruppe so genannter Naga-Sadhus – eine Sekte heiliger Männer, deren Kennzeichen die völlige Nacktheit ist – auf ihrem Weg zum Fluss. Tausende nackter Körper leuchten golden und bronzefarben in der Sonne, während im Hintergrund berittene Polizeibeamte aus Allahabad zu erkennen sind.

Was hätte Nehru zu diesem Spektakel gesagt? Vielleicht dasselbe, was in seinem Buch *Entdeckung Indiens* von 1946 zu lesen ist:

»Indien muss mit vielen Dingen seiner Vergangenheit brechen und darf nicht zulassen, dass sie die Gegenwart beherrschen. Unser Leben ist mit dem toten Gestrüpp dieser Vergangenheit belastet; alles, was abgestorben ist und seinen Zweck erfüllt hat, muss verschwinden. (...) Die Religionen haben in hohem Maße zur Entwicklung der Menschheit beigetragen. Sie haben Werte und Normen festgelegt und Grundsätze für die Führung des menschlichen Lebens entworfen. Haben sie einerseits Gutes getan, so haben sie andererseits auch versucht, die Wahrheit in starre Formen und Dogmen zu sperren, und Rituale und Bräuche gefördert, die allzu bald ihre ursprüngliche Bedeutung verloren und zu reiner Routine wurden. (...) Anstatt die Wissbegierde und das Denken zu ermutigen, haben sie eine Philosophie der Unterwerfung unter die Natur, unter Staatskirchen, unter die jeweils bestehende Gesellschaftsordnung, kurz, unter alles, was besteht, vertreten. Der Glaube an eine übernatürliche Kraft, die alles bestimmt, hat zu einer gewissen Verantwortungslosigkeit auf sozialer Ebene geführt, und Gefühl und Sentimentalität sind an die Stelle des vernünftigen Denkens und Forschens getreten.«

Weiter:

»Einige Hindus reden von der Rückkehr zu den Veden; einige Moslems träumen von einer islamischen Theokratie. Das sind eitle Phantasiegebilde, es gibt kein Zurück zur Vergangenheit; es gibt kein Umkehren, selbst wenn es für wünschenswert gehalten wird. Die Zeit kennt nur den Weg nach vorn. Indien muss daher seine Religiosität beschränken und sich der Wissenschaft zuwenden.«

Vom Knochengerüst mit den durchstoßenen Wangen höre ich erneutes Stöhnen. Es scheint so, als wolle er etwas sagen, sei dazu aber nicht in der Lage. Wieder verdreht er so heftig die Augen, bis seine Augäpfel völlig verschwunden sind. Der Rest der Gruppe setzt seine schweigende Meditation fort, und der Sadhu mit den kurzen Gliedmaßen – er sieht aus wie ein missgebildeter Fötus – rollt weiter auf den Resten seines Steißbeins durch die Gegend.

Wir ziehen uns langsam zurück, mein Begleiter und ich. Ich belohne ihn mit zwanzig Rupien.

»Was für ein friedlicher Ort«, lautet mein nichtssagender Schlusskommentar.

»Ja, sie sind fast alle fort.«

»Wie? Fort?«

»Die Sadhus. Sie sind nach Haridwar gereist. Zur Kumbh Mela!«

Erneut steht die Kumbh Mela vor der Tür, diesmal in Haridwar, 400 Kilometer nördlich von Neu-Delhi. Millionen von Hindus haben ihre Pilgerwanderung zur kleinen Stadt am Ganges bereits begonnen. Von Tempeln, Felshöhlen und Flussufern im ganzen Land sind sie in den letzten Monaten aufgebrochen. Manche nackt, andere bekleidet, doch alle mit demselben Ziel. Die feuchte Sandbank vor dem heiligen Punkt in Allahabad ist fast leer. Falls die zurückgebliebenen Sadhus bald aus ihrer Trance erwachen, könnten auch sie noch rechtzeitig in Haridwar eintreffen. Aber die Zeit drängt.

Kumbh bedeutet »Topf« und *Mela* »Fest«. Natürlich hat das Fest einen mythologischen Ursprung. Hinduistischer Überlieferung zufolge fielen einst vier Tropfen vom »Nektar der Unsterblichkeit« auf die Erde – der eine landete in Allahabad, der zweite in Nasik, der dritte in Ujjain und der vierte in Haridwar. Darum wird die Mela abwechselnd in diesen vier Städten gefeiert. Sie findet alle drei Jahre statt. Der Zyklus an einem Ort beträgt also zwölf Jahre. Die Mela in

Allahabad war von jeher die größte und wichtigste, doch nun ist Haridwar an der Reihe.

»Wie viele Menschen werden zur Mela erwartet?«, frage ich.

»Oh, Millions! M-i-l-l-i-o-n-s!«

»Und Sie selbst?«

»Meine Beine tragen mich nicht mehr. Aber das macht nichts. Ich bade hier jeden Morgen. Das reicht.«

Am nächsten Morgen suche ich die Akbar-Festung am Fluss auf. Wie der Name schon sagt, wurde sie vom Großmogul Akbar errichtet, der erst vierzehn Jahre alt war, als er 1560 den Thron bestieg. Historiker heben hervor, er habe als erster Herrscher eingesehen, dass die Hindus zu zahlreich waren, um sich unterdrücken zu lassen. Daher zog er die Zusammenarbeit der Konfrontation vor. Tausende von Hindus wurden zum Heer oder zur Verwaltung herangezogen, die Tüchtigsten von ihnen wurden seine persönlichen Ratgeber und Generäle.

Der große Akbar beschäftigte sich auch mit religiösen Fragen und nahm an Diskussionen mit Repräsentanten anderer Glaubensrichtungen teil. Basierend auf den besten Elementen aus Islam, Hinduismus, Buddhismus und Christentum, wollte er eine neue Religion begründen, mit der sich alle identifizieren konnten. Doch dann starb der große Akbar und mit ihm seine Visionen.

Nachdem ich stundenlang durch die labyrinthische Festung gestreift bin, erreiche ich einen Turm. Von hier aus schaue ich durch eine viereckige Öffnung im Sandstein und werfe einen erneuten Blick auf den Fluss. Der Nebel hat sich verzogen, und die Sonne strebt ihrem Zenit entgegen. Ganges und Jamuna liegen friedlich vereint nach ihrem langen, unruhigen Weg, der sie vom schneebedeckten Himalaja bis hierher geführt hat. Ab dieser Stelle heißt der Fluss nur noch Ganges. Von hier aus windet er sich gleich einer glitzernden Silberschlange dem Meer entgegen, anfangs breit, dann zunehmend schmaler, bis er als Zwirnsfaden am Horizont verschwindet.

Und wer harrt bei brütender Hitze am heiligen Punkt immer noch aus?

Die heiligen Männer. Die Sadhus. Still und starr sitzen sie da – mit Ausnahme des Zwergs, der auf seinem wunden Steißbein hin und her rollt. Das Knochengestell mit dem Grillspieß im Mund stöhnt bei unerträglichen 36 Grad Celsius. Und inmitten der Gruppe ragen zwei blauweiße Füße in die Luft. Der Sadhu, der beschlossen hat, für den Rest seines Lebens auf dem Kopf zu stehen, will offenbar nicht nach Haridwar reisen.

Im Gegensatz zu mir.

Der Weg nach nirgendwo

Und nun kommen wir auf die große Heerstraße.
Schau, Heiliger – die große Heerstraße,
die das Rückgrat ist von ganz Hind.
AUS »KIM« VON RUDYARD KIPLING

Die Grand Trunk Road beginnt hinter dem botanischen Garten in Kalkutta und endet im Geröll des Khyber-Passes. Indiens Hauptschlagader ist 2455 Kilometer lang.

Als »Indiens Rückgrat« hatte Rudyard Kipling sie bezeichnet und hinzugefügt: »Zum größten Teil ist sie, wie hier, beschattet von vier Reihen von Bäumen; die Mittelstraße – ganz hart – ist für den Eilverkehr. (...) Rechts und links ist die gröbere Straße für Lastfuhren – Getreide und Baumwolle und Bauholz, Bhoosa [= geschnittenes Stroh], Kalk und Felle. Hier geht man ganz sicher – denn alle paar Kos weit ist eine Polizeistation. Die Polizisten sind Diebe und Erpresser (...), aber sie dulden wenigstens keine Rivalen. Alle Arten und Kasten von Menschen tummeln sich hier. (...) Und wahrlich, die große indische Heerstraße bietet ein wunderbares Schauspiel (...) – ein Strom von Leben, wie es ihn nirgendwo sonst in der Welt gibt.«

Jetzt bin ich an der Reihe und habe mich entschlossen, ein Taxi zu nehmen. Indische Taxis kosten so gut wie nichts. Hinter dem Allahabad High Court finde ich Ibrahim. Er sitzt auf der Kühlerhaube und liest bei Sonnenuntergang Zeitung.

»Viel zu spät«, sagt er. »Der Weg nach Kanpur ist lang. Dazu brauchen wir den ganzen Tag.«

Am nächsten Morgen in aller Frühe verlassen Ibrahim und ich Allahabad und begeben uns auf die Grand Trunk Road. Eigentlich ist es nach Kanpur gar nicht so weit – nur 280 Kilometer. Doch 280 Kilometer auf indischen Straßen sind eine enorme Strecke. Auf der Grand Trunk Road, der vollsten Straße der Welt, kriechen Autos, Menschen und Tiere vorwärts wie kranke Schnecken.

Die »GT«, wie Ibrahim sie nennt, existiert bereits seit 3500 Jahren. Als zentralasiatische Völker 1500 Jahre v. Chr. nach Indien vordrangen, folgten sie dem natürlichen Weg durch das fruchtbarste landwirtschaftliche Gebiet des Landes. Sie durchquerte das heutige Pakistan in Richtung Punjab und das flache Land um Delhi. Von dort aus folgte sie den Flüssen Jamuna und Ganges, bis sie ans Meer gelangte. Doch erst als der afghanische Feldherr Sher Shah im sechzehnten Jahrhundert die Macht übernahm, wurde der Weg ausgebaut. Zu beiden Seiten wurden Bäume gepflanzt und Obelisken errichtet, um den Reisenden die Entfernung zu den Städten anzuzeigen. Die Strecke wurde als Postweg benutzt, und Herbergen schossen wie Pilze aus dem Boden.

Jean Baptiste Tavernier, ein französischer Goldschmied am Königshof, bereiste den Weg zwischen 1641 und 1668 mehrere Male.

»Glauben Sie mir«, schrieb er, »das Reisen auf der Sher Shah Suri Marg ist weitaus bequemer als auf den französischen und italienischen Wegen. Hier werden weder Pferde noch Esel, sondern Ochsen benutzt. Die Reisenden sitzen auf großen, mit Seide und Brokat überspannten Wagen und werden geduldig von den stärksten Tieren gezogen, die Indien aufzubieten hat. Was für ein Anblick! Auf einer meiner Reisen bin ich einer Karawane von 12.000 Ochsen begegnet! Die Karawane war so lang, dass gewöhnliche Reisende mehrere Tage warten mussten, um sie passieren zu lassen.«

Kleinere Gesellschaften bestanden aus einem Dutzend Ochsen und ebenso vielen Reisenden. Hinzu kamen Köche, Diener, Schuhputzer, Mückenjäger, Sänger, Flötenspieler, Gedichtleser, Sonnenschirmträger, Ärzte und bewaffnete Leibwächter. Auch ein italienischer Forschungsreisender des siebzehnten Jahrhunderts, Pietro della Valle, ließ sich von den karmesinroten Seidendächern und dem Schellengeläut der trabenden Ochsen, die am Tag bis zu 30 Kilometer zurücklegten, verzaubern.

Und ich?

Der nächtliche Regen hat die Fahrbahn glitschig werden lassen. Ibrahim könnte Winterreifen gebrauchen, aber die gibt es in Indien nicht. Unser Vehikel ist von der einfachen Sorte: ein Ambassador – der indische Nachbau eines Morris Oxford, Baujahr 1958 –, der so simpel konstruiert ist, dass ihn jeder Hufschmied am Wegesrand reparieren kann. Das ist der Vorteil an Indiens Hätschelkind: Man behilft sich mit Vorschlaghammer und Brecheisen, allenfalls mit Hammer und Schraubenzieher. Hier gibt es weder Schaltkreise noch Digitaltechnik, und die Abgase, die dem Auspuff entweichen, sind auch nicht schmutziger als der Ganges.

»Ich stelle nur eine Bedingung!«, sagt Ibrahim, als wir seit zwanzig Minuten unterwegs sind.

»Und die wäre?«

»Dass wir rechtzeitig zum Freitagsgebet in Fatehpur sind!«

Es ist Freitag. Ibrahim ist Muslim. Zur Feier des Tages trägt er saubere weiße Kleider, und die gehäkelte Kappe sitzt perfekt auf dem Scheitel. Er duftet nach einer Mischung aus Kampfer und Jasmin. Das Armaturenbrett ist staubfrei, doch vor der Windschutzscheibe baumelt keiner der hinduistischen Götter. *»Inshallah!«*, sagt Ibrahim, als wir unsere Reise beginnen. »Gottes Wille geschehe!«

Wenn alle Vorfälle auf der Grand Trunk Road Gottes Willen entsprechen, dann hat er einiges auf dem Kerbholz. Denn hier werden Jahr für Jahr Tausende von Menschen getötet, die meisten im Verkehr, andere in handfesten Auseinandersetzungen. Hier wird geraubt, aber auch gegeben. Liebe und Hass sind unentwirrbar. Hier führt das Schicksal komplette Dramen auf. Einakter und Fünfakter,

Komödien und Tragödien, die jeder Bühne dieser Welt zur Ehre gereichten. Eintritt frei. Nur das Benzin kostet.

Eigentlich ist es für den Monsun noch zu früh, meint Ibrahim. Der richtige Regen kommt erst in ein oder zwei Monaten. Dann fegen dunkle, wütende Wolken wie aufgeblasene Turbane über den Himmel. Indien jubelt und tanzt. Kinder wie Erwachsene stürmen nach der langen Trockenheit aus ihren Behausungen und heißen den Regen mit offenen Armen willkommen. Die Menschen stehen mit offenen Mündern unter den Dachvorsprüngen und lassen das Regenwasser in ihre trockenen Kehlen laufen. Danach rennen sie zu den Tempeln und werfen sich aus reiner Dankbarkeit ihren Göttern zu Füßen. Selbst die Kühe, ausgemergelt nach monatelanger Mangelernährung, reagieren mit Muhen und Freudensprüngen.

»Everybody loves the monsoon«, sagt Ibrahim, der das »U« in die Länge zieht wie einen hingebungsvollen Kuss.

Auf der längsten und wildesten Straße der Welt hat sich der nächtliche Regen als grüner Schleim auf den Asphalt gelegt. Die Wassermassen haben sich mit dem Staub der Natur vermischt und einen langen Spiegel gebildet, in dem sich die Wolken mit beunruhigender Klarheit abzeichnen. Millionen – ich spreche von Menschen und Tieren – kämpfen um ihr Gleichgewicht. Auf der äußersten Fahrbahn, dem Schicksal der Langsamsten, rutschen stolze Kamele auf dünnen Beinen ihrem Ziel entgegen. Mit arroganter Miene strecken sie ihre Hälse gen Himmel, während ihre Beine sich vorwärts tasten. Sie transportieren schwere Lasten aus Ziegelsteinen und Kohlköpfen, und als wäre das nicht genug, sitzen halbe und ganze Familien auf ihren Rücken und starren mit unbewegten Gesichtern in nordwestliche Richtung.

Die Dörfer liegen dicht an dicht an der Grand Trunk Road. An jedem einzelnen Kilometer haben sie sich wie ein Schraubstock um die Straße geschlossen. Der Asphalt aus dem Jahr 1954 zwängt sich an Treppenstufen, Verkaufsständen und aggressiven Händlern vorbei. Die Sonderangebote und *»best prices«* werden in jedes Führerhaus hineingeschrien. In Balpur, einer Ansammlung baufälliger Häuser, werde ich von einer alten Frau bedrängt, die mir einen Piassava-Besen verkaufen will. Sie wirft sich auf die Kühlerhaube und zieht sich erst widerwillig zurück, als Ibrahim den Motor aufheulen lässt. Kleine, feuchte Kindergesichter pressen sich an die Scheiben, um uns von Reiskörnern bis zu Losen der indischen Staatslotterie einfach alles andrehen zu wollen.

Auch Dennison Berwick hat sich nach einer Ruhepause in Allahabad auf die Grand Trunk Road begeben. Dennison war fünfeinhalb Monate am Ganges entlanggetrottet und hatte 1320 Kilometer zurückgelegt. Tag für Tag brannte die Sonne unbarmherzig vom Himmel. 38 Grad, 40, 41, 42, 43! Seine Schritte wurden immer schwerer, und der Fliegenschwarm, der unaufhörlich seinen entkräfteten Körper umkreiste, machte es ihm nicht leichter. Fortwährend schlug er um sich und hatte doch nicht ein einziges Mal beobachtet, dass ein Inder eine Fliege getötet hätte.

Warum nicht?

Für gewöhnlich wird dieser Umstand mit der indischen Philosophie des Gewaltverzichts erklärt, aber mit dieser Erklärung wollte er sich nicht zufrieden geben. Während die Sonne immer neue Höhen erreichte, erdachte er Methoden, wie Indien von der Fliegenplage befreit werden könnte: Wenn jeder Einwohner täglich zehn Fliegen tötete – eine einfache Rechnung –, würde es jeden Tag sieben Milliarden Fliegen weniger geben, und die Krankheitsgefahr würde abnehmen. Die Hitze stellt mit dem Gehirn manchmal merkwürdige Dinge an.

Um der brütenden Hitze zu entgehen, begann Dennison seine Tagesmärsche um halb fünf Uhr morgens. Am frühen Vormittag suchte er sich ein schattiges Plätzchen zum Ausruhen. Doch Ruhe hatte er nur selten, da er stets von neugierigen Indern umringt wurde, die ihm tausend Fragen stellten: »Wo kommst du her? Wo willst du hin? Bist du Hindu oder Muslim? Welcher Kaste gehörst du an? Wo ist deine Frau?« Natürlich versuchten sich auch Menschen mit unehrenhaften Absichten: »Wo ist dein Geld? Her damit!« Doch bemerkenswerterweise gelang es Dennison jedes Mal, sich seinen Plagegeistern wieder zu entziehen. Das Bündel mit seiner Habe war immer noch vollständig – nur seine Laute hatte gelitten. Sein Magen rebellierte, er erbrach sich wiederholt, und erstmals kamen ihm Zweifel, ob er sein Ziel je erreichen würde.

Schließlich verließ Dennison die Grand Trunk Road und begab sich auf die bekannten Wege am Fluss. Dort, am öden Ufer, setzte er seinen Marsch unverdrossen in nordwestliche Richtung fort. Doch gab es stets Menschen in seiner Nähe. Bettelarme Bauern auf der Suche nach fruchtbarer Erde hatten schmale Sandstreifen – die zwischenzeitlich gar zu Sandbänken wurden – in Besitz genommen. Bei niedrigem Pegelstand machten sie sich mit ihren Hacken in der verzweifelten Hoffnung ans Werk, den Sandkörnern später Melonen, Tomaten und Gurken abtrotzen zu können.

Dennison bemerkte, dass es entlang dem Fluss kaum noch Tiere gab. Fort waren die Krokodile und die anderen Wildtiere. Im Fluss schwammen nur noch wenige Fische, und auch die früher so zahlreichen Wildgänse zeigten sich nur selten. Holzmangel hatte dazu geführt, dass viele Hindus ihre Toten nicht mehr verbrannten. Stattdessen legten sie ihnen symbolisch ein Stück Kohle in den Mund und ließen die Leichen ins Wasser gleiten. Auf den Sandbänken verdorrten sie in der Sonne, während sich Hunde und Aasfresser an ihnen gütlich taten. Trotz des immerwährenden Brechreizes schleppte sich Dennison langsam weiter. Denn nur wenige Kilometer entfernt stieg eine Rauchsäule in den Himmel: Kanpur.

»Was in aller Welt wollen Sie eigentlich in Kanpur?«, fragt Ibrahim.

Auf der »GT« tut die Sonne ein Wunderwerk. Noch bevor es acht Uhr ist, hat sich der Regen der Nacht verzogen und steigt als Dampf empor. Ein Großteil des Wassers ist verschwunden, und die Wanderer entdecken plötzlich, dass ihre Kleider wieder trocken sind. Gottes Zauberstab. Doch die Fahrbahnen sind immer noch glitschig. Hoch beladene Karren, von Ochsen, Pferden, Eseln und Kamelen gezogen, schlittern hin und her, um schließlich im Graben zu landen. Für ein paar Minuten bleiben die festgebundenen Tiere hilflos liegen und winden sich keuchend, ehe ihre Besitzer sie von Zaumzeug und Karren befreien können.

Währenddessen strömen immer mehr Lebewesen auf die Straße: Jongleure und Zirkusartisten, Affen und Elefanten, Radfahrer und Fußgänger, Aufrechte und Gekrümmte, Nackte und Bekleidete, Ehrliche und Unehrliche. Von allen Seiten biegen sie auf die große Straße ein und vereinigen sich zu einer zähflüssigen Masse.

Dann erblicke ich auf einmal eine leuchtende Tafel! Eine leuchtende Tafel mit Digitalanzeige, deren Zahlen einem unbekannten Ziel entgegenrasen. *»It's the final countdown!«*, ruft Ibrahim. *»The population watch!«*

Ibrahim biegt auf einen kleinen Kiesweg ab und hält vor dem quadratischen Ungeheuer. Dort, auf einer kleinen Plattform, stehen Hunderte von Menschen mit halb offenen Mündern. Manche flüstern sich etwas zu. Sie wirken hilflos und schockiert, und wer schließlich weitergeht, der tut dies mit gesenktem Kopf, als habe er soeben einen Verwandten zu Grabe getragen. Nachdem man eine Minute die rasenden Zahlen betrachtet hat, brennen einem die Augen. Ich erhasche die Zahl 978.677.8..., aber die letzten beiden Ziffern verändern sich so schnell, dass das menschliche Auge nicht folgen kann.

Indiens Bevölkerungszahl wächst jeden Tag um 50.000, um 18,2 Millionen pro Jahr. Man rast der Milliarde entgegen.

Vor 100 Jahren hatte Indien »erst« 250 Millionen Einwohner. Als das Land 1947 unabhängig wurde, betrug die Einwohnerzahl 340 Millionen. Nun wird, ungefähr zur Jahrtausendwende, die Milliarde passiert werden. Der große digitale Bildschirm kündet von einem bevorstehenden Unglück. Und der Junge, der neben der Tafel Melonen und Wasserflaschen verkauft, weiß genau, wann das Unglück geschehen wird: am 14. April 2000.

»Woher weißt du das?«

»Das hat jemand ausgerechnet.«

»Ja, jemand aus Neu-Delhi«, ergänzt sein Freund.

Eine große Familie – Mutter, Vater und acht Kinder – fragt mich, ob ich ein Foto von ihnen machen könne. Der älteste Sohn drückt mir die Kamera in die Hand, und während ich versuche, mit dem ungewohnten Objektiv zurechtzukommen, wächst Indiens Bevölkerung um ein paar weitere hundert Menschen. Nachdem ich das Foto gemacht habe, sind es 420. Die einzige Verbindung zwischen der leuchtenden Tafel und dem übrigen Indien besteht aus einem dicken schwarzen Kabel. Doch es nützt nichts, das Kabel einfach durchzuschneiden. Der Sturmlauf der indischen Bevölkerung ist nicht aufzuhalten.

Der Zeitungsjunge vor der Anzeigetafel verkauft eine uralte Ausgabe der *Times of India*. Darin lese ich einen Artikel von Michael Specter, einem Korrespondenten der *New York Times*. Er trägt die merkwürdige Überschrift »Alarmierend niedrige Geburtenraten«. Specter bezieht sich auf Europa und schreibt: »Niemals zuvor, abgesehen von Zeiten der Pest, des Krieges oder der Wirtschaftsdepression, sind die Geburtenraten auf solch ein niedriges Niveau gesunken. Vom Traum nach Reichtum und Freiheit getrieben, bekommen die Frauen der westlichen Welt so wenig Kinder wie nie zuvor. Sie legen mehr Wert auf Ausbildung und Karriere und heiraten später.« Mit welchem Ergebnis?

In den europäischen Ländern sind die Bevölkerungszahlen rückläufig. In Italien gibt es heute mehr Menschen über 60 als unter 20. Eine italienische Frau bringt durchschnittlich 1,4 Kinder zur Welt – zu wenig, um die Bevölkerungszahl stabil zu halten. In Indien beträgt der Durchschnitt momentan 3,6. Setzt sich dies fort, wird Indien in absehbarer Zeit mehr Einwohner haben als China. Die Demografen sind der Ansicht, dass es zirka im Jahre 2040 so weit sein wird. Dann werden beide Länder je 1,6 Milliarden Einwohner haben. China wird diese Zahl möglicherweise stabilisieren können, doch Indien wird bis ins 22. Jahrhundert weiterwachsen. Dann wird es dort 1,9 Milliarden Menschen zu sättigen geben. Fast doppelt so viele wie heute.

Wie werden die indischen Großstädte aussehen?

Ved Marwah, Professor am *Centre for Policy Research* in Neu-Delhi, wagt folgende Prognose: »Sie werden unkontrollierbar sein. Die Städte werden von Gangstern und Mördern beherrscht werden, Entführungen und Erpressungen zum Alltag gehören, und die Kriminalisierung der politischen Eliten wird sich verstärken.«

Heute leben 30 Prozent der Inder in Städten. Im Jahr 2020 werden es 50 Prozent sein.

Es wird oft behauptet, die Erde könne zwei- oder auch dreimal so viele Bewohner verkraften wie heute, wenn nur die Güter gerecht verteilt würden. Oder: Wenn die Politiker nur wollten. »Mir wird schlecht, wenn ich dieses Argument höre«, sagt Ashish Bose, Leiter des *Population Monitoring Centre* in Neu-Delhi. »Wir können nicht davon ausgehen, dass die Verteilung gerechter wird. Außerdem denken Politiker selten mehr als fünf Jahre voraus. Die Bevölkerungsentwicklung ist aber per se ein langfristiges Problem. Auf die Politiker sollten wir da nicht setzen.«

Chinas Rezept war die Ein-Kind-Familie, die mit staatlicher Repression durchgesetzt wurde – mit Hilfe des Ein-Parteien-Systems und rigiden Überwachungsmethoden. Aber das funktioniert in Indien nicht. Das Land ist ebenso demokratisch wie zersplittert und die Erinnerung an Sanjay Gandhis Sterilisationskampagne noch allzu gegenwärtig.

Dennoch sollte man sich fragen, ob nicht ein *heutiges* Element des Zwanges eine *morgige* Katastrophe verhindern könnte. Niemand bezweifelt, dass die Chinesen große Opfer bringen mussten, um den Bevölkerungsanstieg zu bremsen. Doch die nächste Generation wird dafür belohnt werden. China scheint sein Bevölkerungsproblem allmählich in den Griff zu bekommen, während die indische Bevölkerungszahl weiter unkontrolliert in die Höhe schießt. Im schlimmsten Fall, meinen die Experten, wird Indien in 30 oder 40 Jahren zu den brutalsten Maßnahmen greifen müssen, um als Nation überleben zu können.

Ein wenig benommen kehre ich der digitalen Anzeigetafel den Rücken.

»Wir müssen los«, sagt Ibrahim. »Sonst verpasse ich noch das Freitagsgebet!«

Auf den nächsten 40 Kilometern zieht sich die Straße schnurgerade dahin. Irgendjemand muss ein Lineal benutzt haben. Furchtbare Hitze. Luftspiegelungen. Die Sonne zieht erbarmungslos ihre Bahn. Der hellgrüne Sommerweizen bekommt langsam eine goldgelbe Färbung, in einem Monat ist er reif für die Ernte. Die Bauern zerbrechen sich nicht mehr den Kopf, den Rest muss Gott erledigen. Die Reisfelder liegen wie große, durstige Rechtecke da, die auf den Sommerregen warten. Dunkelbraune Erde und merkwürdige Streifen grauen Sands. Hier werden Menschen gebraucht, Millionen gekrümmter Rücken, um zu säen und zu ernten.

Es gibt viele Experten in Indien, doch die Uneinigkeit ist groß. Einig sind sich indessen alle, dass sich genau hier, im flachen Land zwischen Kalkutta und Kanpur, Indiens Zukunft entscheidet. Wenn hier die Bauern oder die Götter streiken, dann stirbt ein ganzes Land. Indien wird untergehen und die ganze Welt in Mitleidenschaft ziehen. Der Indische Ozean wird von kleinen Booten bevölkert werden und die Hilfsorganisationen in Deckung gehen.

Auf dem Papier sehen die Produktionszahlen vielversprechend aus: Indien produziert mehr Lebensmittel, als das Land braucht. Außerdem ist Indien in den letzten Jahren zu einem Großexporteur von Reis geworden. Indischer Reis wird auf der ganzen Welt gegessen. Der berühmte Basmati wird in den sonnigen Tälern des Himalaja angebaut und zeichnet sich durch seinen delikaten Geschmack und seine lockere Konsistenz aus.

So weit, so gut – doch zur Jahrtausendwende leben 36 Prozent der Inder unter der offiziellen Armutsgrenze. Die Hälfte aller Kinder im Land leidet unter Mangelerscheinungen. In den schlimmsten Fällen werden noch die kommenden Generationen die entstandenen Schäden zu spüren bekommen. Wer unter der Armutsgrenze lebt, kann sich nach indischer Definition höchstens eine Mahlzeit am Tag leisten. Die Inder sind das dünnste Volk der Welt. Die Kühe halten sich hingegen erstaunlich gut – wohl dem, der heilig ist.

Auf der Straße der Straßen gibt es viele von ihnen. Hat das Land etwa zu viele Kühe? Der Landwirtschaftsminister in Neu-Delhi veranschlagt ihre Zahl auf 244 Millionen. Doch viele Hindu-Propheten halten dies für nicht ausreichend und meinen, Indien brauche ebenso viele Kühe wie Menschen. Während also die Ärmsten täglich auf den Straßen des ganzes Landes verrecken, gründen fanatische Hindus ständig neue Pflegestationen für alte, erschöpfte Kühe – halten sie so lange wie möglich am Leben, spenden ihnen Trost, lesen ihnen vor, geben ihnen die letzte Ölung. Die Inder seien ein merkwürdiges Volk, stellte Mark Twain fest. Jedes Leben sei ihnen heilig, nur das der Menschen nicht.

Daher fährt Ibrahim mehr als vorsichtig, wenn ihm eine Kuhherde auf der Straße entgegenkommt.

»Ein Hindu, der eine Kuh überfährt riskiert, gelyncht zu werden«, sagt Ibrahim. »Muslime riskieren, getötet zu werden. Das ist eine Tatsache.«

Ibrahim hat Recht, denn in indischen Zeitungen finden sich häufig Notizen, die von Volksmengen berichten, die aufgrund der zwei umstrittensten Tiere des Landes – der Kuh und des Schweins – in Aufruhr gerieten. In *The Hindu* lese ich vom Schicksal eines Lastwagenfahrers, der das Pech hatte, nahe der kleinen Stadt Kotapad eine *weiße Kuh* anzufahren. Um der schwer verletzten Kuh weitere Leiden zu ersparen, tötete er sie mit seinem Messer – was er nicht hätte tun sollen, denn als die Volksmassen erfuhren, dass er ein Muslim war, jagten sie ihn zurück ins Führerhaus, übergossen ihn mit Benzin und zündeten ihn an.

Alle indischen Kühe sind heilig, aber die weißen Kühe ganz besonders. Ich weiß nicht, warum. Swami Rama Theertha, einer der größten Kuhverehrer des Landes, weist darauf hin, dass die besondere Stellung der Kuh bereits »von den ersten Menschen, die Gott geschaffen habe«, anerkannt worden sei. Auch der Gott Krishna, der vor mehreren tausend Jahren lebte, umgab sich mit zahlreichen Kühen. Von Vrindavan, der heiligen Stadt, aus machte er seinen Untergebenen detaillierte Vorschriften für den Umgang mit den heiligen Tieren. Sie sollten die Kühe umkreisen – je öfter, desto besser. Sie sollten die vierbeinigen Geschöpfe streicheln und liebkosen, sie mit grünem Gras füttern und mit frischem Wasser versorgen und sie niemals misshandeln. Der Umgang mit den Kühen würde im Himmel sorgsam registriert werden.

Die indischen Kühe sind von mehrfachem Nutzen. Sie werden als Zugtiere eingesetzt und versorgen die Bevölkerung mit Milch, Brennmaterial und Leder. Allerdings kaum mit Fleisch, denn nur drei indische Bundesstaaten gestatten das Schlachten von Kühen. »Diese verdammte Kuhpolitik«, schreibt der Journalist Amitabha Chowdhury, »hindert uns daran, der größte Fleischproduzent der Welt zu werden.«

Schon bevor Indien unabhängig wurde, hat die Kongresspartei den Versuch unternommen, die zahlreichen »Kuhgesetze« zu modernisieren. Doch so gut wie nichts ist bisher geschehen. Darum haben die Kuhherden auch weiterhin das Recht, auf der vollsten Straße der Welt den Verkehr aufzuhalten.

Beunruhigt betrachtet Ibrahim die braunen und schwarzen Vierbeiner, die vor uns hertrotten.

»Wenn das so weitergeht, verpasse ich das Freitagsgebet!«

Unser Fahrzeug hat zwar 75 PS, aber gegen die geballte Macht der Kühe können wir nichts ausrichten. Während wir darauf warten, dass sie endlich den Weg frei machen, geht mir ein weiteres Zitat von Chowdhury durch den Kopf: »Die Kühe sind eine ungeheure Belastung. Sie verbreiten Bakterien und Krankheiten, und wenn sie endlich sterben, müssen die Gerber im Verborgenen arbeiten, als gingen sie einer unredlichen Beschäftigung nach. Wir kümmern uns hingebungsvoll um die Tiere, doch sie geben uns wenig zurück. Amerikanische Kühe geben dreimal so viel Milch wie unsere. Im Grunde würde eine viel geringere Anzahl von Kühen vollkommen ausreichen, um denselben Ertrag zu erzielen.«

Klare Worte, doch die Freunde der Kühe beschreiten inzwischen neue Wege. Heute ist es möglich, im Internet eine indische Kuh zu adoptieren. Für »nur« 30 US-Dollar kann jeder einen notleidenden Vierbeiner unterstützen. Mit dem Geld soll den Kühen vor allem ein würdiger Lebensabend beschert werden. In eigens für sie gegründeten Altersheimen erhalten sie nährstoffreiche Kost und werden von qualifiziertem Personal betreut. Für dieselbe Summe könnte man ein Kind ein halbes Jahr in die Schule schicken.

»*Allah o Akbar!* Gott ist groß!«

Als wir endlich Fatehpur erreichen, schallt uns inmitten des Lärms auch der Ruf des Muezzins entgegen – Allah sei Dank. Trotz der glitschigen Fahrbahn, trotz all der Affen und Elefanten, der gestrauchelten Ochsenkarren, der Obstverkäufer, Eseltreiber, Magier, Verkehrsrowdys und Leichenträger … – wir haben es geschafft! Ibrahim schaut in den Rückspiegel, um sich zu vergewissern, dass seine weiße Kopfbedeckung richtig sitzt. Seine Kleider sind frisch gebügelt. Selbst die Sandalen glänzen. Es ist Zeit für die Moschee.

Die Moschee in Fatehpur glitzert wie ein türkisfarbener Smaragd in der Vormittagssonne. Blaue und grüne Dreiecke verschränken sich zu einem komplizierten Muster. Während die Rufe vom Minarett an Lautstärke zunehmen, strömen weiß gekleidete Männer auf dem offenen Platz vor dem 1892 errichteten Heiligtum zusammen. Viel Stolz. Frisch gebügeltes Leinen. Auch kleine Jungen sind dabei. Doch weder Frauen noch Mädchen. Freitag ist Männertag.

»Bitte warten Sie hier«, sagt Ibrahim und bittet mich, auf der steinernen Bank vor dem Akram Khan's All Weather Clothes and Bridal Tailor Shop Platz zu nehmen. »Es dauert nicht lange.«

Doch bevor ich mich setzen kann, steht bereits Akram Khan persönlich in der Türöffnung. Er ist klein und gedrungen. Unter seinem weißen und hellbraunen Kittel verbirgt sich ein ansehnlicher Kugelbauch. Das braune Gesicht ist grob geschnitten, seine Nase lang und groß. Der grau melierte Bart hat die Form eines Hufeisens. Von der großen Moschee dröhnt das Freitagsgebet wie schwerer Donner zu uns herüber, doch Akram Khan hat es mehr auf den Mammon abgesehen. Mit gebogenem Zeigefinger fordert er mich auf einzutreten. »Lassen Sie sich die Chance nicht entgegen. Heute gibt's Freitagsrabatt!«

Seine Höhle ist finster wie die Nacht, doch als die Lichter angehen, erblicke ich Stoffe, die sich vom Boden bis zur Decke stapeln.

Tausende von Metern in so leuchtenden Farben, dass mir fast schwindelig wird. Ein Großteil der Höhle wird von einem quadratischen Doppelbett beansprucht, auf dem Akram Khan die Meterware vor seiner Kundschaft ausbreitet.

Schon im nächsten Moment sitze ich auf dem Bett, barfüßig und überrumpelt, bade in Seide und Baumwolle – *»best prices ever!«* – und lasse mir von Khans Mitarbeiter kochend heißen Tee einschenken.

»Gott ist groß!«, erklingt ein Männerchor aus der Moschee.

»50 Prozent Rabatt!«, schlägt Akram Khan vor.

»Gott ist groß!«

»60 Prozent!«

»Gott ist groß!«

»75 Prozent!«

Viel billiger kann es nicht werden, und ehe das Freitagsgebet vorüber ist, hat sich Akram Khan acht Meter Seide entledigt. Der Verkäufer und sein Kunde schwelgen im göttlichen Freitagsglück, als wir das Geschäft besiegeln.

»Sollten Sie nicht in der Moschee sein?«, frage ich ihn.

»Ach, nicht unbedingt. Ich wohne hier seit 60 Jahren. Ich werde noch oft die Gelegenheit haben, außerdem reise ich im Mai zum sechsten Mal nach Mekka.«

»Zum sechsten Mal?«

Akram Khan nimmt Haltung an und antwortet voller Stolz: »Es gibt wirklich nicht viele indische Muslime, die es sich leisten können, nach Mekka zu fahren. Aber dafür verkaufe ich schließlich auch Seide während des Freitagsgebets.«

Die Muslime in Fatehpur hinterlassen einen guten Eindruck. Vielleicht, weil Freitag ist. Doch die Statistik besagt, dass die Mehrzahl der indischen Muslime sich am unteren Ende der sozialen Hierarchie befindet. Viele sind in Apathie verfallen. In den Städten wohnen sie oft in den schlechtesten Vierteln. Millionen sind arbeitslos, das Ausbildungsniveau ist niedrig. In den politischen Organisationen sind sie deutlich unterrepräsentiert. In der Lok Sabha, dem Parlament, gibt es nur 4,4 Prozent Muslime. Gemessen am Bevölkerungsanteil, sollten es zehn Prozent sein. In Tausenden von Gemeinden ist das Verhältnis zu den Hindus von Spannungen und gegenseitigem Misstrauen geprägt. Ein Gerücht, ein Schimpfwort oder ein banaler Nachbarschaftsstreit führen oft zu blutigen Auseinandersetzungen.

Wen trifft die Schuld?

»Die Hindus«, lautet der Refrain im muslimischen Lager. »Sie unterdrücken uns.«

Die Hindus hingegen haben nie vergessen, dass der Islam Indien einst »eroberte«. Muslime haben geplündert und gemordet und Tausende von Tempeln zerstört. Sie kamen aus Afghanistan und Zentralasien und brachten Tod und Verderben mit sich. Die muslimische Herrschaft währte 600 Jahre. Erst im achtzehnten Jahrhundert gewannen die Hindus wieder an Einfluss. Doch für viele Hindu-Fanatiker ist der Rachefeldzug gegen die Muslime immer noch nicht beendet. Indien müsse gesäubert werden, sagen sie – zumindest reiner werden als heute.

Eine Vorwarnung kam 1992.

Der ganze Kontinent war schockiert, als die 400 Jahre alte Moschee in der nordindischen Stadt Ayodhya von RSS-Aktivisten dem Erdboden gleichgemacht wurde. Die runde Kuppel brach mit riesigem Getöse zusammen, während die Koranausgaben auf der Straße landeten und angezündet wurden.

Die Polizei verfolgte das Drama als unbeteiligter Zuschauer. Kein Stein war mehr auf dem anderen, als der Mob sein Werk vollendet hatte. Der Terror wurde damit begründet, dass die Moschee genau am Geburtsort des Hindu-Gottes Rama erbaut worden war. An dieser

Stelle hatte sich lange Zeit ein hinduistischer Tempel befunden, der fantastische Rama Mandir, den einst die Muslime abgerissen hatten.

Die darauf folgenden gewalttätigen Auseinandersetzungen forderten 3000 Menschenleben. Von Ayodhya im Norden bis Bombay im Süden gingen Hindus und Muslime mit Messern, Holzstöcken und Eisenstangen aufeinander los. Die hindu-nationalistische Bharatiya Janata Party (BJP), berauscht von ihrem Erfolg, forderte einen sofortigen Wiederaufbau des Rama Mandir, während die Muslime die Errichtung einer neuen Moschee verlangten.

Und heute?

Heute ist der umkämpfte Platz in Ayodhya von hohem Stacheldraht umgeben und wird rund um die Uhr von bewaffneten Soldaten bewacht. Das Oberste Gericht hat beide Seiten zur Besonnenheit aufgerufen. Doch in den umliegenden Vierteln arbeiten hinduistische Handwerker bereits an neuen Tempelstatuen, die eines Tages ihren Platz im neuen Rama Mandir finden sollen. Die Zeit sei auf ihrer Seite, betont der Vorsitzende des RSS, der gleichzeitig die »Feigheit« der Regierung anprangert.

Es kann also noch viel Zeit vergehen, ehe in der Moschee von Ayodhya das nächste Freitagsgebet erklingen wird. Doch in Fatehpur ist die Idylle an diesem Tag vollkommen. Die Muslime beten zu Allah, während an der nächsten Straßenecke die Hindu-Priester mit ihren Glöckchen läuten.

Auch das ist Indien: Hindus und Muslime in friedlicher Koexistenz, geeint in ihrem Wunsch nach dauerhaftem Frieden.

Erneut begeben wir uns auf die »GT«, die Straße der Straßen. In der Ferne sehen wir Kanpurs Schornsteine rauchen. Ibrahim fühlt sich erleichtert nach dem Freitagsgebet und fährt langsamer. Keine Kuh der Welt vermag ihn zu irritieren, er scheint das Leben in vollen Zügen zu genießen.

Düsterer sah es auf dieser Strecke im Jahr 1857 aus. Da probten die Inder den Aufstand gegen die britische Kolonialmacht. Die indischen Soldaten, die von den Briten angeworben worden waren, richteten die Waffen plötzlich auf ihre Vorgesetzten. Ursache war ein Gerücht, das möglicherweise der Wahrheit entsprach: Die Enfield-Gewehre der Soldaten würden angeblich mit Kuhfett geölt! Die Hindu-Soldaten rasten vor Wut, und die Muslime, die meinten, es handle sich um Schweinefett, waren nicht minder erregt.

Doch der britische Kommandant der Garnisonsstadt Meerut außerhalb von Delhi hatte kein Einsehen. Die ersten Aufrührer wurden sofort in Ketten gelegt und zu langen Gefängnisstrafen verurteilt. Die Soldaten sollten ihre Waffen weiterhin mit *dem* Fett ölen, das ihnen zu Verfügung stehe – ob es nun von Kuh und Schwein stamme. Während sich die Neuigkeiten aus Meerut wie ein Lauffeuer verbreiteten, kam es zu einem riesigen Aufruhr. Monatelang wüteten indische Soldaten zwischen Allahabad und Delhi, und wehe den Engländern, die ihnen in die Quere kamen.

Eines der größten Massaker fand in Kanpur – oder Cawnpore, wie die Stadt von den Briten genannt wurde – statt. Dort hatte sich der erfahrene General Sir Hugh Wheeler mit 200 Soldaten verschanzt. Überdies trug er die Verantwortung für Tausende britischer Zivilisten. Die Lage war nahezu aussichtslos, als ihnen – wie ein Geschenk des Himmels – plötzlich freies Geleit aus der Stadt gewährt wurde. Soldaten und Zivilisten sollten unbehelligt auf dem Ganges bis nach Allahabad segeln dürfen. Doch als die Briten an Bord gehen wollten, veranstalteten die Inder ein Blutbad. Hunderte wurden getötet. Die Überlebenden – 125 Frauen und Kinder – wurden in einem Kerker zusammengepfercht, in dem rasch Ruhr und Cholera ausbrachen.

Die Briten entsandten daraufhin 2000 Soldaten zu ihrer Befreiung. Doch als sie nach zwei Wochen endlich die Stadt erreichten, fanden sie die Gefangenen in ihrem eigenen Blut vor – regelrecht abgeschlachtet von ihren Peinigern.

Die Rache war grausam. Generalmajor Sir Henry Havelock gab Anweisung, alle Aufrührer und deren Unterstützer hinzurichten. Die Anführer mussten das Blut britischer Opfer auflecken und wurden anschließend gezwungen, Kuh- und Schweinefleisch zu essen. Danach wurden sie unter dem Jubel der britischen Zuschauer gehenkt.

»*Remember Cawnpore!*«, lautete der kollektive britische Schwur.

Für die Inder endete der Aufstand von 1857 mit einer vernichtenden Niederlage. An Brutalität hatten sich beide Seiten in nichts nachgestanden.

90 Jahre später erlangte Indien die Freiheit. Freiheit?

Auf der Grand Trunk Road, in unmittelbarer Nähe von Kanpur, marschieren 220 dürre Kinder mit nackten Füßen. Sie tragen zerrissene Hemden und dreckige Hosen. Zwei von ihnen sitzen im Rollstuhl. Schweiß rinnt über die schmalen Gesichter, doch ihre Parolen sind unüberhörbar: »Keine Kinderarbeit! Bestraft die Kinderräuber! Wir wollen zur Schule gehen!« Auf dem weißen Banner am Anfang des Zuges steht: »Weltmarsch der Kinderarbeiter«. Voran geht ein hoch aufgeschossener Mann mit Vollbart und halblangen Haaren. Sein Leben hat er dem Kampf für die Rechte indischer Kinder verschrieben. Seit 1983 haben Kailash Satyarthi und seine Mitarbeiter in der *South Asian Coalition on Child Servitude (SACCS)* zirka 25.000 Kinderarbeiter aus ihrer Not befreit. Im Industriegebiet entlang dem Ganges – dem so genannten Sklavengürtel – haben sie Städte und Dörfer abgeklappert und an fremde Türen geklopft. In dunklen Kellern und trostlosen Löchern haben sie schuftende Kinder entdeckt, teils nicht älter als vier Jahre, manche mehr tot als lebendig. Einige waren halb taub oder erblindet, und nicht wenige hatten schwere Rückenleiden, blutende Wunden, abgeschnittene Finger und chronische Entzündungen – Arbeitsschäden.

Nun haben Kailash Satyarthi und seine befreiten Kinder einen langen Demonstrationsmarsch begonnen. Kurze braune Beine auf dem Weg nach Westen, dem Sonnenuntergang entgegen.

»Wo hat der Marsch begonnen?«

»In Manila.«

»In Manila? Das liegt doch auf den Philippinen.«

»Genau. Deshalb ist es ja ein Weltmarsch. Er ist international. Die philippinischen Kinderarbeiter marschieren auf den Philippinen, die kambodschanischen in Kambodscha und die indischen in Indien. Einige wenige legen den gesamten Weg zurück. 88 Länder beteiligen sich, und wir hören erst auf, wenn wir Genf erreicht haben. Der Marsch endet vor dem Gebäude der Internationalen Arbeitsorganisation der Vereinten Nationen.«

»Wann werden Sie dort ankommen?«

Kailash lacht.

»Irgendwann in der Zukunft! Wir haben viel Zeit. Zwischendurch organisieren wir Versammlungen, um weitere Kinder und Erwachsene zu mobilisieren.«

Kailashs dunkle Stimme wird von den ständigen Schlachtrufen der Kinder übertönt. *»Children yes! Child labour no!«* Die Stimmung ist bestens. Kinder, die sich ein wenig ausruhen wollen, können dies in den Begleitfahrzeugen tun, die sich am Anfang und am Ende der Kolonne befinden. Es handelt sich um große Busse, aus deren Lautsprechern zuvor aufgenommene Appelle schallen. Aus dem grünen Essensbus dringt der Geruch nach frisch gekochtem Reis und Linsensuppe. Der Marsch von Allahabad hat sechzehn Tage gedauert. Nun erhebt sich Kanpur in der Ferne. Eine Industriestadt. Schwarzer Rauch steigt aus zahllosen Fabrikschloten. In den Fabriken schuften Zehntausende kleiner, schmächtiger Kinder, die für ihre Plackerei einen Hungerlohn kassieren und bis zu achtzehn Stunden am Tag arbeiten. Die Fabrik ist ihr Schlafsaal, die Ausbeutung ihre Zukunft.

Schon 1948 erließ die Regierung ein Gesetz zur Kinderarbeit. Die abendliche Sitzung der Nationalversammlung war von einer feierlichen Stimmung geprägt. Premierminister Nehru war anwesend, und *All India Radio* übertrug die Begebenheit ins ganze Land. Das neue Gesetz verbot Arbeitgebern, Kinder unter vierzehn Jahren zu beschäftigen. Leichtere häusliche Tätigkeiten waren natürlich ausgenommen. Stattdessen sollten die Kinder zur Schule gehen. Doch es zeigte sich rasch, dass die Regierung nicht in der Lage war, Schulen in ausreichender Zahl zur Verfügung zu stellen. Und die Eltern konnten es sich nicht leisten, ihre Kinder einfach auf der Straße spielen zu lassen. Dann kamen die »Arbeitsbeschaffer« mit ihren stinkenden Rupien-Scheinen. Sie brauchten billige Arbeitskräfte. So wurden die Kinder zu Sklaven gemacht.

Diese Praxis besteht auf den indischen Dörfern schon seit mehreren hundert Jahren. Kein Winkel ist ihnen verborgen. Für die armen Bauern in ihren Hütten aus sonnengetrockneter Erde oder Lehm war dies schon immer die große Verheißung. Arbeit! Geld! Reichtum!

Ein halbes Jahrhundert ist vergangen, seit die Regierung versuchte, die Kinderarbeit einzudämmen. Heute veranschlagt sie die Zahl der Kinderarbeiter auf 18 Millionen. Kailash geht sogar von 60 Millionen aus.

»Die Regierung weiß nicht, wovon sie redet«, sagt er. »Die kümmert sich um andere Dinge, und rechnen kann sie auch nicht.«

Kailash beruft sich bei seinen Zahlen auf das Kinderhilfswerk der Vereinten Nationen. Indien hat so viel Kinderarbeiter wie die ganze übrige Welt zusammen. Und in Kanpur ist es vielleicht am schlimmsten, sagt Kailash, gefolgt von Firozabad, Mirzapur und

Bhadoi. Die Kinder stammen aus den untersten Gesellschaftsschichten, aus Familien ohne oder mit niederer Kastenzugehörigkeit. Viele sind in der Textilindustrie beschäftigt, in dunklen Webstuben und stinkenden Färbereien. Andere schwitzen in glühend heißen Glaswerken, in Streichholz- oder Feuerwerksfabriken voller Pulver und Phosphor, in Steinbrüchen, Ziegelbrennereien und Kohlengruben. Für die Schwächsten der Gesellschaft ist keine Arbeit zu schwer. Doch was geschieht, will ich wissen, wenn er und seine Helfer die Kinder von ihrem Joch befreien? Haben sie es danach besser?

»Aber natürlich!«, lautet die Antwort. Meine Frage ist wohl allzu naiv gewesen. Während der Zug eine Verschnaufpause macht, bekomme ich vom Mukti Aschram und all den anderen Kinderinstitutionen zu hören, die Kailash gegründet hat. Der Mukti Aschram befindet sich in Neu-Delhi. Dort lernen die befreiten Kindersklaven Lesen und Schreiben, Singen und Lächeln und werden außerdem mit so wunderbaren Dingen wie Wundsalben, Bandagen und Medikamenten versorgt. Sie bekommen Zuwendung und ärztliche Betreuung, und diejenigen, die wollen, können sich in Kailashs Organisation eingliedern und den Befreiungskampf aufnehmen.

»Aber was ist mit den Eltern?«, frage ich. »Sind sie nicht auf die Einkünfte ihrer Kinder angewiesen?«

»Einkünfte? Welche Einkünfte?«

Darauf hatten die Eltern natürlich gehofft. Doch was bei den Familien landet, ist oft gar nichts oder nicht der Rede wert. Außerdem gehen 60 Millionen potenzielle Arbeitsplätze für Erwachsene verloren, wenn sie durch Kinder besetzt werden. Indien hat mindestens 150 Millionen Arbeitslose. Es sind die Erwachsenen, die Arbeit brauchen.

An der Kreuzung, an der man sich zwischen Kanpur und dem Khyber-Pass entscheiden kann, bleiben Kinder und Busse stehen. Mittagspause! Schwere, wohl riechende Behälter werden im roten

Sand des Straßenrands abgestellt. Nur noch vier Kilometer. Kanpur ist nah.

Als »Der lange Marsch nach Genf« auf die Mall in Kanpur einbiegt, hat auch die Sonne ihr Tagwerk vollbracht. Der rote Ball versinkt blutrot am Horizont, und als Kailash und die Kinder ihr heutiges Ziel erreicht haben, kommt die Dunkelheit binnen Minuten.

Am Abend findet eine Versammlung statt. Die Honoratioren der Stadt sind eingeladen, und ein kleines Blasorchester bringt die Leute durch fetzigen Ganges-Jazz in Stimmung. Um sieben treffen der stellvertretende Bürgermeister und zirka zehn Stadtverordnete in ihren schwarzen Autos ein. Man begrüßt und verneigt sich, bevor Kailash Satyarthi die kleine Bühne betritt, um ein paar Worte an die Bevölkerung zu richten. Es dürften höchstens 500 Personen sein, die sich mehr zufällig hier eingefunden haben – Kanpur hat 2,5 Millionen Einwohner.

Mit Stolz berichtet Kailash vom »längsten Marsch der Geschichte«. Nicht einmal Alexander der Große habe eine so lange Strecke zurückgelegt! Auch nicht Mao. Dabei handle es sich auch nicht um einen Eroberungsfeldzug, sondern um etwas viel Edleres: Es gehe darum, 100 Millionen Kinder auf der ganzen Welt zu befreien. Während seiner kurzen Rede blickt Kailash eindringlich die Zuhörer in der ersten Reihe an. Dort sitzen die Politiker.

»Wenn es um Kinder geht, haben unsere Parteien keine Eile. Sie haben angeblich langfristige Pläne ausgearbeitet und versprechen uns, dass irgendwann in der Zukunft etwas geschehen werde. Doch zum einen habe ich keine Zeit, um so lange zu warten; zum anderen glaube ich ihnen nicht. Kinder sind *heute* Kinder, und *morgen* ist es zu spät. Wir müssen sofort handeln!«

Nachdem Kailash seine Rede beendet hat, ziehen sich die Kinder zurück. Sie müssen schlafen, denn morgen wird »Der lange Marsch nach Genf« fortgesetzt werden. Auch der stellvertretende Bürgermeister hat genug und rollt in seinem schwarzen Ambassador nach Hause.

Im grellen Licht zweier Neonröhren ergreifen die Diskutanten das Wort. Swami Pargyanand, ein Aktivist aus Neu-Delhi, beklagt, dass keiner der religiösen Repräsentanten zu der Versammlung gekommen sei.

»Dabei waren sie doch alle eingeladen! Es ist höchste Zeit, dass diese heiligen Männer, die so viel Macht und Einfluss haben, mal etwas Nützliches tun! In Indien gibt es über 700.000 Tempel und Aschrams. Wenn jede dieser Einrichtungen zehn Kinderarbeiter adoptieren würde, wären sieben Millionen Kinder gerettet. Eine andere Lösung wäre es, Indiens zehn Millionen Sadhus zu mobilisieren. Wenn jeder Sadhu nur fünf Kindern helfen würde, könnten wir 50 Millionen Kinder aus Fabriken und Steinbrüchen befreien. Seit Tausenden von Jahren denken unsere heiligen Männer nur an sich selbst. Sollten sie nicht endlich damit anfangen, auch an andere zu denken? Wenn ich nach Neu-Delhi zurückkehre, möchte ich eine Schule für ehemalige Kinderarbeiter gründen. Und Tempelpriester wie Sadhus werde ich auffordern, uns zu helfen!«

Narayan Singh Rao stellt sich als Wissenschaftler vor. »Ich halte das für eine ausgezeichnete Idee!«, sagt er. »Im alten Indien legten die heiligen Männer großen Wert auf Kinderschutz, Ausbildung und Charakterschulung. Schon damals wurden die Schulen von Tempeln und Aschrams betrieben, und der Unterricht beschränkte sich nicht auf Wissensvermittlung, sondern umfasste auch praktische Arbeiten. Heute sagt das Gesetz, dass ein Kind vierzehn Jahre alt sein muss, um zu arbeiten. Doch früher, vor über 1000 Jahren, lag die Altersgrenze bei 25! In unserer alten Literatur können wir nachlesen, wie Priester und Sadhus sich für ihre Mitmenschen aufgeopfert haben. Unterweisung und soziale Tätigkeiten waren genauso wichtig wie Gebete und Zeremonien. Vielleicht können wir aus diesen Büchern heute neue Inspiration beziehen.«

Weitere Diskussionsteilnehmer ergreifen das Wort. Mehr oder minder geeignete Vorschläge schwirren durch die Luft wie Projektile. Eine Frau schlägt vor, dem Gesetz von 1948 zum Schutze der Kinder endlich zu mehr Wirksamkeit zu verhelfen.

Darauf entgegnet Kailash in seiner Schlussbemerkung, dieses Gesetz bestehe seit 50 Jahren, und doch sei bis heute noch kein einziger Arbeitgeber zur Rechenschaft gezogen worden. »Denken Sie daran, liebe Freunde, und jetzt wünsche ich Ihnen allen eine gute Nacht!«

Die Versammlung ist beendet. Die Gesichter verschwinden in der Dunkelheit. Die Luft ist schwül, die Meteorologen haben Regen angekündigt. Morgen könnten die Straßen noch rutschiger sein als heute. Doch niemand, nicht einmal die Wettergötter, können den Weltmarsch der Kinderarbeiter aufhalten.

Das versichert Kailash Satyarthi.

Was geschieht, geschieht

Es ist das Karma,
das uns Freude und Leid beschert.
Ob wir wollen oder nicht –
wir leben durch unser Karma.
INDISCHES GEDICHT

In Indien ist man nie allein, schrieb Mark Twain, und auf keinen Ort trifft dies mehr zu als auf Vrindavan. Ich bin in die heilige Stadt am Jamuna gekommen, in der Frauen jedes Alters durch die Straßen ziehen – auf der verzweifelten Suche nach Almosen, Fürsorge und Zuneigung. Sie kommen aus ganz Indien – ausgestoßen, erschöpft, arm und unglücklich. Manche sind erst zehn, andere bereits 90 Jahre alt. Hier wollen sie leben, und hier wollen sie sterben. Rückweg ausgeschlossen.

»Bapu, bapu!«, jammert eine der Witwen und zerrt an meinen Kleidern. »Eine Rupie, gib mir nur eine Rupie!«

Ihr schmächtiger, zerbrechlich wirkender Körper steckt in etwas, das aussieht wie Sackleinen. Doch ihr Gesicht verrät, dass es sich um eine junge Frau handelt, kaum älter als zwanzig. Ihre Haut ist samtweich, doch ihre Augen sind finster. Auch sie ist dazu verdammt, den Rest ihrer Tage in Vrindavan zu verbringen. Sie folgt mir durch die Gassen, lässt sich nicht abschütteln und zieht mich immer wieder flehentlich an meinem Hemd. *»Bapu, bapu!«* Ihre Stimme wird zunehmend schriller, sodass ich ihr schließlich gebe, wonach sie verlangt. Sie schnappt gierig nach den Münzen und läuft erschöpft zum Milchverkäufer in der nächsten Hofeinfahrt. Der sitzt mit Kelle, Fliegenklatsche und Schweißtuch bewaffnet hinter einem riesigen Milchbehälter. Nachdem er das Geld gezählt hat, gießt er die nährende Flüssigkeit, vielleicht einen halben Liter, in einen durchsichtigen Plastikbeutel, den er mit einem strammen Knoten verschließt.Die durstige Witwe greift sich den Beutel, macht auf dem Absatz kehrt und verschwindet.

Seit Menschengedenken haben Indiens unglückliche Witwen den Weg nach Vrindavan gefunden. Die Stadt, die 40.000 Einwohner zählt, liegt 150 Kilometer südlich von Neu-Delhi. Nur Masochisten und übermäßig Neugierige suchen diesen Ort auf, in dem das Glück darin besteht, ein Plätzchen im Schatten zu finden, an dem man von Fliegen, Kühen, wilden Hunden – und Witwen verschont bleibt.

Der bescheidene Handelsstand in Vrindavan verdankt dem Gott Krishna seine Existenz. Die Legende will es nämlich so, das Krishna als Pflegekind in Vrindavan aufwuchs. Die Erziehung scheint aber nicht allzu streng gewesen zu sein – war der Junge doch bald für seine Streiche berühmt und berüchtigt. So pflegte er oft mit den Hirtenmädchen in den Wäldern zwischen Vrindavan und der Nachbarstadt Mathura zu spielen. Als die Hirtenmädchen – auch *Gopis* genannt – eines Tages im Jamuna badeten, nahm Krishna ihre Kleider mit hinauf auf einen Baum, wo er sich über die nackten Mädchen amüsierte und auf seiner Flöte spielte.

Was weiter geschah, daran lässt die Schrift keinen Zweifel. Das Spiel am Flussufer entwickelte sich zu einem erotischen Abenteuer. Krishnas Lieblingsmädchen, Radha, war nicht nur hübsch, sondern auch liebeskrank. Doch obwohl sie mit der Zeit ziemlich eifersüchtig wurde, kümmerte sich der Gott mit gleicher Intensität um alle Hirtenmädchen. Und es waren nicht wenige, denn nach und nach heiratete er »16.000 Prinzessinnen«, Rhada inklusive.

Die vielen Ehefrauen stellten natürlich ihre Ansprüche, besonders während des alljährlichen religiösen Festes, das mit Ringtänzen und Gesang gefeiert wurde. Verständlicherweise wollten alle

Mädchen die Hand ihres Ehemanns halten. Krishna begegnete dieser Herausforderung, indem er sich in dem Maß vervielfältigte, wie es die Situation erforderte. So konnten schließlich alle am Ringtanz teilnehmen – und vielleicht nicht nur das.

Der Tag geht zur Neige, als ich Vrindavan erreiche und den rötlichen Govind-Dev-Tempel erblicke. Vor dem Eingangtor spielen die quirligen Maskottchen des Tempels: Affen, die sich darauf spezialisiert haben, die Besucher auszurauben. Erst wenn sie mit Bananen oder anderen Leckerbissen besänftigt werden, rücken sie ihr Diebesgut wieder heraus.

Trotz seiner bescheidenen Größe ist Vrindavan eine enorme Tempelstadt. Der resolute Hindu-Priester, dem ich im Govind-Dev-Tempel begegne, veranschlagt ihre Zahl auf 4000. Doch im Gegensatz zu Varanasi, das sich an Shiva orientiert, ist hier alles auf Krishna ausgerichtet. In jedem einzelnen Tempel sitzen Scharen zerlumpter Witwen auf dem Steinboden und rufen Krishna an – je öfter sie seinen Namen rufen, desto besser. Um die Rufe zählen zu können, halten sie Ketten in der Hand, die aus je 108 Holzperlen bestehen. Nach jedem »*Hare Krishna*« wandert der Zeigefinger eine Perle weiter. Ihr Ziel ist die Zahl 6912. Haben sie den Namen des Gottes exakt so oft wiederholt, sind sie von allen Sünden gereinigt – zumindest für diesen Tag.

Die beginnende Dunkelheit verleiht der Stadt eine unwirkliche Atmosphäre. Die weiß gekleideten Witwen huschen wie Gespenster durch die dunklen Gassen, während die Krishna-Rufe weiterhin die Luft erfüllen. Die Jüngsten hätten sicher mehr Freude am Versteckspielen, und die Ältesten sind kaum noch in der Lage, sich zu bewegen: Mit leblosen Gesichtern sind sie auf dem Weg zur letzten Gebetsstunde des Tages. Ich suche den Sri Bhagwan Bhajan Aschram auf, in dem Hunderte von Witwen auf dem Steinboden sitzen und – begleitet von Trommeln und Tamburinen – Krishna anrufen:

Hare Krishna, Hare Krishna
Krishna, Krishna, Hare Hare,
Hare Rama, Hare Rama,
Rama, Rama, Hare, Hare

Eine verkrüppelte Witwe, in ein schmutzig graues Gewand gehüllt, liegt stöhnend in der Ecke, unter ihrem Kopf eine alte Zeitung. Ihre Finger scheinen verflochten wie knorrige Zweige, und aus dem Gewand schauen nur die bläulichen Füße heraus. Auch sie ruft Krishna an, doch ihre gurgelnden Laute sind kaum vernehmbar.

Der Tempelpriester erzählt, dass viele bereits hier sind, seit sie junge Mädchen waren.

»Seit sie junge Mädchen waren?«

»Ja, seit ihr Ehemann starb. Jetzt sind sie schon 60 bis 70 Jahre hier und haben mehrere Millionen Mal Krishnas Namen gerufen. Schauen Sie nur, wie glücklich sie sind!«

»Glücklich?«

»Natürlich! Sie haben die einzigartige Möglichkeit, Krishna mehrere Millionen Mal anzurufen. Solches Glück haben nur wenige. Sie werden im Jenseits dafür belohnt werden.«

Die eifrigsten Witwen bekommen übrigens schon eine Belohnung hier auf Erden. Wenn sie den Namen ihres Gottes mindestens acht Stunden täglich rufen, erhalten sie als Lohn zwei Rupien pro Stunde. Dies kommt zu ihrer monatlichen »Witwenpension« hinzu, die 125 Rupien (2,40 Euro) beträgt. Der Tempelpriester und seine Helfer haben ständig ein Auge auf sie. Witwen, die bei der Stundenzahl schummeln, werden gerügt oder riskieren sogar, des Tempels verwiesen zu werden.

Der Sri Bhagwan Bhajan Aschram ist das größte der vielen »Witwenheime« in Vrindavan. Er öffnete seine Türen 1914 und wird den Tempelpriestern zufolge von »einigen reichen Männern aus Bengalen« unterhalten. Daher kommen auch die meisten der 1500 Witwen aus Bengalen. Viele stammen aus Kalkutta, viele aus den zahlreichen Dörfern des Gangesdeltas. Nachdem die Gesänge verklungen sind, frage ich den Tempelpriester, ob ich mit einer der Witwen sprechen könne. Er hält die Erstbeste an ihrem Gewand fest.

»Dieser Mann möchte mit Ihnen sprechen. Er ist Journalist.«

Die Frau, die vermutlich in den Sechzigern ist, bleckt die Zähne. »Warum will er mit mir sprechen?«

»Er ist Journalist.«

»Journalist? Was soll das heißen? Warum will er mit mir reden?«

»Aber ...«

»Ich spreche mit niemandem! Ich bin ein Nichts!«

Der Tempelpriester schüttelt resigniert den Kopf und schnappt sich die nächste Witwe. Sadhana Dasi ist erst 21 Jahre alt. »Dasi« bedeutet Dienerin – alle Witwe in Vrindavan wählen diesen zusätzlichen Namen. Mit kaum hörbarer Stimme erzählt Sadhana, sie komme aus einem nördlich von Kalkutta liegenden Dorf. Im Alter von zwölf Jahren hat sie einen gleichaltrigen Jungen geheiratet, der jedoch zwei Wochen nach der Hochzeit von einem Traktor überfahren wurde und gestorben ist. Ihre Schwiegereltern sahen dies als Zeichen, dass Sadhana Unglück über die Familie bringe. Unmittelbar nachdem die Asche ihres toten Mannes in den Ganges gestreut worden war, hatte man Sadhana in den Zug gesetzt und nach Vrindavan gebracht.

Neun Jahre sind seither vergangen – Jahre, die für viele normalerweise zu den schönsten den Lebens gehören. Sadhana Dasi hat die Zeit damit verbracht, in einem großen, halbdunklen Raum zu sitzen und den Namen Krishnas zu rufen. Ihre Augen sind groß, die

Lippen rund, das Gesicht schmal und wohlgeformt. Sie ist immer noch hübsch. Doch Sadhana ist Analphabetin, und ihre Zukunftsaussichten sind mindestens ebenso finster wie das Gebäude, in dem sie ihre Tage verbringt.

»Hatten Sie seitdem Kontakt zu Ihren Eltern oder Schwiegereltern?«

Sie wirft dem Tempelpriester einen verständnislosen Blick zu und schüttelt den Kopf.

»Ich bin ein Nichts«, entgegnet sie. »Ich existiere nicht.«

Sadhana und all die anderen Witwen in Vrindavan sind von der Gesellschaft geächtet. Sie existieren nur noch für Krishna. Da sie ihren Ehemännern Unglück brachten, sollen sie für den Rest ihres Lebens Buße tun.

Natürlich führen viele indische Frauen ein normales Leben, nachdem ihr Ehemann gestorben ist. Doch wenn eine Witwe keine Kinder hat, ist es schlecht um sie bestellt. Die 35-jährige Kunderlata Dasi aus Westbengalen erzählt, sie habe mit vierzehn geheiratet, doch leider keine Kinder bekommen. Ihr Mann wurde jahrelang von seinen Eltern unter Druck gesetzt, sie vor die Tür zu setzen und sich eine neue Frau zu suchen. Doch dann sei ihr Mann auf seinem Fischerboot über Bord gegangen und ertrunken. Ihre wütenden Schwiegereltern hätten sie danach aus dem Dorf gejagt.

Tagelang sei sie an den Eisenbahnschienen entlanggegangen und habe gehofft, bald eine Stadt zu erreichen. Bis sie schließlich heimlich in den Zug nach Vrindavan steigen konnte, sei sie mehrfach vergewaltigt worden.

»Das Leben in dieser Stadt ist gar nicht so schlimm«, sagt sie gleichgültig. »Die hier leben, dürfen den ganzen Tag Krishnas Namen aussprechen.«

Govind Dasi, eine grauhaarige, eingefallene Frau, deren Alter irgendwo zwischen 60 und 90 liegen muss, weiß nicht mehr, wie lange sie schon in Vrindavan lebt. Auch sie ist Analphabetin, und Jahreszahlen waren noch nie ihre Spezialität. Zeit ist für sie etwas Fließendes und Abstraktes. Sie komme »irgendwoher aus Indien«. Der Tempelpriester meint ihrem Dialekt anzuhören, dass sie aus Bihar oder Westbengalen stamme. Ihr Ehemann sei »ganz plötzlich« gestorben, als sie noch »sehr jung« war.

»Was geschieht, geschieht«, sagt sie, indem sie sich den Wollschal weiter ins Gesicht zieht. Sie spricht mit hoher, singender Stimme. »Ob das Leben gut oder schlecht wird, liegt allein am Karma. Was können wir also anderes tun, als Gott anzubeten und seinen Namen so oft auszusprechen wie möglich? Wir müssen unser Los akzeptieren und auf das nächste Leben hoffen.«

Dennoch hat Govind Dasi mehr Glück gehabt als die meisten anderen Witwen in Vrindavan. Seit Jahren arbeitet sie in einer kleinen Schneiderei am Ende der Straße. Sie näht sehr gern und erhält einen Monatslohn von 500 Rupien.

»Was tun Sie mit dem Geld?«

»Das überlasse ich Krishna. All mein Geld bekommt Krishna.«

Doch Govind Dasi hat ein Problem. Ihre Augen machen nicht mehr richtig mit, also könnte sie bald gezwungen sein, mit dem Nähen aufzuhören.

»Was wird Krishna von mir glauben, wenn ich ihm das Geld nicht mehr geben kann?«, fragt sie angstvoll.

»Dann müssen Sie noch mehr beten«, antwortet der Tempelpriester umgehend. »Nur Gebete helfen!«

Der Tempelpriester wendet sich mir zu und erklärt, seine wichtigste Aufgabe bestehe darin, die Witwen zum ständigen Beten anzuhalten. Nur auf diese Weise könnten sie von ihren Sünden befreit werden. Hin und wieder, vor allem gegen Ende des Tages, lasse ihr Eifer ein wenig nach. Dies treffe gerade auf die Ältesten unter ihnen zu, die bereits seit den zwanziger Jahren hier seien. In solchen Situationen fordert der Tempelpriester die Witwen dazu auf, noch schneller und lauter zu rufen.

Wenn die Gebetszeit vorüber ist und die flackernden Butterlampen im Sri Bhagwan Bhajan Aschram erloschen sind, legen sich die Glücklicheren der Witwen in ihre rostigen Eisenbetten. Die Schlafsäle erstrecken sich über mehrere Etagen, in denen sich das Murmeln und Beten – inmitten von Kleintieren und Kakerlaken – des Nachts fortsetzt. Seife und warmes Wasser wären ein unvorstellbarer Luxus. Saubere Bettwäsche ebenso. Weil der Platz begrenzt ist, müssen sich viele Frauen das Bett miteinander teilen. Sie schlafen in denselben schmutzigen Kleidern, die sie auch am Tag tragen, und wer als Erste erwacht, genießt das Privileg, den Namen Krishnas vor allen anderen aussprechen zu können.

Die weniger Glücklichen müssen auf der Straße schlafen, unter Treppen und Blechdächern, entlang dem Zaun an der Bushaltestelle oder hinter den nahe gelegenen Obstständen. Dort müssen sie dann mit den Hunden um die zurückgelassenen Bananenschalen kämpfen. Zu dieser Zeit des Jahres, Anfang April, draußen zu schlafen, sei aber gar nicht so schlimm, versichert der Tempelpriester. Doch im Winter ist es eiskalt, und im Sommer gleicht Vrindavan einem Backofen. Dann sterben die Witwen wie die Fliegen.

»It's simply too much for them!«

Der Tempelpriester sieht plötzlich besorgt aus. Als sei er von einem Anflug des Mitleids mit all den Witwen ergriffen. Aber dann strafft er sich. Denn haben nicht diejenigen, die hinter den Obstständen oder am Zaun erfrieren, diesen Tod nicht eigentlich verdient?

»Der Tod ist vorherbestimmt«, sagt er. Außerdem schafften die Toten Platz für die Lebenden, denn schließlich strömten Tag für Tag neue Witwen in die Stadt.

Hinter dem Priester, an einer grünen Steinsäule im Gebetssaal, hängt ein handgeschriebenes Gedicht:

Es ist das Karma,
das uns Freude und Leid beschert.
Ob wir wollen oder nicht –
wir leben durch unser Karma.

Siehe den Töpfer,
der seine Gefäße formt.
Manche zerbrechen während
des Drehens, andere später,
manche, wenn sie feucht,
andere, wenn sie trocken sind,
manche zerplatzen beim Brennen,
andere gehen beim Gebrauch in Scherben.

Auf gleiche Weise
stirbt mancher von uns im Mutterleib,
andere während der Geburt
oder am nächsten Tage,
vielleicht auch vierzehn Tage
oder einen Monat darauf,
manche in der Jugend
andere im Alter.

Das Karma bestimmt alles,
so ist das Leben.
Warum also trauern?

Keine der Witwen in Vrindavan besitzt auch nur ein Foto ihres toten Ehemanns, ihrer Kinder oder Angehörigen. Sie besitzen nichts, nur die Wunden und Erinnerungen aus naher und ferner Zeit. Die Bilder existieren einzig auf ihrer Netzhaut, in Gedanken und Träumen. Bei den Älteren sind sie bereits so sehr verblasst, dass sie sich nicht mehr vergegenwärtigen lassen. Es ist, als wären sie in Vaseline getaucht und hinterlassen nur Hirnflimmern und Kopfschmerz.

»Ich war schockiert, als ich das erste Mal nach Vrindavan kam«, erzählt mir eine Frau aus Neu-Delhi. Sie befindet sich auf der Durchreise und starrt die Witwenschar mit großen Augen an. »Ich wusste nicht, dass es so etwas in Indien gibt.«

Doch Vrindavan ist keine Ausnahme. In allen heiligen Städten des Landes streifen Hunderttausende von grauen, gekrümmten, jammernden Witwen durch die Straßen. Hinzu kommen die Millionen »unsichtbarer« Witwen, die in ihren Schwiegerfamilien ein unerträgliches, gedemütigtes und rechtloses Dasein fristen. Von den Bettelwitwen in Vrindavan unterscheidet sie einzig die Tatsache, dass sie etwas zu essen und ein Bett haben.

Habe ich die ganze Wahrheit über die Witwen in Indien erzählt?

Keinesfalls. In jeder Gesellschaft mit stark ausgeprägten sozialen Schichten, nicht zuletzt der indischen, gibt es viele Wahrheiten – viele Wirklichkeiten. Wo die Menschen von zwei zentralen Faktoren – Bildung und Rationalität – profitieren, ist die Diskriminierung weniger ausgeprägt. Viele indische Witwen werden überhaupt nicht diskriminiert, Millionen von ihnen haben ein gutes Leben.

Das Erbe ist ein weiterer entscheidender Faktor. Indira Gandhi regierte das Land als Witwe siebzehn Jahre lang. Viele verehrten sie wie eine Göttin. Als ihr Ehemann starb, machte ihr niemand Vorwürfe. Ihr Erbe und ihr sozialer Status machten sie unangreifbar. Sie war eine Brahmanin und gehörte damit der höchsten aller Kasten an. Sie hatte per se nichts in Vrindavan verloren. Indira äußerte einmal, ihr Witwenstatus habe es ihr sogar erleichtert, Premierministerin zu werden: »Witwen haben mehr Zeit als andere. Warum hätte ich diese Zeit nicht zu etwas Sinnvollem nutzen sollen?«

Inzwischen existiert im vielfältigen, unbegreiflichen Indien eine weitere prominente Witwe, die nicht einmal indischer Abstammung ist: Sonia Maino kam 1947 in einer kleinen italienischen Stadt unweit von Turin zur Welt. Als Siebzehnjährige begann sie ein Studium in Cambridge und lernte dort Indiras ältesten Sohn Rajiv kennen. Es war Liebe auf den ersten Blick. Drei Jahre später heirateten sie in Neu-Delhi. In den folgenden sechzehn Jahren führten sie ein ruhiges zurückgezogenes Leben – Rajiv als Pilot der Air India, sie als Hausfrau und Mutter. Politik interessierte sie nicht besonders.

Doch 1984 änderte sich alles. Indira Gandhi wurde von ihren Leibwächtern ermordet. Weil Indien nach einem neuen Gandhi verlangte, wurde Rajiv förmlich aus seinem Cockpit herausgeholt und zum Amtssitz des Premierministers gebracht. Sonia fürchtete von Anfang an, er könne dasselbe Schicksal wie seine Mutter erleiden. Sieben Jahre später wurde Rajiv von der Bombe einer tamilischen Selbstmordattentäterin in Stücke gerissen. Zu einem nahen Freund soll Sonia später gesagt haben: »Mit Indien bin ich fertig!«

Doch die Fakten bezeugen das Gegenteil. 1998 ließ sie sich zur Vorsitzenden der Kongresspartei wählen. »Ich bin die Tochter von Mutter Indien, und ich will ein Teil dieses Landes sein, solange ich atme.« Führende Parteimitglieder hatten sie jahrelang bekniet, ohne ihre Fähigkeiten genau einschätzen zu können. Ihr Nachname war Grund genug. »Ist das nicht eigentlich ein deprimierender Vorgang?«, fragte die *Times of India*. »Nun existiert das selbstständige Indien schon seit über 50 Jahren und rühmt sich, die größte Demokratie der Welt zu sein. Doch wenn es um das wichtigste Amt des Staates geht, wenden wir uns immer wieder an dieselbe Familie. Ist das ein Ausdruck politischer Reife oder eher des Feudalismus?«

Vor dem herrschaftlichen Wohnsitz Sonia Gandhis in Neu-Delhi stehen die Menschen in Scharen und rufen: »Sonia, Sonia!«

Es ist weit von hier bis nach Vrindavan.

Der Traum von Khalistan

Die sich ein Khalistan wünschen,
können es in Ecuador
oder am Südpol bekommen,
aber nicht in Indien.
KHUSHWANT SINGH, SIKH, SCHRIFTSTELLER

Guru Nanak lebte vor 500 Jahren.

Viele Menschen waren zum Ganges gekommen, um zu baden. Guru Nanak war einer von ihnen. Er setzte sich ans Flussufer und sah sich um. Vielleicht sehe ich jemanden, der Gott nahe ist, dachte er sich. Es mussten Zehntausende sein, die glaubten, sich durch das Bad im Fluss von ihren Sünden reinwaschen zu können. Doch was Guru Nanak sah, ließ ihn an der Wirkung zweifeln. Die Badenden kühlten nur ihre Körper und wuschen sich den Schweiß ab.

Auch Guru Nanak watete in den Fluss hinein. Die Menschen um ihn herum hatten sich gen Osten gewandt und warfen das Wasser mit offenen Handflächen der aufgehenden Sonne entgegen. Guru Nanak hingegen wandte sich nach Westen und warf das Wasser an Land. Die Badenden verstanden dies nicht und fragten: »Bist du Hindu oder Muslim?«

»Ich bin ein Hindu«, antwortete er.

»Aber wenn du ein Hindu bist, wem wirfst du dann das Wasser zu?«

»Wem werft ihr das Wasser zu?«, fragte Guru Nanak zurück.

»Unseren Vorvätern!«

»Wo sind eure Vorväter?«

»Im Himmel!«

»Wie weit ist es von hier bis zum Himmel?«, fragte er.

»Sehr weit. Viele Millionen Kilometer.«

»Und glaubt ihr etwa, ihr könntet das Wasser so weit werfen?«

»Ja«, antworteten die Gläubigen.

Guru Nanak warf mit kräftigen Armbewegungen so viel Wasser an Land, dass es rings um ihn her spritzte.

»Du spritzt uns nass! Wem wirfst du jetzt das Wasser zu?«, wollten die Badenden wissen.

»Ich habe zu Hause ein großes Feld, dessen Getreide bereits verdorrt. Ich wässere mein Feld.«

»Aber das nützt doch nichts auf diese Weise.«

»Liebe Freunde«, entgegnete Guru Nanak, »wenn mein Wasser das Feld nicht erreichen kann, wie könnt ihr dann glauben, dass euer Wasser den Himmel erreicht?«

Als Guru Nanak das gesagt hatte, sahen sich die Badenden an und sprachen: »Brüder, dies ist kein gewöhnlicher Mensch. Er muss ein großer Mann sein.«

»Waschen Sie Ihre Füße!«

Die Anordnung kommt von einer tiefen Stimme, die hinter einem gewaltigen schwarzen Bart verborgen ist. In einer Scheide aus braunem Ochsenleder steckt ein langes, bedrohliches Schwert. Ich habe meine Reise in nordwestliche Richtung fortgesetzt und stehe nun – an einem frühen Sonntagmorgen – vor dem Eingangstor des Goldenen Tempels von Amritsar. Das Heiligtum der Sikhs liegt im Bundesstaat Punjab, einem Vorposten zum muslimischen Pakistan – man muss nur dem ältesten und längsten Weg unter den Sternen folgen. Die ganze Nacht lang bin ich gefahren, fröstelnd und ruhelos, 600 Kilometer auf vier Rädern, vorbei an Tausenden von Dörfern. Doch Gott und Guru Nanak hielten ihre schützende Hand über mich; ich bin sicher ans Ziel gekommen.

Das 1577 gegründete Amritsar erhebt sich wie ein schlummerndes Gespenst vor meinen Augen, mit seiner unbegreiflichen Ansammlung von grauen, kastenförmigen Steinhäusern, in denen nichts auf menschliches Leben hindeutet. Schiefe Schornsteine, brüchige Telefonmasten, ein Wirrwarr von Kabeln und Leitungen und Tausende schwarzer Krähen im Morgendunst. *Kra, Kra, Kra!* Übertönt werden sie jedoch von den unbarmherzigen Lautsprechern des Goldenen Tempels, aus denen zwanzig Stunden am Tag die Worte Guru Nanaks schallen.

»Waschen Sie Ihre Füße!«

»Waschen Sie Ihre Füße!«

»Waschen Sie Ihre Füße!«

Der bärtige Mann mit dem Schwert hat nur eine einzige Aufgabe: dafür zu sorgen, dass sich niemand mit ungewaschenen Füßen in den Goldenen Tempel schleicht. In der Schuhgarderobe vor dem Haupteingang ist Platz für 50.000 Paar Schuhe. Die Helfer eilen gratis hin und her. Danach ist es Zeit für die Fußwäsche. Wer ohne Turban kommt, hat außerdem dafür zu sorgen, dass sein Kopf auf anständige Art und Weise bedeckt wird. Zwei anonyme Hände packen mich von hinten und wickeln ein orangefarbenes Tuch um meinen Kopf. Dies geschieht ungeheuer schnell und mit großer Präzision.

Schnelligkeit und Präzision – und doch bin ich immer noch in Indien.

Khushwant Singh, einer der großen Schriftsteller der Sikhs, schreibt: »Wenn es einen Ort auf der Welt gibt, an dem alle Glaubensrichtungen willkommen sind, dann ist es der Goldene Tempel von Amritsar. Juden verwehren Angehörigen anderer Religionen den Zugang zur Klagemauer. Hindus verweigern Christen und Muslimen den Zutritt zu vielen ihrer Tempel. Muslime wollen in Mekka und Medina unter sich bleiben. Nur das Tor zum Goldenen Tempel steht allen offen. Alle dürfen an den Gebeten teilnehmen, die den ganzen Tag stattfinden, und alle können eine kostenlose Mahlzeit im Guru Ka Langar – der Küche des Gurus – zu sich nehmen.«

Die Gesänge und der Anblick des schneeweißen Turms saugen mich durch das hohe Portal, worauf ich das schönste Rechteck der Welt betrete. Das Gebetshaus ohne Dach hat die Größe von sechs Fußballfeldern und wird von Tempelhallen und Säulengängen aus Marmor und reinem Gold eingerahmt. In der Mitte befindet sich ein glitzerndes Wasserbecken, in dem man sich von seinen Sünden reinigen kann. Die Morgensonne hat den Dunst vertrieben, und während die monotonen Hymnen des *Adi Granth* an Lautstärke und Intensität zunehmen, entledigen sich Tausende bärtiger Sikhs ihrer Kleider, bis sie nichts als Unterhose und Turban tragen.

»Dieses Wasser«, sagt einer der Badenden, »dieses Wasser ist reiner Nektar.«

Langsam lässt er sich in das Becken gleiten und faltet die Hände. Frau und Kinder, vier an der Zahl, stehen am Rand und bewundern, wie sich der haarige Körper durch das Wasser schlängelt. Papa badet.

Im Goldenen Tempel ist ein Tag wie der andere. Stets dieselben Hymnen und Rituale. Auf den weißen Marmorfliesen schreiten die Sikh-Familien mit gestreckten Rücken und leicht gewölbten Bäuchen, voller Ruhe und Würde, wie Könige in einer langsamen Prozession. Auch diejenigen, die nicht baden, wirken überaus zufrieden und scheinen vor Stolz nur so zu strotzen. Ein bekannter Sikh-Historiker sagt: »Ein Sikh ist nur ein Sikh, zwei Sikhs sind eine Ansammlung von Heiligen, fünf Sikhs sind Gott.«

Guru Nanak, der Begründer des religiösen Ordens der Sikhs, wurde 1469 geboren. Seine Eltern waren Hindus, doch konnte sich der Sohn weder mit dem Hinduismus noch dem Islam sonderlich anfreunden. Auch war ihm die Feindschaft der beiden Religionen ein Dorn im Auge. Am Hinduismus missfielen ihm die Götzenverehrung und das Kastenwesen. Den Islam nahm er als äußerst intolerante Religion wahr. Als junger Mann kappte er alle Verbindungen und begab sich auf die Suche nach der Wahrheit. Als 27-Jähriger tauchte er in den Fluss namens Bein ein und blieb drei Tage lang verschwunden. Am Morgen des vierten Tages tauchte er wieder auf und sagte: »Es gibt weder Hindus noch Muslime.«

Die Botschaft war ebenso radikal wie sonderbar. Doch allmählich gewann er Klarheit über die nötigen Konsequenzen: Guru Nanak wollte eine Synthese aus beiden Religionen schaffen, die das Beste beider Kulturen miteinander verband.

Danach begab er sich auf seine vier langen Missionsreisen, von denen ihn jede in eine neue Himmelsrichtung führte. Glauben wir seiner Lebensgeschichte, dann reiste er bis nach Mekka, in die heilige Stadt der Muslime, wo ihn die Pilger sofort des Unglaubens verdächtigten.

»Was für ein Buch trägst du da unter dem Arm, da es nicht der Koran ist?«, fragte einer von ihnen.

Ein anderer fragte ihn geradeheraus: »Wer ist deinem Buch zufolge im Besitz der Wahrheit, die Muslime oder die Hindus?«

»Die Hindus sind nicht besser als die Muslime, und die Muslime sind nicht besser als die Hindus«, entgegnete Guru Nanak. »Es geht um die Taten und die Moral, die einen Menschen in Gottes Augen als gut erscheinen lassen.«

Guru Nanak gelangte auch bis nach Tibet und stand schließlich vor dem mächtigen Kailash – dem Berg, der sowohl Hindus als auch Muslimen heilig ist. Der majestätische Anblick veranlasste ihn dazu niederzuknien, doch die Begegnung mit vielen Eremiten und Sadhus, die nichts anderes taten, als vor sich hin zu murmeln und zu beten, machte ihn zornig. »Die Gesellschaft geht zugrunde, und ihr seid daran mitschuldig!«, erklärte Guru Nanak. »Die Gesellschaft kann sich nicht entwickeln ohne Männer mit großer Empfindsamkeit und Kultur – doch ihr, die ihr diese Eigenschaften besitzt, habt euch einfach aus der Welt zurückgezogen.«

Seine Forderung war unmissverständlich: Jeder freie Mensch ist dazu verpflichtet, sich sozial und politisch zu engagieren, anstatt sich von der Gesellschaft abzukapseln, um auf einem Felsvorsprung in Tibet oder anderswo sein Leben zu fristen. Gott hilft nur dem, der sich selbst hilft!

Der Glaube an Gott, die kastenlose Gesellschaft und die soziale Verantwortung sind der Kern des Sikhismus. Spätere Gurus haben diese Lehre fortgesetzt. Im Jahre 1604 lag schließlich das *Adi Granth* vor, das heilige Buch der Sikhs.

In der Reihe der Gurus verdient vor allem der zehnte Guru Gobind Singh (1666–1708) Erwähnung. Es war dieser Mann, der die Sikhs nach militärischem Vorbild organisierte und ihnen ihr spezielles Aussehen verlieh. Es geschah an einem Frühlingstag 1699: Der junge Guru versammelte seine nächsten Mitarbeiter in Anandpur, einer kleinen Stadt am Fuße des Himalaja, wo er fünf von ihnen taufte. Diese so genannten *Fünf Geliebten*, die verschiedenen Hindukasten angehört hatten, wurden die ersten fünf Mitglieder der *Khalsa* (der Reinen), einer neuen Bruderschaft der Sikhs.

Guru Singh ließ sie Nektar aus demselben Tonkrug trinken und verlieh ihnen den Nachnahmen Singh, was Löwe bedeutet. Er wies sie an, die fünf Ks zu befolgen: Haare und Bart nicht zu schneiden (*Kesh*), einen Kamm (*Khanga*) in den Haaren zu befestigen, um sie in Ordnung zu halten, knielange Unterhosen (*Kuchha*) und einen stählernen Armreif (*Kara*) um das rechte Handgelenk zu tragen – Letzteres als Zeichen der Armut – sowie stets mit einem Schwert (*Kirpan*) bewaffnet zu sein.

Guru Gobind Singh führte auch eine Reihe anderer Verhaltensregeln ein, beispielsweise ein striktes Rauch- und Alkoholverbot, um die Sikhs so kampftüchtig wie möglich zu machen. Und wehe dem, der sich an muslimischen Frauen vergriff! Im Kampf gegen die muslimischen Armeen durfte niemand – auch nicht die schönste Frau – diese auf Abwege locken.

Vor seinem Tod erklärte Guru Gobind Singh, er sei der Letzte in der Reihe von Gurus gewesen. Von nun an sollte das *Adi Granth* den Sikhs als alleiniger Wegweiser dienen. In den folgenden Jahren stieg die Anzahl der Sikhs stark an. Die meisten, die sich bekehren ließen, waren Hindus. Sie gewannen auch an militärischer Stärke hinzu und ergriffen bereits im neunzehnten Jahrhundert die Macht in Punjab. Verantwortlich dafür war der Maharadscha Ranjit Singh (1780–1839), der tatkräftige Unterstützung von einigen Offizieren Napoleon Bonapartes erhielt. Somit herrschten die Sikhs über ein Reich, das sich bis zur afghanischen Grenze und weit nach Tibet hinein erstreckte.

Die Sikhs legen großen Wert auf die Begründung, warum sie so militant geworden seien: Die unverhohlene Feindschaft der Muslime habe sie gezwungen, sich zu bewaffnen und eine straff organisierte Bruderschaft zu gründen. Selten unterbleibt der Verweis auf das Edikt des Mogulkaisers Bahadur Shah aus dem Jahre 1710: »Jeder Sikh, wo auch immer er gefunden oder gesehen wird, soll unverzüglich und ohne weiteres Nachdenken getötet werden.«

Kaiser Bahadur Shah tat, was er konnte, doch wuchs ihm die Aufgabe über den Kopf. Heute gibt es 20 Millionen Sikhs. Eine weitere Million wohnt außerhalb der Landesgrenzen. Im Meer der indischen Bevölkerung sind sie indes nur ein Tropfen. Dennoch sind die Sikhs unübersehbar. Nicht nur wegen ihres Aussehens, sondern auch aufgrund ihrer außergewöhnlichen Präsenz und Entschiedenheit. Niemand arbeitet härter als sie, niemand nimmt mehr Nahrung zu sich, niemand lacht lauter, und niemand streitet sich schneller. Kaum jemand – wenn überhaupt – besiegt sie im Krieg, niemand fährt rücksichtsloser auf der Grand Trunk Road, und im

Cricket, Hockey und Polo gelten sie ohnehin als unbesiegbar. Alkohol wird heute von vielen Männern in großen Mengen konsumiert, und die Zeitungen in ihrer Gegend berichten ständig von blutigen Familienfehden, von Racheakten und Morden.

Die große Mehrzahl der Sikhs sind Bauern, doch keinesfalls x-beliebige: *Sie fahren Traktor*. Und wenn sie mit ihren dieselbetriebenen Gefährten vorüberknattern, mit geradem Rücken und breiten Schultern, mit ihren buschigen Schnurrbärten und hohen Turbanen, vermitteln sie den Eindruck eines anderen Indien – eines Indien fernab aller Hoffnungslosigkeit. Eines Indien, das vom Willen, nicht vom Schicksal beherrscht wird.

Hierher kam die Grüne Revolution Mitte der sechziger Jahre. Jahrelang hatte der Kanadier Norman Borlaug sich um die Entwicklung neuer Mais- und Weizensorten bemüht. Ein Großteil dieser Arbeit geschah in Kanada, den USA und Mexiko. An der landwirtschaftlichen Hochschule in Ludhiana, einer Stadt in Punjab, setzte er seine Experimente unter beengten Bedingungen fort. Das Ergebnis war eine rasche Verdreifachung des Ernteertrags. Arme Bauern wurden über Nacht reich, und Punjab – »das Land der fünf Flüsse« – stieg zum Großexporteur von Getreide und anderen landwirtschaftlichen Produkten auf.

Die Sikh-Bauern begannen Traktor zu fahren.

Doch den heutigen Sonntag nutzen die Sikhs, um den Goldenen Tempel zu besuchen. Ganze Familien haben sich auf den lärmenden Ungetümen zusammengedrängt, ihre weißen Baumwollkleider flattern im Morgenwind. Die Reichsten sind mit dem Auto unterwegs. Doch hier, innerhalb des heiligen Rechtecks, sind alle gleich. Guru Nanak befahl seinen Jüngern, gemeinsam zu essen. Die gemeinsamen Mahlzeiten sollte die Menschen miteinander verbinden. Die Gemeinschaftsküche Guru Ka Langar, die jeden Tag 10.000 Menschen (am Wochenende noch mehr) beköstigt, setzt diesen Anspruch in die Tat um. Das Essen ist gratis. Gott und Guru Nanak bezahlen.

Wer keinen Hunger hat, kann baden und beten oder das Postamt, die Bank oder das Informationsbüro des Tempels aufsuchen. Dort, halb hinter einem wallenden weißen Weihnachtsmannbart verborgen, sitzt der Leiter des Informationsbüros, Amarjit Singh. Sobald ich in der Tür erscheine, steht er auf und drückt mich an seine Brust, als wäre ich der verlorene Sohn, der zu seinem Vater zurückgekehrt ist. Er lässt mich im Korbstuhl vor seinem Schreibtisch Platz nehmen, während der Landwirtschaftsminister von Bihar mitsamt seinem Gefolge auf den harten Wartebänken an der Wand ausharren muss.

»Sie sind extra aus dem fernen Norwegen gekommen, um den Goldenen Tempel zu besuchen. Deshalb sind Sie der Bruder aller Sikhs!«, verkündet Amarjit Singh mit dröhnender Stimme. »Da drüben sitzt der Landwirtschaftsminister von Bihar, aber der hatte nicht so einen langen Weg wie Sie! Und jetzt wollen Sie sicherlich wissen, was es mit dem Sikhismus auf sich hat, oder?«

Ich nicke demütig.

»Hören Sie zu! Es gibt weder Himmel noch Hölle! Verstanden? Doch Gott gibt es, und zwar nur einen! In Ihrer Religion, dem Christentum, sehnen sich doch alle nach dem ewigen Leben im Paradies. Doch die wirklich Gott lieben, die beten nicht um Erlösung. Der Anblick Gottes ist genug.«

»Aber wie kann ich Gott sehen?«

»Sie müssen früh aufstehen und beten, beten, beten. Im Goldenen Tempel öffnen wir die Türen um 2.30 Uhr, drei Stunden vor Sonnenaufgang. Und warum, lieber Bruder? Weil man Gott am ehesten in den frühen Morgenstunden erblickt. Diese Erfahrung hat schon Guru Nanak gemacht, und wir können sie nur bestätigen. Die drei Stunden vor Sonnenaufgang eignen sich hervorragend für Gebet und Gesang.«

Hinter dem Schreibtisch Amarjit Singhs steht ein großer Bücherschrank, in dem sich alle möglichen Traktate zum Sikhismus befinden. Ehe ich weiß, wie mir geschieht, habe ich den Schoß voller Papiere, in denen die Worte des Gurus festgehalten sind. Eines handelt von der Segnung der langen, ungeschnittenen Haare: *Human Hair – A Factor of Vital Energy*. Ein anderes trägt den Titel *The Code of Sikh Conduct & Conventions*. Eine dritte Schrift handelt vom Befreiungskampf der Sikhs: *Sikhs as Liberators*. Doch wie ging es zu, als der Sikh-Fanatiker Jarnail Singh Bhindranwale sein Volk Anfang der achtziger Jahre befreien wollte?

Jarnail Singh, wie er eigentlich hieß, wurde im Freiheitsjahr 1947 geboren. Sein Vater war Bauer und so arm, dass kaum der Büffel der Familie ernährt werden konnte. Vier Jahre nachdem Jarnail als jüngster von acht Söhnen auf die Welt gekommen war, übergaben die Eltern ihn der Obhut des Sikh-Tempels in der Nachbarstadt Bhindranwale. Dort waren ihm Fürsorge und Nahrung sicher.

Jarnail gefiel das Leben im Tempel, und was ihm an Schulbildung fehlte, glich er durch religiöse Studien aus. Die alten Texte konnte er bald auswendig. Doch erst als 25-Jähriger traute er sich aus dem Tempel heraus, um dem Volk zu predigen. Die asketische Gestalt mit dem finsteren, stechenden Blick machte großen Eindruck. Überall strömten die Menschen um ihn zusammen. 1977 reiste er in den Wüstenstaat Rajasthan, wo er tagtäglich vor bis zu 10.000 Menschen sprach. »Er war ungeheuer fesselnd und sprach die Sprache des Volkes«, berichtete einer der Zuhörer. Doch was wollte er?

Bhindranwale spürte, dass der Sikhismus in existenzieller Gefahr war. Immer häufiger kam es zu Eheschließungen zwischen Hindus und Sikhs. Die Grenze zwischen der »wahren Lehre« und hinduistischem »Geschwätz« wurde zusehends verwischt. Junge Sikhs begannen, sich die Haare zu schneiden, und vor allem in den Dörfern war eine beunruhigend große Zahl junger Männer nur mehr an Unzucht, Tabak und Alkohol interessiert.

Bhindranwale zufolge wurden die Sikhs bei der Teilung Indiens 1947 benachteiligt. Die Hindus hatten ihr Hindustan (Indien) und die Muslime ihr Pakistan bekommen. Was hatten die Sikhs bekommen? Gar nichts. Die Teilung hatte Millionen von Sikhs vielmehr gezwungen, von Pakistan nach Indien zu flüchten. Zehntausende, wenn nicht Hunderttausende waren massakriert worden. Die Überlebenden hatten sich – traumatisiert und bis aufs Hemd geplündert – irgendwie nach Indien durchgeschlagen. Später hatte ihnen Norman Borlaug die Grüne Revolution beschert, doch noch immer fehlte ihnen ein eigener Staat: Khalistan.

Es musste etwas geschehen!

Zu Beginn der achtziger Jahre formulierte Bhindranwale seine Antwort: Wollten die Sikhs überleben, mussten sie ihren Klotz am Bein loswerden, den Hinduismus. In Punjab, dem Kerngebiet der Sikhs, peitschte er die Stimmung in einem Dorf nach dem anderen auf. Vor allem den jungen, oft arbeitslosen Sikhs gefiel, was sie hörten, und schon bald nahm der Terror Gestalt an. Hindus und Verräter der rechten Lehre wurden angegriffen und erstochen. In Amritsar und anderen Städten wurden nichts ahnende Fußgänger von motorisierten Todesschwadronen hinterrücks erschossen.

Schon 1969 hatte ein bekannter Sikh-Politiker, Dr. Jagijt Singh, von seinem Londoner Exil aus die Gründung des Staates Khalistan verkündet. Die Nachricht verhallte beinahe ungehört. Doch als Bhindranwale 1982 den Goldenen Tempel in Amritsar besetzte, war eine Eskalation nicht mehr zu vermeiden. Vom Turm Akal Takhat aus, dem zweitheiligsten Bauwerk der Tempelanlage, schallte die Forderung nach einem freien Khalistan über das Gelände: Tod der Regierung! Tod Indira Gandhi! Lang lebe das freie Khalistan! Bhindranwale zog seine Anhänger im berüchtigten Raum Nr. 47 zusammen und forderte sie auf, bis zum letzten Atemzug zu kämpfen. Sein militärischer Ratgeber, Shabeg Singh, war Generalmajor des indischen Heeres gewesen.

»Vor 300 Jahren beendeten wir die Tyrannei der Mogule!«, rief Bhindranwale. »Warum sollte es uns jetzt nicht gelingen, die Regierung in Neu-Delhi zu stürzen?«

Von Raum Nr. 47 aus wurde »das gesamte Volk« aufgerufen, sich zu bewaffnen. Der traditionelle *Kirpan* war nicht genug. Auch Schusswaffen wurden benötigt. Bhindranwale schwor, dass für jeden toten Sikh 5000 unschuldige Hindus sterben würden. Aus den Dörfern des Punjab begannen Hindus nach Neu-Delhi zu flüchten.

Indira Gandhi hatte anfangs große Bedenken, Soldaten gegen den Goldenen Tempel vorrücken zu lassen. Eine solche Aktion wäre eine ungeheure Provokation aller Sikhs gewesen. Auch ihr Militärberater, General K. Sundarji, hegte Zweifel. Bhindranwale und seine Anhänger hatten alle Eingänge des Tempels mit Ziegelsteinen und Sandsäcken verbarrikadiert, die nur von Panzern oder schwerer Artillerie hätten beseitigt werden können. Zahlreiche Scharfschützen nahmen ihre Position ein, und allen war klar, dass eine Militäraktion in einem Blutbad enden konnte. Doch diesem Wissen zum Trotz gab Indira Gandhi in einer Mischung aus Ohnmacht und Wut schließlich grünes Licht für die »Operation Blue Star«.

Vorsichtshalber unterließ sie es, den Präsidenten des Landes, den Sikh Zail Singh, von ihrem Entschluss in Kenntnis zu setzen. Am 5. Juni 1984 wurde der Goldene Tempel von Sundarjis Truppen umstellt. Über Lautsprecher wurde Bhindranwale eine letzte Chance zur raschen Kapitulation eingeräumt. Doch als nichts geschah, rückten die Soldaten unmittelbar nach Sonnenuntergang gegen den Haupteingang vor. Als die Kampfhandlungen nach vierundzwanzig Stunden ein Ende fanden, war der Akal Takhat nur mehr eine Ruine. Im heiligen Wasser des Tempels trieben die Leichen. Die traurige

Bilanz: 90 Regierungssoldaten und 712 Sikhs, unter ihnen Jarnail Singh Bhindranwale, hatten ihr Leben gelassen.

Als Präsident Singh drei Tage später an den Ort des Geschehens kam, brach er in Tränen aus. Auch Indira Gandhi triumphierte keineswegs. Gegenüber ihren engsten Mitarbeitern wirkte sie ausgebrannt und desillusioniert. In einem ihrer letzten Briefe schreibt sie: »Die Situation ist besorgniserregend. Wir machen eine schwere Zeit durch. Ich bin wirklich niedergeschlagen!«

Indiras Leibgarde bestand aus zahlreichen Sikhs. Nach dem Blutbad im Goldenen Tempel fürchtete ihr Sicherheitschef, sie könnten sich rächen, indem sie ein Attentat auf die Premierministerin verübten. Doch Indira zuckte nur gleichgültig mit den Schultern. Als er vorschlug, die Sikhs aus der Leibgarde zu entfernen, schrieb sie zur Antwort eine kurze Frage auf einen Zettel: Herrscht bei uns keine Religionsfreiheit? Erneut beharrte sie darauf, dass niemand aufgrund seines Glaubens aus der indischen Gemeinschaft ausgeschlossen werden dürfe.

Dennoch hat sie geahnt, dass ihr Leben in Gefahr war. Rajiv und Sonia gab sie detaillierte Anweisungen für ihre Bestattung. Ihre Asche sollte über dem Himalaja verstreut werden – nicht in den Ganges. Zu ihrem Enkel Rahul sagte sie, er müsse tapfer sein, falls sie der Tod ereile.

Am Morgen des 31. Oktober 1984 versammelte sie ihre Nächsten um sich und umarmte sie nach dem Frühstück der Reihe nach: Sonia, Priyanka und Rahul. Dann spazierte sie in ihrem orangefarbenen Sari in die Morgensonne. Sie sollte von Peter Ustinov interviewt werden und begab sich auf den schmalen Weg, der zu ihrem Büro führte. Einer ihrer Leibgardisten an diesem Morgen war der Sikh Beant Singh. Sie entbot ihm den traditionellen Namaste-Gruß, indem sie die Handfläche aneinander legte. In diesem Augenblick zog Beant Singh seine Pistole und gab fünf Schüsse ab. Indira

Gandhi, die seit siebzehn Jahren das Amt der Premierministerin bekleidete, sank zusammen, ehe ein zweiter Sikh ihrer Leibgarde weitere 25 Kugeln auf sie abfeuerte. Die Mörder ließen ihre Waffen fallen, und Beant Singh hob die Arme als Zeichen, dass er sich ergebe. Dennoch wurde er nach einem kurzen Kampf von einem Kollegen getötet. Satwant Singh überlebte verletzt.

Die Hindus rächten sich fürchterlich. In einer Welle der Gewalt wurden mindestens 2500 Sikhs erstochen. Andere wurden aus ihren Autos gezerrt, mit Benzin übergossen und angezündet. Manchen schlug man den Kopf ab. In Neu-Delhi und weiteren großen Städten wurden die Geschäfte der Sikhs geplündert und in Brand gesteckt, während die Polizei tatenlos zuschaute. Der große Schriftsteller Khushwant Singh flüchtete in die schwedische Botschaft.

»Ich hatte keine Wahl«, schrieb er später. »Ich wollte überleben.«

Als ich Joginder Singh begegne, ist es Abend geworden.

»Kommen Sie!«, fordert er mich auf.

Joginder Singh ist ein kleiner, leicht hinkender Mann. Da er außerdem schwerhörig ist, spricht er sehr laut. Seit 50 Jahren arbeitet er schon im Goldenen Tempel, und er weiß viel über die Geschichte des Tempels. Er begleitet mich auf meinem Weg um das Wasserbecken. Es gibt so vieles, das ich wissen sollte. Wir gehen im Uhrzeigersinn, wie es sich gehört. Die Sikhs bezeichnen diese heilige Handlung als *Parikrama*, und wer darüber hinaus den ihm zugewiesenen Badeplatz einnimmt, der kann den Tempel später erhobenen Turbans wieder verlassen.

Was für eine Wohltat, auf den glatten Marmorfliesen des größten Tempels der Welt zu wandeln! Die Luft ist kühl. Hier fließen weder Urin noch roter Betelsaft – Indien befindet sich quasi auf der anderen Seite des Zaunes. Hier ist man weder Jude noch Grieche, weder Sikh noch Hindu. Joginder Singh nennt mich nur »Bruder«.

»Dort drüben ist die Gemeinschaftsküche«, sagt er und zeigt auf eine dunkle Öffnung. »Wenn Sie Hunger haben, gehen Sie einfach dorthin und bitten um etwas zu essen. Es kostet Sie keine Rupie. Vor ein paar Jahren, am Geburtstag von Guru Nanak, haben wir 50.000 Menschen zur selben Zeit verköstigt. Das ist unser Rekord.«

Das Tempelhotel Shri Guru Das Niwas ist ebenfalls umsonst. Es hat 228 Einzelzimmer und achtzehn Schlafsäle. »Wenn Sie das nächste Mal nach Amritsar kommen, brauchen Sie nicht im Mohan International Hotel zu wohnen. Das ist viel zu teuer.«

Die letzten Badenden stemmen sich aus dem großen Schwimmbecken auf die Marmorfliesen. Große haarige Körper mit intaktem Turban. Als Guru Nanak im Jahre 1532 an diesem Ort sein Lager aufschlug, fand er nichts als ein fruchtbares Waldgebiet mit einem Weiher vor – und die Stadt Amritsar. Amritsar bedeutet »Nektarteich«. Der Goldene Tempel wurde von Muslimen mehrmals völlig zerstört, doch von den Sikhs stets wieder aufgebaut.

Mit Pathos erzählt Joginder vom unermüdlichen Bapa Dip Singh: »Er lebte im achtzehnten Jahrhundert, lieber Bruder. Als er hörte, dass die Muslime den Goldenen Tempel zerstört hatten, marschierte er an der Spitze seines Heeres in Richtung Amritsar. Als er sich der Stadt bis auf sechs Kilometer genähert hatte, wurde Bapa Dip Singh tödlich verwundet. Die Muslime hätten ihm fast den Kopf abgeschlagen! Für einen Augenblick schien er dem Tod geweiht, doch was tat Bapa Dip Singh? Er hielt mit der linken Hand den Kopf an seinem Platz, während seine rechte alle Feinde niedermetzelte, die sich ihm in den Weg stellten, bis er den Goldenen Tempel erreichte. Als er dort angekommen war, ließ er den Kopf fallen.«

Joginder beschleunigt seine Schritte, denn der Tempel wird bald seine Pforten schließen. Wir brauchen nur den Gesängen und Orgeltönen zu folgen, denn dort oben – in der ersten Etage – befinden sich die professionellen Sänger, die sich im regelmäßigen Turnus abwechseln und alle heiligen Verse des Sikhismus auswendig können.

Wir überqueren die schmale Marmorbrücke, die sich über das Schwimmbassin spannt, und schließen uns dem schweigenden Strom der Gläubigen an. Um in den Tempel zu gelangen, müssen wir uns unter einem Eisengerüst hindurchzwängen. Joginder erklärt mir, warum das so ist: Während des Dramas 1984 wurden drei goldene Wände erheblich beschädigt. Nun werden sie restauriert. Sikhs aus Großbritannien finanzieren die neue Vergoldung.

Wir umrunden den kleinen Tempel, was schnell getan ist.

»Der Goldene Tempel hat vier Pforten«, erklärt Joginder, »eine in jeder Himmelsrichtung. Warum? Weil alle Menschen, unabhängig von Herkunft, Stand oder Religion, gleichermaßen willkommen sind. Selbst Saddam Hussein würde hier Einlass finden!«

Die Dunkelheit hat sich wie lilafarbener Samt über Punjab gelegt, doch im heiligen Rechteck der Sikhs brennt noch Licht. Joginder und ich drängeln uns hinein, denn um 22 Uhr werden die Gesänge verstummen und das *Adi Granth* geschlossen. Durch Korridore und Treppenaufgänge, die aus *Tausendundeiner Nacht* zu stammen scheinen, bahnen wir uns den Weg, bis wir endlich vor dem Sänger mit seinem Buch stehen. Wie die meisten Sikhs ist er groß und kräftig, doch hinter dem *Adi Granth* wirkt er wie ein Zwerg. »Das *Adi Granth*«, erklärt mir Joginder, »ist nicht nur das schönste, sondern auch das größte Buch der Welt!«

Im Tempel befinden sich weder Bilder noch ein Altar oder eine Kanzel. Das Einzige, was die Betenden eint, ist das *Adi Granth*. Das heilige Buch, ein Koloss von 1430 Seiten, enthält 6000 Verse in verschiedenen Sprachen. Die meisten wurden von den zehn Sikh-Gurus verfasst, doch finden sich auch Texte islamischen oder hinduistischen Ursprungs. Die Hymnen des Gurus Gobind Singh sind in einem eigenen Buch, dem *Dasam Granth*, zusammengetragen. Es ist 21.59 Uhr. In den heiligen Hallen hängt schwerer Schweißgeruch, und mit einem Seufzen – stammt es vom Sänger oder dem Blasebalg des Harmoniums? – findet der heutige Gebetstag sein Ende. Um Punkt 22 Uhr wird das *Adi Granth* geschlossen, und in den nächsten Minuten wird das Buch der Weisheit sorgsam in mehrere Lagen Seide eingeschlagen.

Starke Männer tragen das schwere Seidenpaket daraufhin aus dem Tempel und halten Kurs auf den Akal Takhat, den »heiligen Thron«, wo das *Adi Granth* die Nacht verbringen wird.

An der Spitze des Zuges ist Blasmusik zu hören, danach tragen vier Sikhs das *Adi Granth*, gefolgt von den Gläubigen. Joginder beweist eine phänomenale Fähigkeit, sich in der Schlange nach vorn zu drängeln, sodass wir uns fast an der Spitze des Zuges befinden, als wir den Akal Takhat erreichen. Damit habe ich mich von jeher getröstet: Die Letzten werden die Ersten sein.

»Wir haben den Akal Takhat wieder aufgebaut«, sagt Joginder voller Stolz. »Alles ist wieder wie früher!«

Der Goldene Tempel wurde erstmals im siebzehnten Jahrhundert errichtet und im Lauf seiner Geschichte mehrfach zerstört und wieder aufgebaut.

Ich frage Joginder, ob die Militäraktion Indira Gandhis 1984 ein Fehler gewesen sei.

»Sie war unnötig. Sie werden nicht einen einzigen Sikh finden, der Indira Gandhi in dieser Hinsicht verteidigt. Bhindranwale und seine Leute waren ausgehungert und erschöpft. Wäre Indira nur ein bisschen geduldiger gewesen, dann hätten sie sich ergeben.«

»Wer hat den Wiederaufbau finanziert?«

»Indira Gandhi hat dies angeboten, aber wir haben abgelehnt.«

»Warum?«

»Weil es so etwas wie Stolz gibt, lieber Bruder. Wir sind für alles selbst aufgekommen.«

Vor der am besten bewachten Schlafkammer des Punjabs ballen sich Hunderte von Gläubigen zusammen – vorwiegend junge, militante Sikhs –, um sich zu vergewissern, dass das Buch der Bücher an den rechten Ort gelangt. Während sich die Stahltüren lärmend öffnen und der Gebetschor zu neuem Leben erwacht, wird das *Adi Granth* auf sein weiches Lager gebettet.

Der Tag ist vorbei. Die Gesänge sind verstummt, und die letzten Barfüßigen des Sonntags trotten schweigend dem Ausgang entgegen. Joginder und ich bleiben ein letztes Mal stehen, um den beleuchteten Tempel zu bewundern, der sich aus dem Wasser erhebt. Dann erlischt das Licht. Joginder Singh, der treue Diener, hinkt davon und verschwindet im Dunkeln.

Der Goldene Tempel ist ein ergreifender Ort. Doch noch 1991 wurde Touristen von einem Besuch dieses Teils von Indien abgeraten. In den Jahren nach »Operation Blue Star« und dem Mord an Indira Gandhi machten Sikh-Extremisten den Punjab unsicher.

Heute stuft die Regierung die Sicherheitslage im Punjab als relativ stabil ein. Das harte Vorgehen der Polizei hat die Anzahl der Extremisten stark verringert. Doch im Verborgenen, im Unterbewusstsein der Millionen von Sikhs, lebt der Traum von Khalistan – dem »Land der Reinen« – weiter. Orthodoxe Sikhs fürchten einmal mehr, dass der Sikhismus im Hinduismus aufgehen und verschwinden könnte. Anzeichen dafür gibt es viele. Immer mehr junge Sikhs lassen sich die Haare schneiden, und immer häufiger kommt es zu Eheschließungen zwischen Sikhs und Hindus. Die Grenzen verwischen sich. Wann kommt der nächste Bhindranwale?

»Möge er niemals kommen!«, schreibt der 87-jährige Khushwant Singh. »Und wo soll dieses Khalistan überhaupt liegen? Wie groß soll es sein? Wie sollen seine Grenzen verlaufen? Darauf habe ich nie eine richtige Antwort erhalten. Die sich ein Khalistan wünschen, können es in Ecuador oder am Südpol bekommen, aber nicht in Indien. Jeder Versuch von unserer Seite, einen eigenen Staat zu erzwingen, wird in Blut, Blut und nochmals Blut enden.«

Und Blut ist in diesem Teil Indiens bereits genug geflossen. Begleiten Sie mich nach Wagah.

Unter Feinden

Hindus und Muslime haben grundverschiedene Religionen. Weder heiraten sie untereinander, noch essen sie gemeinsam. Zu glauben, sie könnten in ein und demselben Land in Frieden miteinander leben, ist unrealistisch.

MUHAMMED ALI JINNAH (1876–1948)

Der Weg nach Wagah ist schnurgerade. 40 Kilometer grauer Asphalt ziehen sich wie mit dem Lineal gezogen durch die flache Landschaft. Der Winterweizen wurde bereits im März geerntet. Jetzt haben sich die Bauern in ihre Häuser zurückgezogen und ruhen sich aus. Die Felder liegen brach. Im Schatten der Baumkronen ruhen schwarze Ochsen, nicht weniger lethargisch als ihre zweibeinigen Herren. Eine fette Ratte flitzt über die Straße. An der Windschutzscheibe kämpft eine Fliege im Gegenwind ums Überleben. Die Sonne brennt unbarmherzig über diesem Niemandsland. 36 Grad im April. Der Fahrer hat seinen Sitz zurückgeschoben und fährt mit ausgestreckten Armen.

Wagah. Stumm und steif sitzen wir da, den starren Blick auf einen Punkt im Westen gerichtet, an dem die Sonne untergehen wird. Ein öder Punkt in einer trostlosen Landschaft. Vollkommen uninteressant. Ein Ort, an dem nichts geschieht. Was wollen wir also in Wagah?

Schließlich haben wir unser Ziel erreicht. Einen Ort, der von Guru Nanak und Gott gleichermaßen vergessen wurde. Ein Grenzbaum und fünf, sechs niedrige Gebäude, ein paar träge Soldaten und ein verschwitzter Koch hinter seiner Garküche auf schiefen Rädern. Im Hintergrund drei, vier Bettler mit schiefen Zähnen, klar zum Angriff.

Es ist mitten am Tag, und alle würden am liebsten schlafen. Die Soldaten mustern mich mit Blicken, als wollten sie fragen: Was in aller Welt haben denn *Sie* hier verloren? Und wo wollen Sie eigentlich hin?

»Hier herüber!«, sagt einer von ihnen und verstärkt den Griff um seine Maschinenpistole. Doch bevor er den Grenzbaum öffnet, um mich über die *Zero Line* – die »Nulllinie« zwischen Indien und Pakistan – zu schicken, will er meinen Pass sehen. Doch vorerst will ich in Wagah bleiben. Pakistan kann warten.

Höflich klärt mich der Offizier darüber auf, dass ich zur falschen Tageszeit gekommen sei. »Jetzt geschieht hier nichts – nicht vor 18.30 Uhr.«

»18.30?«

»Dann schließen wir die Grenzen. Ein schöner Anblick.«

»Ein schöner Anblick?«

»Genau. Wir schließen die Eisentore und holen die Flaggen ein. Die Soldaten paradieren auf beiden Seiten der *Zero Line*. Danach ist es dunkel.«

Der Offizier rät mir, in der Zwischenzeit mit »Herrn Pluto« zu sprechen.

»Wer ist Herr Pluto?«

»Das werden Sie später erfahren.«

Dieser »Herr Pluto« ist nicht irgendwer, sondern ein kenntnisreicher Mann, der in einem streng bewachten, von Stacheldraht umgebenen und im Gebüsch versteckten Grenzhaus seinen Dienst tut. Über der Eingangstür leuchten die Buchstaben BSF. Das bedeutet *Border Security Force*. Später wird mir gesagt, dass die BSF mit ihren 1,3 Millionen Soldaten die größte paramilitärische Organisation der Welt sei.

Schließlich tritt der geheimnisvolle »Herr Pluto« aus seiner Höhle. Er trägt eine schwarze Sonnenbrille und hat streng zurückgestrichene Haare. »Herr Pluto« ist jung, vielleicht 25, klein und o-beinig und trägt Zivil.

»Ich bin vom Geheimdienst!«, sagt er barsch. »Eigentlich sollten Sie mit Oberst Dhillon, meinem Chef, sprechen, aber der kann kein Englisch. Mich können Sie alles fragen, aber vielleicht werde ich nicht jede Frage beantworten. Schießen Sie los!«

Wir setzen uns auf eine harte Holzbank in der Einöde des Punjab, wo wütende Mücken sich zu einem kollektiven Angriff auf die menschliche Rasse entschieden haben. Die nächsten beiden Stunden erhalte ich eine Lektion über das Verhältnis zwischen Indien und Pakistan, zwei der ärmsten Länder der Welt, aus der Perspektive eines Geheimdienstmanns.

»Weil alle Pakistaner geborene Bastarde sind, haben wir praktisch die ganze Grenze dichtmachen müssen«, beginnt »Herr Pluto«. Neben ihm sitzt ein Kollege, der jedes Wort zu genießen scheint.

»Geborene Bastarde?«

»Richtig. Geborene Bastarde. Darum lassen wir auch keine Pakistaner über die Grenze. Nur Leute wie Sie dürfen passieren. Ausländer.«

»Wie viele sind das am Tag?«

»Ungefähr 25. Pakistaner, die nach Indien wollen, müssen den Zug nehmen. Wir lassen zwei Züge pro Woche ins Land, jeden mit 300 Passagieren. Das ist alles.«

Indien und Pakistan. Vor einem halben Jahrhundert ein und dasselbe Land. Heute verfeindete Nachbarn, getrennt von Wassergräben, Scheinwerfern und elektrisch gesichertem Stacheldraht. Zu beiden Seiten des Stacheldrahts stehen eine Million bis an die Zähne bewaffnete Soldaten. Ich muss an Korea denken und meine früheren Besuche des Grenzorts Panmunjom, wo sich nord- und südkoreanische Soldaten seit 1953 feindlich gegenüberstehen. Auch dort sind auf beiden Seiten eine Million Soldaten aufmarschiert – bereit, beim ersten Missverständnis »Feuer!« zu rufen. Das eine Land, Südkorea, ist reich; das andere bettelarm. Auf dem indischen Subkontinent sind beide Feinde gleichermaßen verarmt. Doch Geld für Waffen haben sie genug.

»Herr Pluto« ist neugierig, als ich ihm von meinen Erfahrungen auf dem 38. Breitengrad in Korea berichte.

»Dürfen die Grenzsoldaten sich zuwinken?«, fragt er.

»Nein.«

»Gut. Dieses Verbot gilt auch bei uns. Wenn sich jemand von unseren Leute mit dem Feind verbrüdert, wird er hart bestraft.«

»Herr Pluto« redet sich warm und nimmt die Arme zur Hilfe.

»Sehen Sie den elektrischen Grenzzaun da drüben? Den haben wir 1992 errichtet. Der erstreckt sich von Rajasthan bis nach Kaschmir, über eine Strecke von 860 Kilometern. Entlang dem Zaun haben wir 5000 Wachtürme aufgestellt, die rund um die Uhr besetzt sind. Wenn jemand den Zaun berührt, wird sofort Alarm ausgelöst. Ohne diesen Zaun hätten wir die Infiltration der pakistanischen Bastarde nicht stoppen können.«

»Welche Infiltration?«

»Herr Pluto« seufzt. Ob ich denn nicht wisse, dass Pakistan seit der Teilung 1947 versucht habe, das freie demokratische Indien zu unterwandern? Dass Indien drei Kriege geführt – und gewonnen! – habe, um die Bastarde zurückzuschlagen? Ob ich denn noch nie von den ständigen Versuchen der pakistanischen Bastarde gehört hätte, Waffen und Heroin in das freie demokratische Indien zu schmuggeln? Und ob ich denn wirklich keine Ahnung hätte, dass die pakistanischen Bastarde Indien in die Knie zwingen, alle Hindu-Tempel schließen und der indischen Bevölkerung Allah und das unmenschliche Gesetz der Scharia aufzwingen wollen? Ob ich von all dem wirklich nichts wisse?

»Doch heute«, sagt »Herr Pluto«, indem er die Fliegen verscheucht, »haben die pakistanischen Bastarde fast keine Chance mehr, über die indische Grenze zu gelangen. Ich sage ›fast‹, denn ganz im Norden, im Bundesstaat Jammu und Kaschmir, lässt sich so ein Grenzzaun einfach nicht errichten. Die Natur ist zu wild. Dort kommt es hin und wieder zu Vorfällen. Doch hier haben wir alle Schlupflöcher geschlossen.«

Plötzlich knistert es in »Herrn Plutos« Walkie-Talkie. Am anderen Ende ist die dröhnende Stimme von Oberst Dhillon zu hören. »Herr Pluto« muss sofort an seinen Arbeitsplatz zurückkehren.

»Aber versprechen Sie mir, dass Sie sich die Flaggenzeremonie um 18.30 Uhr ansehen! Kaufen Sie sich ein bisschen Hühnchen, Reis und Chapatti. Der Koch da drüben ist sehr gut. Dann sehen wir uns in drei Stunden.«

Während »Herr Pluto« zu seinem Chef zurückmarschiert, setze ich – im Gebüsch nahe der *Zero Line* verborgen – meinen Kampf gegen die Mücken und die Hitze fort. Wie mag erst Sir Cyril Radcliffe unter der Hitze gelitten haben, als er allein vor einer riesigen Karte der Königlichen Ingenieursvereinigung saß und Indien in zwei Hälften teilen sollte. Radcliffe, ausgestattet mit Füller, Lupe und Lineal, hatte seiner Meinung nach den schlimmsten Auftrag der Welt bekommen. Tausende von Quadratkilometern – eine gewaltige Landschaft mit Bergen, Steppen, Sümpfen, Kornfeldern und Dörfern – sollten einfach auseinander geschnitten und voneinander getrennt werden wie siamesische Zwillinge auf dem Operationstisch.

Der Anwalt war niemals östlich von Gibraltar gewesen, als er am 27. Juni 1947 zu einem streng vertraulichen Gespräch ins britische Außenministerium gebeten wurde. Man fragte ihn, ob er sich vorstellen könne, Indien, das bevölkerungsreichste Lande der Erde, in zwei Hälften zu teilen.

Unter dem Kronleuchter des *India Office* breiteten die Beamten eine Landkarte aus, die von unbekannten Namen nur so wimmelte. Sie zeigte ein Land, das 17-mal so groß war wie die Britischen Inseln. 4,3 Millionen Quadratkilometer vom Himalaja im Norden bis zum Indischen Ozean im Süden, vom Khyber-Pass im Westen bis zur burmesischen Grenze im Osten. Hier ging es nicht nur um ein Land, sondern um einen ganzen Kontinent.

Viele Jahre später erzählte Radcliffe, was er in diesem Augenblick empfand: »Ohnmacht! Hoffnungslosigkeit! Furcht! Verzweiflung! Ich wäre am liebsten davongelaufen, doch irgendwas hielt mich zurück. Stolz, Selbstachtung, Pflichtgefühl – vielleicht auch die Herausforderung.«

Nach einem kurzen Treffen mit Premierminister Clement Attlee befand sich Radcliffe nur wenige Tage später auf dem Weg nach Indien. Er sah sich zunächst lähmenden 40 Grad Celsius sowie den Erwartungen, Forderungen und Drohungen einer halben Milliarde Menschen gegenüber, doch genoss er die Unterstützung zweier Rivalen des Subkontinents: Jawaharlal Nehrus und Muhammed Ali Jinnahs. Beide waren sich darin einig, dass die Teilung nur unter der Regie eines unvoreingenommenen Dritten geschehen könne, am besten einer geachteten Persönlichkeit, die keine Verbindung zu Indien hatte und sich daher auch von keiner Seite beeinflussen ließ.

Sir Cyril Radcliffe machte sich mit großem Ernst ans Werk, wohl wissend, dass bis zum 15. August, dem geplanten Unabhängigkeitstag, alles erledigt sein musste. Er hatte also nur einen Monat Zeit, um die Zwillinge endgültig voneinander zu trennen. Glücklicherweise hatten ihm Nehru und Jinnah weitgehend freie Hand gegeben. Die Teilung sollte sich im Großen und Ganzen an den »religiösen Grenzen« zwischen Hindus und Muslimen orientieren, aber auch andere Aspekte berücksichtigen, falls diese »natürlich« erschienen.

Doch in der Praxis gab es viele ungelöste Fragen. Wo sollten beispielsweise die Sikhs bleiben, in Indien oder in Pakistan? Die sechs Millionen Sikhs lebten weitgehend im Punjab. Doch der Punjab, ohnehin ein Schmelztiegel verschiedener Glaubensrichtungen, war ein riesiges Gebiet, das in jedem Fall geteilt werden musste. Der westliche, überwiegend muslimische Teil musste Pakistan zugeschlagen werden, während der hinduistisch geprägte Osten zu Indien gehören sollte.

Keine Stadt im Punjab konnte sich mit Lahore messen. Hier wohnten 600.000 Muslime, 500.000 Hindus und 100.000 Sikhs Seite an Seite. Die lange Herrschaft der Briten und ein dreihundertjähriger Friede hatten die Einwohner weitsichtig und tolerant werden lassen, und in den sternenklaren Nächten pflegten Muslime, Hindus und Sikhs im mondänen Cosmopolitan Club gemeinsam Tango und Foxtrott zu tanzen.

Doch dann kam der heiße Sommer 1947. Sir Cyril Radcliffe war kaum in Neu-Delhi angekommen, da explodierte Lahore in einer Welle von Terror und Gewalt. Verantwortungsbewusst und wissbegierig, wie er war, nahm er den Nachtzug in die – neben Kalkutta – unruhigste Stadt Indiens. Dort sah er sich nach eigener Aussage mit »quälender Hitze, Sandstürmen, Aufruhr und Brandstiftung« konfrontiert. 100.000 Menschen, vor allem Sikhs, waren bereits aus der Stadt geflohen. In den Straßen reihten sich die Toten wie Fasane nach einer erfolgreichen Jagd. Wie im übrigen Punjab schliefen viele Menschen in Lahore eigentlich unter freiem Himmel, doch jetzt hatten sie sich in ihren Häusern verbarrikadiert.

55 Kilometer östlich von Lahore lag die zweitgrößte Stadt des Punjab, Amritsar. Für jeden Sikh war Amritsar mit seinem Goldenen Tempel die heiligste aller Städte. Dennoch fühlten sich auch die Sikhs aus Lahore tief mit ihren Wurzeln, ihren Geschäften und Häusern verbunden. Zahlenmäßig machten sie zwar nur dreizehn

Prozent der Einwohner des Punjab aus, doch besaßen sie 40 Prozent des gesamten Bodens und waren für zwei Drittel der landwirtschaftlichen Produktion verantwortlich. Sollten sie jetzt Hals über Kopf davonlaufen oder ihr traditionelles Schwert, den *Kirpan*, aus der Scheide ziehen, um sich der feindlichen Übermacht entgegenzustellen? Viele waren im Zweifel, doch im Grunde war der Kampf längst verloren. Hindus und Sikhs lief die Zeit davon, und wer weiterhin ausharrte, musste das Schlimmste befürchten.

So setzte sich der größte Flüchtlingsstrom der Geschichte in Gang. Während Sir Cyril in Neu-Delhi die neuen Grenzverläufe in seine Karte einzeichnete, zogen Millionen von Menschen über die Landstraßen und Kornfelder. Sikhs und Hindus flohen gen Osten, die Muslime nach Westen. Indessen schnitt Radcliffe Indien auseinander, teilte Städte und Landschaften, von denen er nie etwas gehört, geschweige denn gesehen hatte.

Wenn sich Radcliffe selten einmal vor die Tür wagte, wurde er von Repräsentanten der verschiedensten Volksgruppen und Organisationen bedrängt. »Es war, als würden einem ständig tausend Messer an die Kehle gehalten«, schrieb er später – und kein Tag verging, an dem ihm nicht mit Tod und ewiger Verdammnis gedroht wurde. Seine Zeit war so knapp bemessen, dass er nicht auf die Menschen hören konnte, die fürchteten, von ihren Brunnen, Wegen, Feldern, Marktplätzen, Verwandten und Nachbarn abgeschnitten zu werden.

Für die Abtrennung von Bengalen, Indiens östlichster Ecke, benötigte Radcliffe anderthalb Wochen. Er machte einfach kurzen Prozess und Kalkutta, die frühere Hauptstadt der britisch-indischen Kolonie, zu einem Teil Indiens. Ein Großteil des östlichen Umlands von Kalkutta wurde Pakistan – beziehungsweise Ostpakistan, wie es damals hieß – angegliedert. Doch auch diese Grenzziehung hatte ihre offenkundigen Schwächen. Denn damit waren die wichtigen Jute produzierenden Gebiete im Osten und Norden von den Jutemühlen und dem Ausschiffungshafen in Kalkutta abgetrennt. Doch Radcliffe hielt die religiösen Grenzen offenbar für wichtiger als die Erfordernisse der Juteindustrie.

Am frühen Morgen des 13. August, zwei Tage vor Ablauf der Frist, hatte Radcliffe sein Werk vollendet. Indien, das Juwel des einst so mächtigen britischen Imperiums, war in zwei Hälften geteilt worden. Die Karte mit dem rot eingezeichneten Grenzverlauf wurde zusammengefaltet, in einen großen Umschlag gelegt, dieser versiegelt und bei der Kolonialregierung deponiert. Der britische Vizekönig Mountbatten hatte verfügt, dass das Resultat nicht vor den Feierlichkeiten am 15. August bekannt werden sollte. Andernfalls hätte es in Indien und Pakistan eine Orgie der Gewalt geben können.

So bekamen Indien und Pakistan ihre Freiheit – die Fahnen wurden gehisst und die Nationalhymnen gesungen –, *ohne* dass die Regierungen den neuen Grenzverlauf kannten.

Indiens staatliche Eisenbahn arbeitete derweil unter Hochdruck.

Bahnhofsvorsteher Singh war wie immer auf Chaos und Hysterie eingestellt, als der Number Ten Down Express in den Bahnhof von Amritsar einfuhr. Panische Frauen und Männer würden in den Zug stürmen, um nach ihren vermissten Angehörigen zu suchen, die aus dem neuen Pakistan geflüchtet waren.

Singh war auf alles vorbereitet. Glaubte er. Doch als der Zug mit mehreren Stunden Verspätung endlich zum Stehen kam, machte der Bahnhofsvorsteher eine beunruhigende Entdeckung: Der Zugführer wurde von vier bewaffneten Männern bedroht.

»Kaum waren das Zischen des ausströmenden Dampfes und das Kreischen der Bremsen erstorben, erkannte Singh plötzlich, dass etwas nicht in Odnung war«, schrieben Larry Collins und Dominique Lapierre in *Gandhi: Um Mitternacht die Freiheit*. »Die Menschenmenge auf dem Bahnhof war von dem Anblick wie versteinert, zu einem unheimlichen Schweigen erstarrt. Singh blickte die Reihe der acht Waggons entlang. Sämtliche Abteilfenster waren geöffnet, doch an keinem Einzigen stand jemand. Keine Tür hatte sich geöffnet. Niemand stieg aus. Man hatte ihm einen Phantomzug geschickt. Der Bahnhofsvorsteher ging rasch zum ersten Waggon, riss die Tür auf und stieg ein. Blitzartig kam ihm die grauenvolle Erkenntnis, warum an diesem Abend in Amritsar niemand aus dem Number Ten Down Express ausstieg. Es war kein Phantom-, sondern ein Totenzug. Der Boden des Abteils vor ihm war mit Leichnamen bedeckt, denen man die Kehle durchgeschnitten, den Schädel eingeschlagen, die Eingeweide herausgerissen hatte. Auf dem Gang lagen Arme, Beine, Rümpfe. Von irgendwoher aus dieser grausigen menschlichen Müllhalde zu seinen Füßen hörte Singh ein ersticktes Ächzen. Singh erkannte, dass vielleicht noch ein paar Menschen lebten, und rief laut: ›Sie sind in Amritsar! Wir sind Hindus und Sikhs hier. Die Polizei ist da. Haben Sie keine Angst!‹«

Am Abend schrieb Singh seinen Bericht:

»Number Ten Down Express, 15. August 1947. Ankunft 19.42 Uhr. 618 Passagiere. 12 Überlebende.«

Aber das war erst der Anfang. In den nächsten Wochen flohen zwölf Millionen Menschen in beide Richtungen. Ganze Familien ohne Habe, Mütter, Väter und schreiende Kinder. Kranke, Verwundete und Verstümmelte. Behinderte auf Krücken und Alte auf Bahren. Mindestens 75.000 Frauen wurden unterwegs vergewaltigt. Einigen wurden die Brüste abgeschnitten, bevor man sie auf die Knie zwang und erschoss. Die längste *Kafila* (Kolonne) bestand aus 400.000 Menschen. Der Grenzübertritt dauerte acht Tage.

In dieser Kolonne befanden sich auch der 30-jährige Mangal Singh und seine drei Brüder. Wo waren ihre Angehörigen, Frauen und Kinder, insgesamt siebzehn Personen, geblieben?

»Wir haben sie zu Märtyrern gemacht«, erklärt Mangal Singh.

»Sie haben sie getötet?«

»Wir hatten keine Wahl. Sie waren krank und hungerten und hätten den langen Marsch nach Indien nicht durchgehalten. Wir hätten sie doch nicht einfach zurücklassen können. Die Muslime hätten unsere Frauen vergewaltigt. Also stellten sie sich in einer langen Reihe auf. Niemand weinte. Alles war in wenigen Minuten vorbei. Danach sind wir geflüchtet.«

Am 17. August 1947, am selben Tag, an dem der genaue Grenzverlauf zwischen Indien und Pakistan bekannt gegeben wurde, verließ Sir Cyril Radcliffe Indien. Im letzten Augenblick, könnte man sagen. Wie erwartet, reagierten beide Seiten mit gewaltigen Prostesten, Forderungen, Gegenforderungen und Beschuldigungen, die sich vor allem gegen Radcliffe richteten. In den grenznahen Dörfern lief die Bevölkerung Amok, was bei den teils bizarren Folgen der Teilung nicht verwunderlich ist: Dörfer hatten den Zugang zu ihren Brunnen verloren, Bauern waren von ihren Höfen, Hindus von ihren Tempeln und Muslime von ihren Moscheen abgeschnitten. In extremen Fällen wurden Häuser in der Mitte geteilt.

Zurück in England, verbrannte Radcliffe all seine Unterlagen über die Teilung. Niemand sollte ihm etwas Konkretes nachweisen können. Er nahm seinen Beruf wieder auf und galt in den fünfziger Jahren als einer der renommiertesten Anwälte des Landes. 1977, zwei Monate vor seinem Tod, wurde er gefragt, ob er sich vorstellen könne, noch einmal nach Indien zu reisen. »Unter keinen Umständen!«, antwortete er. »Wenn ich dorthin zurückkehre, riskiere ich, von Hindus oder Muslimen erschossen zu werden.«

Das umstrittenste Problem, das er hinterlassen hatte, hieß Kaschmir.

Kaschmir. Tiefe Täler und hohe Berge. Reißende Flüsse aus fließendem Silber und ewige Gletscher, die sich weit in die eisigen

Regionen des Himalaja hineinschieben. In der Hitze der *Zero Line* schließe ich die Augen und denke an ein Land, das an mein Heimatland Norwegen erinnert – nur noch schöner, noch wilder.

Folgt man der indischen Grenze in nördliche Richtung, dann gelangt man automatisch nach Kaschmir. Ursprünglich war diese Gebirgsregion ein selbstständiges Fürstentum. Der Fürst war ein Hindu, doch die Bevölkerung bestand zu 80 Prozent aus Muslimen. Nehrus Familie stammte aus Kaschmir. Als die indische Teilung bevorstand, war Nehru fest entschlossen, das Land seiner Vorfahren Indien anzugliedern. Doch die eigentliche Wahl war dem Maharadscha Hari Singh vorbehalten. Als dieser schließlich entschied, dass Kaschmir zu Indien gehören sollte, griffen die Pakistaner zu den Waffen. Sollte sich die Teilung nicht an den religiösen Grenzen orientieren? Wog die Rücksicht auf die muslimische Mehrheit nicht stärker als der Wunsch des Maharadschas?

So begann im Jahr 1948 der erste Krieg um Kaschmir. Weitere sollten folgen, und auch in den letzten Jahren kam es in der Grenzregion immer wieder zu Scharmützeln. Heute okkupiert Indien zwei Drittel, Pakistan ein Drittel des Landes, doch beide machen ihren Anspruch auf ganz Kaschmir geltend. Zur Verhärtung der Fronten tragen selbstverständlich die Todesopfer des Krieges bei. Seit 1988 kamen mindestens 25.000 ums Leben. Weitere 300.000 sind aus ihrer Heimat geflohen.

In diesem Feindesland liegt Srinagar, Kaschmirs idyllische Hauptstadt, und wartet unbeirrt auf Frieden. Indiens muslimische Herrscher, die Mogule, machten das kühle Srinagar einst zu ihrer Sommerresidenz. Auch die Briten liebten diese Stadt, doch der Maharadscha untersagte ihnen den Erwerb von Grundbesitz. Folglich gab es auf dem Dal Lake, dem wunderbaren See Srinagars, bald zahlreiche Hausboote. Auf ihnen konnten die Briten ihre Teegesellschaften und Whiskyabende abhalten oder sich dem neuesten

Roman von Rudyard Kipling zuwenden. Später sollten die Hippies den See erobern. Und heute? Die Hausboote liegen verlassen da, während sich in den Straßen indische Soldaten hinter Sandsäcken verschanzt haben.

Ich frage mich, ob es in der Glocken Bakery in Srinagar immer noch so verführerisch duftet. Wenn die Waffen eines Tages wieder schweigen, werde ich zurückkommen und alles so machen wie beim letzten Mal: Ich werde in die Glocken Bakery stürmen und in weniger als zwanzig Minuten vier Stück Apfelkuchen mit Schlagsahne verschlingen!

Aber nach Siachen, dem goldenen Dreieck zwischen Indien, Pakistan und China, werde ich wohl niemals gelangen. Die Inder bezeichnen Siachen als »dritten Pol«. Abgesehen von den beiden bekannten Polen – und dem Rann of Kutch – dürfte es kaum eine lebensfeindlichere Region auf Erden geben. Doch inmitten dieses Gletschers, 6600 Meter über dem Meeresspiegel, bei Temperaturen, die manchmal auf minus 45 Grad sinken, haben sich indische und pakistanische Soldaten durch einen fünfzehnjährigen Krieg gebibbert. Ergebnis: 3500 Tote und 10.000 Verletzte. Und wenn beide Seiten ihren Willen durchsetzen, wird der Krieg noch im dritten Jahrtausend fortgesetzt werden.

Siachen ist 110 Kilometer lang und 70 Kilometer breit. Auf der Karte ist dieser Fleck kaum zu erkennen und militärisch gesehen nicht eine Rupie wert. Doch für die Machthaber in Neu-Delhi und Islamabad steht der Nationalstolz über allem. Jeden Tag geben sie über zwei Millionen Euro für den Kampf um ein Gebiet aus, für das niemand Verwendung hat, wenn der Krieg eines Tages vorbei sein wird. Der Kampf wird größtenteils von der Artillerie mit Bazookas und Maschinengewehren geführt. Die Soldaten müssen von Hubschraubern auf den Gletscher geflogen werden, eine andere Möglichkeit gibt es nicht. Hier – in einer windgeschützten Eisspalte –

befindet sich auch die höchstgelegene »Telefonzelle« der Welt: 4572 Meter über dem Meeresspiegel.

Die Schuld für den Konflikt muss teilweise Sir Cyril Radcliffe zugeschrieben werden, der es unterließ, für diese Region eine Regelung zu schaffen. Als er auf seiner Karte ans südliche Ende des Gletschers gelangte, markierte er diesen Punkt mit NJ 9842, zeichnete jedoch keine Grenze ein. Vielleicht meinte er, dass sich niemand für diese eisige Einöde interessieren würde. Auch Nehru und Jinnah schienen diesen Mangel nicht bemerkt zu haben.

Viele Jahre lang geschah nichts. Doch in den frühen siebziger Jahren begannen sich ausländische Bergsteiger für den Siachen zu interessieren. Sie bestiegen den Gletscher von der pakistanischen Seite aus und verfügten über Landkarten, die besagten, dass der Gletscher zu Pakistan gehörte. In Neu-Delhi läuteten die Alarmglocken, und Premierministerin Indira Gandhi bezichtigte die Pakistaner der Aggression durch gefälschte Landkarten. Doch erst 1984, nachdem ihre Asche über dem Himalaja verstreut wurde, eskalierte die Angelegenheit. Ihr Sohn Rajiv, der inzwischen Premierminister geworden war, entsandte Tausende von Soldaten in das Gletschergebiet, um den Pakistanern »eine Lektion zu erteilen«. Doch die erste Lektion mussten sie selbst hinnehmen. Die Wettergötter meinten es schlecht mit ihnen, und noch bevor die Inder ihr erstes Zelt aufschlagen konnten, waren bereits 46 Mann erfroren.

Zu Beginn des Jahres 1985 erklärte Indien, die »neue Grenze« auf dem Gletscher sei nahezu etabliert. Hunderte von Posten und Depots waren schon eingerichtet und auch die indische Fahne an ihrem Platz. Doch die Pakistaner standen ihnen in nichts nach. Tausende dick eingepackter Soldaten befanden sich hoch über den Wolken zwischen Eiszapfen und Gletscherspalten und ließen sich nicht aus den Augen.

So begann einer der absurdesten Kriege der neueren Zeit.

Der indische Journalist Amitav Ghosh besuchte den Gletscher 1998 gemeinsam mit dem indischen Verteidigungsminister George Fernandes. In einem erbärmlichen Lazarett, in dem Verwundete mit Schussverletzungen, Frostschäden und amputierten Gliedmaßen lagen, wurde ihnen das ganze Grauen des Krieges vor Augen geführt.

Wieder im Basislager, begegnete Ghosh einem Offizier, der gerade von seiner dreimonatigen Stationierung auf dem Gletscher zurückgekehrt war. Er war sichtlich stolz auf seine Soldaten, die nur wenige Verletzungen erlitten hatten. Außerdem habe keiner »den Verstand verloren«. Im Übrigen habe er in der Einsamkeit einen Plan ersonnen, vertraute er Ghosh an, wie der Krieg zu gewinnen sei: »Eine Atomexplosion am Fußes des Gletschers! Der Gletscher schmilzt, und ganz Pakistan wird überflutet. Wir könnten ein Wunder bewirken!«

Ghosh starrte den Offizier ungläubig an, ehe er sich vergegenwärtigte, dass der Mann gerade drei Monate auf dem Gletscher verbracht hatte.

Womit kann ich mich noch ablenken, um die Mücken an der *Zero Line* zu vergessen?

Vielleicht mit Pakistan. Dem Land auf der anderen Seite. Der Name wurde 1933 von Rahmat Ali, einem Cambridge-Studenten aus Punjab, erfunden. Ali war Muslim und forderte nachdrücklich einen eigenen Staat für die indischen Muslime. Zuerst dachte er an »Pakstan«, dann an »Pakastan« und entschied sich schließlich für »Pakistan«. Der Name bedeutet »Land der Reinen«. Außerdem ist diese Buchstabenkombination den Namen folgender Gebiete entnommen: Punjab, Afghan (die Völker im Nordwesten), Kaschmir, Sindh und Baluchistan.

Im Lauf der nächsten Jahre versuchte es Rahmat Ali mit zahlreichen Broschüren und Appellen. Doch nahm er im Freiheitskampf seines Volkes nie eine führende Position ein. Er lebte und starb in seinem Studentenzimmer in Cambridge. 1951 tat er seinen letzten Atemzug.

In der Zwischenzeit hatte sich der Rechtsanwalt Mohammed Ali Jinnah an das Volk gewandt. Auch er ein Muslim, darüber hinaus praktisch veranlagt und willensstark, der sich unermüdlich für seine Vision einer Republik Pakistan einsetzte. Ein Foto von Jinnah am Unabhängigkeitstag zeigt einen hageren Mann auf einem Podest, der auf seine paradierenden Soldaten hinabblickt. Das Gesicht lang und schmal, die Augen groß und erschöpft. Nur ein Jahr später starb Jinnah, doch sein strenges, kompromissloses Antlitz schmückt weiterhin öffentliche Büros im ganzen Land.

Die ersten 50 Jahre als selbstständiger Staat waren für Pakistan – sofern dies überhaupt möglich ist – eine noch größere Enttäuschung als für Indien. In verschiedensten UN-Statistiken findet sich das Land ganz am Ende wieder, nur was die Korruption angeht, scheint sich Pakistan von keinem Land übertreffen zu lassen. Wie ich so an der *Zero Line* unter dem Pipal-Baum sitze, scheint die Stimme Zakir Ali Saidis aus der Ferne zu mir herüberzudringen. Ich begegnete ihm 1994 in Islamabad. Er war damals Direktor am Institut für Internationale Studien. Groß gewachsen, grauhaarig und vornehm, saß er in seinem breiten Ledersessel und fällte ein vernichtendes Urteil über sein eigenes Land: »Pakistan ist eine Tragödie!«

»Versuchen Sie sich ein Land vorzustellen, in dem nur fünf oder sechs Prozent der Einwohner lesen und schreiben können«, fuhr Saidi fort. »Manche sagen, es seien 25 Prozent, aber das ist nicht wahr. Schon möglich, dass 25 Prozent aller Pakistaner ihren Namen auf ein Stück Papier kritzeln können, aber was bedeutet das schon? Und ein Volk von Analphabeten kann missbraucht, ausgenutzt und manipuliert werden. Das ist es, was in Pakistan geschieht.«

Auch die Stimme Hans von Sponeks, des damaligen Zuständigen für das Entwicklungsprogramm der Vereinten Nationen (UNDP) in Pakistan, ist mir immer noch gegenwärtig. Als ich ihm begegnete, lebte er bereits seit vier Jahren in Pakistan.

»Die pakistanische Machtelite betrachtet Schule und Ausbildung als eine Bedrohung der eigenen Privilegien. Ihr Ziel ist es, das Volk weiter am Boden zu halten.«

Das hatte sich Mohammed Ali Jinnah ganz anders vorgestellt. Sein Traum war ein säkularer und demokratischer Staat gewesen. Doch schon nach wenigen Jahren konnte davon keine Rede mehr sein. Als Pakistan sein 50-jähriges Bestehen feierte, entschied man sich daher, die geplante Militärparade durch die Straßen Islamabads abzusagen. Stattdessen fand eine reumütige Prozession zu Jinnahs Grab nach Karatschi statt.

Pakistan hat noch nie eine vom Volk gewählte Regierung gehabt, die durch freie Wahlen abgelöst worden wäre. Die Hälfte der Zeit seit 1947 wurde das Land von wechselnden Militärregimes gelenkt. Das Wirtschaftswachstum ist gleich null und die Staatskasse mehr als leer. Der Staat schuldet seinen heimischen Gläubigern über 30 Milliarden Euro, den ausländischen zirka noch mal so viel. Das Land hat neunmal so viele Soldaten wie Ärzte. Kondome und Empfängnisverhütung sind außerhalb der großen Städte immer noch Tabuthemen. Die Bevölkerung, die sich der 140-Millionen-Grenze nähert, wächst jedes Jahr um 2,9 Prozent. In 30 Jahren wird das Land doppelt so viele Menschen zu ernähren haben wie heute.

Der Platz der Frauen ist zu Hause, hinter dicken Erd- und Lehmwänden, und wenn sie doch einmal nach draußen müssen, sollen sie weitestgehend verhüllt sein. Vor Gericht hat die Aussage eines Mannes viermal so viel Gewicht wie die einer Frau. Die Premierministerin Benazir Bhutto hatte die einzigartige Chance, dieses Gesetz während der zwei Legislaturperioden, in denen sie amtierte, zu ändern. Stattdessen entschied sie sich gemeinsam mit ihrem raffgierigen Mann Asif Zardari dazu, die öffentlichen Institutionen zu plündern.

In der Provinz Baluchistan können nur zwei Prozent aller Frauen lesen und schreiben. Was hätte Muhammed Ali Jinnah dazu gesagt? Vielleicht dasselbe, was er in einer seiner großen Reden im Jahr 1947 äußerte: »Keine Nation kann sich zu ihrer wahren Größe erheben, wenn sich die Frauen nicht im selben Maße entwickeln können wie die Männer.« Jinnahs Reden können noch heute in jeder pakistanischen Gasse gekauft werden, doch ein halbes Jahrhundert nach seinem Tod haben die Worte ihre Wirkung verloren. Ebenso wie Gandhis Worte werden sie bei großen Anlässen zitiert, doch in einem Land, in dem die meisten keinerlei Bildungschancen haben, ist kaum noch jemand in der Lage, die Tragweite seiner Botschaft zu verstehen.

Pakistan ist das irdische Paradies der Gutsbesitzer. In den beiden bevölkerungsreichsten Provinzen Punjab und Sindh herrschen sie mit uneingeschränkter Macht. Sie besetzen einen Großteil der Sitze in der Nationalversammlung, weigern sich jedoch, Steuern zu bezahlen. Das überlassen sie den Armen. Diese Mächtigen sind natürlich überaus gläubige Menschen, die eifrig in die Moschee laufen, wenn der Mullah zum Freitagsgebet ruft. Zu Hause gönnen sie sich dann ein Glas Whisky und kümmern sich, falls es die Situation erfordert, um die Buchhaltung ihrer Drogengeschäfte. Im »Goldenen Halbmond«, dem Grenzland zwischen Pakistan und Afghanistan, bauen die Bauern so viel Opium an wie nie zuvor. Von Pakistan aus wird der Weltmarkt dann mit der veredelten Ware, dem Heroin, beliefert. Doch ein Teil wird auch von den Pakistanern selbst konsumiert. Das Land hat drei Millionen Heroinabhängige.

Leider bekommen Gutsbesitzer auch Töchter. Die Schöpfung unterscheidet nicht zwischen Gutsbesitzern und anderen Menschen. Asma Jahangir, eine Rechtsanwältin aus Lahore, sagt: »Ich kenne viele Gutsbesitzertöchter, die hundertprozentige Analphabeten sind. Ihre Väter verwehren ihnen jede Ausbildung.«

Während sich die Hindu-Fanatiker in Indien in der Offensive befinden, gebärden sich die fanatischen Muslime in Pakistan so ungehemmt wie nie zuvor. Auf Intellektuelle und Liberale wird eine regelrechte Hetzjagd veranstaltet. Als Vorbild dienen ihnen die afghanischen Taliban.

Während ich unter dem Pipal-Baum sitze und darauf warte, dass etwas geschieht, geht der Grenzbaum plötzlich hoch. Ein westliches Paar mit Rucksäcken und Wasserflasche überquert die weiß gestrichene Linie. Die beiden erweisen sich als Schweizer, beide völlig erschöpft, nachdem sie vier Wochen lang durch Pakistan gereist sind. Die Frau stößt einen Seufzer der Erleichterung aus.

»Ich kann nicht mehr«, sagt sie. »Ich war wirklich am Rande des Nervenzusammenbruchs.«

»Warum das?«

»Weil ich das Gefühl hatte, die einzige Frau im ganzen Land zu sein. Alle pakistanischen Frauen bleiben in den Häusern.«

In Indien wird sie mehr Frauen zu Gesicht bekommen als in Pakistan. Aber immer noch zu wenige.

In Wagah ist es Abend geworden. Ich habe drei Stunden lang gewartet. Jetzt ist es kurz vor halb sieben. Die öde Landschaft wird in ein mildes Licht getaucht, während die Sonne im Westen ihre stumme Abschiedsvorstellung gibt. »Der Winterregen kam wie bestellt«, sagt der Koch mit der rollenden Garküche. »Wir haben eine gute Ernte gehabt.«

Er wischt sich die Hände an der Hose ab, nachdem er die wunderbarsten Gerichte aus seiner zweirädrigen Holzkiste hervorgezaubert hat. Im Lauf der letzten Stunde hat sich eine ansehnliche

Menschenmenge vor dem Stacheldraht versammelt. Mit Traktoren und Trucks, Bussen und Autos sind sie gekommen – ich weiß nicht, woher. Es müssen insgesamt 700 bis 800 sein, die sich in Schale geworfen haben, als besuchten sie eine Theaterpremiere. Eine Frau in einem rosafarbenen Sari hat Spiegel und Schminktäschchen hervorgeholt. Wie schön sie im milden Abendlicht ist! Doch handelt es sich um keine Premiere. Die heutige Vorstellung findet allabendlich seit 50 Jahren statt.

Punkt 18.30 Uhr: Zwei gebrüllte Kommandos zerreißen die Stille. Zu beiden Seiten der *Zero Line* setzen sich die verfeindeten Soldaten in Bewegung. Die Grenze soll geschlossen werden, doch zuvor wird exerziert, sich präsentiert und miteinander gemessen. Aus langen, kastenförmigen Kasernen stürmen die größten und kräftigsten Soldaten des indischen Subkontinents. Die Pakistaner tragen schwarze Uniformen, die Inder stellen militärisches Grün zur Schau. Die Stiefel sind blank geputzt, und auf Hunderten geschwellter Brustkörbe blinken Medaillen. Die Inder beeindrucken mit ihrem dekorativen rot-goldenen Kopfschmuck, der an einen Hahnenkamm erinnert und einen betont arroganten Eindruck macht.

Eine halbe Stunde lang paradieren die Soldaten auf beiden Seiten der *Zero Line*. Im Gleichschritt, teils im Stechschritt, marschieren sie auf und ab, drehen sich im Kreis und stoßen bedrohliches Kriegsgeheul aus. Jede einzelne Bewegung auf beiden Seiten ist synchronisiert, jede Drehung und Pirouette so genau aufeinander abgestimmt, dass selbst die Teilnehmer des Military Tattoo in Edinburgh vor Neid erblassen würden.

»Herr Pluto« nickt bestätigend. Die Generäle beider Seiten arbeiten zusammen – im Grunde die einzig gelungene Zusammenarbeit zwischen Indien und Pakistan seit 1947. Doch die Botschaft dieses Schauspiels inmitten der Einöde ist Hass, und so halten sich die

Zuschauer mit ihren Schlachtrufen auch nicht zurück: »Nieder mit den pakistanischen Bastarden! Lang lebe Hindustan!«, rufen die Inder, während es von der pakistanischen Seite herüberschallt: »Pakistan Zindabad! Lang lebe Pakistan! Allah ist groß!«

Dann werden die Flaggen eingeholt: dort die grüne pakistanische mit weißem Mond und Stern – hier die safrangelbe indische mit grünem und weißem Streifen, in deren Mitte sich das marineblaue Rad Kaiser Ashokas mit den 24 Speichen befindet. Um Punkt 19 Uhr fallen die Grenzbäume – der indische und der pakistanische – mit ohrenbetäubendem Krachen, worauf die Soldaten in rasendem Tempo wieder in ihren Kasernen verschwinden.

Zurück an der *Zero Line* bleiben zwei einzelne Wachposten, die sich feindselig anstarren.

Nach diesem martialischen Spektakel, liebe Leser, brauchen wir ein wenig Entspannung. Ein Fest!

Das größte Fest der Welt

Das Leben ist herrlich.

RAMA NATHA, SADHU

Kumbh Mela. Das größte Fest der Welt.

Nie zuvor haben die Tauben unter dem Dachgewölbe der Old Railway Station ein vergleichbares Chaos gesehen. Horden heiliger Männer mit Stock und Metallbehälter für die Mahlzeiten eilen über die Bahnsteige. Es sind Tausende, bärtig, halb nackt, hungrig und erschöpft, mit wildem Blick, krummen und geraden Rücken, Plastiksandalen und spitzen Knien – auf der verzweifelten Suche nach einem Stehplatz im Zug, der sie in die Stadt der Erlösung bringen soll. Die schrillen Stimmen verschmelzen zu einem kollektiven Hilferuf. Ein Affe springt von Stahlträger zu Stahlträger. Wenn er kurz innehält, sieht es so aus, als mache er sich über die Reisenden lustig.

Ein alter, kahlköpfiger Mann, der teils unter einer Wolldecke verborgen liegt, soll auf einer schwankenden Bambusbahre an Bord gehievt werden. Als einige Männer zur Hilfe eilen, bricht die Bahre splitternd entzwei, worauf der kalkweiße Körper, dem sicher der baldige Tod bevorsteht, kopfüber auf den Bahnsteig stürzt. Der Fortgang des Dramas geht im Getümmel unter.

Schon eine halbe Stunde vor Abfahrt ist der Nachtzug nach Haridwar bis zum Bersten gefüllt. Wer jetzt noch ein natürliches Bedürfnis verspürt, hat Pech gehabt. Die Erlösung muss bis zum Morgengrauen warten. In Waggon Nummer zehn hat sich ein schwer bewaffnetes Einsatzkommando der Polizei breit gemacht.

»Warum?«

Die Frage geht an meinen Sitznachbarn, einen grauhaarigen Herrn mit Plastiktüte und Lunchbox.

»Weil es hier von heiligen Männern nur so wimmelt. Einige von ihnen sind Gurus. Die müssen geschützt werden.«

»Vor wem?«

»Vor Terroristen und Kriminellen. Wir dürfen da nichts riskieren. Außerdem kann es rasch zu Streitigkeiten zwischen den Passagieren kommen.«

»Sie meinen, zwischen den heiligen Männern?«

»Ja, natürlich. Sie gehören verschiedenen Sekten an. Manchmal gehen sie mit blanken Fäusten aufeinander los.«

Der grauhaarige Mann hat 42 Jahre lang als Schaffner für *Indian Railways* gearbeitet. Er weiß, wovon er spricht. Jetzt ist er in Pension und kann für den Rest seines Lebens umsonst den Zug benutzen. Seine Frau ebenso, die in ihrem grünen Sari an seiner Seite sitzt.

»Nachdem wir im Ganges gebadet haben, fahren wir sofort wieder zurück«, sagt der grauhaarige Mann und öffnet seine Lunchbox. Er bietet mir ein duftendes *Samosa* an. Vielen Dank!

Dann setzen wir uns in Bewegung und rollen in die nordindische Nacht hinein: 26 Waggons, bis zum Rand gefüllt mit hart erworbener Lebensweisheit. Zunächst geht es in östliche Richtung, bevor gegen Mitternacht ein unmerklicher Kurswechsel stattfindet und der Zug sich gen Norden am heiligsten aller Flüsse entlangbewegt. Dis Sadhus um mich herum haben ihre Ruheposition eingenommen. Manche sind schon in tiefem Schlaf versunken. Magere, zerlumpte Gestalten mit verdreckten Gewändern und lederartigen Fußsohlen. Andere sitzen mit geschlossenen Augen und verschränkten Beinen unbeweglich da und murmeln unverständliche Verse. Ein weißhaariger Greis unterhält sich die ganze Nacht mit seiner Öllampe. Ein anderer absolviert zwischen Feuerlöscher und Wassertank seine Yogaübungen. Jedes Mal, wenn er in den Handstand geht, stößt er ein gequältes Mantra aus, als würde er von jemandem gezwungen, mitten in der Nacht Gymnastik zu treiben.

Gegen vier sinkt er stumm und erschöpft zusammen. Draußen dämmert der Morgen. Frostige Luft strömt aus dem Himalajagebiet ein und überzieht die Landschaft mit dünnem Raureif. Manche Sadhus tasten nach ihren mitgebrachten Wolldecken. Andere begnügen sich damit, Arme und Beine zu massieren, doch niemand klagt.

Denn ist es nicht für alle ein Luxus, mit dem Zug zur Kumbh Mela fahren zu dürfen, während Tausende von Sadhus zur selben Zeit zu Fuß unterwegs sind? Manche von ihnen bereits seit Jahren. Jetzt haben sie nur noch wenige Kilometer vor sich.

Klagen verboten.

Die Kumbh Mela ist schon immer ein riesiges Volksfest gewesen. Als der Chinese Hiuen Tsiang die Mela des Jahres 643 in Haridwar erlebte, schätzte er die Teilnehmerzahl auf eine halbe Million. Das Fest dauerte 75 Tage. Hinterher war ihm schwindelig vor Menschen und Wundern. »Es ist unbeschreiblich!«, notierte er in sein Tagebuch. »Hier versagt selbst die chinesische Sprache.«

Nur ein einziges Mal fuhr Mahatma Gandhi nach Haridwar, um an der Kumbh Mela teilzunehmen. Das war im Jahr 1915. Gandhi kam aus dem 1950 Kilometer entfernten Kalkutta – natürlich mit dem Zug. Die Reise war eine einzige Qual. Die Pilger wurden in offenen Viehwaggons zusammengepfercht, mit der stechenden Sonne über ihren Köpfen und dem glutheißen Eisenboden unter ihren Füßen. Alle riefen nach Wasser, doch nicht einmal der heilige Gandhi wurde erhört. Nach vier Tagen im Vorhof der Hölle rollten die Waggons in den Bahnhof von Haridwar ein, wo sich bereits mehrere Millionen Menschen eingefunden hatten.

Gandhi kam in dem großen Zeltlager unter, das stets anlässlich der Mela errichtet wird. Schon vor seiner Abreise aus Kalkutta hatte er darum gebeten, in der Latrinebrigade arbeiten zu dürfen. Doch es zeigte sich, dass Gandhi mehr als genug damit zu tun hatte, seinen

Bewunderern *Darshan* (den Anblick oder die Begegnung mit einer heiligen Person) zu gewähren. Tagelang saß er im Schneidersitz vor der Zeltöffnung und predigte. »Ich hatte keine Minute für mich allein«, erinnerte er sich später. »Selbst wenn ich essen oder baden wollte, wurde ich von der Menschenmenge verfolgt.«

Die Mela war für Gandhi ein gespaltenes Vergnügen. Als Mann der Praxis wurde er der endlosen religiösen Diskussionen bald überdrüssig. Außerdem zweifelte er an der Aufrichtigkeit vieler Teilnehmer. Sie nannten sich Sadhus – heilige Männer –, doch Gandhi meinte sie als Heuchler und falsche Propheten durchschaut zu haben. Er bezichtigte sie der Täuschung, und seine Skepsis wurde nicht geringer, als er eines Tages eine Kuh mit fünf Beinen erblickte!

»Ich war wie vom Donner gerührt, doch Männer, die es besser wussten, raubten mir rasch die Illusion. Ich hörte, dass der fünfte Fuß einem lebendigen Kalb gehört hatte und in das Schultergelenk der Kuh eingesetzt worden war. Diese doppelte Brutalität diente dazu, ahnungslosen Menschen das Geld aus der Tasche zu ziehen.«

Während der Morgen graut, lese ich das letzte Kapitel von Rohit Kumars Buch über Sadhus in Indien und Nepal. Kumar nennt sie »Asketen« und schreibt, sie kämen aus allen Bevölkerungsschichten, obgleich nur selten aus den wirklich reichen. Für »echte Asketen« haben Kaste, Klan und sozialer Status keine Bedeutung. Sie sind über alle irdischen Bande erhaben und ausschließlich am Leben danach interessiert. Sie haben jede Verbindung zu ihren Familien abgebrochen, leben von Almosen, wandern ruhelos von Ort zu Ort und sind in der Regel allein.

»Ein echter Asket kennt weder Freude noch Schmerz«, fährt Kumar fort, »und ist frei von Gefühlen wie Liebe und Hass. Er hat vollkommene Kontrolle über seine Leidenschaften und Gedanken, kennt weder Sehnsüchte noch Egoismus. Für einen echten Asketen haben Gold und Granit, Freunde und Feinde, Ehre und Schmach, Schuld und Unschuld denselben Wert. Ein echter Asket ist niemals zornig und in jeder Situation vollkommen gottergeben.«

So viel zur Theorie. Die Praxis kann ganz anders aussehen. Die Sadhus müssen in der indischen Tradition tief verwurzelt sein, denn Kumar zufolge werden sie schon in den ältesten hinduistischen Schriften erwähnt. Auch Alexander der Große schenkte ihnen Beachtung, als er vor 2300 Jahren bis nach Indien gelangte. Heute gibt es zwischen fünf und sechs Millionen Sadhus, und jedes Jahr kommen weitere Zehntausende hinzu. Bei manchen mag ein heiliger Ernst die Ursache sein, bei anderen scheinen die Motive zweifelhafter. Vielleicht sind sie beruflich oder privat gescheitert, womöglich wollen sie sich ihren Gläubigern oder der Polizei entziehen, denn Sadhus gelten als unantastbar.

Ihre Nahrung besteht aus Wurzeln und Gemüse. Alkohol ist verboten. Sex ebenso. Kumar schreibt: »Ein Asket hat wenig Zeit, um zu schlafen. Er schläft in einem engen, harten Bett ohne Matratze. Um erotische Träume zu vermeiden, sollte das Kissen besonders hart sein. Er erwacht früh, streckt die Glieder und steht sofort auf. Ein echter Asket steht normalerweise vor vier Uhr auf oder unmittelbar vor *Brahmamuhurta*, der Stunde der Schöpfung. Dann zeigen sich die ersten Sonnenstrahlen, und die ganze Landschaft ist angefüllt mit Sauerstoff.« Weiter schreibt Kumar, dass Asketen sechs Formen der Reinheit praktizieren: »Der Darm wird entleert und das Rektum gewaschen. Einzelne Asketen schütten sich kaltes Wasser auf ihre Geschlechtsorgane, um die Lust zu unterdrücken. Auch Mund und Gesicht müssen gewaschen werden. Die Zähne werden geputzt, das Zahnfleisch massiert und die Nasenlöcher gespült. Dann werden mögliche Verunreinigungen von der Zunge gekratzt. Wenn all das getan ist, kann er sich – sofern er will – ein Glas Fruchtsaft genehmigen.«

Drei Stunden später: Haridwar!

Der Name bedeutet »Tor zum Himmel«. Wer jetzt noch nicht aufgestanden ist, verpasst das zweitgrößte Fest der Welt. Die Sadhus haben sich den Schlaf aus den Augen gerieben. Der Morgendunst hat sich verzogen, und die große Mela kann beginnen. Das kleine Haridwar mit seinen 250.000 Einwohnern ist zu einer brodelnden Metropole geworden. Auf den letzten hundert Metern fährt der Zug parallel zur Railway Road, der Hauptstraße der Stadt, wo ein Meer orange gekleideter Menschen auf der Suche nach Erlösung hin und her wogt. Noch bevor der Zug zum Stehen gekommen ist, springen die ersten Sadhus auf den Bahnsteig.

Das große Bad wartet!

Die Fahrkartenkontrolleure am Ausgang werden fortgeblasen wie Espenlaub im Sturm. Von den Zugdächern klettern Hunderte blinder Passagiere, zitternd und verfroren, in braune Umhänge aus Kaschmirwolle gehüllt. Sie haben in Neu-Delhi die Dächer geentert und sich auf der 340 Kilometer langen Strecke, die durch sechzehn Tunnel führte, bibbernd aneinander geklammert. Wie Gespenster aus einer anderen Welt kriechen sie jetzt mühsam herunter, eine Mutter verliert den Halt und stürzt zwischen zwei Wagen auf die Schienen. Ein alter Mann wird regelrecht abgeseilt und ein etwa zweijähriger Junge wie ein Stück Porzellan behutsam nach unten gereicht. Auf dem Bahnsteig stehen sie zunächst schwankend da, ehe sie sich gemeinsam dem Fluss entgegenschleppen.

Ein Gerücht verbreitet sich in der Railway Road: Die Naga-Sadhus hätten sich unten am Fluss einen Kampf geliefert. Viele seien verletzt. Blut sei geflossen. Rufe und Schreie schallen über die Straße. Die berittene Polizei, die während der Mela für Ordnung sorgen soll, ist in Alarmbereitschaft. Die Stimmung ist aufgeheizt.

Der Weg zum Fluss ist nicht weit. Nur wenige hundert Meter vom Bahnhof entfernt fließt der Ganges durch einen künstlichen Kanal dem Meer entgegen. Dort findet das größte kollektive Bad der neunziger Jahre statt. Nasse, glänzende Körper, so weit das Auge reicht, ineinander verschmelzende Farben und Bewegungen, während unzählige Mantras in den Morgenhimmel steigen. An beiden Seiten des Kanals klammern sich die Badenden an Eisenketten, um nicht von der Strömung fortgerissen zu werden. Das Wasser ist eiskalt. Eine kleine Unaufmerksamkeit genügt, und man ist verloren. Viele klappern mit den Zähnen, während die Sünden in südliche Richtung davongeschwemmt werden.

Wo sind die kämpfenden Naga-Sadhus geblieben?

»Die haben sich zurückgezogen«, sagt einer der Pilger. »Der Kampf ist vorbei.«

Ein Friedensfest ist die Kumbh Mela nie gewesen. Die Geschichtsbücher erzählen, dass 1760 eine blutige Auseinandersetzung zwischen rivalisierenden Sekten stattfand. Resultat: 18.000 Tote. 36 Jahre später stürmte eine Gruppe von Sikhs das Fest und erdolchte zirka 500 Hindus. Im Jahr 1954 mussten 400 Pilger ihr Leben lassen, und die Mela, die 1986 in Haridwar stattfand, forderte 60 Todesopfer. Noch nie ist eine Mela ohne Gewalt abgelaufen.

Warum das so ist?

Weil die heiligen Männer sich nie einigen konnten, wer zuerst baden darf. Traditionell haben die Naga-Sadhus, die splitternackten Asketen, den Vortritt, doch auch die Naga-Sadhus teilen sich in 76 verschiedene Sekten auf, die um die Vorherrschaft ringen.

Bald werden die traurigen Zahlen dieses Morgens bekannt: 152 verletzte Naga-Sadhus wurden ins Krankenhaus eingeliefert. Keiner wurde getötet, doch ein Polizist schwebt in Lebensgefahr. Im eigens für diese Veranstaltung eingerichteten *Mela Radio* appelliert der Polizeichef an die heiligen Männer, Großmut und Würde zu zeigen. Er erinnert an die 20.000 Polizisten, die in Haridwar im Einsatz sind. Kein Sünder werde ungestraft davonkommen, und von den finsteren, vergitterten Gefängniszellen bis ins Himmelreich sei es doch ein weiter Weg.

Während des Vormittags wird die Mela dann doch noch zu einer harmonischen Veranstaltung. Die Sonne setzt sich durch, die Gesichter werden weicher, Vorratsbehälter und Teekannen kommen zum Vorschein, und selbst das Gletscherwasser des Himalaja fühlt sich inzwischen ein wenig wärmer an. Dennoch bringen die meisten das heilige Bad so schnell wie möglich hinter sich. Die Schlange ist lang, und ein ausführliches Bad bringt keine Zusatzpunkte. Ein kurzes Untertauchen reicht völlig aus. Dem *Vishnu Parana* zufolge, einer der heiligsten Schriften des Hinduismus, entspricht ein Bad im Ganges während der Kumbh Mela mindestens eintausend Pferdeopfern oder mehr als 100 Reisen um die Welt.

Um 12 Uhr meldet sich erneut der Polizeichef zu Wort: »3,8 Millionen Menschen haben bereits ein Bad genommen!« Ich frage mich, woher er das wissen will.

Vor meinen Augen klammert sich einer der Helden des Tages an eine Eisenkette. Es ist ein Sadhu mit verfilzten Haaren und struppigem Bart. Alle Muskeln seines Körpers sind bis zum Zerreißen gespannt. Die Kette oder der Tod. Das eisige Gletscherwasser kommt mit unbeschreiblicher Wucht, denn Haridwar liegt genau dort, wo das Gebirge aufhört und das Flachland beginnt. Der Fluss drängt weiter. Sein Tempo ist furchteinflößend. Wer seine Sünden hier nicht loswird, der wird sie niemals los.

Als das Bad vorbei ist, schüttelt er die Wassertropfen ab und kommt vorsichtig auf mich zu. Er bittet darum, seinen Namen auf ein Stück Papier schreiben zu dürfen. Ob ich ihm die Fotos schicken könnte, die ich gemacht habe? Er will sie seinen Eltern in Rajasthan schicken.

»Ich weiß nicht, ob sie noch am Leben sind«, sagt er in stockendem Englisch. »Aber ich will es versuchen.«

»Wann haben Sie sie das letzte Mal gesehen?«

»In dem Jahr, als ich 20 wurde.«

»Wie alt sind Sie jetzt?«

»42. Ich bin seit 22 Jahren unterwegs.«

Hinter einem hohen Zaun haben die Naga-Sadhus Haltung angenommen. Sie stehen stramm wie ein Infanteriebataillon, das sich anschickt, in den Krieg zu ziehen. Schaulustige, die ein Foto von ihnen machen wollen, werden von der Polizei verscheucht.

»Der Initiationsritus der Naga-Asketen ist höchst interessant«, schreibt Rohit Kumar. »Er findet stets unter größter Geheimhaltung statt. Am Anfang des Rituals rasieren sich die Kandidaten von Kopf bis Fuß. Nachdem sie die vorgeschriebenen 108 Bäder im Ganges genommen haben, reiben sie ihren Körper mit Asche ein. Den Rest des Tages wird gefastet. Der Höhepunkt findet um Mitternacht statt. Dann erscheint der Guru mit einer Eisenstange und schlägt ihnen hart auf die Geschlechtsorgane. Deren Nerven werden dabei so in Mitleidenschaft gezogen, dass die Kandidaten nie mehr in der Lage sein werden, einen Geschlechtsakt auszuführen. Am nächsten Morgen veranstalten sie in aller Frühe ihr eigenes Begräbnisritual. Sie werfen ihre irdische Habe ins Feuer und rufen: *Lass es geschehen!* Das neue Leben hat begonnen, und ein weiteres Mal baden sie im Ganges.«

Das große Bad der Naga-Sadhus ist einer der Höhepunkte der Mela. Unter den Zuschauern befinden sich Tausende von Frauen, die davon träumen, ein Kind zu bekommen, vorzugsweise einen Jungen. Allein der Anblick der schlaffen Geschlechtsorgane soll ihnen – merkwürdig genug – die Fruchtbarkeit schenken, nach der sie sich sehnen und die sie von ihren Sünden befreit. »Oft werfen sie sich auf die nackten Naga-Sadhus und streichen ihnen über den Penis«, fährt Kumar fort. Ich selbst sehe nichts dergleichen. Vielleicht bin ich zur falschen Zeit am falschen Ort.

Was tun die Frauen noch auf der Kumbh Mela?

Sie halten sich zumeist schweigend im Hintergrund, während die Männer sich in all der Pracht, die ihnen der Schöpfer verliehen hat, ins Getümmel stürzen. Das Spektakel dauert wochenlang an. Ein Bad löst das andere ab, während die Gebete in den Himmel steigen und manches Wunder bewirken: Stumme finden die Sprache wieder, Kranke werden gesund, Gesunde verlieren den Verstand, und in den dunkelsten Winkeln der Mela wird Gott angefleht, Tote wieder lebendig zu machen. Ein Guru, der seit 216 Jahren nicht mehr gesehen wurde, hat sich plötzlich unter einem Baum hinter dem Mansa-Devi-Tempel gezeigt. Manch einer hat beobachtet, wie die Hindugötter auf einer lilafarbenen Wolke tanzten. Ein Prophet mit rotem Kittel und schwarzer Sonnenbrille kündigt den Untergang der Welt an, und die verunstalteten Wahrsager am östlichen Ufer sagen für fünf Rupien pro Schicksal Glück oder Unglück voraus.

Andere demonstrieren ihren Glauben, indem sie auf einem Bein stehen. Khadeshwari Baba zum Beispiel hat die letzten 24 Jahre auf dem linken Bein verbracht. Der fleckige Sonnenschirm, der ihn schützt, scheint auch schon bessere Tage gesehen zu haben. Sein längliches Gesicht ist kalkweiß, der Punkt auf seiner Stirn blutrot und sein Körper in ein Gewand aus Sackleinen gehüllt. Seine Fußsohlen zeigen eine besorgniserregende Färbung von gelb bis zu rosa und violett – ist der Fuß schon teils abgestorben? Das Bein darüber scheint angeschwollen zu sein. Das überflüssige rechte Bein ruht schlaff auf einem aufgespannten Seil. Die edleren Körperteile werden von einer rostigen Kette verborgen – ein unübersehbares Zeichen dafür, dass Khadeshwari Baba für den Rest seines Lebens im Zölibat leben will.

Was Baba tut, wenn er nicht schläft?

Dann liest er aus seinem dicken Buch vor. Die Texte sind 3000 Jahre alt. Seine Stimme klingt klagend und müde. Vor ihm stehen seine halbnackten lauschenden Bewunderer im Halbkreis. In den Händen halten sie Metallbehälter und Stock.

Hinter uns fließt der Ganges, und zwar nicht der Kanal, sondern der majestätische Fluss. Wer immer noch nicht genug hat, sitzt unter einem Baum und pafft eine Pfeife. Die Sadhus trinken keinen Alkohol, rauchen während der Kumbh Mela aber ausgiebig *Ganja* (Cannabis), *Bhang* (Haschisch) und *Marihuana*. Hanf wächst in Nordindien in großen Mengen, und die heiligen Männer gehen selten einmal wieder auseinander, ehe sie nicht gemeinsam eine geraucht haben. Schon Shiva, der Gott der Zerstörung, soll beträchtliche Mengen Marihuana konsumiert haben.

Auch Rama Natha hat den Weg zum größten Fest der Welt gefunden. Aber was heißt schon »Fest«? Für Rama Natha, einen echten Aghori-Sadhu, ist die Kumbh Mela eine Pflicht. Der spindeldürre Mann mit den schwarzen Augen und den langen, verfilzten Haaren gehört der radikalsten aller hinduistischen Sekten an. Neun Jahre lang lebte er als nackter Flüchtling am Ganges, gekrümmt und stumm, ganz seiner täglichen Begegnung mit den Göttern hingegeben. Ein Aghori-Sadhu muss allem entsagen, ohne Kompromisse. Sein einziger Besitz ist ein geteilter Totenschädel, aus dem er seinen eigenen Urin trinkt. »Das Leben ist herrlich!«, sagt er mit krächzender Stimme.

Ein paar Neugierige haben sich um den knochigen Asketen geschart. Er sitzt in der Hocke und starrt ins Feuer. Asche tanzt durch die flirrende Luft. Am gegenüberliegenden Ufer stehen einige braune Kühe und trinken das heilige Wasser. Seinem Schwur gemäß wird Rama Natha den Rest seines Lebens bei den brennenden Toten verbringen. Der Leichenverbrennungsplatz ist sein Zuhause.

»Die meisten Leute kommen erst hierher, wenn sie tot sind. Wir Aghori-Sadhus verbringen hier unsere Zeit, während wir noch am Leben sind«, erklärt er.

Fast ebenso fragmentarisch wie die Aschefetzen in der Luft sind die Daten aus seinem Leben: Er wurde 1961 in Bihar geboren. Seine Schulbildung war nicht der Rede wert – »mein Lehrer konnte nicht lesen«. Seit dem zehnten Lebensjahr musste er arbeiten: als Tellerwäscher, Laufbursche für die Polizei, später als Arbeiter in einer Zuckerfabrik, Altarschreiner und Lastwagenfahrer. »Ein Leben ohne Sinn«, wie er sagt. Schließlich hatte er genug. Gemeinsam mit einem Freund zog er aufs Geratewohl nach Norden und nach Osten, »immer auf der Suche nach Nahrung und Gott«, um schließlich im Chandi-Tempel nördlich von Haridwar zu landen. Dort begegnete er dem Mann, der sein Guru werden sollte. An einem Augusttag 1991 wurde er nach siebenjähriger Probezeit als vollwertiger Aghori in die Sekte aufgenommen.

»Wie der Guru seinen Schüler sucht, so sucht der Schüler seinen Guru«, erklärt Rama Natha mit monotoner Stimme. Sein Blick ist an die runden Steine geheftet, die seit Anbeginn der Zeiten gewaschen und geschliffen wurden. »Mein Guru weiß alles. Er wird immer wissen, was ich tue, wo ich mich auch befinde. Wenn ich das geheime Mantra missbrauche, das er mir gegeben hat, wird er meinen *Kappar* (Schädel) zerbrechen, und alles ist vorbei.«

Für einen Aghori-Sadhu gibt es kein Tabu – abgesehen vom Genuss. Der geteilte Schädel begleitet ihn durchs Leben. Er ist Essens-, Trink- und Urinschale in einem. Ein echter Aghori tut das Gegenteil von dem, was die anderen tun, und folgt bedingungslos den Anweisungen seines Gurus. Er trinkt seinen Urin und isst sowohl seine Exkremente als auch die Leichenreste, die das Feuer übrig lässt. Sogar das Fleisch der Kühe verzehrt er. Ein Aghori sucht niemals Kontakt zu anderen. Die anderen müssen Kontakt mit ihm aufnehmen. Und auch dann ist es nicht leicht, ihn zum Reden zu bringen.

In Indien gibt es nicht viele Aghoras. Manche schätzen ihre Zahl auf 400, doch Rama Natha bezweifelt, so viele Glaubensbrüder zu haben. Bislang ist er keinem Einzigen begegnet, dabei hat er sich in seinem Leben schon auf vielen Leichenverbrennungsplätzen aufgehalten. Die Rauchsäulen und der Geruch nach verbranntem Menschenfleisch haben ihn von Ort zu Ort getrieben, von Rishikesh im Norden bis Varanasi im Süden. Seine längste Meditationsperiode hatte er 1990. 96 Nächte hintereinander saß er im Schneidersitz, stumm und vollkommen in sich gekehrt. Ein Aghori-Sadhu soll nämlich von Sonnenuntergang bis Sonnenaufgang meditieren. Am Tag schläft er.

Sei es denn wirklich wahr, frage ich ihn, dass er während seiner vierzehnjährigen Wanderschaft entlang dem Ganges noch nie einen Gleichgesinnten, einen anderen Aghori-Sadhu, getroffen habe?

»Vollkommen wahr«, antwortet er. »Die Aghoras, die Sie hier in Haridwar sehen, sind alle Schwindler. Nur ich bin ein echter Aghori.«

Dann schließt Rama Natha die Augen und bittet die Menschen um ihn herum zu verschwinden.

»Gib mir Frieden«, sagt er, während er den Fleischgeruch des Leichenfeuers einatmet. Im nächsten Augenblick hat er sich für den Sonnenuntergang zurechtgesetzt.

Die Selbstkasteiung, auch *Tapas* genannt, ist ein wichtiger Bestandteil im Leben eines Sadhu. In der hinduistischen Literatur wird *Tapas* oft als sicherer Weg zur Erlösung beschrieben. Das Wort stammt aus dem Sanskrit und bedeutet eigentlich »brennen«. Für einen Sadhu bedeutet *Tapas*, Wärme, Schmerz und Leid zu erleben – vor allem das Leid, dem man sich freiwillig aussetzt und das einem religiösen Zweck dient. Manu erwähnt viele Beispiele der Selbstkasteiung, die mit *Moksha* belohnt würden, und entlang den Flussufern in Haridwar verbringen die Sadhus ihre Tage damit, sich in grotesken Stellungen zu quälen. Ein weißhaariger Sadhu hat sich bis zum Hals in den Sand eingegraben, sodass nur noch sein Kopf hervorschaut. Sein krummer Gehilfe behauptet, er liege schon seit vier Tagen so da. Ein Stück entfernt versucht sich ein Naga-Sadhu an einem waghalsigen Kraftakt. Er hat vier Ziegelsteine aneinander gebunden und das Ende des Seils an seinem Penis befestigt. Langsam lehnt er sich zurück und hebt die Ziegelsteine an. Ein oder zwei Minuten verharrt er in dieser Position, während die Steine zwischen seinen dünnen Beinen baumeln.

Sadhus, die *Tapas* ausführen, werden *Tapasvin* genannt. Echte Sadhus führen *Tapas* an Orten aus, die als *Tapovana* bezeichnet werden. Das kann eine finstere Höhle, ein ödes Flussufer oder ein dunkler Wald sein. Doch wenn die große Mela ihre Kinder ruft, nimmt der Exhibitionismus überhand. Oder irre ich mich? Vielleicht sind sie wirklich so, die heiligen Männer. Unbeeinflussbar von den äußeren Umständen, vollkommen in sich gekehrt und allein.

Abbe Dubois, ein französischer Experte, weist darauf hin, dass es achtzehn verschiedene Arten der Selbstkasteiung gibt. Ein Sadhu entscheidet sich für die Art, die »ihm gemäß« ist. Er schreibt: »Eine der schmerzhaftesten *Tapas* besteht darin, einen ganzen Tag bis zum Hals in eiskaltem Wasser oder nackt in der Sonne zu sitzen, von allen Seiten umgeben von brennenden Feuern. Eine andere Form des Leidens erfordert jahrelanges, vollkommen regungsloses Sitzen oder Stehen. In diesem Fall werden die Vögel ihre Nester in den Haaren des Sadhu bauen, und bevor sein Leben ein Ende findet, wird er von großen Ameisenhaufen umgeben sein.«

Von seiner dunklen Höhle in Almora, hoch oben im Himalaja, hat Om Shekhar die 400 Kilometer bis nach Haridwar zu Fuß zurückgelegt. Der Pfad war in einem katastrophalen Zustand und über weite Strecken von Schnee und Eis bedeckt. Schon am ersten Tag stürzte er in eine Gletscherspalte und wäre mehrmals fast erfroren. Doch Om Shekhar gelangte ans Ziel, blau gefroren und steif und vollkommen nackt, wenn man von dem Stofffetzen und der Eisenkette vor seinem Geschlecht absieht. Um sein leicht verletztes rechtes Bein hat er eine buddhistische Gebetsfahne gewickelt. Jetzt, da die Sonne zunehmend an Kraft gewinnt, dient ihm die Gebetsfahne als Taschentuch. Und während die blauen Adern sich weiten, erwacht der geschundene, gekrümmte Körper zu neuem Leben. Der Brustkasten mit den vorstehenden Rippen wölbt sich wie ein Ballon. Er atmet so schnell und heftig, als wolle er alles nachholen, was ihm der kalte, einsame Winter vorenthalten hat.

»Die Kumbh Mela«, sagt er, »ist das Parlament aller Hindus.«

»Parlament?«

»Natürlich, und ich weiß, wovon ich rede.«

»Wie meinen Sie das?«, fragt einer der Neugierigen.

»Sie wissen doch wohl, was ein Parlament ist!«

»Was wissen *Sie* denn schon davon? Sie leben doch in Ihrer Felshöhle im Himalaja.«

»Ich war früher Mitglied des Landesparlaments in Haryana. Haryana hat 10 Millionen Einwohner.«

»10 Millionen?«, schaltet sich ein anderer ein. »Haryana hat 20 Millionen Einwohner!«

»Na und?«, erwidert Om Shekhar und stampft mit dem Fuß auf. »Zu meiner Zeit waren es 10 Millionen!«

»Warum haben Sie Ihre politische Karriere beendet?«

»Weil ich es hasste zu lügen.«

»Wie ist das Leben im Himalaja?«

Die Frage kommt von einem groß gewachsenen Sadhu mit hervorstehendem Bauch.

Om Shekhar lehnt sich entnervt zurück und holt tief Luft. Er scheint etwas Wichtiges auf dem Herzen zu haben.

»Schwierig«, sagt er. »Früher hatten wir ein gutes Leben. Die Natur gab uns alles. Wurzeln, Beeren und Früchte. Im Sommer sammelten wir die Nahrung und bewahrten sie für den Winter in den

Höhlen auf. Doch jetzt ist das meiste verschwunden, sogar die Pfirsichbäume.«

»Warum das?«

»Weil die Bauern ihre Herden bis zum Gletscher hinauftreiben. Überall wimmelt es von Kühen, Schweinen und Ziegen. Alles ist abgefressen, selbst das Unkraut wächst nicht mehr, und wir Sadhus hungern die meiste Zeit des Jahres. Wir sind einfach zu viele geworden. Wäre ich heute Parlamentarier in Haryana, würde ich ein neues Gesetz vorschlagen.«

»Und wie sähe das aus?«

Om Shekhar verdreht die Augen und zeigt auf die Kette vor seinem Geschlecht.

»Die würde ich allen indischen Männern vorschreiben!«

Atti Shanka, auch er im Adamskostüm, sitzt mit verschränkten Beinen auf einer Bambusmatte. Sein rechter Arm ist in der Luft, während der linke schlaff herunterhängt. Die Nägel dürften seit Jahren keine Schere mehr gesehen haben. Wie sie sich in die Luft winden, brüchig und blauschwarz verfärbt, sehen sie aus wie die Angriffswerkzeuge eines Kriechtieres. Vor seinen Füßen steht ein Kochtopf mit dampfender Milch.

»Warum tun Sie das?«, fragt eine alte Frau, die vorüberschlurft.

»Warum schon?«, antwortet Attis Nebenmann schroff. Auch er ein Sadhu. »Atti Shanka hat seit vier Jahren nicht gesprochen.«

»Wo kommt er her?«

»Aus Tamil Nadu. Er ist den ganzen Weg zu Fuß gegangen.«

»Wie lange hat er dafür gebraucht?«

»Drei Jahre. Er hat ununterbrochen den Arm gehoben und kein einziges Wort gesprochen.«

»Woher wollen Sie das wissen?«

»Weil wir zusammen gegangen sind. Ich bin sein Masseur. Ich gebe darauf Acht, dass Atti Shankar gesund bleibt und sein rechter

Arm nicht abstirbt. Wenn ich ihn massiere, benutze ich eine spezielle Salbe.«

Er zieht eine große Tube aus seinem Gewand und bewegt sie für ein paar Sekunden vor unseren Augen hin und her.

»Diese Salbe fördert die Durchblutung.«

»Wollen Sie denselben Weg zurückgehen?«

»Das entscheidet der Guru. Atti Shanka steht die ganze Zeit über in Kontakt mit seinem Guru in Tamil Nadu.«

»Wie macht er das?«

»Bei Vollmond tauschen sie ihre Nachrichten aus.«

»Per E-Mail?«, fragt ein Witzbold im Hintergrund.

»E was? Sie schicken sich ihre Meldungen bei Vollmond. Die Meldungen gehen zuerst an den Mond und von dort aus zur Erde zurück. Ich kann es nicht näher erklären, aber Attis Guru dirigiert uns von Ort zu Ort.«

»Wo wollen Sie hin, wenn die Kumbh Mela vorbei ist?«

»Wir werden ein paar Monate hier bleiben, vielleicht auch ein ganzes Jahr.«

»Aber wie kommunizieren Sie mit ihm? Er spricht doch nicht …«

»Aber er kann schreiben!«

Der Masseur zieht ein fleckig braunes Notizbuch aus dem Gewand, lässt es aber sogleich wieder darin verschwinden, als einer der Umstehenden ihn fragt, ob er es nicht öffnen könne. Die Notizen sind nicht für die Öffentlichkeit bestimmt.

»Wie lange will Atti Shanka auf diese Weise weiterleben?«

»Er hat geschworen, es zwölf Jahre lang zu tun. Acht Jahre hat er noch vor sich.«

»Und danach?«

»Dann wird er seine alte Arbeit wieder aufnehmen.«

»Was ist das für eine Arbeit?«

»Er ist Professor für Mathematik!«

Doch die größte Sensation der Mela ist ein zwölfjähriger Junge. Bal Bhagwan Bhupendra Giri steht auf einem Bein, seit er drei Jahre alt ist. Der spindeldürre Junge hat einen Schattenplatz hinter dem Har Ki Pairi Ghat gefunden. Er lehnt sich vorsichtig gegen eine der Polizeiabsperrungen. Sein Gesicht ist schmal und grau, seine matten Augen fixieren einen Punkt jenseits von Sonne und Mond. Sein Ziehvater, ein Sadhu, ist ein lautstarker Mann mit vorstehenden Zähnen. Als er die Lebensgeschichte des Jungen erzählen soll, tritt er drei Schritte vor und steht stramm wie ein Soldat. Die Zuhörerschar, eine Gruppe frisch gebadeter Männer, bildet einen Halbkreis um ihn und lauscht andächtig.

»Bal Bhagwan Bhupendra Giri kommt aus derselben Stadt wie ich, aus Muzzafarnagar in Uttar Pradesh. An seinem dritten Geburtstag kam er zu mir und sagte: ›Von nun an will ich für den Rest meines Lebens auf einem Bein stehen!‹ Ich lachte darüber, doch mit einem Mal stand der Junge auf dem linken Bein, und glauben Sie mir: Dies hat er in den letzten neun Jahren getan!«

»Wechselt er denn niemals das Bein?«

»Jede dritte Stunde! Ich gebe darauf Acht, weil er es sonst vergisst.«

»Muss er sich nicht hinlegen, um zu schlafen?«

»Bal Bhagwan schläft nur selten. Vielleicht einmal die Woche. Und auch das tut er auf einem Bein.«

»Wie ist das möglich?«

»Möglich? Alles ist möglich. Ich kenne viele Menschen, die noch nie geschlafen haben. Das ist alles eine Frage des Willens.«

»Spielt er denn niemals?«

»Spielen? Durch Spielen erlangt man keine Erlösung. Nur die Entsagung führt zu *Moksha*.«

Für Bal Bhagwan Bhupendra Giri ist die große Parade der Mela uninteressant. Er hat genug mit sich selbst zu tun. Die Parade beginnt, wenn die Sonne am höchsten Punkt steht, und endet erst, wenn der letzte Sadhu das Ziel erreicht. In den letzten Stunden vor dem Beginn wird die Paraderoute, eine staubige Landstraße zwischen Kanal und Fluss, von Tausenden von Zuschauern gesäumt. Mit Knüppeln bewaffnete berittene Polizisten drängen sie immer wieder hinter die Absperrung zurück und rufen: »Platz für die Sadhus! Platz für die Gurus! Zurücktreten! Gleich geht's los!«

Wer etwas Schockierendes erwartet, liegt richtig. Von Süden erklingt plötzlich disharmonische Blasmusik, eine laue Frühlingsbrise weht sie heran. Die Blaskapelle der Mela hat sich in Bewegung gesetzt. Der Rhythmus und die schiefen Töne erinnern ein wenig an die Mardi-Gras-Parade in New Orleans, aber damit hören die Gemeinsamkeiten auch schon auf.

Vier Stunden lang zogen die heiligen Männer an mir vorüber. Zuerst die Blaskapelle, dann die nackten Naga-Sadhus, gefolgt von all den anderen Sekten. Das Stirnmal, der *Tilak*, ist ihr Erkennungszeichen. Die Gurus werden von ihren schwitzenden Jüngern getragen. Wie absolutistische Könige thronen sie auf ihren Bambusstühlen, geschmückt mit Brokat und Seidenquasten. Die Diener halten große, rosafarbene Sonnenschirme über ihre Köpfe. Schön, so ein Guru zu sein. Kein Mangel. Im Gegenteil. Eine winzige Geste mit dem Zeigefinger genügt, schon eilen die Diener herbei.

Tausende von Füßen wirbeln Staub auf, so weit das Auge reicht. Die Frau an meiner Seite hält sich ihren Sari vor Nase und Mund, während die Polizisten ihre durchsichtigen Visiere heruntergeklappt haben. Als die Parade schließlich vorüber ist, setzen sich die Massen erneut in Richtung Ganges in Bewegung. Im weichen Nachmittagslicht werden die Farben wärmer, und ein eigentümlicher Frieden legt sich über die große Mela.

Den Sadhus bleibt nichts anderes mehr übrig, als die Zelte aufzusuchen, die von der Regierung des Bundesstaates errichtet wurden. Es wimmelt nur so von ihnen. Wie kleine Zuckerhüte reihen sie sich am östlichen Ufer aneinander. Wer kein Zelt hat, nimmt mit Gassen und Toreinfahrten vorlieb. Schläft in Höhlen oder auf Bäumen. Auf einem oder auf zwei Beinen. Auf dem Kopf stehend oder auf einem Nagelbrett liegend. Unter freiem Himmel.

Apropos: Ging es nicht eigentlich darum zu leiden?

Bei Sonnenuntergang ist das größte kollektive Bad der Menschheit beendet. Nur ein paar Nachzügler sind noch im Wasser, und auch ich bin jetzt an der Reihe. Ich suche mir eine ruhige Stelle am östlichen Ufer. Von hier aus kann ich die Menschenmassen auf der gegenüberliegenden Seite und die am Horizont versinkende Feuerkugel betrachten. Rasch lasse ich meine Kleider auf die Stufen fallen und fasse, sobald ich im Wasser bin, die Eisenkette, die mich vor dem Ertrinken bewahren soll.

Oh, Ganges, wie erfrischend du bist! Eigentlich hatte ich gar nicht baden wollen, wohl wissend, dass der heiligste Fluss der Welt auch der schmutzigste ist. Doch hier oben, nicht weit von den schneebedeckten Gipfeln des Himalaja entfernt, ist er immer noch sauber. Sauber und kalt. Die Stromwirbel erfassen jedes einzelne Körperteil, und wen Gott am Ende des Bades noch immer nicht reingewaschen hat, der fällt ohnehin der ewigen Verdammnis anheim. Ich frage mich übrigens, wie viele Menschen im Verlauf einer Mela ertrinken. Die Statistik der Polizei gibt nur Auskunft über die Getöteten.

Was ist eigentlich aus unserem gemeinsamen Freund, Dennison Berwick, geworden?

Als Dennison im Mai 1984 Haridwar erreichte, war er ein halbes Jahr lang am Ganges entlanggewandert. Er wurde an diesem Tag 28 Jahre alt und war mehr als glücklich darüber, die flache, langweilige Landschaft am Golf von Bengalen bis zum Fuß des Himalaja endlich hinter sich gelassen zu haben. Sein Körper fühlte sich wie eine sonderbare Mischung aus Blei und Gelee an, und obwohl er keinen wissenschaftlichen Beweis führen konnte, war er sicher, dass ihn während des gesamten Wegs ein und derselbe Fliegenschwarm verfolgt hatte.

Aus verschiedenen Gründen missfiel ihm Haridwar von Anfang an: *»The city was really a Blackpool-by-the-River.«* Blackpool ist für seine unfassbar vielen Hotels bekannt, desgleichen Haridwar. Heilige und Unheilige bevölkerten die ganze Stadt, und Tausende von Familien hatten sich in den kleinen Hotels an der Railway Road einquartiert, um den Frühling, den Fluss und das Leben zu genießen. In den lärmenden Nebenstraßen drängten sich Touristen und Pilger, und in den Fotostudios posierten Familien steif und ernst, »als erwarteten sie eine Flutwelle«.

Wenige Tage später setzte Dennison Berwick seine Wanderung fort. Mai und Juni sind ideale Monate, um dem Ganges bis zu seiner Quelle zu folgen. 280 Kilometer weiter nördlich glitzerte der Gangotri-Gletscher in der Frühlingssonne. Immer noch mit *Lungi* und *Kurta* bekleidet, das Lumpenbündel über der schmerzenden Schulter, nahm er die schmalen Gebirgswege in Angriff, die ihn zum Ziel führen sollten. Hier schießt der eiskalte Ganges in südliche Richtung, durch schmale Klüfte und enge Kurven, stürzt steile Wasserfälle und finstere Klippen hinab – schäumend und wild seit Menschengedenken.

Der Höhenunterschied von Haridwar bis nach Gangotri beträgt 4000 Meter. Dennison ging und ging, und mit jedem Schritt wurde die Luft klarer. Eines Abends, die Temperatur war auf acht Grad gesunken, gab der Fliegenschwarm auf und wandte sich wieder in südliche Richtung. Hin und wieder begegnete er Sadhus, die in Gruppen oder allein unterwegs waren. Manche krochen auf allen Vieren, ächzend und stöhnend, mit rissigen Händen, doch die Augen voller Hoffnung. Öfter wurde er zu Tee und Chapatti eingeladen. Dann hockten sie schweigend beieinander, ihr gemeinsames Ziel vor Augen. Worte waren überflüssig.

Und ich? Soll ich es Dennison gleichtun und auf eigene Faust ins Gebirge ziehen?

Der Faule verleugnet sich nicht, also nehme ich den Zug.

50 Kilometer nördlich von Haridwar liegt Rishikesh. Beatles-Fans erinnern sich vielleicht an die späten sechziger Jahre, als John, Paul, George und Ringo sich von einem gewissen Maharishi Mahesh Yogi nach Indien locken ließen. Die vier Stars waren die westliche Zivilisation leid geworden und suchten in Rishikesh nach neuen Antworten.

George Harrison war die treibende Kraft gewesen. Die Abreise aus England geschah weitgehend unbemerkt, und an einem Februartag 1967 zogen die vier in den am östlichen Ufer des Ganges gelegenen Aschram ein. Für Ringo sollte es ein kurzer Aufenthalt werden. Er mochte das indische Essen nicht, und nach elf Tagen erhob er sich von den Steinfliesen und sagte: »*Sorry, I'm leaving!*« Damals wie heute waren Haridwar und Rishikesh eine vegetarische Zone, in der schon ein *plain omelet* als sündige Mahlzeit betrachtet wurde. Alkohol war natürlich strengstens verboten. »*Just stupid!*«, meinte Ringo, der auch zu den philosophischen Betrachtungen des Gurus keinen Zugang fand.

Die übrigen Bandmitglieder hielten es einen Monat lang aus. Die Spezialität des Mahesh Yogi war die »Transzendentale Meditation«, doch den drei lernwilligen Musikern hatten es vor allem die Klangfarben der indischen Musik angetan. Zu Hause gingen sie mit ihren mitgebrachten indischen Saiteninstrumenten sofort ins Studio, und wieder war es George Harrison, der sich am meisten hatte inspirieren lassen.

Heute sind die Beatles Geschichte, doch der Aschram des Yogi existiert immer noch. Das ganze Jahr hindurch, vor allem aber im Sommer, kommen Suchende aus der ganzen Welt nach Rishikesh, um Yoga und Transzendentale Meditation zu erlernen. In den Werbebroschüren wird Rishikesh als »Yoga-Hauptstadt der Welt« bezeichnet. Die Ausbildungsstätten reihen sich zu beiden Seiten des Flusses in enger Folge aneinander. Mahesh Yogi träumte davon, »eine Weltregierung im Zeitalter der Aufklärung« zu errichten, ein mystisch-geistiges Zentrum, das sich in alle Welt verzweigt. Aber dazu muss erst einmal das Individuum verändert werden. In Rishikesh versprechen die Nachfolger des Yogi schon nach zwei Wochen spürbare Resultate.

Aber zwei Wochen sind mir zu lang. Ich will weiter. Weiter zur Quelle des Ganges.

»Der Weg ist gesperrt«, erfahre ich an der Rezeption des Hotels Ganga Kinare. »Der Schnee ist noch nicht geschmolzen.«

»Sie kommen da nicht durch«, fügt ein anderer Mann hinzu. Er sitzt in einem Korbstuhl und lacht. »Versuchen Sie es in zwei Monaten wieder.«

Im südlichen Himalaja kommt der Frühling erst im Mai oder Juni. Konfrontiert mit den Kräften der Natur, sehe ich ein, dass aus der Reise zur Quelle des Ganges nichts werden wird. Am nächsten Morgen schlage ich die nordwestliche Richtung ein, lasse mich mit Bus und Auto über Bergstraßen transportieren, die von der Frühlingssonne bereits aufgewärmt wurden, sehe zarte Frühlingsblumen in allen Farben und rote Rhododendronwälder in voller Blüte.

Doch nach und nach verändert die Landschaft ihren Charakter. Je höher man gelangt, desto seltener werden die Bäume. Schließlich befindet man sich in einer Mondlandschaft, die übersät ist von grauen Baumstümpfen. Über den toten Bergrücken liegt eine lähmende Stille. Als Rachel Carson ihr Buch über die bevorstehende ökologische Katastrophe schrieb, sprach sie vom »stummen Frühling«. In Teilen des südlichen Himalaja ist der stumme Frühling Realität geworden.

Was ist geschehen?

Abholzung im großen Stil, sowohl unter privater als auch öffentlicher Regie.

Als die Briten nach Indien kamen, fanden sie riesige Wälder und fruchtbares Land vor. Die Poeten schrieben lange Lobgedichte auf die Natur, und auch Rudyard Kiplings *Dschungelbuch* war von der Fruchtbarkeit des bengalischen Dschungels inspiriert worden. Damals war halb Indien von Wald bedeckt. Heute machen die Waldgebiete nach offiziellen Angaben weniger als 20 Prozent der Landesfläche aus. Indische Umweltschützer sprechen von 10 bis 12 Prozent. Jahr für Jahr werden 800.000 Hektar Wald abgeholzt. Am schlimmsten hat es die Abhänge des Himalaja getroffen. Zurückgeblieben sind nur die Baumstümpfe. Arme Bauern mit Bambuskörben und langen Seilen laufen zwischen den Stümpfen hindurch und suchen nach den letzten brennbaren Zweigen.

In dieser Gegend entstand zu Beginn der siebziger Jahre die Chipko-Bewegung. Arme Frauen, die weder lesen noch schreiben konnten, ketteten sich mit der Parole an die Bäume: »Wenn ihr sie töten wollt, müsst ihr zuerst uns töten.« An der Spitze der Bewegung standen zwei Frauen mit unbändigem Willen: Gauri und Gunga Devi. Die unkontrollierte Abholzung hatte sie in große Verzweiflung gestürzt. Das Leben war unerträglich geworden, die Flüsse waren verschwunden, die Tiere verendet und die Männer in die Städte geflüchtet. Zurückgeblieben waren die Frauen. »Chipko« bedeutet »umarmen«. Frauen jedes Alters umarmten die Bäume mit Ketten. Viele Holzfäller mussten unverrichteter Dinge abziehen.

1980 verbuchte die Chipko-Bewegung ihren ersten offiziellen Erfolg: In Neu-Delhi erließ die Regierung von Indira Gandhi ein

Fällverbot, das sich auf alle Bäume des südlichen Himalaja bezog, die in einer Höhe über 1000 Meter standen. Die Frauen lösten ihre Ketten und kehrten triumphierend in ihre Dörfer zurück.

Doch ein Beschluss ist ein Beschluss. Soll er etwas bewirken, muss er respektiert werden. Und dies ist das Problem in den »Hills«. Die Landschaft ist so groß wie halb Europa und wird von 300.000 Menschen bewohnt. Unmöglich, dort jeden Winkel zu kontrollieren. Die Baumfäller wechseln ständig den Ort, angetrieben von raffgierigen Unternehmen und den korrupten Regierungen einzelner Bundesstaaten. Die Folgen sind ernst. Jeden Herbst in der Regenzeit geraten Hänge ins Rutschen und reißen ganze Dörfer mit sich. Die Bauern flüchten vor den nicht zu bändigenden Naturgewalten.

Doch auch die Bauern des Flachlands haben die Folgen zu tragen. Weil sich das mitgeschwemmte Material im Flussbett ablagert, steigt der Wasserpegel von Jahr zu Jahr, was zu Überschwemmungen führt.

»Trotz all unserer Gesetze wird die Abholzung der Wälder fortgesetzt«, schreibt T. N. Seshan in *The Degeneration of India*. »Es mangelt vollkommen am Willen, einen langfristigen Rettungsplan auszuarbeiten. Und fast 100 Jahre nach Verabschiedung des ersten Waldschutzgesetzes fehlt immer noch eine klare Definition, was eigentlich als Wald zu betrachten ist!«

In einem Land, dessen Wald verschwindet, lässt sich mit den verbliebenen Bäumen gutes Geld verdienen. Eine Autofuhre mit gewöhnlichem Brennmaterial bringt 5000 Rupien (ca. 94 Euro) ein, eine bedeutende Summe in Indien. Für Qualitätsholz wie Teak steigt der Preis auf 50.000 Rupien. Das Bußgeld für illegales Fällen von Bäumen beträgt dagegen nur lächerliche 500 Rupien.

Auf den Baumstämmen des südlichen Himalaja sitzen die Alten und ziehen an ihren Pfeifen.

»Wir verstehen nicht, was geschehen ist«, höre ich ein ums andere Mal. »Diejenigen von uns, die alt genug sind, können sich noch daran erinnern, dass die Bergrücken von Eichen und Fichten bedeckt waren. Damals musste man sich vor wilden Tieren, vor allem vor Tigern und Leoparden, in Acht nehmen. Jetzt sind die Wildtiere fast ausgerottet, und Bauern wie Sadhus brauchen sich nicht mehr vor den hinterhältigen Angriffen der Raubkatzen zu fürchten.«

Dennison Berwick hatte sich nicht gefürchtet und klugerweise die richtige Jahreszeit für seine Wanderung ausgewählt. Der Schnee war geschmolzen, der Weg frei. Hoch oben in den Bergen, in der Nähe von Uttarkashi, begegnete er einem Sadhu, der auf dem Weg nach Süden war. Er kroch auf allen Vieren.

»Wohin wollen Sie?«, fragte Dennison.

»Nach Madras«, antwortete der Sadhu.

»Nach Madras? Aber da müssen Sie Hunderte von Kilometern weiterkriechen.«

»Und wo kommen Sie her?«, fragte der Sadhu.

»Aus Ganga Sar. Aus Kalkutta.«

»Wirklich? Da sind Sie aber weit gelaufen …«

Der Sadhu war in den Vierzigern und besaß nicht die geringste Habe, nicht einmal eine Bettlerschale oder eine Wolldecke. Er besaß nichts als seinen Glauben. Für einen Moment musterten sie sich schweigend. Dann wünschten sie einander eine gute Reise und setzten ihren Weg fort.

Die letzten Kilometer waren für Dennison ein hartes Stück Arbeit. Der Weg wurde zusehends steiler und schmaler, und nachdem er sich bis nach oben gekämpft hatte, warf er den Reichen aus Neu-Delhi, Madras, Bombay und Kalkutta neidische Blicke zu, denn sie wurden von ihren schwitzenden Dienern nach oben *getragen*.

Am 21. Juni 1984, nachdem er den ganzen Tag gegen eisigen Gegenwind hatte ankämpfen müssen, war Dennison Berwick am Ziel seiner Wünsche angelangt. »Gangotri 0 Kilometer«, stand auf dem großen Stein am Wegesrand. Dennison sank beglückt und erleichtert in die Knie, doch wo war der Gletscher? Wo das rinnende Wasser?

Die Erklärung erhielt er im nächsten Dorf. Einst hatte sich der Gletscher bis nach Gangotri erstreckt, sich im Lauf der Jahre aber immer weiter zurückgezogen. Dennison hatte 2510 Kilometer zurückgelegt, doch seine Leidenszeit war noch nicht vorbei. Völlig entkräftet, suchte er Zuflucht im nächsten Tempel, in dem die Göttin auf einem schweren Steinsockel thronte, in mehrere Lagen Seide und Brokat gehüllt. Weitere Gottesgestalten befanden sich in dem dunklen Raum, in dem die Pilger unter Tränen ihre Gebete sprachen – die meisten von ihnen so entkräftet, dass sie kaum noch die Lippen bewegen konnten. Doch jetzt zeigte es sich, dass die spärlich bekleideten Sadhus wirklich zaubern konnten. Aus unsichtbaren Taschen zogen sie zerknüllte Banknoten, die sie vor Gangas Füße warfen.

Andere traten mit Kokosnüssen und Süßigkeiten vor den Altar. Der Tempelpriester nahm die Gaben mit unbeteiligter Mine entgegen und brach die Kokosnüsse krachend auseinander, ehe er sie Ganga darbot. Die Gebete stiegen im Crescendo in die Luft, denn wie es im *Padme Purana* geschrieben steht: »Bete zu Ganga, und sie wird dich mit himmlischem Frieden belohnen.« Als Vorgeschmack auf das Himmelreich werden den Pilgern glasklare Tropfen des heiligen Gangeswassers zuteil, die sie begierig auflecken. Damit findet die Pilgerreise ihren Abschluss.

Doch nicht für Dennison Berwick. Mit letzter Kraft kämpfte er sich zum Gletscher empor. 35 Kilometer über Stock und Stein, bis er vor dem Gau Mukh – dem Maul der Kuh – stand: dem schwarzen Loch, aus dem der Ganges tröpfelt. Eigentlich gab es kaum etwas zu sehen, doch ganz in der Nähe wohnte der Sadhu Simla Baba in seinem windschiefen Zelt. Aus der Öffnung des Zeltdachs stieg schwarzer Rauch. Simla Baba lud Dennison zu einem großen Teller mit *Dal* und *Chapatti* ein. Als die Mahlzeit vorüber war, sank Dennison zusammen und spürte noch, ehe er in tiefen Schlaf fiel, wie »jemand« eine Decke über ihn breitete.

»Alles war jetzt vorbei.«

Abschied

Mein Leben ist meine Botschaft.
MAHATMA GANDHI

Die Stunde des Abschieds ist gekommen. Nur Lalitha Zachariah und Mahatma Gandhi stehen noch aus.

Lalitha, die Frau mit dem fremdartigen christlichen Nachnamen, arbeitet für das Informationsministerium der Regierung. Ihre große Aufgabe ist fast beendet. Seit mehreren Jahren hat sie unter Hochdruck an der Publikation von Gandhis gesammelten Werken gearbeitet. Insgesamt 100 bleischwere Bände. Band 99 ist soeben in Druck gegangen. Der letzte Band soll noch in diesem Jahr erscheinen.

»Sehen Sie!«, sagt Lalitha Zachariah an ihrem Schreibtisch in Shastri Bavan, dem Regierungsviertel in Neu-Delhi. Sie hat sich hinter einem Wall aus Briefen und Reden verschanzt, 104 Kilogramm Worte, in Leder gebunden und in goldener Schrift. *The Collected Works of Mahatma Gandhi*. »Das Resultat von 30 Jahren Arbeit.«

»Aber wer will schon 100 Bände lesen?«

»Niemand! Gandhi ist tot, und seine Gedanken sind es auch.«

Lalitha Zachariah, schlank, stets lächelnd, lebhafte Augen, irgendwo zwischen 40 und 50. Ihr Leben lang hat sie sich für Mahatma Gandhi interessiert, und nun sitzt sie hinter einem Bücherstapel, der bis zur Decke gewachsen ist. Ihre Körpersprache wechselt zwischen Seufzen, traurigen Grimassen und resigniertem Lachen. Gandhi ist tot. Toter als je zuvor. Die Hindu-Fanatiker sind auf dem Vormarsch, die Feindschaft mit Pakistan erreicht stets neue Höhen, die Armut ist unfassbar, und es vergeht kein Tag, an dem die Kastenlosen für ihre Sünden nicht gepeinigt würden.

Wer war er eigentlich – Mahatma Gandhi?

»Ein sehr widersprüchlicher Mann«, antwortet Lalitha Zachariah. »Schwer zu verstehen. Ein Hindu und dennoch ein Revolutionär. Ein Mann, der zu spät kam – oder zu früh, ganz wie man will –, so wie Buddha. Indien war nicht bereit.«

Der Westen hat Gandhi stets als Inkarnation des mystischen, hinduistischen, gewaltlosen Indiens betrachtet. »So ein Unsinn!«, sagt Lalitha Zachariah dazu. Gandhi war ebenso ein Produkt des Westens wie Indiens. Zwar wurde er in Indien geboren, verbrachte jedoch prägende Jahre seines Lebens in Großbritannien und Südafrika. In Großbritannien blieb er vier Jahre und machte in dieser Zeit Bekanntschaft mit den wesentlichen geistigen Strömungen seiner Zeit: Sozialismus, Fabianismus, Theosophie, Islam, Christentum und vor allem mit dem grundlegenden Rechtsprinzip der westlichen Zivilisation: dem Grundsatz, dass vor dem Gesetz alle gleich sind. Seine Universitätszeit verbrachte er mit dem Studium des *Common Law*, nicht der geschriebenen und ungeschriebenen Kastengesetze.

Später folgten die Jahre in Südafrika. Dort, als junger Anwalt und Vorkämpfer für die Interessen der indischen Einwanderer, erlebte Gandhi die Apartheid in der Praxis. An der Spitze der sozialen Hierarchie rangierten die weißen Kolonialherren, darunter die indischen »Kulis« und ganz unten die schwarze Mehrheit. Als der junge Gandhi mit dem Zug von Durban nach Pretoria fahren wollte, half es ihm nicht, dass er auf seine gültige Fahrkarte verwies. Auch seine brahmanische Herkunft war kein Vorteil. Alle Inder, ob Brahmanen oder Kastenlose, mussten sich mit der dritten Klasse begnügen.

»Die Leute hassen uns. Sie spucken uns an und verweigern uns die Benutzung öffentlicher Wege«, schrieb Gandhi. »Sie betrachten uns als Parasiten und halb asiatische Barbaren. Die Straßenbahn dürfen wir nicht benutzen, und im Zug werden wir behandelt wie

Untermenschen. Wie rein wir auch sein mögen, so wird es als schweres Verbrechen betrachtet, im selben Coupé zu reisen wie die Weißen. Die Türen der Hotels sind uns verschlossen, und selbst öffentliche Bäder verweigern uns den Zutritt ...«

Die Inder hatten kein Wahlrecht und durften kein Eigentum erwerben, das einen bestimmten Wert überstieg. Zeigten sie sich nach neun Uhr abends auf der Straße, wurden sie aufgegriffen und ins Gefängnis geworfen. Allmählich wurde Gandhi bewusst, dass ihm diese ungleiche Behandlung nur zu bekannt war. Aus Indien natürlich. Aus seinem eigenen Land, in dem die Mitglieder niederer Kasten und die Kastenlosen tagaus, tagein diskriminiert wurden. In dem es Menschen und Untermenschen gab. Die Untermenschen hausten an Müllbergen und vertrockneten Flussbetten. Die Menschen reisten erster Klasse, die Untermenschen in Viehwaggons. Im Grunde wurde in Indien dieselbe Apartheid praktiziert wie in Südafrika. Der Unterschied bestand nur darin, dass die Hindus ihre Form der Apartheid raffinierter begründet hatten.

Gandhi reagierte mit Abscheu und Verachtung. Aus reinem Protest verwandelte er sein geräumiges Haus in eine Gemeinschaftsunterkunft, in der Familienmitglieder und Dienerschaft dieselben Rechte und Pflichten hatten. Gandhis Ehefrau Kasturbai, der Tradition eng verbunden, gefiel dies gar nicht. Einfältig und ungebildet, wie sie war, konnte sie mit der Entwicklung ihres Mannes nicht Schritt halten. Lalitha Zachariah erzählt mir eine Episode aus dem Jahr 1898. Gandhi hatte einen Kastenlosen, der zum Christentum konvertiert war, als Büromitarbeiter eingestellt. Kasturbai ließ ihn jedoch keine Briefe schreiben, sondern wies ihn umgehend an, die Latrinen zu leeren, den Boden zu wischen etc.

Als Gandhi davon erfuhr, wurde er so wütend, dass er Kasturbai, um seine eigenen Worte zu benutzen, »eine Lektion erteilte«. Nun musste Kasturbai die Latrinen leeren und den Müll wegbringen.

Gandhi ließ sie dies so lange tun, »bis sie gelernt hatte«. Und damit nicht genug. Er verlangte von Kasturbai, während der Arbeit ein fröhliches Gesicht zu machen.

»Es war der Aufenthalt in Südafrika, der Gandhi zu einem *Mahatma* – einer ›großen Seele‹ – mache«, meint Lalitha Zachariah.

Als er 1901 nach Indien zurückkehrte, war er imstande, Indien zu analysieren wie niemand sonst. Er packte das Übel sogleich an der Wurzel, dem Hinduismus, und sagte: »Wir müssen jede religiöse Schrift zurückweisen – selbst wenn es sich um die Veden oder die Puranas handelt –, die sich nicht im Einklang mit der Wahrheit befindet.« Doch in einem Land wie Indien mit seinen unumstößlichen Traditionen war ein Mann wie Gandhi von vornherein zum Scheitern verurteilt. Je stärker sich das ursprüngliche Indien manifestierte, desto mehr fürchtete Gandhi um die Zukunft seines Landes. Er zog gegen alles und jeden zu Felde, insbesondere gegen die Korruption innerhalb der regierenden Kongresspartei. Schließlich begriff er, dass er einen hoffnungslosen Kampf gegen einen übermächtigen Gegner führte.

»Dann war Gandhis vorzeitiger Tod eigentlich unausweichlich?«

»Wäre er nicht ermordet worden, hätten sie ihn auf andere Weise vernichtet.«

Gandhis Bedeutungslosigkeit wurde den Indern am 23. Januar 1997 deutlich vor Augen geführt. An diesem Tag wurde in der Nationalversammlung eine Statue von Subhas Chandra Bose enthüllt – dem Mann, der sich mit den Achsenmächten verbündete, um Indien »zu befreien«. Gandhi hatte stets betont, dass der Zweck nicht die Mittel heilige. Ein edles Ziel könne nur mit edlen Mitteln erreicht werden. Bose stand für das Gegenteil. Als diese beiden Richtungen Ende der dreißiger Jahre innerhalb der Kongresspartei kollidierten, behielt Gandhi die Oberhand. Doch an diesem kühlen Januartag 1997 bekam Bose seine Revanche.

Wie Lalitha Zachariah hinter ihrem Bücherstapel sitzt, wirkt sie genauso desillusioniert wie Millionen andere indische Intellektuelle. Die Entwicklung hat gezeigt, dass 1947 kein »neues Indien« geboren wurde, wie Nehru es in seiner Rede formuliert hatte. Hingegen war es das alte Indien, das zum Leben erweckt worden war – das alte Indien mit all seinen Sitten und Unsitten, vollständig befreit von den moralischen Zügeln der Kolonialmacht. Als ich V. S. Naipauls Urteil über Gandhi zitiere, nickt Lalitha Zachariah bei jedem Wort: »Gandhi war der am wenigsten indische von allen Führungspersönlichkeiten Indiens. Seine Vision war sehr konkret, und gerade das machte sie so revolutionär. Ihm fiel das auf, was allen Touristen auffällt. Er hat das Offensichtliche nicht ignoriert ... Nicht eine einzige indische Überzeugung, nicht ein Problem ist ihm entgangen. Er schaute bis zu den Wurzeln der unbeweglichen, verrotteten Gesellschaft.«

Dennoch erwies er sich in gewissen Punkten auch als rückständig. Von modernen Maschinen wollte er nichts wissen. Gandhis Zukunftsvision war ein ländliches Indien, das aus mehr oder minder autonomen Dörfern bestand. Ein schöner Traum für eine Gesellschaft der Vergangenheit. In dieser Hinsicht wurde Gandhi zu spät geboren.

Ich verabschiede mich von Lalitha und verspreche ihr, meine Indienreise mit einem Besuch des Gandhi-Museums in Alt-Delhi zu beschließen – eines rotbraunen Kolosses unweit des Raj Ghat, wo die »große Seele« einst verbrannt worden ist.

Das Museum ist ebenso groß wie leblos. Vollkommen allein spaziere ich von Saal zu Saal und betrachte die zahlreichen Fotos von Gandhi, die, mangelhaft betextet, hinter verstaubten, teils gesprungenen Glasrahmen hängen. Vor dem Eingang zum Hauptsaal steht Gandhi als Denkmal auf einem Sockel. Die Inschrift ist kurz, aber präzise: »Mein Leben ist meine Botschaft.« Doch niemand scheint sich mehr für Gandhis Leben, geschweige denn seine Botschaft zu interessieren. Nach einer Stunde stehe ich vor einer Glasvitrine. In ihr liegt ein Kleiderhaufen. Einst waren diese Kleider weiß, doch die Geschichte hat sie rot gefärbt. Es sind die Kleider, die Mahatma Gandhi am 30. Januar 1948 trug. Neben dem blutgetränkten *Dhoti* liegt die Kugel, die ihn tötete. »*Silence please!*«, steht auf dem Schild vor der Kiste. Eine unnötige Ermahnung, denn in einem der größten Museen Indiens bin ich immer noch allein.

Plötzlich geht das Licht aus. Im Gandhi-Museum ist es stockdunkel. Resigniert taste ich mich dem Ausgang entgegen, vorbei an den Fotos, die Gandhi wandernd, betend und verhandelnd zeigen. Den Müll tragenden Gandhi, den Wolle spinnenden Gandhi und schließlich den sterbenden Gandhi. Der Hausmeister unternimmt einen tapferen Versuch, den Generator in Gang zu setzen, und kurz darauf flackern die kalten Neonröhren an der Decke. Sonderbare, dumpfe Motorengeräusche dringen aus dem Keller, gefolgt von einem unangenehmen Knall.

Leise verlasse ich das Gandhi-Museum – und Indien.

Glossar

Ahimsa – Gewaltlosigkeit

Arya – Bedeutet »edel« auf Sanskrit, übliche Bezeichnung der persischen und zentralasiatischen Völker, die nach Nordindien einwanderten

Aschram – Klosterähnliches Meditationszentrum

Baba – Ehrwürdiger alter Mann

Banyan-Baum (ficus benghalensis) – Bildet Luftwurzeln, die sich mit der Zeit zu einem dichten Netz entwickeln und dem Baum einen enormen Umfang verleihen.

Bapa – Vater

Brahmane – Mitglied der höchsten Kaste/Priesterkaste

Chai – Tee

Chaiwallah – Teeverkäufer

Chapatti – Fladenförmiges, ungesäuertes Weizenbrot

Dabba – Metallbehälter

Dabbawallah – Mann, der die *Dabbas* mit Essen transportiert

Dacoit – Rechtloser Verbrecher

Dai – Hebamme

Dal – Linsengericht

Darshan – Anblick oder Begegnung mit einer heiligen Person

Devadasi – Prostituierte im Tempel

Dhoti – Traditionelles Beinkleid der indischen Männer; langes Stück Stoff, das hosenartig um die Beine gewickelt wird.

Dom – Leichenverbrenner

Durbar – Große Versammlung

Fakir – Asket, der sich selbst kasteit

Ganesh – Hinduistischer Gott mit Elefantenkopf
Ganja – Cannabis
Gesetze des Manu – Ein in Sanskrit verfasstes Werk, das die Regeln des orthodoxen Hinduismus für eine richtige Lebensführung enthält
Gopi – Hirtenmädchen
Guru – Religiöser Titel für einen spirituellen Lehrer im Hinduismus
Hijra – Eunuch
Harijans – »Gottes Kinder«, Kastenlose
Hindi – Die am meisten verbreitete Sprache Indiens
Idli – Dampfender Reiskuchen
Jati – Kaste oder Unterkaste
Jogin – Landprostituierte
Karma – Aus dem Sanskrit stammender Begriff, der im Hinduismus seinen Ursprung hat. Er bezeichnet das Gesetz von der Vergeltung der Tat und ist eng mit der Vorstellung der Wiedergeburt verknüpft. In welcher Weise der Mensch wiedergeboren wird, hängt von den Taten im diesseitigen Leben ab. Das Ergebnis eines Menschenlebens wird als Karma bezeichnet.
Kirpan – Säbel, Schwert
Kumbh – Topf
Lingam – Penis
Maharadscha – Fürst
Mahatma – »Große Seele«
Maharishi – Großer Weiser
Maidan – Offener Platz, Ebene
Mantra – Meist kurze, formelhafte Wortfolge, die von Hindus und Buddhisten rezitiert wird; ein Gebet
Mela – Markt, Fest
Moksha – Erlösung, Befreiung der Seele

Monsun – Regenzeit (meist von Juni bis Oktober)
Naga-Sadhus – Mitglieder einer religiösen Sekte, die sich durch ihre Nacktheit auszeichnen
Nan – Fladenbrot aus Weizenmehl
Nirwana – Nach buddhistischer Lehre die Befreiung von der Seelenwanderung
Parsen – Anhänger der Lehrer des Zarathustra, auch Parismus genannt
Puja – Hinduistischer Gottesdienst
Rikscha – Fahrzeug auf zwei Rädern mit Doppelsitz, das von einem Rikschawallah gezogen wird
Rupie – Indische Währungseinheit
Sadhu – Heiliger Mann, Bettelmönch
Salwar Kameez – Traditionelle Frauenkleidung, bestehend aus weiter Hose und langem Hemd
Samadhi – Trance
Samosa – Gefüllte, frittierte Teigtasche
Sarsanghchalak – Führergestalt
Sari – Indisches Kleidungsstück; langes Stück Stoff, das um den Körper geschlungen wird.
Sati – Witwenverbrennung, bedeutet eigentlich »gute Ehefrau«
Shiv Sena – Rechtspopulistische Regionalpartei mit faschistischen Zügen, die im Bundesstaat Maharashtra eine große Rolle spielt
Sikh – Angehöriger des Sikhreligion, auch Sikhismus genannt
Tapas – Selbstkasteiung
Tiluk – Stirnmal der Hindus
Vadais – Würziges Schmalzgebäck
Vaishya – Kaufmannskaste
Varna – Hauptkaste
Veda – Die älteste der heiligen Schriften des Hinduismus
Zabardasti – Grausamkeiten

Zeittafel

Vor Christus

ca. 2500: Im Industal (im heutigen Pakistan) entsteht eine hochentwickelte städtische Zivilisation, die Indus-Kultur.

ca. 2000–1000: Indo-arische Stämme dringen von Afghanistan und Iran nach Indien vor. Die ursprüngliche Bevölkerung, die Draviden, werden in südliche Landesteile vertrieben.

ca. 1600–1000: Die vedischen Hymnen entstehen und bilden die Grundlage des Hinduismus.

ca. 800–400: Die *Upanishaden*, eine Ansammlung philosophischer Schriften des Brahmanismus, werden verfasst.

ca. 500: Entstehung des Buddhismus.

327–528: Alexander der Große dringt bis zum Fluss Bias vor.

322–185: Die Maurya-Dynastie bildet das erste indische Großreich.

Nach Christus

ca. 0: Die *Gesetze des Manu*, eine hinduistische Gesetzessammlung, entsteht

320–528: Gupta-Reich – ein goldenes Zeitalter der hinduistischen Kunst, Literatur und Wissenschaft.

ca. 1000: Beginn der muslimischen Eroberungen.

1498: Vasco da Gama geht an Indiens Südküste an Land.

1510: Die Portugiesen erobern Goa.

1526: Indien wird von muslimischen Invasionsheeren erobert. Babur gründet das Mogulreich. In den nächsten 230 Jahren wird das Land von Muslimen beherrscht.

1542: Der Jesuit Francisco Xavier beginnt seine Missionsarbeit in Indien.
1542–1605: Die Herrschaft der Mogule erreicht unter Akbar dem Großen ihren Höhepunkt.
1604: Die Sikhs beenden die Arbeit an ihrem heiligen Buch, dem *Adi Granth*.
1612: Die Briten errichten ihren ersten Handelsstützpunkt in Indien.
1662: Die Portugiesen treten Bombay an die Engländer ab.
1690: Unter Führung von John Charnock gründen die Briten Kalkutta.
1699: Guru Gobind Singh organisiert die Sikhs nach militärischem Vorbild.
18. Jahrhundert: Briten und Franzosen kämpfen um die Vorherrschaft in Indien. Die Briten setzen sich durch. Die britische Ostindien-Kompanie kontrolliert große Landesteile.
1829: Die Briten verbieten die Witwenverbrennung (*Sati*).
1847: Aufstand gegen die britische Kolonialmacht.
1848: Die britische Ostindien-Kompanie übergibt Indien der britischen Krone.
1853: Die erste Eisenbahnstrecke wird eingeweiht.
1857: Ein erneuter Aufstand gegen die Kolonialmacht wird blutig niedergeschlagen.
1869: Mahatma Gandhi wird geboren.
1877: Königin Victoria wird Kaiserin von Indien. Kalkutta wird zur kaiserlichen Hauptstadt ausgerufen.
1885: Gründung der Kongresspartei.
1901: Mahatma Gandhi kehrt aus Südafrika nach Indien zurück.
1907: Die Kongresspartei fordert indische Selbstverwaltung.
1911: Delhi löst Kalkutta als Hauptstadt ab. König George V. besucht Indien.

1913: Rabindranath Tagore (1861–1941) erhält den Nobelpreis für Literatur.

1919: Indien wird eine partielle Selbstverwaltung zugestanden. Gandhi beginnt seine Kampagne gegen die britische Kolonialherrschaft.

1925: Der Arzt Keshav Hedgewar gründet die halbfaschistische hindu-nationalistische Organisation RSS.

1935: Das britische Parlament gewährt Indien eine größere Selbstverwaltung.

1942: Premierminister Winston Churchill erklärt, Indien werde »auf unbestimmte Zeit« Teil des britischen Empire bleiben.

1943: Die Indian National Army, angeführt von Subhas Chandra Bose, erklärt den Briten den Krieg.

1947: Ende der Kolonialzeit. Indien wird geteilt. Indien und Pakistan werden zwei selbstständige Staaten. Jawaharlal Nehru wird erster indischer Premierminister.

1948: Mahatma Gandhi wird ermordet.

1948: Die Nationalversammlung beschließt ein Verbot der Kinderarbeit.

1951: Der erste Fünfjahresplan wird verabschiedet.

1961: Die Portugiesen werden aus Goa vertrieben.

1961: Die Nationalversammlung beschließt ein Mitgiftverbot.

1962: Grenzkrieg mit China.

1964: Premierminister Nehru stirbt. Die Kongresspartei bestimmt Lal Bahadur Shastri zu seinem Nachfolger.

1966: Indira Gandhi wird neue Premierministerin.

1971: Indira Gandhi und die Kongresspartei gehen siegreich aus den Wahlen hervor. Ostpakistan spaltet sich von Pakistan ab und bildet den neuen Staat Bangladesch.

1974: Unter der Regierung Indira Gandhis wird die erste Atombombe gezündet. Streiks und Arbeiterunruhen.

1975: Indira Gandhi verhängt den Ausnahmezustand.

1976: Brutale Sterilisationskampagne unter Leitung von Sanjay Gandhi, Indira Gandhis Sohn.

1977: Aufhebung des Ausnahmezustands. Die Janata-Allianz gewinnt die Wahl und bildet die Regierung.

1980: Die Kongresspartei erobert die Regierungsmacht zurück. Sanjay Gandhi kommt bei einem Flugzeugabsturz ums Leben.

1982: Der extremistische Sikh Jarnail Singh Bhindranwale besetzt den Goldenen Tempel in Amritsar.

1984: Das indische Militär stürmt den Goldenen Tempel. Die Sikhs rächen sich mit der Ermordung Indira Gandhis. Ihr Sohn Rajiv wird neuer Premierminister.

1987: Witwenverbrennung in Deorala, Rajasthan.

1991: Der frühere Premierminister Rajiv Gandhi wird von tamilischen Terroristen ermordet.

1991: Die Regierung unter Führung der Kongresspartei leitet ihr wirtschaftliches Liberalisierungsprogramm ein.

1996: Die Hindu-Nationalisten taufen Bombay in Mumbai um.

1998: Die Hindu-Nationalisten gewinnen die Wahl und bilden die Regierung. Fünf neue Atomversuche. Pakistan reagiert mit einem eigenen Atomversuch. Sonia Gandhi wird zur neuen Vorsitzenden der Kongresspartei gewählt. Amartya Sen erhält den Nobelpreis für Wirtschaft.

1999: Die Regierung verliert eine wichtige Abstimmung in der Nationalversammlung und schreibt Neuwahlen aus. Atal Bihari Vajpayee von den Hindu-Nationalisten wird zum Premierminister gewählt.

2004: Die Kongresspartei gewinnt überraschend die Wahl. Sonia Ghandi tritt von ihrem Amt zurück. Manmohan Singh wird neuer Premierminister.

Literatur

Dieses Buch basiert hauptsächlich auf den Erlebnissen und Aufzeichnungen des Autors. Die folgende Liste ist eine Auswahl von Titeln, die diesem Buch ebenfalls zugrunde liegen.

Adams, Jad/Whitehead, Phillip: *The Dynasty. The Nehru-Gandhi Story*, Penguin Books, London 1997.

Aitken, Bill: *Exploring Indian Railways*, Oxford University-Press, 1994.

Berwick, Dennison: *A Walk Along The Ganges,* Javelin Books, New York 1987.

Bumiller, Elisabeth: *Hundert Söhne sollst du haben ...: Frauenleben in Indien*, Knesebeck, München 1992.

Chandra, Vikram: *Die fünf Seiten des Lebens: Bombay-Geschichten,* Aufbau-Verlag, Berlin 1999.

Collins, Larry/Lapierre, Dominique: *Gandhi: um Mitternacht die Freiheit*, Bertelsmann, München; Gütersloh; Wien 1976.

Dettman, Paul R.: *Tryst With Destiny, Free India's First Half-Century,* Times Books International, 1997.

Devi, Phoolan: *Ich war die Königin der Banditen: die Autobiographie,* Lübbe, Bergisch Gladbach 1996.

Ellis, Royston: *Indien per Bahn,* Stein, Kiel 1990.

Frater, Alexander: *Regen-Raga: eine Reise mit dem Monsun,* dtv, München 1997.

French, Patrick: *Liberty Or Death, India's Journey To Independence And Division*, HarperCollins, London 1997.

Gandhi, Mahatma: *Autobiographie – Die Geschichte meiner Experimente mit der Wahrheit,* Verlag Karl Aber, Freiburg; München 1960.

Gill, S. S.: *The Dynasty, A Political Biography of The Premier Ruling Family of Modern India,* HarperCollins Publishers India, 1996.

Hüttner, Johann Christian/Preuß, Renate (bearbeitet von): *Die Gesetze des Manu,* Hannemann-Verlag, Husum 1981.

Irving, John: *Zirkuskind*, Diogenes, Zürich 1995.

Jaffrey, Zia: *The Invisibles. A Tale of the Eunuchs of India,* Vintage Books, London 1996.

James, Lawrence: *Raj. The Making and Unmaking of British India*, Little, Brown and Company, London 1997.

Kipling, Rudyard: *Kim*, Paul List Verlag, Leipzig; München 1947.

Lopez, Donald S.: *Religions of India in Practice*, Princeton University Press, New York 1995.

Majapuria, T. C./Kumar, Rohit: *Sadhus and Saints of Nepal and India,* Tecpress Books, Bangkok 1996.

Mayo, Katherine: *Mutter Indien,* Frankfurter Societäts-Druckerei, Frankfurt am Main 1928.

Mehta, Gita: *Karma Cola: Gurus, Freaks, Business; die Vermarktung der indischen Mystik,* Heyne, München 1984.

Mistry, Rohinton: *Das Gleichgewicht der Welt,* Fischer, Frankfurt am Main 1999.

Moraes, Frank: *Jawaharlal Nehru: Eine Biographie,* Desch, München; Wien; Basel 1957.

Naipaul, V. S.: *Indien: ein Land in Aufruhr*, dtv, München 1994.

Naipaul, V. S.: *Jenseits des Glauben: eine Reise in einen anderen Islam,* Claassen, München 2002.

Naipaul, V. S.: *Indien: eine verwundete Kultur,* Europabuch AG, Zürich 1978.

Nehru, Jawaharlal: *Entdeckung Indiens*, Rütten und Loening, Berlin 1959.

Potschka, Boris/Pannke, Peter: *Indien – Fest der Farben*, Frederking & Thaler, München 2000.

Roy, Arundhati: *Der Gott der kleinen Dinge*, Goldmann, München 1999.

Rushdie, Salman: *Mitternachtskinder,* Piper, München 1983.

Rushdie, Salman: *Osten, Westen,* Kindler, München 1995.

Rushdie, Salman/West, Elisabeth: *The Vintage Book of Indian Writing 1947–1997*, Vintage, London 1997.

Sebba, Anne: *Mother Teresa, Beyond The Image*, Orion Books, London 1997.

Sen, Mala: *Bandit Queen: die Geschichte der Phoolan Devi*, Goldmann, München 1993.

Seshan, T. N.: *The Degeneration of India,* Penguin Books India, Neu-Delhi 1995.

Singh, Khushwant: *My Bleeding Punjab,* UBSPD Publishers, Neu-Delhi 1992.

Theroux, Paul: *Abenteuer Eisenbahn: auf Schienen um die halbe Welt,* Hoffmann und Campe Verlag, Hamburg 1977.

Trojanow, Ilja: *Der Sadhu an der Teufelswand*, Frederking & Thaler, München 2001.

Tully, Mark: *No Full Stops in India,* Penguin Books, London 1991.

Twain, Mark: *Meine Weltreise nach Indien,* Erdmann, Lenningen 2003.

REISEN · MENSCHEN · ABENTEUER

NATIONAL GEOGRAPHIC TASCHENBÜCHER
VON FREDERKING & THALER

DIE ERKUNDUNG DER WELT

Dieter Kreutzkamp
Yukon River
Im Kajak allein zum Beringmeer
ISBN 978-3-89405-146-4

Yukon River – der Name weckt Erinnerungen an den Goldrausch und die Romane von Jack London. Über 3.000 Kilometer legt der Autor mit dem Kajak auf diesem reißenden Strom zurück und begegnet Lachsfängern, Flößern und Indianern.

Carmen Rohrbach
Im Reich der Königin von Saba
Auf Karawanenwegen im Jemen
ISBN 978-3-89405-179-2

Nach Erfahrungen auf allen Kontinenten beschließt die Abenteurerin Carmen Rohrbach, sich den Traum ihrer Kindheit zu erfüllen: Allein durch den geheimnisvollen Jemen. Mit viel Intuition und Hintergrundwissen schildert sie das Leben der Menschen, vor allem der Frauen.

Fergus Fleming / Annabel Merullo
Legendäre Expeditionen
50 Originalberichte
ISBN 978-3-89405-838-8

Die großen Entdecker der Geschichte in Originalberichten und -illustrationen: eine buntgemischte Gruppe aus Forschern, Seefahreren, einsamen Wanderern und Abenteurern, die Außerordentliches leisteten. Unterhaltsam, überraschend und absolut authentisch.

So spannend wie die Welt.

NATIONAL GEOGRAPHIC
FREDERKING & THALER
www.frederking-thaler.de